国家出版基金项目
NATIONAL PUBLICATION FOUNDATION

百年"三农"

中国共产党解决"三农"问题的战略维度和实现路径

郑有贵　著

人民东方出版传媒
People's Oriental Publishing & Media
东方出版社
The Oriental Press

图书在版编目（CIP）数据

百年"三农"：中国共产党解决"三农"问题的战略维度和实现路径 / 郑有贵 著 . — 北京：东方
出版社，2022.04

ISBN 978-7-5207-2568-2

Ⅰ.①百…　Ⅱ.①郑…　Ⅲ.①三农问题–研究–中国　Ⅳ.① F32

中国版本图书馆 CIP 数据核字（2021）第 253098 号

百年"三农"：中国共产党解决"三农"问题的战略维度和实现路径

（BAINIAN "SANNONG"：ZHONGGUO GONGCHANDANG JIEJUE "SANNONG" WENTI DE
ZHANLUE WEIDU HE SHIXIAN LUJING）

作　　者：郑有贵
责任编辑：王学彦　申　浩
出　　版：东方出版社
发　　行：人民东方出版传媒有限公司
地　　址：北京市西城区北三环中路 6 号
邮　　编：100120
印　　刷：北京联兴盛业印刷股份有限公司
版　　次：2022 年 4 月第 1 版
印　　次：2022 年 4 月第 1 次印刷
开　　本：787 毫米 × 1092 毫米　1/16
印　　张：28.5
字　　数：365 千字
书　　号：ISBN 978-7-5207-2568-2
定　　价：108.00 元
发行电话：（010）85924663　85924644　85924641

序

中国要实现现代化，解决好"三农"问题至关重要。百年奋斗，百年辉煌，中国共产党带领全国各族人民解决"三农"问题的历程，书写了中华民族伟大复兴史诗最精彩的华章。我国著名经济史学者郑有贵研究员新著《百年"三农"：中国共产党解决"三农"问题的战略维度和实现路径》，就是一部分析和记述这一重大历史进程的研究论著。这部著作将中国共产党解决"三农"问题的百年历程浓缩贯通起来，进行整体式研究，鲜明地提出中国之所以能够取得农村包围城市革命道路的伟大成功，之所以坚持走中国特色社会主义"三农"发展道路，就是因为中国共产党始终坚持以马克思主义为指导，坚守为最广大农民群众谋幸福的初心和使命担当，从战略上统筹把握好相关联的农民维度、中华民族复兴维度、现代化维度、生产力维度、国际维度。这部著作基于大历史观和政治经济学视角，从这五个相关联的战略维度对中国共产党解决"三农"问题百年历程进行了具有开创性的研究，有针对性地回答了一系列重大理论与实践问题。

这部著作深刻回答了只有始终坚持中国共产党的领导，才能解决好各历史发展阶段的"三农"问题。实践表明，只有中国共产党才能真正做到以人民为中心的发展，解放千百年来被压迫、被剥削的广大农民群众，充分确保农民的主体地位，充分发挥农民的首创精神，充分发挥农民在制度变革和农业农村现代化发展中的作用；只有中国共产党才能从中华民族伟大复兴的高度，处理好全局与局部、长远与当期发展的关系，在现代化进程中推进不同生产力水平发展阶段"三农"问题的解决；只有中国共产党才有能力厚植起社会主义制度优势，以解决中国工业化、城镇化进程中"三农"发展受弱质性困扰问题。历史已经证明，在中国共产党的坚强领导下，充分发挥我国国家制度和国家治理体系所具有的"全国一盘棋，调动各方面积极性，集中力量办大事"的显著优势，全面打赢脱贫攻坚战，补齐全面建成小康社会进程中贫困地区贫困人口短板，推动农村同步迈进全面小康社会，就是中国经济发展史上乃至人民进步史上最生动的典型案例之一。

这部著作全面总结了中国共产党百年解决"三农"问题实现的历史性变革和取得的历史性成就。严重的"三农"问题是中国近代经济积贫积弱的重要根源之一，不彻底解决这一问题，中国现代化就很难取得成功。在百年进程中，中国共产党回答了一个又一个时代课题，其中最为艰巨的就是解决好"三农"问题，中国共产党领导广大人民群众先后实现了从政治上经济上解放农民、让农民站起来，完成农业社会主义改造和促进"三农"现代化建设，放活赋权改革拓展"三农"发展空间，在社会主义市场经济体制下促进"三农"发展，统筹城乡发展和建设社会主义新农村，全面推进乡村振兴和农村同步迈进全面小康社会等一次又一次历史性重大突破。特别是党的十八大以来，习近平总书记多次强调指出，农业强不强、农村美不美、农民富不富，决定着亿万农民的获得感和幸福感，决定着我国全面建成小康社会的质量和水平。"三农"发展实现历史性变革和取得历史性成就，是中华民族迎来站起来、富起来、强起来的重要支撑和重要组成部分，是中国共产党领导全国人民创造举世瞩目的经济快速发展奇迹和社会长期稳定奇迹的重要基础和重要因素。

这部著作历史地、辩证地阐析了中国共产党百年"三农"政策演变及其历史逻辑、理论逻辑、实践逻辑，是对百年"三农"发展历程及其阶段特征研究的深化，也是这部著作的一大亮点。中国共产党在解决"三农"问题过程中，既表现出了强烈的历史责任感和使命感，不失时机推出不断深化的重大战略措施，也表现出了足够的历史耐心，因势利导并尊重客观发展规律。这部著作对土地改革、农业生产合作化、农产品统派购、人民公社、家庭承包经营、政社分开、村民自治、市场取向改革、国家支持、乡镇企业、工农关系、城乡关系、社会主义新农村建设、精准脱贫、美丽乡村建设、乡村振兴、全面建成小康社会等重大发展战略和政策演变进行了系统的梳理和深入的研究，并予以科学、准确、清晰的呈现。尤为可贵的是，这部著作从生产力发展状况展开对中国共产党百年解决"三农"问题历程的研究，指出新中国成立前的"三农"问题主要是制度约束问题，新中国成立后的"三农"问题主要是工业化、现代化发展进程中的问题，进而历史地、辩证地梳理和分析了百年"三农"政策的复杂演变及其中的"变"与"不变"。这一研究深化了中国共产党在新中国成立前后两个时期对解决"三农"问题所采取的不同路线政策的认识，深化了中国共产党为农民谋幸福的初心不改并坚定担当使命的认识，深化了中国共产党能够准确把握时代主题、破解不同发展阶段主要矛盾的认识。

这部著作在全面系统阐析中国共产党促进"三农"发展百年历程的同时，以强烈的问题意识，将历史逻辑、理论逻辑、实践逻辑统一起来，对历史和现实中的热点、难点问题进行了系统阐析，有针对性地、创新性地回应学界和社会关注的重大历史问题及与之相关的"疑点"问题，深刻地阐述和总结了百年来中国共产党在"三农"问题上实现的历史性变革和取得的历史性成就的宝贵经验。可以说，在中国解决"三农"问题，不仅解决的是长期制约中国社会经济发展的重大问题，实现了对人类社会发展的巨大贡献，而且对广大发展中国家和人民也有着重要的借鉴意义，为他们解决贫困问题提供了中国智慧、中国方案。

人民是历史的创造者。人民性也是这部著作研究和写作的最大特点。该书既从战略维度呈现和阐述了中国共产党百年解决"三农"问题的实现路径，又特别注重从现实经济发展中反映基层实践活动，将顶层设计和基层探索紧密地结合起来，为读者提供了一幅更加生动、更加精彩的历史画卷。尤其值得一提的是，该书通过辑录作者长期调研获得的一些珍贵图片资料，呈现了真实历史细节。这种科学的宏观考察与鲜活的基层实践相结合的研究书写形式，使中国共产党百年解决"三农"问题的历程鲜活生动地呈现在读者面前。

除了理论研究和学术探讨，"三农"问题研究更需要的是对中国广大农民群众的大爱情怀。只有热爱得深，才能体会得够、分析得透。郑有贵研究员是位有激情的学者，他的论著是"有温度"的研究成果。他数十年坚持研究"三农"问题，撰写了大量研究论著，为推动解决"三农"问题鼓与呼，这种精神追求成就了他大爱学者的乡土情怀，塑造了他当代学者的科学品质。

郑有贵研究员约我为这部著作写几句话，谨奉上一点阅读感想，以飨广大读者。

中国人民大学 程榴敏

2022 年 1 月

目　录

第二节 实行双层经营、村民自治、政社分设

第三节 放活农产品流通

第四节 积极开展多种经营和农业综合开发

第五节 走农业现代化、农村工业化、城镇化共同发展之路

4 市场经济体制下促进"三农"发展（1992—2002）

绪论

习近平总书记指出："我们要坚持用大历史观来看待农业、农村、农民问题，只有深刻理解了'三农'问题，才能更好理解我们这个党、这个国家、这个民族。"① 中国共产党百年解决"三农"问题的历史，是中国共产党领导全国人民为实现中华民族伟大复兴不懈奋斗历史的重要组成部分。在这一历史演进过程中，中国共产党尽管在不同时期遇到不同的"三农"难题，但始终坚守为农民谋幸福的初心，从中华民族伟大复兴大局出发，直面"三农"难题，攻坚克难，基于国情、农情探索为农民谋幸福的实现路径，这是能够接续破解一个又一个"三农"难题而实现历史性变革和取得历史性成就的原因。

• 农民选择中国共产党领导

农民选择中国共产党领导，是历史演进中的选择，也是他们深切体会到中国共产党一心为民，只有跟中国共产党走才能获得解放和发展的

---

① 《习近平在中央农村工作会议上强调坚持把解决好"三农"问题作为全党工作重中之重 促进农业高质高效乡村宜居宜业农民富裕富足》，《人民日报》，2020 年 12 月 30 日，第 1 版。

选择。

  第一，农民选择中国共产党领导，是无产阶级成为革命的最基本动力这一重大历史演进中，中国共产党成为无产阶级先锋队的选择。中国古代农民运动不断。进入近代，农民独立运动的开展难以取得胜利，太平天国、义和团运动以失败告终即是例证。这是因为在中国共产党成立前的农民运动，没有先进理论指导，没有先进政党领导，没有先进政党顺应历史潮流、勇担历史重任并敢于付出牺牲，也就难以获胜，改变农民自身受压迫、受剥削的命运。近代中国增添了资本主义和工业逐步发展的新因素，随之资产阶级和无产阶级开始走上历史舞台。其中，新生的没有私人占有生产资料的中国工人阶级，具有坚决、彻底的革命性，且与最先进产业相联系，富有组织性、纪律性，成为革命的最基本动力。作为无产阶级先锋队的中国共产党，以马克思主义为指导，勇于担当为中华民族谋复兴的使命，成为中国革命的领导力量。农民选择中国共产党领导，正是历史演进到这一经济社会发展阶段所决定的。

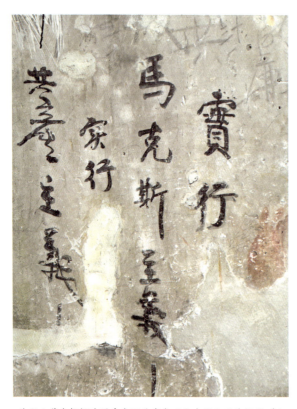

井冈山革命根据地通告中国共产党以马克思主义为指导（当时也有人把马克思译成马克斯）和实现共产主义奋斗目标。图为行州村墙上的标语。2019 年 6 月作者摄

  第二，农民选择中国共产党领导，是在中

国共产党唤醒农民并参加到农民运动过程中的选择。中国共产党找到农民问题的症结在于制度。中共一大明确了中国共产党实行社会革命的根本政治目的，提出要把工、农和士兵组织起来。中国共产党领导建立起的第一个新型农民组织——衙前农民协会（某些时候、场合将农民协会简称为农会），其宣言明确指出，农民与地主的对抗不可调和，只有推翻不良的经济制度、封建政权，才能改变受剥削、压迫的命运[1]。在国共第一次合作期间，以国民党名义开办，实际由中国共产党人主办的农民运动讲习所，向农民讲授政治理论、农民运动理论及其实践方法，启发农民参加革命，是培养农民运动骨干的摇篮。农民运动讲习所的课程有农民运动理论、世界农民运动、农民协会和自卫军组织方法、农民运动现状和趋势、中国农业

大革命时期的武汉国民党中央农民运动讲习所，毛泽东是这个讲习所实际的主办者

---

[1] 参见武力、郑有贵主编：《中国共产党"三农"思想政策史（1921—2013）》，中国时代经济出版社 2013 年版，第 22 页。

情形及改良方法、农村教育、合作运动等。农民从讲习所和农民运动中深受启发，积极参加到革命洪流中。1926 年 7 月开始的北伐战争，中国共产党领导沿途农民积极支持北伐战争，农民运动在这一过程中以前所未有的声势迅猛开展起来。到 1927 年春，全国农民协会会员达 900 多万人。尤其在湖南，实行一切权力归农会，农民协会开展减租减息、清算罚款、取缔高利贷等斗争，建立农民武装，镇压恶霸地主和土豪劣绅。农民运动促进农村政治、经济、思想文化变化，既显示出农民的革命精神、力量，也动摇了封建势力的统治基础。

第三，农民选择中国共产党领导，是在中国共产党坚定解决农民的土地问题过程中的选择。中国共产党在领导农民运动过程中，针对地主阶级剥削，领导农民开展限田限租减息斗争，这就给了农民一定的生存条件。基于孙中山关于联俄、联共、扶助农工的主张，国共开始第一次合作，并在 1924 年 1 月召开的中国国民党第一次全国代表大会通过的《中国国民党第一次全国代表大会宣言》中，基于"盖酿成经济之不平等者，莫大于土地权之为少数人所操纵"的认识，提出平均地权、扶助农工、改良农村组织。然而，由于国民党组成人员中不少有地主阶级背景，加之以核定地价的改良主义办法来实现"平均地权"的不彻底性，平均地权难以实现，地主只是缴纳一部分土地税给政府，劳苦农民分不到土地。中国共产党人在第一次国共合作期间积极领导开展农民运动，致力于解决农民的土地问题。不仅如此，地主阶级和国民党右派仇视打击农民运动，捣毁农会，杀害农会干部；革命统一战线中的资产阶级也害怕农民运动，污蔑农民运动是"越轨""土匪"行动，以所谓破裂统一战线为由，要求中国共产党放弃对农民运动的领导。进入土地革命时期，中国共产党汲取大革命失败的教训，坚定开展土地革命，没收地主土地分配给农民，农民由此有了赖以生存发展的土地。中国共产党坚决满足农民拥有土地的愿望，与国民党难

红军通告土地革命。2019 年 6 月作者摄

以实现平均地权，甚至后来镇压农民运动，形成鲜明反差，这使农民更加坚定地选择中国共产党领导。正如 1936 年毛泽东对斯诺说，"谁赢得了农民，谁就会赢得中国"，"谁能解决土地问题，谁就会赢得农民"。①

　　第四，农民选择中国共产党领导，是在探索形成农村包围城市革命道路进程中的选择。中国共产党早期领导农民运动，由于缺乏自己的武装力量和民主政权的保障，很容易被反动势力破坏。中国共产党最早领导的、以衙前农民协会为起点的萧山农民运动，就很快被镇压下去。在国共合作期间，中国共产党领导的农民运动，在广东革命政府辖区内虽然合法化、公开化，但受到诸多限制，国共合作破裂后则惨遭失败。自井冈山革命根据地建立起，中国共产党把土地革命与武装斗争、根据地政权建设结合起来，武装斗争保卫土地革命成果和巩固民主政权。经济和政治上翻身的农民积极支持革命根据地的武装斗争和各项建设。这就成为根据地日益发

---

　　① 〔美〕洛易斯·惠勒·斯诺编，王恩光译：《斯诺眼中的中国》，中国学术出版社 1982 年版，第 47 页。

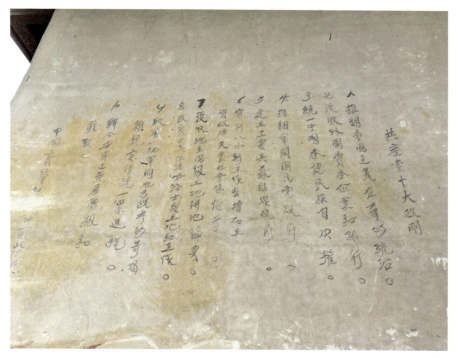

中共六大通过的政治决议案明确中国革命的十大政纲，其中第五条为"建立工农兵苏维埃政府"。
井冈山根据地通告中国共产党十大纲领，将其书写在行州村的墙上。2019 年 6 月作者摄

展，成功走出农村包围城市革命道路的坚实基础。

第五，农民选择中国共产党领导，是他们深切感受到中国共产党与农民同呼吸共命运的选择。中国共产党领导农民运动从一开始，就不是作为救世主凌驾于农民之上，而是与农民同甘共苦，主动与农民融到一起，以及找到了融入农民群众中的方法。例如，《中国青年》第 49 期（1924 年 10 月）发表文章，总结了开展农民运动的 10 个方法：到民间去工作，要穿民间衣服，说民间的话，吃民间的饭，每日做民间事一两个小时；清晨比农民起得更早，做事比农民还下劲；与他们谈话先问后答；要谦逊，并设法亲近他们；在他们面前可说笑话，但不可骂笑；想说帝国资本主义、军阀不好，要从农民的痛苦说起；要有替农民解决问题的常识；在农民休息

时，多对他们讲有趣的故事和笑话；农民休息时，把自己会的玩意演给他们，演过后要告诉他们原因；对不同人给予不同的态度，令他信服为止。[①]在面对敌人封锁井冈山根据地而导致根据地严重缺盐问题时，中国共产党人、人民军队与农民群众"有盐同咸，无盐同淡"，深深感动了农民群众，在农民群众中广为称颂。在抗日民主根据地，军队在吃穿用等物质严重短缺的困难情况下，开展大生产运动，极大地减轻了农民负担，军民生活实现共同改善。

第六，农民选择中国共产党领导，是在解决农民生产生活困难过程中的选择。在帝国主义、封建主义、官僚资本主义压榨下，近代中国农村生产动荡衰败。在传统农业生产力水平较低的情况下，农民生产生活中本来就面临劳动力、耕畜、农具、资金等不足问题，在遭受战争破坏和年轻人参军打仗情况下，这些困难更加明显。中国共产党不仅帮助农民获得土地，还根据实际可能，开展多种形式的劳动互助、供销合作、信用合作、推广技术（1939年建立延安自然科学院开展农业科学研究；为集中技术力量开展科学试验，1941年将边区农业学校的农业试验农场与光华农场合并为农业试验场）、兴修水利等，解决他们在生产生活中遇到的困难，进而促进农业生产发展，农民生活随之改善。

- ## 解决"三农"问题的战略维度

中国共产党百年解决"三农"问题的历史，是以人民为中心而解放农民、发展农民的历史；是促进农业农村现代化发展，进而促进整个国家现代化发展的历史；是朝着中华民族伟大复兴目标不懈奋斗历史的重要组

---

① 转引自武力、郑有贵主编：《中国共产党"三农"思想政策史（1921—2013）》，中国时代经济出版社2013年版，第35页。

成部分。从大历史观和政治经济学视角分析，中国共产党之所以能够探索走出中国特色农村包围城市革命道路和中国特色社会主义"三农"发展道路，是因为坚守为农民谋幸福的初心，从战略上统筹把握好相关联的农民维度、中华民族复兴维度、现代化维度、生产力维度、国际维度。

第一，农民维度。农业问题、农村问题、农民问题不是孤立的，而是相互关联的，其中的核心是农民问题。中国共产党百年革命、建设、改革进程中，始终从为农民谋幸福出发。在新民主主义革命进程中，中国共产党把农民作为革命的主力军，发展和巩固工农联盟，最先是解决农民受压迫、受剥削问题，由领导农民参加农民协会和开展限田、限租、限息，到实行土地革命和建立民主政权，其中最形象、最有动员力的口号是"打土豪、分田地"，使农民生存发展有了土地这一基本条件。在社会主义革命进程中，中国共产党在农村领导农民建立土地等生产资料集体所有制，这一重大制度变革避免了私有制下弱势农民容易失去生存发展依赖的土地而再度深陷贫困（有的国家的失地农民进入城市后只能拥挤在贫民窟），还成为农村经济社会发展的基石。在社会主义建设进程中，中国共产党一如既往地为农民谋幸福。1957 年，毛泽东在《关于正确处理人民内部矛盾的问题》中指出："我国有五亿多农业人口，农民的情况如何，对于我国经济的发展和政权的巩固，关系极大。"[①] 从为农民谋幸福出发，中国共产党以土地公有制为基石，坚持农民主体地位，注重保障农民的物质利益和民主权益。在改革开放进程中，中国共产党在为农民谋幸福进程中，充分尊重农民首创精神，把尊重农民首创精神与中央的顶层设计结合起来，这是农村改革能够顺利推进并取得显著成效的重要经验之一。简言之，在百年解决"三农"问题历史进程中，中国共产党面对旧中国的制度约束，面对

---

① 《毛泽东文集》第 7 卷，人民出版社 1999 年版，第 219 页。

新中国成立后工业化、城镇化进程中世界普遍存在"三农"发展受弱质性困扰的问题①，没有因为小规模经营的农民诉求表达能力弱就顺势忽视"三农"问题，与此相反，而是担当使命，解放农民和破解不同阶段的"三农"难题。

第二，中华民族复兴维度。中国共产党百年来团结带领中国人民进行的一切奋斗、一切牺牲、一切创造的主题是实现中华民族伟大复兴。中国共产党将解决好"三农"问题作为中华民族复兴伟业的基础和重要组成部分，即从中华民族复兴的高度来解决"三农"问题。在迎来站起来的进程中，中国共产党充分认识并发挥农民在新民主主义革命中的重要作用，把解放农民和赢得农民统一起来，以解放农民、建立和发展农村根据地为战略支点，②在解放农民进程中走向全面胜利。早在1922年11月，中共中央在制定的《中国共产党对于目前实际问题之计划》中，基于国民经济以农业为主、农民在全国人口中占绝大多数的经济社会发展阶段，指出农民"自然是工人阶级最有力的友军""中国共产党若离开了农民，便很难成功一个大的群众党"。③中国共产党解放和发展农民，进而赢得农民对革命的支持，农民成为新民主主义革命主力军，才成功走出了中国特色农村包围城市革命道路，才迎来中华人民共和国成立和中国人民站起来的历史性时刻。在迎来富起来的进程中，中国共产党深刻认识到解决好"三农"问题在国家经济社会发展中的作用。邓小平指出："中国社会是不是安定，中国经济能不能发展，首先要看农村能不能发展，农民生活是不是好起来。"④江泽民指出："没有农村的全面进步，就不可能有我国社会的全面进步；没有农村的稳定，就不可能有我国整个社会的稳定；没有农民的小康，就不

---

① 参见郑有贵：《问题视域下新中国70年"三农"的转型发展》，《当代中国史研究》2019年第5期。
② 参见郑有贵：《中国共产党解放农民和赢得农民的统一》，《宁夏社会科学》2021年第4期。
③ 《建党以来重要文献选编（一九二一——一九四九）》第1册，中央文献出版社2011年版，第198页。
④ 《邓小平文选》第3卷，人民出版社1993年版，第77—78页。

可能有全国人民的小康。"① 胡锦涛指出:"在我们这样一个农民占多数人口的国家里,农民是否安居乐业,对于社会和谐具有举足轻重的作用。广大农民日子好了、素质提高了,广大农村形成安定祥和的局面了,和谐社会建设基础就会更加牢固。"② 基于这些战略高度的认识,中国共产党着力推进农业农村现代化,推进社会主义新农村建设,以夯实"三农"基础。在迎来强起来的进程中,中国共产党从全面建设社会主义现代化国家出发,深刻论述了解决好"三农"问题的战略地位。习近平指出,从中华民族伟大复兴战略全局看,民族要复兴,乡村必振兴。从世界百年未有之大变局看,稳住农业基本盘、守好"三农"基础是应变局、开新局的"压舱石"。构建新发展格局,把战略基点放在扩大内需上,农村有巨大空间,可以大有作为。③ 基于如此历史方位,中国共产党把全面推进乡村振兴作为实现中华民族伟大复兴的一项重大任务。

第三,现代化维度。中国共产党面临的"三农"问题,不同于传统农业社会的"三农"问题,是与以工业化快速推进为特征的现代化联系在一起的,即是现代化进程中的问题。在这一进程中,中国共产党从整个国家现代化发展高度进行总体把握,统筹全局与局部、长远与当期,促进工业与农业、城镇与农村相互促进。一方面,中国共产党集中力量实施国家工业化战略,促进工业化发展,进而辐射带动整个国家现代化发展,为解决"三农"问题提供现代生产要素、就业等条件,以提升"三农"发展能力和拓展"三农"发展空间。为此,在工业化初期实行农业养育工业,在进入工业化中期发展阶段反转调整为工业反哺农业,实现了"大仁政"前后周期的顺利转换。另一方面,中国共产党从工业与农业、城镇与农村协调发

---

① 《江泽民文选》第1卷,人民出版社2006年版,第259页。

② 《胡锦涛文选》第2卷,人民出版社2016年版,第287—288页。

③ 《习近平在中央农村工作会议上强调坚持把解决好"三农"问题作为全党工作重中之重 促进农业高质高效乡村宜居宜业农民富裕富足》,《人民日报》,2020年12月30日,第1版。

展出发，着力解决工业化、城镇化进程中"三农"发展受弱质性困扰问题，促进农业农村农民现代化，也为工业化发展提供了资金、农产品原料、市场等支撑。20 世纪 50 年代初至 70 年代末，中国共产党大力发展农村社区集体经济，并通过农村社区集体统筹和积累，实现一定资金积累，在一定程度上解决了农业养育工业政策下农业农村发展面临的资金短缺问题。70 年代末至世纪之交，中国共产党促进乡镇企业异军突起，并用乡镇企业收益支持农业农村发展，即在农村内部先于整个国民经济实行工业反哺农业（当时称以工补农），加之一系列搞活政策的实施，农业农村农民现代化持续推进。在"两个趋向"①理论判断下，中国共产党基于中国已进入工业化中期发展阶段，在整个国民经济中实现农业养育工业向工业反哺农业的政策取向转变。进入新时代，中国共产党全面推进乡村振兴，促进一、二、三产业融合发展，城乡融合发展，促进工农互促、城乡互补、协调发展、共同繁荣的新型工农城乡关系加快形成，并采取措施补齐全面建成小康社会"三农"，特别是贫困地区贫困户短板，农村同步迈进全面小康社会，并朝着农业高质高效、乡村宜居宜业、农民富裕富足目标迈进。促进工农互促、城乡互补、协调发展、共同繁荣，是中国共产党破解"三农"难题实现历史性变革和取得历史性成就不可忽视的因素。

第四，生产力维度。中国共产党注重根据生产力水平制定"三农"政策。百年间，中国共产党面对的"三农"问题是动态变化的，不同生产力水平的发展阶段出现不同的问题，"三农"政策也随之进行相应调整完善。工业和农业两个部门间剩余转移政策——农业养育工业或工业反哺农业，就是根据所处生产力发展阶段作出选择的典型案例。从国际经验看，在工业化初期生产力水平下，国家较为普遍地选择农业养育工业，而当进入到

---

① 参见《胡锦涛文选》第 2 卷，人民出版社 2016 年版，第 247 页。

工业化中期发展阶段后，则将其调整为工业反哺农业。胡锦涛在中共十六届四中全会上将其概括为"两个趋向"。我们仅看到这一政策演变逻辑是不够的，还应当看到，工业和农业两个部门间剩余转移是一个大政策，有一系列与之相配套的子政策，进而构成一个大的政策体系。在农业养育工业政策体系中，较主要的子政策有3项：一是农产品统派购制度。制定和实施这一政策的初始起因，是当时农业生产力水平不高，农产品产出能力低，而快速推进工业化却大幅增加对农产品的需求，这导致供给不足问题突出。选择这一政策，旨在保障农产品短缺状况下的有序供给。在后来的实践中，这一政策的实施，还起到保障低价收购工业化发展所需农产品原料的作用。二是农业生产合作化的组织化政策。制定和实施这一政策的初始起因，是为了解决传统农业生产力水平较低情况下农户缺少农具、耕畜等生产要素问题。在后来的实践中，这一政策的实施，一方面使剩余由农业部门向工业部门转移更为隐性化，低价统派购农产品也易于实现。正如中央分管经济工作的陈云所指出的："向农业生产合作社进行统购统销的工作，也要容易得多，合理得多。"[①]另一方面通过农村社区集体统筹和积累，实现农业养育工业下农业农村发展资本积累。三是城乡二元户籍制度。制定和实施这一政策的起因，是作为后工业化国家，为追赶世界工业化进程，优先发展重化工业，但由于其属于资金和技术密集型，吸纳劳动力的数量较少，实行城乡二元户籍管理则可限制农村劳动力过多进入城镇，进而避免城镇居民消费水平相对较高而增加工业化成本问题的发生，以及避免增加农村向城市提供更多农产品的负担。这三个子政策制定的起因尽管各异，但在实际上都起到了有利于剩余由农业部门向工业部门转移的作用，因而在工业化初期阶段的实践中逐步固化。这一政策体系的形成和固

---

① 《陈云文选》第2卷，人民出版社1995年版，第277页。

化，为国家工业化战略的顺利实施提供了资本积累和农产品原料供给等保障，是到 20 世纪 70 年代末，中国能够在较短时间内建立起独立的比较完整的工业体系和国民经济体系的重要原因之一。随着国家工业化的发展，工业具有了较强的自我积累能力，加之国际紧张局势缓和，外国资本随之进入中国，因而从农业提取剩余支持工业化发展的紧迫性极大缓解，使自 20 世纪 70 年代末起逐步打破上述政策体系成为可能。特别是在世纪之交，中国进入工业化中期发展阶段，在生产力水平有较大幅度提升的情况下，工业部门还有能力将剩余转移到农业部门。换言之，经过几十年工业化的跨越发展，国家有了较强经济实力支持农业农村发展，因而在发展社会主义市场经济进程中实施城乡一体化，城乡融合发展，一、二、三产业融合发展成为可能。简言之，在长期实践基础上，中国共产党更加自觉地坚持以生产力为基点制定"三农"政策，把解放和发展生产力作为社会主义的本质要求，坚持以是否有利于解放和发展生产力作为政策制定的出发点之一。从生产力维度考察"三农"政策的制定和调整完善，是梳理中国共产党百年"三农"政策复杂演变的钥匙，可以避免陷入早知如此何必当初的逻辑推导误区。

第五，国际维度。中国共产党在独自解决中国的"三农"问题过程中，也注重考虑国际因素。中国共产党在成立初期，就认识到帝国主义列强侵略下，外货输入对中国农业农村农民的冲击，并探索相应对策。中共三大通过的《农民问题决议案》指出，自从各帝国主义者以武力强制输入外货以来，一般日用品的价格增高率远超过农产品价格增高率[①]，从前的农民副业也全被摧残。这次大会通过的《中国共产党党纲草案》指出，帝国主

---

① 陈独秀在 1923 年 7 月发表的《中国农民问题》中，根据农商部统计资料，分析指出外货输入使"一般物价增高率远过于农产物价格增高率"，是当时农业衰退和农民经济地位日益下降，以至破产的原因。《建党以来重要文献选编（一九二一——一九四九）》第 1 册，中央文献出版社 2011 年版，第 282——284 页。

义列强在中国取得治外法权、协定关税等优越权力，支配了中国重要经济生活和政治生活；外货输入使农业生产力退步，农民等小生产者渐渐失掉土地等生产资料。"此时中国重要的工业机关，大部分都在列强或军阀官僚手里，很少在中国资产阶级手里；农民正面的敌人，更是列强与军阀官僚，故中国的无产阶级应当最先竭全力参加促进此国民革命，并唤醒农民，与之联合而督促苟且偷安的资产阶级，以引导革命到底；以革命的方法建立真正平民的民权，取得一切政治上的自由及完全的真正的民族独立。"鉴于此，将"取消帝国主义的列强与中国所订一切不平等的条约，实行保护税则，限制外国国家或个人在中国设立教会、学校、工厂及银行"作为包括18项"最小限度的党纲"的第一项。① 新中国成立后，帝国主义在中国的特权被废除，中国共产党在解决"三农"问题上坚持考虑国际因素。面对国际风险，强调中国人要把饭碗端在自己手里的政策目标，为此采取措施促进农业现代化建设，以提高农产品自给能力。面对激烈的国际竞争，在加入世界贸易组织后运用好"绿箱""黄箱"政策工具，以加大对农业的支持力度进而提升竞争力。同时，还学习借鉴国际经验，如在农业社会主义改造过程中，借鉴但又不照搬苏联集体农庄的做法，即没有照搬苏联实行土地国有，而是实行农村土地等生产资料集体所有，以此实现由土地等生产资料的私有制向公有制的重大制度变革。20世纪70年代末，借鉴南斯拉夫农工商综合经营经验，在小范围试行农业向产前、产后延伸，这是后来产加销、贸工农一体化经营（通称农业产业化经营）的先期实践。此外，中国共产党还吸取苏联从农民那里低价拿走农产品太多的义务交售制的教训，在统购农产品时以一定额度为限（如在粮食上实行"三定"，即定产定购定销，且一定三年不变，这样集体在农业增产后就可以留下更多

---

① 《建党以来重要文献选编（一九二一——一九四九）》第1册，中央文献出版社2011年版，第248、251、253页。

的农产品，起到鼓励农民增产的作用）；吸取资本主义教训，坚持土地公有制；等等。

● 破解"三农"问题的实现路径和成就

以马克思主义为根本指导的中国共产党从成立起，就旗帜鲜明地将实现社会主义和共产主义明确为自己的奋斗目标。[1] 中共一大通过的中国共产党第一个纲领，明确"革命军队必须与无产阶级一起推翻资本家阶级的政权"，"承认无产阶级专政，直到阶级斗争结束"，"消灭资本家私有制"。[2] 中国共产党成立初期就关注农民及其生产生活的困境，寻找困境的成因，探索破解困境的路径。中共三大宣言提出："拥护工人农民的自身利益，是我们不能一刻疏忽的；对于工人农民之宣传与组织，是我们特殊的责任。""我们的使命，是以国民革命来解放被压迫的中国民族。"[3] 这次大会通过党的第一个以农民为主题的专项决议，即《关于农民问题的决议案》，此决议在指出农民被鱼肉的基础上，明确提出要保护农民利益。《决议案》指出："自从各帝国主义者以武力强制输入外货以来，一般日用品的价格增高率远超过农产品价格增高率，从前的农民副业（如手工纺织等）也全被摧残。又自辛亥以后，军阀争地盘的战争连年不息，土匪遍于各地，再加以贪官污吏之横征暴敛（如预征钱粮额外需索等），地痞劣绅之鱼肉把持，以致农民生活愈加困难。因此种种压迫农民自然发生一种反抗的精神，各地农民之抗租抗税的暴动，即其明证，故我党第三次大会决议认为有结合小农佃户及雇工以反抗宰制中国的帝国主义者，打倒军阀及贪官污

---

① 本书编写组：《中国共产党简史》，人民出版社、中共党史出版社 2021 年版，第 14 页。
② 《建党以来重要文献选编（一九二一——九四九）》第 1 册，中央文献出版社 2011 年版，第 1 页。
③ 《建党以来重要文献选编（一九二一——九四九）》第 1 册，中央文献出版社 2011 年版，第 277 页。

吏，反抗地痞劣绅，以保护农民之利益而促进国民革命运动之必要。"① 其中清晰表明，中国共产党领导农民开展革命斗争，旨在农民占绝大多数的中国人民的解放，这是农民利益保障和发展的基础。

百年间，中国共产党基于农民维度、中华民族复兴维度、现代化维度、生产力维度、国际维度等，并将这五个维度统筹起来，探索走出了中国特色农村包围城市革命道路和中国特色社会主义"三农"发展道路。其中，贯穿百年的主线是解放农民和促进共同富裕、在工业化进程中工农互促、在城镇化进程中城乡互促、以党的坚强领导和强化政策支持破解发展"三农"受弱质性困扰的问题。

第一，探索形成解放农民和促进共同富裕之路。马克思主义认为，私有制是贫困的根源，走向共同富裕要以公有制为基础。马克思基于对资本主义生产方式中"工人生产的财富越多，他的产品的力量和数量越大，他就越贫穷"② 经济事实的分析，指出无产阶级贫困源于资本主义制度，要通过消灭资本主义制度消除贫困。恩格斯指出："工人阶级处境悲惨的原因不应当到这些小的弊病中去寻找，而应当到资本主义制度本身中去寻找。"③ 中国共产党认识到农民受压迫、受剥削缘于封建地主阶级土地所有制，从限田、限租，到耕者有其田，再到土地集体所有，以此为基础，探索形成基于农村基本经营制度、以共享发展的农业农村组织化促进共同富裕和现代化之路。

第二，探索形成工业化进程中工农互促的发展之路。马克思主义主张工农联盟和致力于缩小工农差别。中国共产党成立初期提出"农业是中国国民经济之基础"（1922 年，中共中央《中国共产党对于目前实际问题之

---

① 《建党以来重要文献选编（一九二一——一九四九）》第 1 册，中央文献出版社 2011 年版，第 263 页。
② 《马克思恩格斯选集》第 1 卷，人民出版社 1995 年版，第 40 页。
③ 《马克思恩格斯文集》第 1 卷，人民出版社 2009 年版，第 368 页。

工业带动农业。20世纪70年代初，国家启动实施"四三方案"，引进成套设备。在化肥工业方面，1973年开始，中国陆续从美国、荷兰、日本、法国引进13套日产1000吨合成氨和1620吨至1740吨尿素的大型成套生产装置，以天然气和石油为原料，技术水平达到当时的世界先进水平。图为四川化工厂

计划》)、"农业是中国社会的经济基础"（1923年8月25日，《中国社会主义青年团第二次全国代表大会关于农民运动决议案》)、发展巩固和工农联盟；新中国成立后提出正确处理工业与农业的关系（1956年，毛泽东《论十大关系》)，实行"以农业为基础、以工业为主导"的发展国民经济的总方针（1962年9月，中共八届十中全会）。[①]进入中国特色社会主义新时代，基于工业与农业关联度提升和产业链的联接，探索形成产业链、价值链一体化联结的产业融合发展之路，促进了"三农"发展空间的拓展。

第三，探索形成城镇化进程中城乡互促的发展之路。马克思主义把消灭城乡差别作为发展目标。中国共产党从当时国民经济以农业为主、农村

①　戚义明：《以农业为基础、以工业为主导方针的逐步形成和最终确立——基于〈毛泽东年谱(1949—1976)〉的考察》，《毛泽东研究》2016年第4期。

人口在全国总人口中占绝大多数的基本国情出发,放弃不适合国情的以城市为中心的革命道路的主张,成功走出农村包围城市、武装割据的中国特色革命道路;新中国成立后,致力于消除城乡差别,推进农业农村现代化建设;党的十一届三中全会后,大力推进农村城镇化,促进农民进城就业创业,推进社会主义新农村建设,实施乡村振兴战略。随着生产力水平的提高和实践发展,促进城乡融合发展,进而形成城乡相互促进和协调发展之路。

第四,探索形成以党的坚强领导和强化政策支持破解"三农"发展受弱质性困扰问题之路。新中国成立前后两个时期的"三农"问题的成因是有差异的。前一时期是制度约束,中国共产党领导农民运动,引导农民参加革命,农民获得政治翻身,获得土地而摆脱经济上的附庸地位。后一时期是在工业化、城镇化进程中,受农业农村发展能力弱于工业、城镇,中国共产党除发展工业、城镇带动"三农"发展外,还注重对"三农"的投入。在农业养育工业的时期,尽管对农业实行负支持,仍然对农业实行必需的支持。毛泽东在《论十大关系》中辩证地指出,重工业是投资的重点,也要"注重农业、轻工业,使粮食和轻工业原料更多些,积累更多些,投到重工业方面的资金将来也会更多些"。①进入到工业化中期,即在国家经济实力增强后,实施工业对农业、城市对农村的支持,国家对"三农"的支持水平大幅提升,以解决工业化、城镇化进程中"三农"发展受弱质性困扰的问题,进而形成以国家强大经济实力支持"三农"发展之路。进入新时代,在实施乡村振兴战略进程中,以习近平同志为核心的党中央提出走中国特色社会主义乡村振兴道路,并明确了包括"重塑城乡关系,走城乡融合发展之路""巩固和完善农村基本经营制度,走共同富裕之路""深

---

① 《毛泽东文集》第7卷,人民出版社1999年版,第25页。

化农业供给侧结构性改革，走质量兴农之路""坚持人与自然和谐共生，走乡村绿色发展之路""传承发展提升农耕文明，走乡村文化兴盛之路""创新乡村治理体系，走乡村善治之路""打好精准脱贫攻坚战，走中国特色减贫之路"等在内的丰富内涵。①

百年间，中国共产党解决"三农"问题道路探索中，政策演变极为复杂。解决"三农"问题进程中政策的"变"与"不变"，有其历史逻辑，要历史地、辩证地认识。其中，不变的是中国共产党为农民谋幸福的初心和走共同富裕道路，变的只是实现初心和共同富裕的实现方式和具体政策工具的运用，而这种变化又是基于当时生产力水平及历史场景等因素而进行的选择和调整。

百年间，中国共产党接续破解了一个又一个"三农"难题，"三农"发展实现历史性变革和取得历史性成就。1921—1949 年，中国共产党面对农民受压迫和受剥削的问题，领导农民走革命道路，与帝国主义、封建主义、官僚资本主义斗争，在农村包围城市革命进程中实现翻身解放。1949—1952 年，中国建立起中国共产党领导、人民当家作主的全新社会制度，在全国农村建立起乡（行政村）人民代表大会、乡（行政村）人民政府实现农民当家作主，实行土地改革为农民当家作主奠定经济基础，扫除文盲提高农民文化素质，迅速恢复发展农业生产解决农民缺衣少吃问题，这些都使农民稳稳地立了起来。1953—1978 年，中国共产党在农业社会主义改造进程中，面对传统农业生产力水平下小规模农户在生产经营中畜力、农具等基本生产要素不足问题，把农民组织到生产合作中，建立起农村土地集体所有制，构建起农村社区集体统筹和积累机制，进而促进农业现代化建设和生产发展，促进农村文化、教育、卫生医疗事业发

---

① 《十九大以来重要文献选编》（上），中央文献出版社 2019 年版，第 141—156 页。

展，促进农村基础设施建设，也为国家工业化提供了所需资金、农产品原料、工业品市场等，对国家工业化作出了重要贡献。1978—1992 年，中国共产党面对工业化快速推进下"三农"发展滞后这一重大结构性问题，基于已建立起独立的比较完整的工业体系和国民经济体系，实行放活赋权改革，以增强"三农"发展活力，也拓展了"三农"发展空间，进而促进"三农"发展。1992—2002 年，在建立前所未有的社会主义市场经济体制进程中，中国共产党着力促进小农户生产与市场对接，推进"建立以家庭承包经营为基础，以农业社会化服务体系、农产品市场体系和国家对农业的支持保护体系为支撑，适应发展社会主义市场经济要求的农村经济体制"（简称"一个基础，三个支撑"）的改革，促进农业现代化、农村工业化、农村城镇化进一步发展，到 2000 年中国农民生活水平总体达到小康水平。2002—2012 年，中国共产党面对市场经济下"三农"发展受弱质性困扰而城乡差距扩大的问题，基于中国已进入工业化中期的发展阶段，以统筹城乡经济社会发展为方略，以城乡一体化发展为取向，推进社会主义新农村建设，扼制了城乡差距扩大趋势，2004 年起至 2012 年实现粮食生产"九连增"和农民收入"九连快"。2012—2021 年，在中国特色社会主义新时代，中国共产党探索走中国特色社会主义乡村振兴道路，面对农业是"四化同步"短腿、农村是全面建成小康社会短板①，发挥中国共产党领导和社会主义制度的政治优势，全国一盘棋，着力破解"三农"发展受弱质性困扰问题，历史性地解决了绝对贫困问题，农村同步迈进全面小康社会，为实现农业高质高效、乡村宜居宜业、农民富裕富足的愿景奠定了坚实基础。百年间，中国"三农"发展实现历史性变革和取得历史性成就，是中国共产党领导全国人民接续奋斗迎来中华民族站起来、富起来、强起

---

① 参见《习近平关于"三农"工作论述摘编》，中央文献出版社 2019 年版，第 5 页。

农业现代化进程。上图为20世纪50年代，河南省郾城县万金公社社员踩水车浇田。下图为2017年3月9日，在河南省浚县王庄镇一处麦田里，自走式智能喷灌机进行喷灌作业

来的重要支撑和重要组成部分,是创造世所罕见的经济快速发展奇迹和社会长期稳定奇迹的基础和重要组成部分。

中国共产党百年解决"三农"问题实现历史性变革和取得历史性成就,深刻回答了只有中国共产党才能解决好"三农"问题。其中的原因很多,起主导作用的有:一是,只有中国共产党才能真正做到以人民为中心,解放农民,确保农民的主体地位,充分尊重农民的首创精神,充分发挥农民在制度创新和农业农村发展中的作用。"三农"问题缘于其发展能力相对于工业、城市的弱质性,受此困扰,农业农村发展与工业、城镇快速发展相比有些滞缓。中国共产党对诉求表达能力弱的农民,不是顺势忽视之,而是将解决好"三农"问题摆在治国理政的突出位置,着力促进"三农"发展。二是,只有中国共产党才能站在中华民族伟大复兴的高度,从实际出发,处理好全局与局部、长远与当期发展的关系,在现代化进程中推进不同生产力水平发展阶段"三农"问题的解决。三是,只有中国共产党才有能力厚植起优势,以解决工业化、城镇化进程中受弱质性困扰的"三农"问题。其中,在中国共产党坚强领导下,充分发挥国家制度和国家治理体系所具有的能够"全国一盘棋,调动各方面积极性,集中力量办大事"的显著优势,上下同心,齐心协力攻坚克难,打赢脱贫攻坚战,补齐全面建成小康社会进程中贫困地区贫困人口短板,即是鲜活生动的成功实践之一。

方向决定道路,道路决定命运。一言以蔽之,百年间,中国在解决"三农"问题路径上取得的最重要的成果是,坚持发挥中国共产党的领导的政治优势,坚持发挥社会主义的制度优势,坚定促进全体人民共同富裕,从战略上统筹把握好相关联的农民维度、中华民族复兴维度、现代化维度、生产力维度、国际维度,就如何突破旧中国的制度约束和工业化、城镇化进程中世界普遍存在"三农"发展受弱质性困扰问题进行艰辛探索,形成了从解放农民到促进乡村全面振兴的实现路径。这是中国式现代化道路的重要组成部分，是对马克思主义解决"三农"问题理论的丰富发展，将对促进农业农村现代化和乡村全面振兴继续产生深远的重大影响。

更为可贵的是，百年间，曾经由于实践经验不足及受认识局限的原因，"三农"工作有过失误，"三农"发展也陷入过困境，但中国共产党为农民谋幸福的初心不改，因而能够以极大勇气正视困难和纠正失误，并在实践中日益成熟，不断推进马克思主义中国化，实现理论创新发展，增强驾驭"三农"工作的能力。这深刻地反映出，中国共产党百年解决"三农"问题实现历史性变革和取得历史性成就来之不易，所积累的经验极为珍贵。

本书力求基于大历史观和政治经济学视角书写中国共产党解决"三农"问题的百年历程，呈现百年历程的主题与主线、主流与本质，实现的历史性变革和取得的历史性成就，历史地、辩证地呈现百年间"三农"政策复杂演变及其中的"变"与"不变"，有针对性地回应学界和社会关注的重大历史及与之相关理论的"疑点"问题，深刻阐析百年"三农"历史性变革和历史性成就来之不易及其宝贵经验，使之成为阐析中国共产党百年解决"三农"问题的科学信史，为学史悟思想办实事开新局提供重要参考书目，在学史明理、增信、崇德、力行方面发挥作用。

1

解放农民和让农民立起来

（1921—1952）

中国共产党自成立起，面对旧中国日益衰败和遭受帝国主义列强凌辱，扛起中华民族伟大复兴重任，以马克思主义为指导，经过长期艰苦卓绝的反帝国主义、封建主义、官僚资本主义斗争，取得新民主主义革命胜利，建立起中华人民共和国。

在新中国成立前的长久历史中，农民在旧的国家治理体系中政治上处于被统治地位难以突破，在地主阶级封建剥削的土地所有制下经济上处于依附地位难以突破。历史上的农民运动都以失败告终。让农民参加到反对帝国主义、封建主义、官僚资本主义的革命斗争队伍中，突破农民被统治和依附地位，解放农民，让农民能够真正立起来，是中国共产党首先要破解的历史性课题。

以毛泽东为主要代表的中国共产党人，基于对农民在革命中重要作用的深刻认识，发展和巩固工农联盟，建立和发展工农红军，把土地革命与武装斗争、根据地政权建设结合起来，星火燎原，从井冈山到瑞金，经过长征到延安、西柏坡，成功走出农村包围城市的革命道路。中国共产党把解放农民与赢得农民统一起来，翻身得解放的农民坚定选择中国共产党领导，以踊跃参军、支援前线、在后方照顾伤员、积极发展生产保障供给等诸多方式参与和支持革命。尽管不同革命阶段中国共产党在土地等政策上有一些调整变化，但中国共产党为人民谋幸福的初心不改，与农民血肉相连、命运与共，因而得到农民积极而又广泛响应。中国共产党自成立起到土地革命时期，领导农民开展限租、限田、减息、打土豪分田地，激励和动员农民参与革命。在抗日战争时期，从中华民族独立解放出发，停止实施没收地主土地分给农民的政策，实行减租减息，以巩固一致抗日的统一战线。在解放战争时期，中国共产党在解放区坚决实行土地改革，促进生产发展，农民以极大热情参与和支持解放战争。中国共产党从土地和民主两个方面满足农民的基本要求，使农民在政治和经济上翻身得解放，是成功走出中国特色农村包围城市革命道路的重要原因之一，是马克思主义中国化的重要体现。

1949 年 10 月 1 日，中华人民共和国成立，在全国范围建立起中国共产党领导、人民当家作主的全新社会制度，从此揭开了中华民族伟大复兴的新篇章。中国共产党领导农民在全国范围建立起农民协会、建立农村基层政权实现农民当家作主，实现耕者有其田为农民当家作主奠定经济基础，扫除文盲等实现农民人文素质提升，迅速恢复发展农业生产解决缺衣少吃问题，毛泽东、周恩来等党和国家领导人在天安门城楼接见农业劳动模范，这些变革发展使农民真正立了起来。中国共产党领导全国农民实现农村深刻伟大的社会变革，不仅促进农业生产在较短的 3 年间就恢复到历史最高水平，为国民经济全面恢复和发展初步奠定了基础，还成为当代中国经济社会发展的强大动力。

第一节　工农联盟与农民政治翻身

中国共产党一经成立，就旗帜鲜明地把实现社会主义和共产主义明确为自己的奋斗目标。中共一大通过的中国共产党第一个纲领，明确"革命军队必须与无产阶级一起推翻资本家阶级的政权"，"承认无产阶级专政，直到阶级斗争结束"，"消灭资本家私有制"。中共一大明确把组织农民写入党纲。中国共产党从号召农民组织起来，到领导农民参与土地革命、武装斗争、政权建设，建立革命根据地，成功走出农村包围城市革命道路。在这一进程中，农民翻身得解放，坚定地选择跟中国共产党走，成为新民主主义革命主力军，为迎来中华民族站起来的历史性飞跃作出了重要贡献。

- 领导农民运动

中国共产党一开始就主张把农民组织起来。1921 年 4 月，《共产党》发表中国共产党最早关于农民运动的文献——《告中国的农民》一文，号召农民组织起来，依靠自己的力量，争取翻身解放。中共一大通过的《中国共产党纲领》明确指出，"本党承认苏维埃管理制度，把工农劳动者和士兵组织起来，并承认党的根本政治目的是实行社会革命"。[1]

中国共产党在集中力量领导工人运动的同时，到农村组建农民协会，开展农民运动。1921 年 9 月 27 日，共产党人组织召开衙前农民协会成立大会。这是中国共产党领导创建的第一个新型农民组织。[2] 会议通过《衙

---

[1] 《建党以来重要文献选编（一九二一——一九四九）》第 1 册，中央文献出版社 2011 年版，第 1 页。

[2] 本书编写组：《中国共产党简史》，人民出版社、中共党史出版社 2021 年版，第 18 页。

衙前农民运动纪念馆

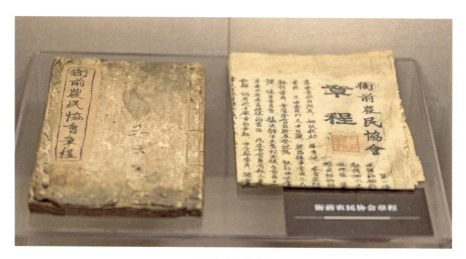

衙前农民协会章程

前农民协会宣言》《衙前农民协会章程》（中共中央机关刊物《新青年》将其全文刊登）。《衙前农民协会宣言》指出，农民与地主处于不可调和的对抗地位，农民只有推翻不良的经济制度和封建政权，才能改变自己受剥削、受压迫命运，并提出土地归农民所有。按照章程规定，会议选举出 6 名委员，李成虎为领导者。萧山、绍兴等地广大农民欢欣鼓舞，奔走相告，有的步行，有的摇船，聚集到衙前索取《衙前农民协会宣言》《衙前农民协会章程》，并邀人前往演讲。两三个月内，农民协会发展到萧山、绍兴等地的 80 多个村庄，领导农民进行抗税减租斗争。这一由中国共产党领导的最早的农民运动，虽因很快遭到封建势力和反动军警的镇压而失败，但为后来更大规模农民运动的组织开展积累了经验、打下了群众基础。

1922 年 7 月，彭湃在广东海丰县成立第一个秘密农会。到 1923 年 5 月，海丰、陆丰、惠阳三县很多地方建立起农会，会员达到 20 多万人。9 月，湖南衡山县白果地区农民在水口山工人运动的鼓舞下，在党的领导下，成立了岳北农工会，开展斗争，树起湖南农民运动的第一面旗帜。

1924 年 1 月召开的国民党一大事实上确立了联俄、联共、扶助农工的

海丰全县第三次农民代表大会

三大革命政策，由此第一次国共合作正式形成。在国民党名义下进行、实际由中国共产党领导的农民运动在广东革命政府辖区内公开化、合法化。2月，在中国共产党的有力推动下，国民党设立农民部，统一领导农民运动。中国共产党人林伯渠任部长，彭湃任秘书。3月19日，国民党执行委员会通过农民部制定的《农民运动计划案》，强调组织精密的农民团体，然后才有农民运动，并规定应成立各级农民团体。随后，孙中山大元帅府颁发经孙中山审定的《农民协会章程》，对组织农民协会的目的、会员条件、组织机构、组织纪律、会员权利义务等作出规定。5月5日，国民党中央执行委员会通过决议，建立农民运动委员会，辅助中央执行委员会农民部工作，由农民部主管。7月起，中国共产党人彭湃、阮啸仙、罗绮园、谭植棠、毛泽东先后主持举办了6届农民运动讲习所，它们是农民运动的推进器，为广东、广西、湖南等省培养了大批农民运动骨干，促进农民运动更大范围发展起来。广东各县农民纷纷建立农民协会，组织自卫军，与土豪劣绅和贪官污吏斗争。

1925年五卅运动后，李大钊指出，农村旧有的团体，多由绅董操纵，"不惟于贫农的疾苦漠不关心，甚且专以剥削贫农为事"，"若想提高贫农的地位，非由贫农、佃农及雇工自己组织农民协会不可。只有农民自己组织的农民协会才能保障其阶级的利益"。所以，"作农民运动的人们，第一要紧的工作，是唤起贫农阶级组织农民协会"，[①]引导农民"冲出地方主义和家族主义，走向阶级的联合"[②]。

1926年7月，国民革命军誓师北伐，随之工农群众运动以空前规模开展起来。湖南、湖北、江西三省农民运动首先高涨起来。毛泽东于1926年11月担任中共中央农民运动委员会书记，以湖南、湖北、江西、河南

---

① 《李大钊文集》第5集，人民出版社1999年版，第77页。
② 《中国青年》，第114期。

农民运动为工作重点。从 1926 年夏到 1927 年 1 月，湖南农民协会会员从 40 万人激增到 200 万人。农民有了组织，便开始行动，发动了空前的农村大革命。毛泽东在当时就指出："国民革命需要一个大的农村变动。辛亥革命没有这个变动，所以失败了。现在有了这个变动，乃是革命完成的重要因素。"[①] 蓬勃发展的农民运动吓坏了地主豪绅和国民党右派，他们攻击农民运动，诬蔑农民运动是"痞子运动""糟得很"。毛泽东在 1927 年年初对湖南农民运动进行 32 天考察后写的《湖南农民运动考察报告》中，尖锐批驳党内外责难农民运动的谬论，论述了农村革命的伟大意义，指出一切革命的同志都应该站在农民前头领导他们，而不能站在他们后头批评他们，更不能站在他们对面反对他们。他强调必须依靠贫农作为"革命先锋"，团结中农和其他可以争取的力量，建立农民协会和农民武装，掌握农村一切权力，然后进行减租减息、分配土地等斗争。

- ## 工农联盟

中国共产党领导人民的革命，以工农联盟为基础。马克思主义主张工农联盟。马克思在总结 1848 年欧洲革命失败教训基础上，提出了工农联盟的主张。马克思指出，随着农民认识到自身利益与资产阶级利益的对立，他们"就把负有推翻资产阶级制度使命的城市无产阶级看做自己的天然同盟者和领导者"，而无产阶级革命有了农民的支持，"就会形成一种合唱，若没有这种合唱，它在一切农民国度中的独唱是不免要变成孤鸿哀鸣的"。[②] 中国共产党对发展和巩固工农联盟的探索，经历了逐步深化和升华的过程。

[①] 《毛泽东选集》第 1 卷，人民出版社 1991 年版，第 16 页。
[②] 《马克思恩格斯选集》第 1 卷，人民出版社 2012 年版，第 766、769、947 页。

第一，中国共产党认识到农民深受压迫和剥削，是工人阶级天然的同盟军。农民的革命性，缘于农民受压迫、受剥削。中国共产党对农民革命性的认识，经历了逐步深化的过程。中共二大认识到了农民参加民主革命的必然性，指出"农民因为土地缺乏，人口稠密，天灾流行，战争和土匪的扰乱，军阀的额外征税和剥削，外国商品的压迫，生活程度的增高等原因，以致日趋穷困和痛苦"，"如果贫苦农民要除去穷困和痛苦的环境，那就非起来革命不可"。[①]1922年11月，《中国共产党对于目前实际问题之计划》在"农民问题"部分指出，被数层压迫的劳苦大群众（专指佃农），自然是工人阶级最有力的友军，为中国共产党所不应忽视的。[②]中共三大进一步从帝国主义和本国封建主义压迫、剥削所造成农民的痛苦角度，分析了农民的革命性。特别是中国共产党深入到阶层、阶级进行分析，中共二大使用"贫农"这一概念，中共三大把地主从农民中划分出来，更加深化了我党对贫困农民具有强烈革命性的认识。中国共产党还通过办夜校补习班、讲演及之后的农民运动讲习所，启发农民认识到受压迫、受剥削的根源在于旧制度，唤起了农民参加革命的自觉。

第二，中国共产党从农民数量众多的国情出发，认识到工人与农民联盟的重要性。《中国共产党第二次全国代表大会宣言》指出："中国三万万的农民，乃是革命运动中的最大要素。""那大量的贫苦农民能和工人握手革命，那时可以保证中国革命的成功。"[③]《中国共产党对于目前实际问题之计划》指出，中国共产党若离开了农民，便很难成为一个大的群众党。中共三大通过的《中国共产党党纲草案》强调："农民占中国人口百分之七十以上，占非常重要的地位，国民革命不得农民参与，也很难成功。"[④]中共

① 《建党以来重要文献选编（一九二一——一九四九）》第1册，中央文献出版社2011年版，第131页。
② 《建党以来重要文献选编（一九二一——一九四九）》第1册，中央文献出版社2011年版，第189页。
③ 《建党以来重要文献选编（一九二一——一九四九）》第1册，中央文献出版社2011年版，第131页。
④ 《建党以来重要文献选编（一九二一——一九四九）》第1册，中央文献出版社2011年版，第251页。

三届一中全会通过的《国民运动进行计划决议案》更为明确地指出，"农民在中国国民运动中是最大的动力"。①

第三，中国共产党认识到革命挫折和大革命失败的教训在于领导农民参与革命不充分，中共四大明确提出工农联盟的主张。中国共产党先是领导工人运动轰轰烈烈地开展起来，但遭受严重挫折。北洋政府直系军阀吴佩孚于 1923 年 2 月 7 日镇压京汉铁路工人大罢工（史称"二七"惨案）。中国共产党继基于农民数量众多而认识到农民在革命中具有重要意义后，又从"二七"惨案中深切认识到仅仅领导工人阶级开展革命运动不够，还需要团结各革命力量，建立起广泛的革命统一战线，形成无产阶级与占中国人口绝大多数的农民的联盟。经过五卅运动后，1926 年 5 月，张太雷在《五卅运动之分析及纪念之意义》中指出，"五卅运动没有能够成功的最大原因是中国的经济基础及人民的大多数——农民没有参加，中国国民革命如果没有农民的参加，没有不失败的。所以五卅运动给我们的教训，就是怎样使全国农民来参加国民革命运动。农民所受的痛苦与压迫，使他们有彻底的革命性，能为工人阶级的永久同盟。只有大数量的农民参加，才能使国民革命运动成为一伟大的势力以抵抗强有力的敌人"②。中共三大形成了关于农民问题的专题决议案——《农民问题决议案》。中共三届一中全会上，农民问题也被列为重要议题。中央局和湖南区委会及中国社会主义青年团在会议报告中，都涉及农民运动情况。1925 年 1 月，中共四大提出了工农联盟。会议通过的《对于农民运动之议决案》第一部分分析了工农联盟的必要性。该议决案指出，农民问题，在无产阶级领导的世界革命，尤其是在东方的民族革命运动中，占重要地位。列宁主义的最大功绩之一是在农人中找到一个无产阶级的同盟，这是列宁主义与一切投机主义孟塞

---

① 《建党以来重要文献选编（一九二一——一九四九）》第 1 册，中央文献出版社 2011 年版，第 349 页。
② 《张太雷文集》，人民出版社 2013 年版，第 296 页。

维克主义根本不同之要点，因为后者忽视那"睡觉"的农人阶级，以为不能成为一个革命的要素。经济落后的中国，农业经济基础，虽经国际（资本）帝国主义长期的侵略而崩溃，然而农民阶级至今还是社会的重要成分。所以农民问题在中国尤其在民族革命时代的中国，特别重要。中国共产党与工人阶级要领导中国革命至于成功，必须尽可能地系统地鼓动并组织各地农民逐渐从事经济的和政治的争斗。没有这种努力，我们希望中国革命成功以及在民族运动中取得领导地位，都是不可能的。①同年 5 月，第二次全国劳动大会通过的《工农联合的议决案》，进一步阐析了工农联合的意义，提出了实现联合的具体办法。《议决案》指出，工人阶级推翻现存制度斗争中的"同盟者的第一个，就是农民"。中国农民"所受的压迫和剥削，较工人尤甚。中国工人阶级要想得到解放，更非联合农民共同奋斗不可"。"农民要得到自身的解放，也只有与工人联络，才有可能。"大会提出从 3 个方面促进工农联合：工人回乡时，或在其工作的附近农村向农民作宣传，并帮助建立农民协会；工会与农会之间互派代表，工会设法帮助农会发展经济组织，如合作社等；农民如发生经济或政治上的斗争时，工会应领导工人加以援助。②同年 10 月，中共中央执行委员会扩大会议制定的《中国现实的政局与共产党的职任议决案》指出，"中国共产党是中国无产阶级的代表，我们要和农民结成巩固的同盟，才能尽自己的历史上的职任。所以在这农民运动兴起的时候，我们的根本责任，不但在于组织农民和给农民以思想上的指导，而且要在农民协会、协作社、农民自卫军之中，巩固我们党的组织"。会议还提出中国共产党通过土地革命巩固工农联盟的路径，即"如果农民不得着他们最主要的要求——耕地农有，他们还是

① 《建党以来重要文献选编（一九二一——一九四九）》第 2 册，中央文献出版社 2011 年版，第 239 页。
② 《建党以来重要文献选编（一九二一——一九四九）》第 2 册，中央文献出版社 2011 年版，第 363—364 页。

不能成为革命的拥护者①"。这次会议提出实现工农联盟要满足农民有一份土地的要求和在农民中发展党的组织，深化了对农民问题的认识。

第四，中国共产党确立了发展和巩固工农联盟在中国革命中的战略地位。1926 年 2 月，中共中央特别会议制定的《关于现时政局与共产党的主要职任议决案》指出，"只有工人和农民的联盟，足以引导国民革命到最后的胜利"②。9 月 1 日，毛泽东在《国民革命与农民运动》（《农民问题丛刊》序言）中深刻论述了农民在中国革命中的战略地位。他指出："农民问题乃国民革命的中心问题，农民不起来参加并拥护国民革命，国民革命不会成功；农民运动不赶速地做起来，农民问题不会解决；农民问题不在现在的革命运动中得到相当的解决，农民不会拥护这个革命。""都市的工人、学生、中小商人应该起来猛击买办阶级，并直接对付帝国主义，进步的工人阶级尤其是一切革命阶级的领导，然若无农民从乡村中奋起打倒宗法封建的地主阶级之特权，则军阀与帝国主义势力总不会根本倒塌。"③

中国共产党发展和巩固工农联盟，是新民主主义革命胜利的重要原因。新中国成立后，坚持工农联盟，将其载入《中华人民共和国宪法》。④

- 以解放农民、建立和发展根据地为战略支点

基于大革命遭受到失败、敌我力量悬殊，基于当时国民经济以农业经济为主、农村广大、农民数量庞大的国情，中国共产党逐步认识到，中国的革命不可能走俄国先占领中心城市而取得全国胜利的道路，而要在农村

---

① 《建党以来重要文献选编（一九二一—一九四九）》第 2 册，中央文献出版社 2011 年版，第 514 页。
② 《建党以来重要文献选编（一九二一—一九四九）》第 3 册，中央文献出版社 2011 年版，第 106 页。
③ 《毛泽东文集》第 1 卷，人民出版社 1993 年版，第 37、39 页。
④ 《中华人民共和国宪法》第一条规定，中华人民共和国是工人阶级领导的、以工农联盟为基础的人民民主专政的社会主义国家。

建立和发展根据地,积蓄革命力量,在条件成熟时夺取城市。这就突破了既有先在城市取得成功,进而向农村延伸的革命道路。农村包围城市的革命过程,也是解放农民、建立和发展根据地的过程,进而为全国革命胜利提供支撑的过程。

第一,创造性地开辟农村包围城市革命道路,是在中国共产党占领中心城市遭受挫折后再进行探索中形成的。在革命道路问题上,中国共产党先是照搬俄国先占领中心城市的道路,认为城市革命斗争高于农村革命斗争,把开展城市工人革命斗争、举行中心城市武装起义作为工作重点。中国共产党自1927年发动南昌起义起的一段时间内都是向城市进攻的,但由于国民党在城市的军事力量强大,有的攻打不下来,有的即便攻下城市也不能立足。毛泽东于1927年9月9日领导发动湘赣边界秋收起义后,攻打中心城市长沙也遭受挫折。在这种情况下,毛泽东主持召开前委会议,果断作出到敌人统治力量薄弱的农村山区寻找落脚点的决策。这成为中国革命发展史上具有决定意义的新起点。毛泽东带领起义军到井冈山,创建第一个农村革命根据地,有以下原因:这个地区有比较好的群众基础,大革命时期湘赣边界各县建立过党的组织及农民协会;这里的部分旧式农民武装愿意与工农革命军联合;地处湘赣边界的罗霄山脉中段,地势险要,易守难攻;周围各县有自给自足的农业经济,便于部队筹款筹粮;远离国民党统治中心,而湘赣两省军阀间又存在矛盾,控制这个地区的力量较弱。毛泽东抓住军阀内部破裂的有利时机,开展党、军队和政权建设。根据毛泽东指示,湘赣边界第一个红色政权——茶陵县工农兵政府于1927年11月成立。1928年2月中旬,江西国民党军队对井冈山地区的进攻被打破,井冈山革命根据地初步建立,由此点燃了工农武装割据的星星之火。

第二,创造性地开辟农村包围城市革命道路,是基于中国国情、农情探索形成的。井冈山革命根据地面对国民党白色恐怖的危胁和内部经济的困难，党内有些人开始质疑红旗到底能打多久、农村革命根据地能否存在和发展。毛泽东基于中国国情、农情对这些问题作出坚定回答。1928 年 5 月，毛泽东在宁冈茅坪主持召开中共湘赣边界第一次代表大会，对发展党的组织、深入开展土地革命、巩固扩大红军和革命根据地等问题进行了讨论，初步回答了红旗到底能打多久的问题。同年 10 月和11 月，毛泽东先后为中共湘赣边界第二次代表大会撰写题为《政治问题和边界党的任务》的决议和给中共中央撰写题为《井冈山的斗争》的报告，其中运用马克思主义暴力革命和政治经济发展不平衡原理，总结了井冈山革命根据地的经验，对红色政权能够长期存在和发展的主客观条件进行了分析，明确提出了工农武装割据的革命道路。毛泽东指出，在四围白色政权的包围中间，产生一小块或若干小块红色政权的区域，在目前世界上只有中国有这种事。毛泽东还分析指出发生这种奇事具有的独特原因和发展条件，主要有：白色政权间长期分裂和战争，而这一现象产生的原因有两种，即地方的农业经济（不是统一的资本主义经济）和帝国主义划分势力范围的分裂剥削政策；中国红色政权首先发生和能够长期存在的地方，1926—1927 年在中国共产党领导下进行过反对地主豪绅阶级的农民运动；党组织有力量和它的政策的不错误，这又取决于农民的支持和对农民的政策；红色政权的存在、发展，需要有相当力量的红军，而农民是红军的主要来源；有便利于红军作战的地势；有足够给养的经济力。[①] 这些都由当时的国情及"三农"状况所决定。换言之，毛泽东的工农武装割据思想，是基于对中国国情、农村经济性质、农村地理状况和农民革命及其对中国政治影响的科学把握而形成的。

第三，创造性地开辟农村包围城市革命道路，是在马克思主义中国化

① 《毛泽东选集》第 1 卷，人民出版社 1991 年版，第 48、49、50、57 页。

进程中探索形成的。周恩来于 1944 年 3 月在中共中央党校所作的报告中，谈到毛泽东的思想转变时说："在'六大'那时候，关于要重视乡村工作、在农村里搞武装割据的重要与可能等问题，毛泽东同志是认识到了的，而'六大'则没有认识。但是，关于把工作中心放在乡村，共产党代表无产阶级来领导农民游击战争，我认为当时毛泽东同志也还没有这些思想，他也还是认为要以城市工作为中心的。开始他还主张在闽浙赣边创造苏区来影响城市工作，配合城市工作，到给林彪的信中才明确指出要创造红色区域，实行武装割据，认为这是促进全国革命高潮的最重要因素，也就是要以乡村为中心。"[①]1930 年 1 月 5 日，毛泽东在给林彪的信（在收入《毛泽东选集》第 1 版时以《星星之火，可以燎原》为题，对指名批评林彪的地方作了删改）中批评了林彪轻视农村革命根据地而实行流动游击方式的主张，还批评了在全国先争取群众后建立政权的理论。他指出，这些观点都不适合中国革命实情，而朱德毛泽东式、方志敏式之有根据地的，有计划地建设政权的，深入土地革命的，扩大人民武装的，波浪式向前扩大政权发展等，无疑是正确的。他还进一步指出，红色政权的存在是半殖民地中国在无产阶级领导之下的农民斗争的最高形式和必然结果，是促进全国革命高潮的主要条件和最重要的因素。必须建立革命根据地，才能树立全国革命群众的信仰，如苏联之于全世界然；才能给反动统治阶级以甚大的困难，动摇其基础而促进其内部分解；才能真正创造红军，成为将来大革命的主要工具。总之，必须建立革命根据地才能促进革命的高潮。[②]这封信指出红军、游击队和红色区域的建立和发展是半殖民地中国在无产阶级领导之下的农民斗争的最高形式，是促进全国革命高潮的最重要因素。这是在思想上实现了质的飞跃，是对大革命失败后党领导红军和根据地斗争经

---

① 《周恩来选集》上卷，人民出版社 1980 年版，第 179 页。
② 《毛泽东选集》第 1 卷，人民出版社 1991 年版，第 97—99 页。

验的理论升华，是马克思主义关于夺取政权理论在中国的创造性运用和发展，标志着农村包围城市、武装夺取政权思想的形成。

第四，创造性地开辟农村包围城市革命道路，是与错误主张进行斗争后确立和坚持发展的。尽管攻打中心城市受挫，1927 年 11 月召开的中共中央临时政治局扩大会议仍然强调，"轻视城市工人，仅仅当做一种响应农民的力量，是很错误的"；党的责任是"使暴动的城市能成为自发的农民暴动的中心及指导者。城市工人的暴动是革命胜利在巨大暴动内得以巩固而发展的先决条件"①。1929 年 1 月后，毛泽东率领红四军主力开辟赣南、闽西革命根据地，进一步推进了工农武装割据实践。4 月，毛泽东在《红军第四军前委给中央的信》中，虽然还没有突破革命以城市为中心的认识，但更加强调应重视农村武装斗争。他在信中说，"农村斗争的发展，小区域苏维埃之建立，红军之创造与扩大，亦是帮助城市斗争、促成革命高潮的条件。"②尽管毛泽东领导的工农武装割据、农村革命根据地建设实践逐步推进，但还没有被中共中央明确为指导思想，相反有同志批评说山沟沟里出不了马克思主义，中共中央政治局会议和中共中央于 1930 年 6 月致第四军前委的信，还点名批评毛泽东"乡村包围城市"的所谓右倾思想，指责红四军"农村工作是第一步，城市工作是第二步"是所谓的"农民意识"。③随着攻打中心城市受挫和农村革命根据的巩固和发展，中共中央认同建立农村革命根据地，但只将其作为局部发展战略。第五次反"围剿"失利后，中共中央开始重新认识农村包围城市革命道路。遵义会议确立毛泽东在中共中央和红军领导地位后，农村包围城市的革命道路才由局部战略上升为中国革命的整体战略。

---

① 《建党以来重要文献选编（一九二一——一九四九）》第 4 册，中央文献出版社 2011 年版，第 625-626 页。

② 《毛泽东文集》第 1 卷，人民出版社 1993 年版，第 55 页。

③ 《建党以来重要文献选编（一九二一——一九四九）》第 7 册，中央文献出版社 2011 年版，第 276 页。

从 1927 年大革命失败起到 1949 年中共七届二中全会决定将工作重心由农村转向城市前的 22 年间,中国共产党把动员和组织农民参军参战、土地改革、农村政权建设、发展农业农村经济结合起来,形成了一整套深受农民欢迎的方针政策,解放了农民,也促进了"三农"发展。中国共产党以解放农民、建立和发展农村革命根据地为战略支点,为农村包围城市、最后夺取城市,进而为解放全中国、在全国建立人民政权奠定了坚实基础。

• 农民对中国革命作出巨大贡献

中国共产党领导人民革命走向全国胜利,迎来中华民族站起来的历史性飞跃,其中与农民对革命作出巨大贡献分不开。

第一,农民以多种方式投身革命事业。农民深切地感受到只有参加中国共产党领导的革命才能得到解放和发展,他们积极投身于革命事业,以历史上从未有过的广度和深度参与农村民主政治建设。大革命时期,农民积极参加到中国共产党领导的农民运动中,由此党领导的革命力量得到增强。中国共产党从成立初期到大革命失败前的短短 6 年内,除新疆、青海、贵州、西藏、台湾外,其他地区都建立了党的组织或有了党的活动,由 50 多名党员发展成为拥有近 5.8 万名党员、领导着 280 余万工人和 970 余万农民的具有相当群众基础的政党。[①] 在创建、巩固、发展革命根据地过程中,农民参加中国共产党领导的革命军队,参与根据地诸方面建设,与红军共同保卫根据地。例如,1928 年 8 月,国民党军队乘红军主力在外之机,大举进犯井冈山革命根据地。当地农民群众积极参与到红军统一部署的黄洋界保卫战:参与修工事、背粮食、担任警戒;日夜赶削竹钉,并将竹钉

---

① 本书编写组:《中国共产党简史》,人民出版社、中共党史出版社 2021 年版,第 33 页。

插满黄洋界四周，筑起一条人民战争的"竹钉防线"，敌人因为山路狭窄陡峭和两侧有竹钉，前行困难；红军吹响冲锋号后，各山头的革命群众一边放起假机关枪——铁桶里放炮竹，一边用礌石滚木砸向敌群，这样的战势使敌指挥官误认为红军主力部队已经回到了井冈山，当夜仓皇遁逃。这次战争中军民一致行动，筑起根据地的铜墙铁壁，创造了以少胜多（3个营对敌人4个团）战绩的经典战例，积累了宝贵的人民战争经验。黄洋界保卫战的胜利，保卫了土地革命成果，进一步激发了农民参加革命的热情。再如，在解放战争后期，仅淮海战役中，"支前"民工就达543万人，其中随军常备民工22万人、二线转运民工130万人、后方临时民工390万人。[①]陈毅动情地说，淮海战役的胜利，是人民群众用小车推出来的。农村妇女在中国革命中也作出了不可或缺的贡献。例如，在抗日战争、解放战争时期，山东蒙阴县野店镇烟庄村男子参加到革命军队中，留下的妇女也以自己的方式投身于革命事业。其中，6名妇女党员带领全村妇女为部队筹集草料、烙煎饼、做军鞋、送弹药、救伤员。1947年6月10日，《鲁中大众报》

农民支援前线

---

① 中共中央党史研究室：《中国共产党历史》上卷，人民出版社1991年版，第801—802页。

发表文章，称她们为"沂蒙六姐妹"，她们的故事传颂至今。农民以多种方式投身到革命中，扩大了革命力量，是中国共产党成功走出农村包围城市革命道路，迎来根据地的建立和巩固，取得长征胜利、抗日战争胜利、解放战争胜利的重要原因。正如刘少奇所说，在国共两党的斗争中，"解决力量对比关系，就要实行土地改革。蒋介石靠美国，我们是靠老百姓。但靠老百姓要有两个条件：第一个就是反对地主，平分土地；第二个就是民主，不准许站在人民头上屙屎撒尿。这两个条件我们可以做到，做不到就不像个共产党的样子。"①

第二，农民在中国共产党领导的革命中淬炼成长为无产阶级先锋队组成人员，从而发挥更大作用。中国共产党在领导农民运动的过程中，培养和发展农民加入中国共产党、建立农村党支部。1923年4月，由李大钊介绍加入中国共产党的弓仲韬，受李大钊派遣，回到家乡河北安平县台城村

全国第一个农村党支部纪念馆

---

① 《刘少奇选集》上卷，人民出版社1981年版，第395页。

创办平民夜校，自己编了《平民千字文》教材，动员村里 50 多名青壮年农民到夜校学习。他既教农民识字，又向农民宣讲革命理论，以此为基础，及时建立台城村农民协会，并通过农民协会锻炼骨干、壮大力量、凝聚人心和维护农民权益。8 月，弓仲韬介绍思想进步、积极肯干的农民弓凤州、弓成山加入党组织，经上级党组织批准，建立起安平县台城特别支部，全国第一个农村党支部由此诞生。到 1924 年 8 月 15 日，台城村、思敬村和北关高小 3 个党支部选派了 9 名代表，参加在思敬村召集召开的安平县第一次党员代表大会，建立起中共河北省第一个县级党组织——中共安平县委。① 农民参加到革命队伍中后，逐步培养形成坚定的革命意志，勇于为革命牺牲；在与人民群众的关系上，不仅严格遵循党的纪律，而且天然地与农民群众血肉相联、鱼水相依。中国共产党通过政策制定和实施，引导农民树立大局意识，如针对解放战争土地改革的问题，批判了狭隘的"贫雇农打江山坐江山"的口号，强调要团结中农、保护工商业，区分新富农和旧富农。简言之，农民在革命进程中成长，这是中国共产党领导下的革命战争与历史上的农民战争的重大区别。正如刘少奇在中共七大上所指出的，"伟大的中国农民战争，如果在无产阶级政党领导之下，就与历史上一切农民战争不同"②。中国共产党不仅引导农民参加革命，还使他们锻炼成长为中国共产党党员，也就成为无产阶级先锋队的组成部分。正如毛泽东在中共七大上所指出的，"作为党来说，作为领导思想来说，我们和农民要分清界限，不要和农民混同起来。这对于农民出身的同志可能不容易理解，'我就是农民，为什么不能和农民混同呢？'我说你现在叫做共产党员，农民是你的出身，出身和入党是两件事情，共产党是无产阶级的先锋队。"③

---

① 郑建生：《中共第一个农村党支部的创建人》，《档案天地》，2007 年第 4 期。
② 《刘少奇选集》上卷，人民出版社 1981 年版，第 331 页。
③ 《毛泽东文集》第 3 卷，人民出版社 1996 年版，第 317—318 页。

第三，农民成为新民主主义革命主力军。中国共产党一开始就把农民作为重要力量。农民参与革命，扩大了革命力量，成为新民主主义革命主力军。1940年1月，毛泽东在所著《新民主主义论》中指出，"中国的革命实质上是农民革命，现在的抗日，实质上是农民的抗日。新民主主义的政治，实质上就是授权给农民。新三民主义，真三民主义，实质上就是农民革命主义。大众文化，实质上就是提高农民文化。抗日战争，实质上就是农民战争。"[1] 刘少奇在中共七大上作出了与毛泽东一致的论述："中国现在的革命，实质上就是农民革命。"[2] 这些关于农民与新民主主义革命关系的客观表述，清晰地呈现了农民在中国革命中的主力军作用。

中国共产党的革命历史，是与农民同呼吸、共命运、血肉相连的历史。中国共产党从实际出发推进马克思主义中国化，正确把握农业在全国经济占绝对主体和农民在全国人口中占大多数的国情，深刻认识到中国农民具有强烈的革命性，引导农民投身革命，并将农民培养锻炼成为无产阶级先锋队的组成部分，进而发挥农民在新民主主义革命中的主力军作用，这是中国共产党能够成功走出农村包围城市革命道路、领导人民革命取得全国胜利的重要原因所在。

第二节　实行土地农有与农民经济自立

土地革命是中国新民主主义革命的基本内容之一，也是中国共产党在

---

[1] 《毛泽东选集》第2卷，人民出版社1991年版，第692页。
[2] 《刘少奇选集》上卷，人民出版社1981年版，第331页。

当时历史场景下践行初心和使命的重要路径。中国共产党领导广大农民"打土豪、分田地"，就是要让广大农民翻身得解放，就是为人民根本利益而斗争。中国共产党成立后，面对广大农民的疾苦，从解决约束"三农"发展的制度，特别是基本的土地制度入手，提出了必须实行土地农有。中国共产党统筹解放农民与中华民族复兴，实施了与各时期革命任务相对应的土地政策。农民土地问题的解决，不仅使农民有了翻身得解放的经济制度基础，也有了生存发展的条件。

● 开展减租限田和提出耕地农有

中国共产党自成立起，就认识到要改变农民受剥削、受压迫命运，就必须推翻"不良的经济制度"和封建政权，实行土地归农民所有。这在《衙前农民协会宣言》中就明确地表达出来了。总体而言，1925 年 10 月以前，中国共产党主要实行限田、限租、减息。中共二大提出的农民土地政策，主要包括废除丁漕等重税，规定城市及乡村土地税则；废除厘金及一切额外税则，规定累进所得税；规定限制田租率的法律。[1]1922 年 11 月，《中国共产党对于目前实际问题之计划》，提出了"限田"政策："限制私人地权在若干亩以内，以此等大地主、中等地主限外之地改归耕种该地之佃农所有。"[2]这是中国共产党第一次正式提出没收地主土地给农民的政策，但没收对象只限于大地主和中等地主的限外土地。

1925 年 9 月至 10 月，中共中央执行委员会扩大会议通过的《中国现时的政局与共产党的职任议决案》明确把"没收大地主军阀官僚庙宇的田

---

① 《建党以来重要文献选编（一九二一——一九四九）》第 1 册，中央文献出版社 2011 年版，第 133–134 页。

② 《建党以来重要文献选编（一九二一——一九四九）》第 1 册，中央文献出版社 2011 年版，第 199 页。

地交给农民"作为党的农民问题政纲,指出:"如果农民不得着他们最主要的要求——耕地农有,他们还是不能成为革命的拥护者。"① 大会发表中国共产党告农民书提出:解除农民的困苦,根本是要实行"耕地农有"的办法。这划清了中国共产党与国民党在土地纲领上的界限,对推动农民运动高潮的形成,具有里程碑意义。此次会议提出的土地纲领,还只是"最终目标",而不是现实的实践纲领。告农民书还指出:"耕地农有",更须革命的工农等平民得了政权,才能实行。因此,告农民书提出的关于农民问题的8项"最低限度的要求",仍未超出"限租""限田"的范围。

李大钊在《土地与农民》中回顾了中国自古代到近代的平均地权运动,指出:"中国今日的土地问题,实远承累代历史上农民革命运动的归辙,近循太平、辛亥诸革命进行未已的程途"。"孙中山的民生主义,其中心亦在平均地权与节制资本,惜其所拟的平均地权办法,未能及身而见其实行!"所以,这一历史任务,"有待于中国现代广大的工农阶级以革命的力量以为之完成"。接着,他根据翔实的资料,分析了农民由于封建地主

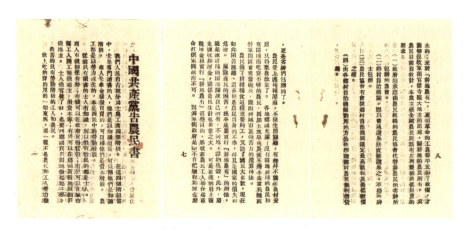

告农民书(1925年10月10日)

---

① 《建党以来重要文献选编(一九二一——一九四九)》第2册,中央文献出版社2011年版,第514页。

土地與農民（一）

中國歷史上平均地權運動

政治生活 （第六十二期）

守常

在中國歷史上，自古迄今，不斷的發生平均地權的運動。關於井田制度，雖尚有人抱是否曾經實行的懷疑，然自周秦以來，為嬴收者田制度，一種理想的土地制度，亦確是人類經濟的平等，而原始經濟生活的普遍現象。井田制的根本要旨，乃在收天下土地為公有，而均分之於各家，使他們收益使用。中國古代，似乎共有過的土地制度，直至春秋戰國時，有一種行限田制的風尚漸起，土地兼併的風潮澎湃，貧富日懸隔，故武帝時，有稠行王田，作為公有，而迄未能實行。至王莽時，依據周禮以王公官吏的占有田畝，分與九族鄉黨，犯法者處死刑，不久反抗者處死刑，不久反抗起，王田制度，乃在應人民的男女年齡，課以一定額的土地，使他們耕作。無主的土地，亦使人們佔有。此其目的，乃在增加稅源，故秦強豪兼併的問題，依然無法解決。

接魏晉文帝納李安世的建議，設均田法，榖均天下的田地，均分給人民。為田法之大要。是把天下的田地，均地制度，為田法之大要。是把露田與桑田二額。民達十五歲，男子給露田四十畝，桑田二十畝；女子給露田二十畝。年及七十，或死，則歸還於官府。桑田，即榖播的田，身死不必歸還於官，因大亂也。土地的遷平，此等土地政策，曾在每年正月調查人時舉行。此等土地荒無，荒強賤居，乃謀所以安插游民，獎勵稼穡，以國增加稅源的方策，而非根本的解決土地問題的政策。

唐武德七年，立租庸調稅法，依此法則，男子達十八歲，每人給田百畝，其以八十畝為口分田，以二十畝為永業田；六十歲以上以老疾死者，鰥寡殘疾廢疾者，給口分田四十畝，篤疾廢疾者，給四十畝，鰥寡妻妾以上者，給三十畝，其當一戶者，更增給二十畝。在原則上不給女的土地，僅寡妻妾，給三十畝，其當一戶者，更增給二十畝。口分田，皆以永業田；為永業田者，則植桑榆棗樹諸果。口分田又課以永業田，授田以口分，身死則還官。並不在沒收當滿後乃還官。田以計集曾分，而任整理稅則之授受於貧民，而任整理稅則之授受於貧民，而任整理稅則。

故口分田多以給貧民，永業田以給貴族，此其目的，乃在將天下的土地，均分於全國的農民，而均其權利之大致。然十數年後，府兵之制壞，又皆取其大的，並不給寡民，形成一種新的兼併，土地國地以給貧民，而任整理稅則。故口分田多以給貧民，永業田又課以永業田，授田以口分，身死則還官。

唐代中葉以後，均田制度，土地兼併之風復行，其所分給田地者，既未分給於全民，則亦以土地兼併，以均田租地制，以均田租地制，既未分給。宋代流行而耗困，既未耗損。宋代流行而耗困，故致勢民族的重大惡感。明代庄田濫設，向與豪族爭利，故庄田仍多失產流亡，而致勢民族之重大惡感。明代庄田濫設，清代因之，除藩莊田制之外，加給貧民。故庄田仍多失產流亡，而致勢民族之重大惡感。清代因之，以均田租地制。

故庄田仍多失產流亡。清代因之，除藩莊田制之外，益以重大的惡感。明代庄田濫設，向與豪族爭利，故庄田仍多失產流亡。京兆地安縣，行八旗井田制，贈官府之一庄有達二頃畝之多，形成一種新的兼併，土地荒無。京兆安縣，行八旗井田制，贈官府。是皆所謂之私地，正年間，與豪族爭利，此不過是一部分的服民族，立一封鎖的政策，以保障特權的土地。而非全決全國的土地問題。此種土地政策，自然亦隨着太平天國的滅亡傳染於全民，則亦確布一種均分共有性質的土地政策，（咸豐三年一八五三年）頒佈有農民革命的意義。此正孫中山先生的民生主義，其中心亦在平均地權與節制資本，惜其燒山稗田的農夫，自熱亦隨着太平天國的滅亡傳於中国黨人的民生主義，其中心亦在平均地權辦法，宋代及身即見其實行！

（本篇完·全文未完）

李大钊《土地与农民》

兼并和军阀战争,造成"水潮似的全国农民破产的潮流",使农民"困苦流离"。"在这种情形之下,'耕地农有'便成了广众的贫农所急切要求的口号。"①

1927年4月27日至5月10日,在蒋介石发动反革命政变后的紧急关头,中国共产党在武汉召开了第五次全国代表大会。大会通过的《土地问题议决案》,比较系统地分析了解决农民土地问题的意义,明确规定"现在阶段之中,革命的主要任务,是土地问题的急进的解决"。并据此确定了党在国民革命中的农民政纲,规定没收一切所谓的公有田地以及祠堂、学校、寺庙、外国教堂及农业公司的土地,交给耕种的农民;无代价没收地主租给农民的土地,交给耕种的农民。属于小地主、革命军人的土地可不没收。耕种已没收土地之农民只给政府缴纳累进地税,不纳任何杂税。未没收的土地之租率,应减至与累进田税相当的程度,农民只交纳确定的佃租,不纳其他杂税,并永久享有租佃权。②大会关于土地问题的论述和政纲,虽然在一定程度上反映出解决农民土地问题的迫切性,也开始改变1926年特别会议上一味压制解决土地问题的政策,但大会既拒绝讨论会前由毛泽东、彭湃、方志敏等提出的关于立即普遍解决农民土地问题的方案,又没有提出明确的方针和切合实际的具体的没收及分配土地的办法;并且把解决农民土地问题的主要希望寄托在日益走向反动的武汉国民政府身上,从而使大会通过的土地纲领难以施行。

---

① 《建党以来重要文献选编(一九二一——一九四九)》第2册,中央文献出版社2011年版,第642、644、649、659页。

② 《建党以来重要文献选编(一九二一——一九四九)》第4册,中央文献出版社2011年版,第183、194页。

● 土地革命

大革命从兴起到失败的经验教训表明，必须解决农民土地问题，以充分发动农民参加革命，扩大革命力量。在大革命刚刚失败之际，1927年7月20日，中共中央在《目前农民运动总策略》的通告中，把土地革命看作新阶段的本质特征，指出"近年农民运动的进展，已表明中国革命进到一个新阶段——土地革命的阶段"。该通告还明确土地革命必须与建立农会政权结合起来，农会政权斗争和土地革命还必须革命的武装才能保障其胜利。[①] 把土地革命、农民政权、武装斗争结合起来，开启了由大革命失败向土地革命兴起的转变。

八七会议是由大革命失败到土地革命战争兴起的转折点。1927年8月7日，中共中央在湖北汉口秘密召开紧急会议（八七会议）。毛泽东在这次会议上突出地强调："以后要非常注意军事。须知政权是由枪杆子中取得的。"[②] 会议确定了土地革命和武装反抗国民党反动派的总方针。八七会议发表的告全党党员书指出："现实主要的是要用'平民式'的革命手段解决土地问题，几千百万农民自己自下而上的解决土地问题"。[③] 这一方针，是党在付出大量鲜血的代价后换得的正确结论。

井冈山根据地的发展是同土地革命分不开的。井冈山根据地建立之初，在个别地区实行分田。随着红军和农村革命根据地的建立和发展，土地革命广泛地开展起来。1928年5月至7月，边界各县掀起分田高潮，年底颁布井冈山《土地法》。广大贫苦农民从分得土地的事实中深切认识到中国共产党和红军是为他们的利益而奋斗的，因而从各方面支持红军和根

---

① 《建党以来重要文献选编（一九二一——一九四九）》第4册，中央文献出版社2011年版，第357、359、360页。

② 《建党以来重要文献选编（一九二一——一九四九）》第4册，中央文献出版社2011年版，第393页。

③ 《建党以来重要文献选编（一九二一——一九四九）》第4册，中央文献出版社2011年版，第421页。

据地发展。这是井冈山根据地能够存在和发展的社会基础。

在赣南、闽西根据地,毛泽东提出一系列深入进行土地革命的政策和原则。1929年4月,毛泽东主持制定兴国县《土地法》,将《土地法》(井冈山)中"没收一切土地"的规定,改为"没收一切公共土地及地主阶级的土地"。同年7月,在毛泽东指导下,中共闽西第一次代表大会通过的《政治决议案》《土地问题决议案》,对没收土地政策作出新规定:明确"自耕农的田地不没收""抽多补少"原则;对大中地主区别对待,并给以生活出路,对在乡地主"酌量分与田地";中立富农,不打击富农,在不同时期,对富农采取不同的政策;对中农的"田地不没收,田契不烧毁",对"自耕农的中农不要与以任何的损失",争取其参加革命;对大小商店采取一般的保护政策(即不没收)。这些政策丰富和完善了中共六大的有关政策,不仅促进了赣南、闽西根据地土地革命的深入开展,而且对其他各根据地也有广泛深刻影响。闽西地区在土地革命中进行了分田,60多万贫苦农民得到了土地。1930年2月,按人口平均分配土地原则,兴国等6县全境和永丰等县部分地区开展了分田运动。1931年2月,毛泽东又修改了《土地法》(井冈山)中关于农民只有土地使用权、禁止土地买卖的规定,肯定了农民对土地的所有权。

耕田证执照(1930年7月)、苏区渔塘证(1931年12月)和耕田证(1933年2月)

土地革命在赣东北、湘鄂西、鄂豫皖、湘鄂赣、广西右江、广东琼崖等革命根据地也轰轰烈烈地开展起来。

在土地革命实践中，逐步形成一套比较切实可行的土地革命路线、政策和方法。主要是：依靠贫农、雇农，联合中农，限制富农，消灭地主阶级，变封建土地所有制为农民土地所有制；以乡为单位，按人口平均分配土地，在原耕地基础上，抽多补少，抽肥补瘦；等等。

· 把土地革命与武装斗争、政权建设结合起来

中国共产党总结大革命失败的教训，不仅更加深刻认识到必须进行土地革命和武装斗争，还深刻地认识到必须把土地革命与武装斗争、根据地政权建设紧密结合起来。1927年7月20日，中共中央在发布的关于农民运动的通告中指出：土地革命只是一个过程，政权斗争是这一过程的主要特点。必有夺取政权的争斗，才能推翻封建地主的乡村统治，才能促进土地问题的爆发而且给他以解决的权力机关。农民如果没有取得政权，单纯解决土地问题是不可能的。[1]1928年9月的《中央通告第二十六号》和1929年9月的《中央给湖南省委的指示信》，都指明了土地革命的推进要以建立苏维埃政权为保障，即："只有推翻地主统治建立苏维埃政权以后，才能实现没收地主阶级土地。""土地问题在苏维埃政权之下，是否得着正确的解决，这对于广大农民——不仅苏维埃区域内——有很切实的意义。广大农民是否接受苏维埃的政纲，都要看苏维埃区域之内是否能正当地解决土地问题。"中共六大通过的《土地问题决议案》明确指出：要实现土地革命，必须采取"推翻地主资产阶级的政权，解除反革命势力的武

---

[1] 《建党以来重要文献选编（一九二一——一九四九）》第4册，中央文献出版社2011年版，第359页。

装去武装农民，建立农村中农民代表会议（苏维埃）的政权"的方针。中共六届二中全会关于政治决议案认为："土地革命彻底的完成固然要在全国工农暴动夺取政权的胜利以后，但是如果以为全国工农暴动没有胜利以前便没有农村的土地革命斗争，实在是一个错误的观念。相反地，在现在这样客观政治经济条件之下，农民推动革命斗争的发展，同时在土地革命过程中建立红军，是推进革命高潮决定全国工农最后暴动胜利的主要条件之一。"[①]

毛泽东在领导创建井冈山根据地过程中，形成了土地革命、武装斗争、根据地建设三位一体的"工农武装割据"思想和"有根据地的，有计划地建设政权的，深入土地革命的，扩大人民武装的路线"[②]。在井冈山根据地，实行土地革命、武装斗争、根据地政权建设紧密结合，广大农民在政治、经济上翻身，革命积极性极大地被激发出来，拥护土地革命、拥护共产党，参加红军，投身反"围剿"斗争和支援前线、慰劳红军，形成了血肉相连、鱼水相依的党群关系、军民关系，为根据地政权、经济、文化教育建设奠定了基础。

中国共产党运用马克思主义基本原理，从中国国情出发，实行农民群众自下而上、与武装斗争和根据地政权建设紧密结合的土地革命方针，是马克思主义中国化的重要理论成果。这一理论指导革命实践，实现了由国民革命的失败到土地革命战争兴起的历史性转折，进而成功走出农村包围城市革命道路。

---

① 《建党以来重要文献选编（一九二一—一九四九）》第6册，中央文献出版社2011年版，第278页。
② 《毛泽东选集》第1卷，人民出版社1991年版，第98页。

民间歌谣

不论老和少，人人有田耕。

跟随共产党，翻身齐有份；

田地都均分，吃穿也平衡；

分田又分地，没有谁争论。

土地革命时期广西东兰、凤山流传的歌谣

• 抗日统一战线下构建"三三制"农村政权和实行减租减息

1937 年 7 月 7 日，日本帝国主义发动卢沟桥事变后，中日民族矛盾上升成为主要矛盾。在中华民族生死存亡关头，中国共产党准确把握国内主要矛盾转变，高举抗日大旗，在卢沟桥事变发生第二天就通电全国，"平津危急！华北危急！中华民族危急！只有全民族实行抗战，才是我们的出路！"号召"全中国同胞，政府，与军队，团结起来，筑成民族统一战线的坚固长城，抵抗日寇的侵掠"！经过努力，9 月 22 日，国民党中央通讯社发表中共中央关于国共合作的宣言，23 日蒋介石发表实际上承认共产党合法地位的谈话，进而宣告国共两党重新合作和抗日民族统一战线形成。

1937 年 8 月 22 日至 25 日，中共中央在陕北洛川城郊召开政治局扩大会议（简称洛川会议），通过《中国共产党抗日救国十大纲领》和毛泽东起草的宣传提纲《为动员一切力量争取抗战胜利而斗争》，标志着党的全面抗战路线正式形成。各抗日根据地相继实行了精兵简政、统一领导、拥政爱民、"三三制"、减租减息等十大政策，对克服困难、渡过难关、巩固抗日根据地起了重要作用。

建立农村抗日根据地。毛泽东在中共六届六中全会上论述了建立农村抗日根据地能够战胜敌人取得胜利。他指出："敌据城市,我据乡村,所以战争是长期的,但乡村能够最后战胜城市","敌人占领中国主要的大城市与交通沿线之后,敌据城市以对我,我据乡村以对敌,乡村能够战胜城市吗?答复:有困难,但是能够的。抗日战争的长期性,不但由于敌是帝国主义国家,我是半殖民地国家,而且由于这个帝国主义又复占据我之城市,我则退至乡村以抗敌"。他进一步论述了战胜敌人的条件:"第一是半殖民地条件。在半殖民地城市虽然带着领导性质,但不能完全统治乡村,因为城市太小,乡村太大,广大的人力物力在乡村不在城市。第二是大国的条件,失去一部,还有一部。敌以少兵临大国,加之我之坚强抵抗,就迫使敌人发生兵力不足与兵力分散的困难。这样就不但给了我一个总的抗日根据地,即大后方,例如云、贵、川等地使敌无法占领;而且在敌后也给了我以广大游击活动地盘,例如华北、华中、华南等地使敌无法全占。第三是今日的条件。如果在数十年前……那是难免亡国的。今天则不同,今天主要是中国进步了,有了新的政党、军队与人民,这是胜敌的基本力量";"总之,在今天的半殖民地大国如中国,存在着许多优良条件,利于我们组织坚持的长期的广大的战争,去反对占领城市的敌人,用犬牙交错的战争,将城市包围起来,孤立城市,从长期战争中逐渐生长自己力量,变化敌我形势,再配合之以世界的变动,就能把敌人驱逐出城市"。①

实行减租减息政策。毛泽东指出:"中国土地属于日本人,还是属于中国人,这是首先待解决的问题。既是在保卫中国的大前提之下来解决农

---

① 《毛泽东军事文选》第2卷,军事科学出版社、中央文献出版社1993年版,第396—297页。

民的土地问题，那末，由暴力没收方法转变到新的适当方法，就是完全必要的"①。基于这样的认识，从团结各阶级各阶层一致抗日出发，中国共产党改变了没收地主的土地，将其分配给无地和少地农民的土地革命政策，转而实行适应抗日民族统一战线需要的减租减息政策。1937 年 8 月洛川会议将减租减息列入《抗日救国十大纲领》，成为改善农民生活的基本政策。减租减息是在抗日民族统一战线内，调节农民与地主两个对立阶级之间相互利益关系的最恰当的政策。它一方面要求地主债主减租减息，减轻对农民的剥削，改善农民的生活，以调动农民抗日和生产的积极性；另一方面，又要求农民在减租减息之后，向地主债主交租交息，照顾地主的利益，保障地主的地权和财权，以争取地主阶级站在抗日一边。1944 年 7 月 14 日，毛泽东对英国记者斯坦因说："在抗日战争爆发后不久，农民很快就了解到我们用减租的新政策代替过去没收土地的做法，具有两大好处：一是改善了农民的生活；二是吸引了地主留在乡村参加抗日。实行有利于佃农的普遍减租以及我们保证向地主交租的政策，使佃农和地主之间的关系得到了改善，从而使日本侵略者在我们区域内简直找不到合作者了。"②

建立抗日民主政权和推行"三三制"。由原来的工农民主政权改变为抗日民族统一战线的政权，即一切赞成抗日又赞成民主的人们的政权。"三三制"，是中国共产党在各抗日根据地政权建设上实行的重要原则，即共产党员、党外进步人士和中间派在抗日民主政权中各占 1/3。各敌后抗日根据地在抗日武装斗争中建立起了抗日民主政权，结束了旧政权的统治。据 1942 年 2 月至 4 月张闻天对陕甘宁边区神府县的调查，被调查的乡为县直属乡（县委、县政府所在地），共有 5 个行政村，299 户人家，1178 口人。

①《毛泽东选集》第 1 卷，人民出版社 1991 年版，第 260 页。
②《毛泽东文集》第 3 卷，人民出版社 1996 年版，第 185 页。

当时共选出 39 人，其中男的 37 人，女的 2 人；正式的 31 人，候补的 8 人。村民选出的 33 人，机关选出的 6 人。以成分来说，富裕中农 10 人，中农 16 人，商人 2 人，贫农 11 人。从党派来说，共产党 16 人，非党员 23 人，共产党参议员占全体参议员的 41%，超过 1/3。[①]

1945 年 4 月，毛泽东在中共七大上总结说："农民的情况怎样？农民抱什么态度？八年以来也好，二十四年以来也好，农民非常欢迎我们的政策。"[②]

- 解放战争时期实行土地改革

在 1945 年 8 月抗日战争胜利解决了民族矛盾后，中国共产党通过土地改革和实行民主政治，依靠农民，实现了战略反攻，打败了以美国为依靠的国民党，中国革命取得全国胜利。1949 年 10 月，中华人民共和国成立。

解放战争时期，中国共产党领导农民开展了土地改革。1944 年 7 月 14 日，英国记者斯坦因采访毛泽东时问道："你所考虑的新民主主义经济和新民主主义社会的主要内容是什么？"毛泽东回答说："新民主主义的主要经济特征是土地革命。"斯坦因又问："共产党对土地政策的改变，在当时是如何决定的？"毛泽东回答说："也不能完全排除将来全部地没收地主土地并分给佃农的必要性，因为如果战后国民党坚持进攻我们的话，就可能再次爆发内战。"[③]

抗战胜利以后，各解放区尤其是新解放区普遍开展了反奸清算和减租

---

① 张闻天：《神府县兴县农村调查》，人民出版社 1986 年版，第 80—82 页。
② 《毛泽东文集》第 3 卷，人民出版社 1996 年版，第 317 页。
③ 《毛泽东文集》第 3 卷，人民出版社 1996 年版，第 183—185 页。

减息斗争，新老解放区的农民，特别是贫雇农已不满足于减租减息，强烈要求解决土地所有权问题。鉴于"和谈"还没有完全破裂，内战还没有全面爆发，中国共产党从满足解放区广大农民对土地所有权的要求以获得人民最大支持，又不致过分刺激国民党和其他社会阶层出发，于1946年5月4日发出《中共中央关于土地问题的指示》（即"五四指示"），坚决批准农民的土地要求，提出以清算为主的多种方式将地主多余的土地归还给农民的政策。这是较缓和的方式，既体现了中国共产党始终坚持消灭地主经济实现"耕者有其田"的民主革命纲领，也体现了在解决土地问题上策略的灵活性。"五四指示"发出后，各解放区立即掀起大规模土地改革运动。

国民党政府不顾中国共产党和广大人民和平、民主的要求，挑起内战，国共合作再次破裂，国内战争爆发。随着国民党向解放区实施全面进攻和重点进攻，阶级矛盾激化。在这种情况下，1947年10月10日全国土地会议通过《中国土地法大纲》，明确"彻底平分土地"，强调"群众路线"，解放区的土地改革由缓和式向激进式转变。在没有明确详细的划分阶级标准和保护工商业具体办法的情况下，土地改革实践中出现侵犯中农利益、破坏工商业，甚至发生乱打乱杀现象。从11月开始，中共中央采取措施予以纠正，批评了"贫雇农打江山坐江山"的口号，强调团结中农、保护工商业，明确要区分新富农和旧富农，严禁乱打乱杀。1947年12月，中共中央将"没收封建阶级的土地归农民所有"明确为新民主主义革命三大经济纲领之一。[1] 1948年4月，毛泽东强调："封建主义是帝国主义和官僚资本主义的同盟者及其统治的基础。因此，土地制度的改革，是中国新民主主义革命的主要内容。"[2] 土地改革是解放区开展的最大的经

---

① 《毛泽东选集》第4卷，人民出版社1991年版，第1253页。

② 《毛泽东选集》第4卷，人民出版社1991年版，第1313—1314页。

解放区军民学习《中国土地法大纲》

济改革运动。

中共中央基于形势变化和实践发展，针对土地改革中的问题，对土地改革政策和实施步骤进行调整完善。1948年2月15日发出的《关于新解放区土地改革要点的指示》提出："不要性急，应依环境、群众觉悟程度和领导干部强弱决定土地改革工作进行的速度。不要企图在几个月内完成土地改革，而应准备在两三年内完成全区的土地改革。这点在老区和半老区亦是如此。"[①]5月25日发出的《关于一九四八年土地改革工作和整党工作的指示》明确，开展土地改革工作的区域要具备3项条件：第一，当地一切敌人武装力量已经全部消灭，环境已经安定，而非动荡不定的游击区域。

---

① 《毛泽东选集》第4卷，人民出版社1991年版，第1283页。

东北解放区没收日满、恶霸地主、土匪窝主的土地，分给农民，为东北决战奠定了群众基础

第二，当地基本群众（雇农、贫农、中农）的绝对大多数已经有了分配土地的要求，而不只是少数人有此要求。第三，党的工作干部在数量上和质量上，确能掌握当地的土地改革工作，而非听任群众的自发活动。如果某一地区，在上述3个条件中，有任何一个条件不具备，即不应当将该地区列入1948年进行土地改革的范围。例如，在华北、华东、东北、西北各解放区的接敌区域和中原局所属江淮河汉区域的绝大部分地区，因为尚不具备第一个条件，即不应当列入1948年的土地改革计划内。下年是否列入，还要看情况才能决定。在这类地区，应当充分利用抗日时期的经验，实行减租减息和酌量调剂种子食粮的社会政策和合理负担的财政政策，以

便联合或中立一切可能联合或中立的社会力量，帮助人民解放军消灭一切国民党武装力量和打击政治上最反动的恶霸分子。在这类地区，既不要分土地，也不要分浮财，因为这些都是在新区和接敌区的条件之下，不利于联合或中立一切可能联合或中立的社会力量、完成消灭国民党反动力量这一基本任务的。贯彻这一指示，新解放区实行减租减息，老解放区和半老解放区的土地改革逐步结束并转向发展生产。

第三节　战争状态下组织生产发展和改善民生

在农村包围城市的革命进程中，中国共产党不仅从政治和经济上让农民实现翻身，还通过把农民组织起来解决生产中的困难来发展生产，组织军队开展大生产运动和实行军民兼顾的农民负担政策，进而实现了生产发展和生活水平的提高，军民如鱼水，为农村革命根据地的建立和发展，并取得战争胜利提供了支撑。

• 组织起来发展生产

在土地革命基础上，中国共产党领导农民组织起来发展生产。毛泽东把破坏封建剥削和组织起来视为革命过程中的第一次革命和第二次革命。中国共产党领导农民组织起来，除了制度变革意义外，还在于破解了传统农业生产力水平低下农户生产经营中基本生产要素不足、农民参加革命使农业生产劳动力缺乏、战争破坏农业生产力和生产秩序的时代命题。在这一时期，中国共产党基于农民长期形成的多种互助传统，在马克思主义合作理论指引下，从解决问题出发，把组织农民开展互助合作同与地主斗争、应对敌人破坏生产秩序和抢夺丰收成果结合起来，领导农民开展劳动互助、消费和信用等多种合作，一方面促进了农业生产发展和农民生活改善，另一方面为赢得革命战争的胜利提供了衣食等物质保障。

在传统农业社会，由于生产力水平低下，农民为解决生产经营过程中要素不足问题，有一些劳动互助，其形式多种多样。有亲属、邻里等在农忙季节换工式相互帮助的劳动互助（各地说法不同），如变工、换工、拨工、对工、调工、打伙、交伴等。有缺耕畜而借用他人耕畜耕地为耕畜所有者做工的人畜换工，其中又有人工换畜工、人畜一起换工、合伙养耕畜等多种形式。有合伙种地，有合伙租种土地，还有相互解决生产生活资金紧缺的合会。这些解决劳动力、畜力、农具、资金不足问题的自愿互助，对维持农业简单再生产发挥了一定的作用。这一时期也发展其他形式的互助合作，如前述在国共两党开始第一次合作后，衙前农民协会重新恢复，1924 年成立农民资金借贷机构——衙前信用合作社，以抵制地主豪绅的盘剥。

中国共产党在《新青年》《向导》等刊物上刊载宣传马克思主义合作理论的文章。1922 年起，中国共产党先在领导工人运动中创办工人消费合作社。1925 年，中国共产党在领导农民运动中，倡导发展农民合作社。11 月，中国共产党在《告农民书》中提出，农民协会的各级执行委员会均指定若干人组织办理消费合作社。[①]1926 年 6 月，毛泽东主持的第六期广州农民运动讲习所，以及次年在武昌中央农民运动讲习所开设了农村合作课，编印了《农村合作概念》等书，向农民宣传合作社。1926 年，中共四大第三次

---

① 《建党以来重要文献选编（一九二一——九四九）》第 2 册，中央文献出版社 2011 年版，第 507—508 页。

执行委员会通过《农民运动决议案》，指出合作社是农民切身利益的组织，是巩固农民运动的基础，并作出发展农民合作社的决定。1927年，中共五大在通过的《关于土地问题决议案》，把发展合作社提到战略高度。《议案》指出，"国有农业银行的建设，信用合作等的设立，必使重利剥削者完全丧失作用，这种打倒重利盘剥的斗争，亦是农村革命的重要工作。所有这些工作，都有相互的关系，不能分离解决的；唯有从事这些工作，使农民群众从封建宗法的剥削下解放出来，国民革命的成功才有保障"。[①] 第一次国内革命战争时期，中国共产党在领导农民运动中，主要发展流通领域的合作社，而生产领域的互助合作则仍由农民自发按旧有方式开展互助合作。

进入土地革命时期，随着农村革命根据地的建立和发展，在组织农民发展流通领域合作社的同时，根据大批青年参军参战缺少劳动力，加之反动武装进犯根据地杀耕畜、焚农具导致耕畜和农具严重缺乏等问题，组织农民开展生产互助合作，进而促进农业生产发展、改善农民生活、支援革命战争，成为最基本的任务之一。从实际出发，农村革命根据地创造了新的互助合作形式。1929年，中央革命根据地上杭县才溪乡农民创造了由雇农、贫农、中农（包括有劳动能力的党员和共青团员）组成耕田队，帮助无劳动力和劳动力不足的红军家属耕、种、收，同时开展群众间的劳动互助。1931年春，才溪乡又成立中央革命根据地第一个劳动互助社，有序调剂劳动力，以缓解劳动力严重不足的问题。1932年2月，中华苏维埃共和国临时中央政府发布《关于春耕问题的训令》，指示各级政府组织劳动互助以调剂劳动力，设耕牛站和鼓励农民集资合股买牛以解决耕牛缺乏问题。1933年年初，瑞金县武阳区石水乡农民为解决农户耕牛不足问题，以没收地主的两头牛及将其借出所得报酬150斤谷子为基金，再加上每个社

---

① 《建党以来重要文献选编（一九二一——一九四九）》第4册，中央文献出版社2011年版，第190—191页。

1931年，福建省上杭县才溪乡在耕田队的基础上，创办中央苏区第一个劳动互助社

中央苏区妇女参加农业生产

员入社按每担谷田交 3 斤谷子的入社费，创建了犁牛合作社。这种解决耕牛不足问题的方式，使牛耕有保障，也节省费用，受到群众欢迎，大家纷纷入社。在总结各地经验基础上，中华苏维埃共和国临时中央政府于 1933 年春颁布《劳动互助组织纲要》，3 月、4 月先后发布《关于犁牛站的办法》《关于组织犁牛合作社的训令》，明确了劳动互助社、犁牛合作社的性质、范围、组织形式、原则，以及劳动力、耕牛调剂办法。在组织开展劳动互助的同时，中央革命根据地苏维埃政府还积极支持和指导农民开展信用合作社、消费合作社、粮食合作社、运销合作社、工业合作社等。革命根据地合作社第一次社员代表大会于 1933 年 12 月在瑞金召开，组成了苏区合作总社。1934 年 1 月，毛泽东在第二次全国工农代表大会上指出："我们的经济建设的中心是发展农业生产，发展工业生产，发展对外贸易和发展合作社。"[①] 据 1934 年 1 月统计，中央革命根据地加入各种合作社的成员达 50 多万人。其他革命根据地也开展了多种形式的互助合作。第五次反"围剿"失败后，中央革命根据地互助合作运动随之停顿。1935 年红军到达陕

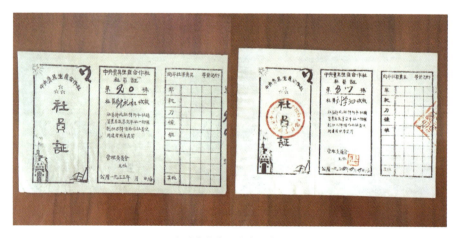

1933 年的中央农具生产合作社社员证

---

① 《毛泽东选集》第 1 卷，人民出版社 1991 年版，第 130—131 页。

北后，中共中央和中华苏维埃临时中央政府继续领导陕北革命根据地开展互助合作运动。1936 年，中共中央国民经济部设立合作经济委员会，成立合作总社，临时中央政府西北办事处颁发《合作社发展大纲》。中共中央在领导农业生产互助合作运动中，按照陕北农民习惯，组织多种变工队，广泛开展以变工换工为主要形式的劳动互助。

抗日战争时期，日本侵略者对我敌后抗日根据地进行疯狂"扫荡""蚕食"，在所到之处烧、杀、抢掠，使根据地生产秩序遭受破坏，人力、畜力严重减少，土地大量荒芜。从 1940 年春起，各抗日根据地有组织、有领导地发展互助组。1943 年 10 月，毛泽东在中共中央西北局召开的陕甘宁边区高级干部会议上阐述了合作社问题，之后发表了《论合作社》的讲话。11 月，毛泽东在招待陕甘宁边区劳动英雄大会上作了《组织起来》的讲话。这两篇讲话对互助合作运动作出了新的定位。《论合作社》将土地革命和减租减息对封建剥削关系的破坏明确为第一个革命，将建设在以个体经济为基础（不破坏个体的私有生产基础）的劳动互助组织这一制度革新明确为第二个革命。《组织起来》则作出通过发展合作社把群众的力量组织成为一支劳动大军，是人民群众得到解放、由穷苦变富裕和抗战胜利的必由之路的论断。[①] 根据"组织起来"的号召，抗日根据地劳动互助更快地发展起来。据 1944 年统计，抗日根据地参加劳动互助的劳动力在当地劳动力中的占比，陕甘宁边区为 46.5%，晋冀豫边区为 37.4%，山东解放区为 20%，晋察冀边区的冀西 26 县为 28%，晋冀豫边区的太行区为 20%，苏中盐阜地区为 20%。这一时期劳动互助的形式和内容发生了一些新变化。一是临时互助组转为常年互助组的数量增多。二是农业互助组和副业、运输结合。三是集体开荒。四是在敌后根据地，针对敌人破坏春耕生产和秋

---

① 《毛泽东选集》第 3 卷，人民出版社 1991 年版，第 932 页。

收抢夺粮食，出现把劳动互助与武装斗争结合起来的互助形式，变工组与民兵自卫队统一组织，平时民兵与其他农民一起变工生产，战时民兵进行战斗，以保障生产和保卫收获。五是出现少数以土地入股、统一经营的农业合伙组。例如，河北省饶阳县五公村于1943年冬组建隐蔽经济斗争组（简称"隐经组"），1944年改为农业合伙组（下设农业、打绳、木工、豆腐香油4个小组），1945年5月称"耿长锁农业合伙组"，1951年改为"耿长锁农业生产合作社"。合伙组农副业呈现较好发展态势，1946年平均粮食亩产291斤，比合伙头年的220斤增长32.3%；人均分粮580斤，比全村人均粮食占有量高30%。此外，还出现了土地运输合作社、合作农场等。

抗日根据地供销、信用、运输、手工业等合作社得到发展。1939年10月，中共中央财政经济部颁发《各抗日根据地合作社暂行条例示范草案》，促进各根据地供销、信用、运输、手工业等合作社逐步发展起来。仅陕甘宁边区，到1944年上半年的各类合作社有1200多个，其中消费合作社369个，信用合作社86个，运输合作社398个，手工业合作社375个。[①]

进入解放战争时期，中国共产党基于长期领导农民开展互助合作的经验，也基于更大规模战争下农业劳动力不足的问题，进一步推进互助合作，呈现出新的特征：一是生产与战勤结合，前方后方大变工。二是农业互助与副业互助结合，农业副业大变工。三是劳动互助的形式、内容、范围因地制宜、灵活多样。四是畜力合作较大发展，较广泛推行合作养牲口、人畜变工和组织以耕畜为中心的互助组。五是供销、信用、手工业合作社继续发展。直到1949年，互助组在华北、东北等地稳步发展。其中，山西省互助组有8.8万个，参加农户48万户，占全省农户总数的17%。黑龙江省互助组有24.6万个，参加农户108万户，占全省农户总数的65%。

---

① 《当代中国的农业合作制》（上），当代中国出版社、香港祖国出版社2009年版，第53页。

晋察冀边区以"突击队"等方式开展变工互助

根据地互助合作的开展，缓解了劳动力、耕牛、农具、资金等生产要素不足问题，具备了兴修水利和开垦荒地的力量，促进了农业生产的恢复和发展，改善了广大农民群众的生活，有力支撑了根据地的发展，支援了革命战争。

• 实行军民兼顾的农民负担政策

中国共产党实行军民兼顾的农民负担政策是与农民同呼吸共命运的重要体现。毛泽东要求工农革命军改变过去军队只顾打仗的旧传统，担负起打仗消灭敌人、打土豪筹款子、做群众工作三项任务。1928 年 4 月，毛泽东写下著名的《三大纪律六项注意》，以后补充完善为《三大纪律八项注意》。最初的"三项纪律"分别是，第一行动听指挥，第二不拿工人农民一点东西，第三打土豪要归公；以后又将"三项纪律"中的"不拿工人农民一点东西"改为"不拿群众一针一线"。八项注意分别是说话和气、买卖公平、借东西要还、损坏东西要赔、不打人骂人、不损坏庄稼、不调戏妇女、不虐待俘虏。这些规定体现了人民军队的本质，在实践中成为铁的纪律，对正确处理军队内部关系、军民关系和瓦解敌军等起了重大作用，这被誉为"第一军规"，被谱写成歌曲传唱。在井冈山斗争时期和苏区时期，在遭受敌人封锁情况下，盐是紧缺物资，中国共产党和人民军队与人民"有盐同咸，无盐同淡"；毛泽东、朱德经常带领部队下山挑粮以减轻群众送粮负担，这些都将中国共产党与人民群众同呼吸、共命运生动地体现出来。

中国共产党以为农民谋幸福为初心，始终与农民同呼吸共命运，也体现在实施"大仁政"下的合理负担政策。走农村包围城市革命道路，主要是依靠广大农民群众的人力、物力和财力支持。党根据战争需要与农民负担能力，在总结各根据地经验基础上，逐步形成了以财粮负担、战勤负担和社会负担为内容的农民负担制度。财粮负担指农民为支持革命而付出粮、钱、物，主要是通过向农民征收土地税方式实现的。战勤负担指农民出勤出力为革命战争承担多种杂务，如打草鞋、修桥铺路、运输、慰劳红军、救护等前方勤务工作。社会负担指农民为支持革命战争，发扬阶级友爱精神，为红军公田和革命烈军属代耕代种等。

在土地改革时期，中国共产党领导农民废除了旧制度下的苛捐杂税，军民兼顾，尽可能减轻农民的负担，节省民力，既保障集中经济力量支撑战争，又注重改善农民生活。这一政策减轻了农民的负担，与国民党军阀横征暴敛绝然不同。对于个别地方税收较重的情况，发现后及时批评改正。中国共产党还实行依据阶级原则征收地税政策。在苏区创建初期，红军的给养主要靠战争缴获和打土豪来解决，一般不向农民征税。随着红军队伍扩大，特别是由于国民党军阀的反复"会剿"，各根据地单靠打土豪不能解决给养了，开始向农民征税。依据阶级原则征收地税政策，由1930年5月全国苏维埃区域代表大会提出，1934年1月毛泽东在第二次全国工农代表大会上作出完整概括。他指出：农业税依靠于农民的革命热情，使之自愿的纳税，同样是累进原则的征收法。家中人口少分田少的税轻，家中人口多分田多的税重。贫农中农税轻，富农税重。雇农及红军家属免税。被灾区域按灾情轻重减税或免税。①

在抗日战争时期中国共产党领导的抗日根据地绝大多数处于敌后的乡村，战争破坏和消耗大，中国共产党面临战争的巨大消耗同有限的农民负担能力及其基础——落后的受到战争破坏的农村生产力之间的矛盾，以及财政困难、供给不足问题，制定了相应的政策："发展经济，保障供给"；有钱出钱，有力出力，合理负担；"公私兼顾""军民兼顾"。毛泽东批评了两种观点："有些同志不顾战争的需要，单纯地强调政府应施'仁政'，这是错误的观点。因为抗日战争如果不胜利，所谓'仁政'不过是施在日本帝国主义身上，于人民是不相干的。反过来，人民负担虽然一时有些重，但是战胜了政府和军队的难关，支持了抗日战争，打败了敌人，人民就有好日子过，这个才是革命政府的大仁政。""另外的错误观点，就是不顾人民困难，只顾政府和军队的需要，竭泽而渔，诛求无已，这是国民党的思想，我们决不能承袭。"② 可见，抗日战争时期的负担政策是在抗日战争第一的前提下提出的，是在总结根据地建设经验基础上提出的，在"大仁政"前提下处理好了抗日战争与人民生活改善之间的关系。敌后抗日根据地的财政经济很困难，军民都很困难。中共中央非常注意爱惜民力，要求各地筹集粮款时，增加"取之于己""取之于友""取之于敌"部分。抗战中期，

---

① 《红色中华》，1934年1月26日，第3期。
② 《毛泽东选集》第3卷，人民出版社1991年版，第894页。

由于日伪"扫荡"和国民党顽固派封锁，根据地财政经济困难加剧，许多部队几乎没有油吃，没有菜吃，没有纸用，没有鞋袜，没有被盖。毛泽东仍然强调要严格控制农民负担。他说："虽在困难时期，我们仍要注意赋税的限度，使负担虽重而民不伤。而一经有了办法，就要减轻人民负担，借以休养民力。"[①] 中国共产党还通过"开源节流"等有效措施，巩固了抗日民族统一战线，扩展了根据地，迎来了抗日战争的胜利。

1941 年，毛泽东得知固临县一位农民在赶集时当街骂他，清涧县伍兰花污骂共产党和诅咒他，从中了解到当地征粮太重，农民心里有冤气。毛泽东对伍兰花说，"我们共产党跟老百姓是一家人，你家里有困难我们会帮助你克服，你以后有意见还可以提。"[②] 毛泽东还让通讯员把自己的口粮送给她，以解她家的燃眉之急。她回村后逢人就讲："毛主席胸怀坦荡，是咱老百姓的大救星，是个不怕雷轰的英明领袖。"中共中央在根据地开展的军民大生产运动，减轻了农民的负担，农民的生活明显好转。

中国共产党实行军民兼顾的农民负担政策，将民族和人民的长远利益与暂时利益统起来，加之公平合理、鼓励生产、节省开支，其实施既保证了革命战争的需要，又照顾到人民生活，破解了农业生产力水平低下条件下农民负担能力不强与不断增长的革命战争的需要之间的矛盾。农民群众以实际行动拥护这一"大仁政"，以多种方式为革命战争提供支持。

• **组织大生产运动**

1938 年秋，面对财政经济情况异常困难和粮食、棉布等生活必需品十分缺乏的问题，陕甘宁边区的部队开始种菜、养猪、打柴、做鞋等，以

---

① 《毛泽东选集》第 3 卷，人民出版社 1991 年版，第 895 页。
② 孟红：《毛泽东怎样开展批评与自我批评》，《红岩春秋》2019 年第 6 期。

解决给养不足问题。12 月 20 日，《新中华报》社论号召"广泛开展生产运动""保证各地区物质供应的自给自足"，提出各地要"努力提高工农业的生产力，激发工人农民以及广大劳动人民的生产热忱"，并发动各级党、政、军及群众团体中的全部工作人员，各部队的指战员"一面工作，一面生产，把工作和生产联系起来"，认为"只有这样才能支持长期抗战，才能保障战时物质供给"。1939 年 2 月，毛泽东发出"自己动手，生产自给"的号召，边区的部队、机关、学校积极从事以农业为中心、以集体劳动为主的生产自给运动。1940 年 2 月 10 日，中共中央、中央军委发出《关于开展大生产运动的指示》，要求各级军政负责人努力领导部队的生产运动，开辟财源，克服困难，争取战争胜利；在前线部队中也要把生产运动广泛开展起来。[1]12 月 25 日，中共中央在党内指示中再次指出："认真地精细地而不是粗枝大叶地去组织各根据地上的经济，达到自给自足的目的，是长期支持根据地的基本环节。"[2]1941 年，中共中央再次强调必须走生产自救的道路。1942 年 12 月，毛泽东在西北局高级干部会议上提出了"发展经济，保障供给"的财政经济工作总方针。1943 年 10 月 1 日，中共中央在《开展根据地的减租、生产和拥政爱民运动》指示中提出："必须于今年秋冬准备好明年在全根据地内实行自己动手、克服困难（除陕甘宁边区外，暂不提丰衣足食口号）的大规模生产运动，包括公私农业、工业、手工业、运输业、畜牧业和商业，而以农业为主体。"[3]在中共中央号召下，生产运动在陕甘宁边区和敌后各抗日根据地逐渐开展起来。

各抗日根据地在十分艰苦的环境中，劳动与武力结合，开展了多种形式的大生产运动。有人民政府发放农贷（包括贷款、贷粮、贷种子）、支

---

① 《建党以来重要文献选编（一九二一—一九四九）》第 17 册，中央文献出版社 2011 年版，第 131 页。
② 《毛泽东选集》第 2 卷，人民出版社 1991 年版，第 768 页。
③ 《毛泽东选集》第 3 卷，人民出版社 1991 年版，第 911 页。

援牲畜、代制农具帮助农民发展生产；派出小股部队，打击敌人，掩护军民生产；农忙季节，军队支援农民抢收抢种等。大生产运动中，1941 年春，负责守卫陕甘宁边区的八路军 359 旅开进南泥湾，发扬自力更生、奋发图强的精神，实行战斗、生产、学习三结合，生产运动成绩最为显著，共开垦荒地 26 万亩[①]，使昔日荒凉的南泥湾成为"到处是庄稼，遍地是牛羊"的"陕北江南"。该旅当年共生产细粮 2 万石，不仅实现了粮食自给，还向边区政府交纳公粮 1 万石。[②]

中央领导人以身作则，起带头作用。毛泽东开垦一块地种上了菜；朱德组织一个生产小组开垦 3 亩地种菜；1943 年，中央直属机关等举行纺线比赛，任弼时夺得第一名，周恩来被评为纺线能手。

1944 年 9 月，中央警备团战士张思德在大生产中因炭窑崩塌而牺牲，毛泽东在张思德追悼会上发表《为人民服务》的讲演，指出："我们这个队伍完全是为着解放人民的，是彻底地为人民的利益工作的"，"我们为人民而死，就是死得其所"。[③]

华中抗日根据地开展大生产运动

① 1 亩 ≈ 666.67 平方米。——编者注
② 《抗日战争时期陕甘宁边区财政经济史资料摘编》（生产自给编），第 29—30 页。
③ 《毛泽东选集》第 3 卷，人民出版社 1991 年版，第 1004—1005 页。

随着大生产运动的开展，从 1943 年起，敌后各根据地的机关一般能自给两三个月甚至半年的粮食和蔬菜，人民负担也只占总收入的 14% 左右，按当时生活水平，通过"自己动手"实现了"丰衣足食"的目标。到 1945 年，陕甘宁边区农民大部分做到"耕三余一"（耕种 3 年庄稼，除消耗外，可剩余 1 年吃的粮食），农民所交公粮占总收获量比重逐年下降。

陕甘宁边区和华北敌后抗日根据地开展大生产运动，战胜了经济困难，军民生活明显改善，人民负担减轻。抗日根据地开展大生产运动，"军民两方大家都发展生产，大家都做到丰衣足食，大家都欢喜"[①]。"这是中国历史上从来未有的奇迹，这是我们不可征服的物资基础。"[②]

- **探索如何实现农民最终解放和通往社会主义农业**

自中共七大起，中国共产党在 20 余年革命实践的基础上，也针对一些思想认识的偏差和实践中发生的问题，对社会主义农业发展路径进行了初步探索，指出实现社会主义农民才能最后获得解放，形成了一些思想和政策主张。

一是批评民粹主义，探讨了发展到社会主义经济的阶段问题。1945 年 4 月 24 日，毛泽东在中共七大的口头政治报告中，在谈到发展资本主义时指出："我们这样肯定要广泛地发展资本主义，是只有好处，没有坏处的。对于这个问题，在我们党内有些人相当长的时间里搞不清楚，存在一种民粹派的思想。这种思想，在农民出身的党员占多数的党内是会长期存在的。所谓民粹主义，就是要直接由封建经济发展到社会主义经济，中间不经过

---

① 《毛泽东选集》第 3 卷，人民出版社 1991 年版，第 930 页。
② 《毛泽东选集》第 3 卷，人民出版社 1991 年版，第 894 页。

发展资本主义的阶段。"①

二是厘清了平分土地与绝对平均主义的区别，指出了在发展个体经济基础上发展集体经济的原则和条件。1948年4月1日，毛泽东在晋绥干部会议上，对一些地方不同程度发生分配土地上的绝对平均主义和破坏工商业的做法进行了严厉批判。他指出："我们赞助农民平分土地的要求，是为了便于发动广大农民群众迅速地消灭封建地主阶级的土地所有制度，并非提倡绝对的平均主义。谁要是提倡绝对的平均主义，那就是错误的。现在农村中流行的一种破坏工商业、在分配土地问题上主张绝对平均主义的思想，它的性质是反动的、落后的、倒退的。我们必须批判这种思想。土地改革的对象，只是和必须是地主阶级和旧式富农的封建剥削制度，不能侵犯民族资产阶级，也不要侵犯地主富农所经营的工商业，特别注意不要侵犯没有剥削或者只有轻微剥削的中农、独立劳动者、自由职业者和新式富农。"② 为了避免绝对平均主义现象，厘清向社会主义农业发展的路径，经中共中央批准，7月27日以"新华社信箱"形式发表了《关于农业社会主义的问答》。《问答》指出，毛泽东所说的农业社会主义思想，"是指在小农经济基础上产生出来的一种平均主义思想。抱有这种思想的人们，企图用小农经济的标准，来认识和改革全世界，以为把整个社会经济都改造成为划一的'平均的'小农经济，就是社会主义，而可以避免资本主义的发展。"《问答》指出土地改革之后既要避免绝对平均主义又要避免发展为资本主义，在个体经济基础上坚持自愿和平等原则发展农业互助合作，在工业发展基础上逐步把个体经济转变为集体经济和逐步实现农业机械化和现代化，实现社会主义，农民才能最后获得解放。《问答》向全国广播后，产生了很大影响。

---

① 《毛泽东文集》第3卷，人民出版社1996年版，第322—323页。

② 《毛泽东选集》第4卷，人民出版社1991年版，第1314页。

三是把由个体向集体发展的农业经济作为新中国基本经济之一。1947年 12 月 25 日，毛泽东在中共中央政治局扩大会议上所作题为《目前形势和我们的任务》的报告中指出："总起来说，新中国的经济构成是：（1）国营经济，这是领导的成分；（2）由个体逐步向着集体方向发展的农业经济；（3）独立小工商业者的经济和小的、中等的私人资本经济。这些，就是新民主主义的全部国民经济。而新民主主义国民经济的指导方针，必须紧紧地追随着发展生产、繁荣经济、公私兼顾、劳资两利这个总目标。一切离开这个总目标的方针、政策、办法，都是错误的。"①1948 年 9 月，在西柏坡召开的中共中央政治局会议（史称"中央九月会议"），首次讨论了建立新中国后的基本经济方针和政策。毛泽东明确了"新民主主义经济"这个概念，进一步指出，"新中国的经济构成，首先是国营经济，第二是由个体向集体发展的农业经济，第三是私人经济，国营经济是领导成分。现在不提国营经济就不能解决问题了"。②

四是提出要引导分散的个体农业经济向着现代化和集体化的方向发展。1948 年 9 月初，刘少奇在所写的《论新民主主义的经济与合作社》中提出："一个最重要最有决定性又最难实现的要求，就是中国无产阶级与共产党如何去帮助、教育与组织中国最大多数的农民及其他小生产者，使他们紧紧地跟随自己前进。合作社则是实现这一困难任务的最重要的办法。"③毛泽东在中共七届二中全会上提出："占国民经济总产值百分之九十的分散的个体农业经济和手工业经济，是可能和必须谨慎地、逐步地而又积极地引导它们向着现代化和集体化的方向发展的，任其自流的观点是错误的。"④

---

① 《毛泽东选集》第 4 卷，人民出版社 1991 年版，第 1255 页。
② 《毛泽东文集》第 5 卷，人民出版社 1996 年版，第 140 页。
③ 《刘少奇年谱》下卷，中央文献出版社 1996 年版，第 160 页。
④ 《毛泽东选集》第 4 卷，人民出版社 1991 年版，第 1432—1256 页。

第四节 新中国成立让农民稳稳地站了起来

中华人民共和国自成立起，彻底结束了半殖民地半封建社会的历史，中国共产党成为全国范围执掌政权的党，有能力在全国范围稳步实施政权建设、经济改革和生产发展措施。中国共产党在统一财政经济管理、恢复经济秩序的同时，在全国农村快速建立基层政权组织，农民在其中发挥主体作用；在全国范围顺利完成土地改革，实现耕者有其田，农民彻底摆脱地主阶级封建剥削的土地所有制的束缚。此外，中国共产党领导农民迅速恢复发展农业生产和农村经济，开展识字运动扫除文盲等提升农民素质的行动，广大农民稳稳地站立了起来。

• 建立农村基层政权与农民当家作主

在农村革命根据地的建立和发展过程中，农村基层政权也逐步建立起来。大革命时期，中国共产党领导农民建立农民协会，实行一切权力归农会。土地革命时期，各根据地建立了基层政权组织，1933年12月公布的《中华苏维埃共和国地方苏维埃暂行组织法（草案）》规定，乡苏维埃设代表会议，是全乡最高权力机关。抗日战争时期，贯彻统一战线政策，在政权建设中实行共产党员、党外左派、中间派各占1/3的"三三制"。抗日战争胜利后，在开展土地改革和农村整党工作的同时，中国共产党进一步认识到建立健全政权机构的重要性和迫切性。全国土地会议期间，刘少奇在给中央的报告中指出：在会议综合的各地农民的四大要求（土地、生产资本、民主、负担公平）中，"土地与民主又是基本要求，而民主是保障与巩固土地改革彻底胜利的基本条件，是全体农民向我政府和干部的迫切要求"。①1947 年 11 月 12 日，中共中央转发中央工委关于政权形式问题给冀东区党委的指示中提出：目前解放区各级政权形式，应采取从下至上的代表会议制度，其名称或称农民代表会，或称人民代表会均可（一般以称人民代表会议为妥）。但在土改中，被打倒的地主富农及其他反动分子，均不应有选举权与被选举权（新式富农除外）。望在土地改革中，应将解放区政权，改组为人民代表会政权。②1948 年 2 月 22 日，中共中央在《老区半老区的土地改革与整党工作》的指示中提出："在一切地方，在土地改革工作与整党工作大致完成以后，即应实行普选，成立乡村人民代表大会，并改选乡村政府。在农会的委员会中，在乡村人民代表大会及政府委员会中，一般地贫雇农新中农应合占三分之二，旧中农及其它劳动分子应占三分之一。"③4 月，毛泽东在总结历史经验的基础上，进一步指出在一切解放区实行人民代表会议制度。他指出："在反对封建制度的斗争中，在贫农团和农会的基础上建立起来的区村（乡）两级人民代表会议，是一项极可宝贵的经验。只有基于真正广大群众的意志建立起来的人民代表会议，才是真正的人民代表会议。这样的人民代表会议，现在已有可能在一切解放区出现。这样的人民代表会议一经建立，就应当成为当地的人民的权力机关，一切应有的权力必须归于代表会议及其选出的政府委员会。到了那时，贫农团和农会就成为它们的助手。"④12 月 20 日，中共中央发出《关于县、区、村人民代表会议的指示》，指出人民代表会议的政权是新民主主义政权的最好形式，要求各地认真贯彻，建立和完善这种制度。

新中国成立以后，在全国建立起新型农村基层政权。政务院于 1950 年 12 月颁发《乡（行政村）人民代表会议通则》《乡（行政村）人民政府

---

① 《刘少奇年谱》下卷，中央文献出版社 1996 年版，第 86 页。

② 《建党以来重要文献选编（一九二一——一九四九）》第 24 册，中央文献出版社 2011 年版，第 474 页。

③ 《建党以来重要文献选编（一九二一——一九四九）》第 25 册，中央文献出版社 2011 年版，第 171 页。

④ 《毛泽东选集》第 4 卷，人民出版社 1991 年版，1308 页。

组织通则》，这成为农村基层政权建设统一的法规和准则。据内务部 1952
年 9 月统计，全国除西藏和台湾外，共有县辖区 18330 个，乡（行政村）
284026 个，其中华北有县辖区 2059 个，行政村 84732 个。①

　　在农村基层政权组织建设的同时，中国共产党还以农民协会为土地改
革的执行机关。《中国土地改革大纲》规定："乡村农民大会及其选出的委
员会，乡村无地少地农民所组织的贫农团大会及其选出的委员会"为改革
土地制度的合法执行机关。新中国成立前，东北、华北等老解放区在土地
改革中组织贫农团的实践证明，这不利于团结中农。《中华人民共和国土
地改革法》吸取了这一教训，将贫农团改为农民协会，规定"乡村农民大
会，农民代表会及其选出的农民协会委员会"为改革土地制度的合法执行
机关。换言之，在新中国土地改革中，除了农民协会之外，不再组织贫农
团，也不成立雇农工会。不仅如此，还对中农在农民协会领导成员中的数
目作了规定：农民协会中的主要领导成分应该由贫农雇农中挑选，各级农
民协会领导成分中有 1/3 的数目由中农中挑选。②农民协会会员人数占农村
人口的 70% 以上，具有最为广泛的社会基础。农民协会的骨干多数成为乡
镇基层政权的领导力量，他们在农民中有极高威信，许多人成为发展生产
的带头人。

　　农民协会和人民代表大会、乡村政府的建立，使封建宗法统治成为历
史，农民当家作主，形成有利于向现代化国家迈进的治理体系，为中国共
产党"三农"政策的顺利实施奠定了坚实基础。

---

① 崔乃夫主编：《当代中国的民政》（上），当代中国出版社 1994 年版，第 110 页。
② 《刘少奇选集》下卷，人民出版社 1985 年版，第 44—45 页。

● 全面实现耕者有其田

1950 年 6 月，毛泽东在全国政协一届二次会议上强调，"战争和土改是在新民主主义的历史时期内考验全中国一切人们、一切党派的两个'关'"①。

新中国成立后继续选择实行农民的土地所有，而没有选择苏联农村土地国有制，因为这既不符合新民主主义革命性质，也不利于充分调动农民恢复发展生产的积极性，不适合人多地少下"僧多粥少"的国情。新中国成立后召开的第一次中共中央全会——七届三中全会，对土地改革问题进行了专题研究，将土地改革的完成作为获得国家财政经济情况根本好转的

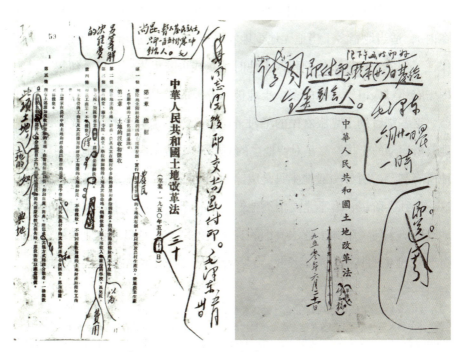

《中华人民共和国土地改革法》修改过程稿

① 《建国以来毛泽东文稿》第 1 册，中央文献出版社 1987 年版，第 415—416 页。

3个条件之一①，并审议通过了《中华人民共和国土地改革法（草案）》。在老解放区完成土地改革的基础上，按照《中华人民共和国土地改革法》的规定，在新解放区实行土地改革。

新中国的土地改革，基于中国共产党已在全国执政，政治军事形势发生的变化，以及对此前土地改革经验的总结，由此对土地改革政策进行了完善，明确以"依靠贫农、雇农，团结中农，中立富农，有步骤地有分别地消灭封建剥削制度，发展农业生产"为土地改革总路线。与1947年的《中国土地法大纲》相比，新制定的《中华人民共和国土地改革法》有较多改进，主要有：一是不再提"平分"一切土地的口号。该法规定，"保护中农（包括富裕中农在内）的土地及其他财产不得侵犯"；并对佃中农给予照顾，规定："应使原耕农民分得的土地（自有土地者连同其自有土地在内），适当地稍多于当地无地少地农民在分得土地后所有的土地"。从而保证了佃中农在抽出他们租入土地时不受或少受损失。这样，纠正了过去因中农超过人口平均数的多余土地被平分掉的错误，切实保护了中农的利益。这些都有助于克服农民的绝对平均主义思想，防止平均主义思潮对土地改革运动的干扰。二是对待地主的原则是，"废除封建阶级地主剥削的土地所有制"，"对于一般地主只是废除他们的封建的土地所有制，废除他们这一个社会阶级，而不是要消灭他们的肉体"。为此，《中华人民共和国土地改革法》与《中国土地法大纲》有较大差别，前者只没收地主的"五大财产"、地主的其他财产不没收②，后者则是没收地主在农村的一切财产③。

---

① 《毛泽东文集》第6卷，人民出版社1999年版，第70页。

② 《中华人民共和国土地改革法》规定：只"没收地主的土地、耕畜、农具、多余的粮食及其在农村中多余的房屋"这五大财产，而对"地主的其他财产不予没收"。"对地主亦分给同样的一份，使地主也能依靠自己的劳动维持生活，并在劳动中改造自己。"在地主的其他财产中，除了地主所经营的工商业过去就规定不予没收外，还有许多如现金、衣物等财产。

③ 《中国土地法大纲》规定："废除一切地主的土地所有权"，并没收"地主的牲畜、农具、房屋、粮食及其他财产"。

这一政策改变，尽可能地避免了地主铤而走险，从而为土地改革构建了一个相对平稳的社会秩序，并促进了农业生产和农村经济的恢复发展。三是对待富农的政策，由征收其多余的土地和财产，改为保存富农经济，以有利于促进生产力发展，也有利于孤立地主、团结中农。四是对小土地出租者予以保护。五是对中农遵循团结原则，纠正了过去因中农超过人口平均数的多余土地被平分掉的错误，切实地保护了中农的利益。六是增加了照顾少数民族的政策。七是对大城市郊区等不同地区的土地改革政策作了相适应的规定。

土地改革总路线及与之对应政策的实施，构筑起"伟大的反封建统一战线"，使耕者有其田在全国范围顺利实现。[①] 新中国成立后，在总人口约13400万人（其中农业人口约有11900万）的老解放区已完成土地改革的基础上，对约3亿人口的新解放区有计划、有步骤、有秩序地开展土地改革，到1952年年底全国范围内的土地改革基本完成；到1953年年底除西藏、新疆等少数民族聚居的地区外，其他牧区和渔区、林区也基本上完成了土地改革；又过了五六年，新疆、西藏，彝族、傣族等少数民族聚居地区，也按照不同民族、不同地区的条件和特点，因地制宜地分别完成了土地改革。

土地改革这场深刻的经济社会变革，废除了封建剥削的地主阶级私有制，代之为农民的私有制，实现了农民几千年来拥有一份土地的夙愿。农民成为自耕农，改变了几千年来土地占有极不合理的状况，使生产资料与劳动力很好地结合起来，重塑了1亿多个平等经营的微观经济组织，彻底摆脱了地主阶级封建剥削的土地所有制的束缚，极大地解放了生产力。贫雇农在获得土地的同时，还获得耕畜、农具等生产资料，免除了向地主缴

---

① 参见郑有贵主编：《中国土地改革研究》，中国农业出版社2000年版，第24—33页。

纳的粮食地租，极大地减轻了贫雇农的负担。新中国土地改革完成，树立了贫下中农优势，以及神权、族权、夫权的废除，为农村基层政权的建立和巩固奠定了坚实基础，也巩固了工农联盟。简言之，土地改革开辟了现代化通途。[①]

● 开展识字运动

中国共产党解决农民问题的路径，与 20 世纪 30 年代有识之士开展的乡村建设实验，有根本区别，也有相同之处。根本区别在于，乡村建设实验者认为中国农民问题不是制度问题，基于既有制度教育改造农民；中国共产党认为，中国农民受入侵的帝国主义列强和封建主义地主阶级双重压榨，要以马克思主义阶级理论为指导实行革命，从政治和经济上解放农民。相同之处在于都重视农民教育，提高农民文化素质。梁漱溟提出乡村建设运动"是救济乡村的运动，是乡村自救的运动，是民族社会的新建设运动，是重新建设中国社会组织结构的运动"[②]，在山东邹平开展以"政、教、富、卫"合一的乡农学校为组织形式的乡村建设。晏阳初认为大多数农民缺乏知识，生活在生与死的夹缝里挣扎着，大多数农民是病夫、谈不到科学治疗和公共卫生，大多数农民不能团结合作而缺乏道德陶冶和公民训练，即农民"愚、穷、弱、私"，因而基于平民教育理论，在河北定县开展识字教育运动实验。高践四在江苏无锡进行民众教育实验，黄炎培在江苏昆山进行乡村改进事业实施计划，也都把识字教育或文化教育纳入实验的基本内容。

中国农民在政治上翻了身，但不识字，没有在文化上翻身，是不能称为彻底翻了身的。新中国成立时，全国农民文盲率高达 95% 以上，甚至有

---

① 参见郑有贵：《新中国土地改革开辟现代化的通途》，《历史学评论》2020 年第 4 期。

② 梁漱溟：《乡村建设理论提纲》，山东邹平乡村建设研究院印，1934 年。

的地方十里八村也没有一个识字的人。新中国成立后，中国共产党在通过建立人民政权和实行耕者有其田等制度解放农民的同时，大力推进社会事业建设，以提高农民素质和促进农民发展。针对旧中国劳动人民难有受教育机会的问题，中国共产党和政府提出教育必须为生产建设服务，为工农服务，学校向工农开门。在战争年代开展扫盲运动的基础上，新中国一成立就在全国范围内展开了轰轰烈烈的扫除文盲运动。农民热情学习文化知识，农民夜校在农村很快发展起来。农民在夜校里学政治、学文化，给沉闷几千年的农村带来蓬勃生气。农民还千方百计地送子女上学，把改变农村面貌的希望寄托在下一代身上。同时，在农村中树立劳动发家致富光荣、

识字运动和识字证书

二流子懒汉可耻和剥削可耻的新的道德风尚。当时，差不多每个村都有读报组、黑板报，有的地方还办起农村业余剧团、秧歌队、高跷队、龙灯队。在这些活动中，农民群众把自己翻身的喜悦和要求增加生产的愿望编成歌曲演唱，丰富了农民的文化生活，也使他们在思想文化上发生了巨变。

● 引导和激励农民互助增产

新中国成立后，农民以极大热情投入到生产中，参与到爱国丰产运动中，有的农民自愿走上互助合作道路，其中涌现出的劳动模范带领农业的恢复发展。

中国共产党和政府对农民劳动模范给予极高荣誉。1950 年 9 月 25 日至 10 月 2 日，全国工农兵劳动模范代表会议在北京召开，毛泽东出席会议并代表中国共产党致祝词，并与其他中共中央领导人在天安门城楼上亲切接见全体代表。会上，群英汇集，与会代表共 464 人，其中农业劳动模范代表 198 人。农业劳动模范中，农民占 80%，技术人员占 19%。山西省的李顺达，山东省的张富贵、吕鸿宾，东北地区的王振堂等老解放区著名的农业劳动模范参加了会议。他们备受人民尊敬，亲身感受到从过去牛马不如到做国家主人的幸福，深受鼓舞，纷纷表示要更加努力搞好农业生产。

奖励劳动模范的行动，激发农民以更大热情参与到爱国丰产运动。1951 年 2 月，政务院在《关于一九五一年农林生产的决定》中，把奖励群众性劳动模范运动和生产竞赛列入 10 项政策的内容。《决定》指出：各地应在 1950 年耕作水平提高的基础上，通过选举劳动模范、生产展览会、技术研究会和比庄稼、比收成等办法，推广深耕细作、多锄、增肥、选种、浸种等，以改进和提高生产技术，并加以总结和扩大推广；其产量显著超过当地一般生产水平经过民主评议为众所公认者，人民政府得给以物质的或名誉的奖励，开展群众性的劳动模范运动和群众性的生产竞赛。同年 2 月，农业部召开第二次全国农业工作会议，决定在全国开展爱国丰产运动，并作为发展农业生产的方针。会议号召通过全国性爱国生产运动，把个人利益与国家利益结合起来，增强农民之间的团结互助，发挥农民的生产积极性（多收不多负担）。这样就把农业丰产运动轰轰烈烈地开展起来。

1951 年 3 月 9 日，《人民日报》以头版头条位置全文登载李顺达互助组的挑战书，同时登载了农业部部长李书城号召各地互助组开展爱国主义生产竞赛的谈话。到 4 月中旬，全国 29 个省、自治区、直辖市的劳动模范和互助组应战，一般都保证超过上年单产的一成或二成以上。在一些生产条件较好的地区，提出水田亩产粮食 1400 斤，水浇地亩产籽棉 700 斤，旱地亩产粮食 400 斤或籽棉 500 斤。大部分省、自治区的应战者又向本省本区的农民挑战。在爱国丰产运动中形成了互助组之间、农民之间、互助组和农民之间声势浩大的"连环赛"。这一年，全国秋耕地（过去不少农民秋收后土地不再翻耕）占耕地总面积的 70%，耕地、锄地的次数普遍增加，耕作质量普遍提高。许多地区改撒播为条播，改变了耕作粗放习惯。11 月 26 日，农业部发布《一九五一年农业生产奖励试行办法》，明确奖励范围、标准、名额、奖品等。当年年底，全国有 100 多万个互助组参加了爱国丰产运动。农业部对丰产模范单位和个人授予了奖金、奖状、奖章等。其中，共有 317 个单位和个人获爱国丰产模范奖，个人劳动模范 224 人、模范集体单位 93 个。在集体单位中，互助组 60 个、合作社 11 个、丰产村 10 个、丰产国营农场 12 个。

1951 年，只是少数先进分子在比较狭小的面积上进行丰产竞赛，到 1952 年，全国除少数边远地区外，都参与到这项运动中，并出现了许多全县、全专区大面积丰产事例。高产典型和高额丰产纪录大量涌现，极大地鼓舞了广大农民的生产积极性。他们把"劳动发家致富"和"爱国增产支

劳动模范陈永康选种获丰收

援国家建设"紧密结合起来,认真学习和推广劳动模范的先进技术,推动了农业生产的恢复和发展。例如,江苏省松江县创造性地采取"典型连环示范"方法,推广陈永康互助组的丰产经验,1952年与1951年相比,全县有65%的稻田单位面积产量增产二至四成。

在完成土地改革的基础上,中国共产党注重发挥农民个体经济和互助合作两个积极性,引导农民自愿互助。组织起来的农民,在爱国增产竞赛运动中发挥带头作用,在春耕防旱及防治病虫害方面取得较好成效,特别是解决了新解放区土地改革后农户生产中缺少耕畜、农具的困难,保证了爱国增产运动的顺利开展。随着土地改革的完成和爱国丰产运动的开展，农业生产互助组广泛地发展起来。1952年年底，全国互助组发展到802.6万个，参加的农户达4536.4万户，占农户总数的39.9%。

● 促进农业生产全面恢复发展

1949—1952年，中国共产党和政府面对中国长期受战争摧残使农业生产力遭受严重破坏的问题，在百废待兴之际，高度重视农业生产的恢复发展，在保障经济社会秩序和实行土地改革调动农民发展农业农村经济积极性的同时，对恢复农业生产采取了一系列经济政策和技术措施。1949年12月8日至20日，中央人民政府召开第一次全国农业生产会议，在分析农业生产有利条件和不利条件后，提出了1950年农业生产的方针、计划任务和具体措施。会后，中共中央、政务院批转了农业部制定的《关于一九五〇年农业生产方针及粮棉增产计划的指示》。1951年2月，政务院作出《关于一九五一年农林生产的决定》，明确新老解放区土地改革、合理负担的农业税收、支持劳动互助组、实行奖励主要工业原料作物生产的价格和农产品合理比价、山林管理、奖励兴修水利、保障牲畜喂养者利益、鼓励农民投资扩大再生产、提倡养猪养牛养马及经过政府批准进行烧酒、严禁一切破坏行为等十项政策。1952年2月，政务院作出《关于一九五二年农业生产的决定》，重申了以前规定的主要政策，并对一些政策作出进一步补充和完善。

概括而言，国家采取了6个方面的支持措施：一是安排支援农业的财政资金，1950—1952年分别为2.74亿元、4.19亿元、9.04亿元，分别为当年国家财政总支出的4%、3.4%和5.1%。这些资金主要用于农业事业费和乡村救济费支出。从1952年起，还安排农业基本建设资金；向农民发放贷款，解决农民购买农具、耕畜、肥料、农药、良种等生产资料资金短缺问题，当年发放 8.58 亿元，为农业生产资料供应总值的 60.9%。二是逐步增加农用物质供应，包括促进各地继续增置旧农具、保护耕畜，推广新式农具和改良农具，大量增加化肥、农药、兽药和施药器械等供给，并及时供应生活用品。三是在工业比重较低、农业税在国家税收中所占比重较高的情况下（1950—1952 年的 3 年间达 30.6%，其中 1950 年高达 39%），尽力控制农民税赋，农业税负担（依实物粮食征税）及负担率（占粮食产量的比重），1950 年为 1350 万吨、占粮食产量的 12.3%，1951 年为 1810 万吨、占粮食产量的 14.5%，1952 年为 1940 万吨、占粮食产量的比重下降为 13.2%[1]，使农民休养生息和有能力扩大生产。四是调整农产品收购价格政策，包括注意缩小工农业产品价格"剪刀差"。以 1950 年为 100，1951 年和 1952 年农产品收购价格总指数分别为 119.6 和 121.6，乡村工业品零售价格总指数分别为 110.2 和 109.7，即农产品收购价格总指数增幅超过乡村工业品零售价格总指数增幅。五是集中力量治理淮河和修建荆江分洪、黄河下游防洪工程等骨干项目，初步改变了旧中国江河堤岸年久失修、水患频繁的状况，对保障农业生产和沿河人民生命财产安全发挥了作用。六是改进和推广农业生产技术。各级农业行政部门组织动员大批农业科技人员深入乡村调查研究，总结群众丰产经验和增产技术，开展爱国生产运动和群众性改进技术运动，示范推广新式农机具，并开始引进、试验、选定机械化农具。

在中国共产党领导下，土地改革等一系列政策措施的实施，解放了生产力，长期被压抑了的巨大潜能释放出来，促进农业生产和农村经济快速恢复发展。以粮食为例，每公顷产量，由 1949 年的 1029 公斤提高到 1952

---

① 李成瑞：《中华人民共和国农业税史稿》，财政出版社 1959 年版，第 113 页。

年的 1322 公斤，提高 28.5%。经过 3 年的艰苦努力，全国完成了恢复农业生产的目标。按 1952 年不变价格计算，全国农业总产值由 1949 年的 326 亿元，增加到 1952 年的 484 亿元，3 年增长了 48.5%，年平均增长 14.1%。主要农产品产量超过历史最高水平，1952 年，全国粮食总产量 16391.5 万吨、棉花总产量 130.4 万吨，分别比 1949 年增长 44.8% 和 193.7%，分别超过历史最高水平 9.3% 和 53.6%。其他农产品也得到不同程度的恢复和发展。

随着农业生产的恢复和发展，广大农民收入增加，购买力提高，生活明显改善。全国按农业人口平均，每人的乡村社会商品（包括消费品和农业生产资料）零售额，从 1950 年的 21.7 元，上升到 1952 年的 30.7 元，两年增长了 41.5%，年平均增长 18.9%。农民生活的改善，突出表现在吃穿方面：1952 年，全国每个农村居民消费粮食 192 公斤，食用植物油 1.7 公斤，食糖 0.6 公斤，猪肉 5.5 公斤，棉布 4.6 米。虽然当时整体消费水平相当低，但是与 1949 年和新中国成立前相比，绝大多数农民的生活水平有了较大幅度提高。在一些农业生产较好的地区，农民的口粮已经以稻米、面粉等细粮为主，而且能够干稀搭配。有些农民过年过节时还杀猪宰羊。多数地区农民日常伙食，由过去以糠麸为主，变成了以玉米、高粱等粗粮为主，并有少部分小麦等细粮。

农业生产的恢复发展，对国家经济社会发展产生了积极的影响：为城乡社会经济秩序的整顿和建立提供农产品供给的支持；给工业提供原料、劳动力、资金、市场等支持，为中国启动"一五"计划重大工业建设项目创造了条件；广大农民用实际行动支援抗美援朝，为赢得战争胜利作出了巨大贡献。

2

农业社会主义改造和
"三农"现代化建设的展开
（1953—1978）

社会主义"三农"发展道路是什么样的，土地改革后小规模农户在生产经营中面临畜力、农具等基本生产要素不足的困难如何解决，怎么样满足国家工业化快速推进对农产品供给大幅增长的需要，是现代化进程中中国共产党要破解的重大课题。

在推进农业国向工业国转变的进程中，以毛泽东为主要代表的中国共产党人，顺应传统农业向现代农业转变发展的要求，推进以共同富裕为取向的农业农村组织化，解决了在不同生产力水平发展阶段面临的问题。20世纪50年代初期，中国在农业社会主义改造进程中，选择农业生产合作化，解决了一家一户生产中面临畜力、农具等基本生产要素不足的困难；自50年代后期起，为解决跨合作社范围兴修农田水利等过程中遇到的问题，推进农业生产合作社由小社并为大社，乃至建立规模更大的农村人民公社。以共同富裕为取向的农业农村组织化的推进，构建起不同于传统农业社会时期的农村经济社会结构，构建起有利于农业农村发展资本积累和向有利于生产力水平快速提升配置资源的农村社区集体统筹和积累机制，促进了大规模农田水利、农业机械化、农村电力、农村道路等基础设施建设，促进了社队工业、社队企业的发展，促进了农村教育、文化、医疗等社会民生建设。农业农村的发展还为国家工业化提供了所需资金、农产品原料、工业品市场等，对国家工业化作出了重要贡献。在高度集中的计划经济体制下，实行人民公社体制、农产品统派购制度、城乡户籍管理制度的共同作用，保障了国家工业化战略实施的顺利进行，也使农业农村发展缺乏活力和城乡二元结构固化。

第一节　对传统小农进行社会主义改造

土地改革后，中国农村是汪洋大海的小农经济。改造小农经济，是农业农村现代化进程中的重要内容。不同国家改造小农经济的路径有所差别，一般采用兴办大型家庭农场、专业或综合合作社、农产品行业协会、产供销一体化经营及"一村一品"的产业集聚和企业集群。中国在建立社会主义制度的取向下，选择了在土地改革后推进农业生产合作化的路径来改造小农经济，把分散的个体自耕农纳入集体经济组织之中，加之实行农产品统派购制度把农业纳入计划经济。

- **正确对待农民个体经济和互助合作两个方面的积极性**

农业组织化是农业现代化的必然选择，被国际经验所证实。早在19世纪40年代，英国逐步兴办合作社，在此基础上对罗虚代尔公平先锋社的成功实践进行总结，将其具体做法称为罗虚代尔原则。国际合作社联盟确定的合作社原则，即是在罗虚代尔原则基础上形成的。

中国农民素有互助合作的内在动力。在传统农业社会，中国农民在生产力水平低下的情况下，就形成了传统乡村凑份互助文化。[①] 在使用传统农业生产工具阶段，农民一家一户生产中有的存在耕畜、农具、资金等生产要素不足的问题，有的存在劳动力不足的问题。为解决生产经营中的这些困难，中国在历史上就有换工、打会，以及相互调剂耕畜、农具使用等互助行为。

1990—1910年，从日本留学归来的两位教授在京师大学堂开设"产业

---

① 参见郑有贵：《从〈寻乌调查〉探析传统乡村凑份互助文化》，《党的文献》2018年第3期。

组合"课，向中国介绍合作经济。中国学者将日本文献中的"cooperative"译为"产业组合""协同组合""协同社""协作社"等，1919年从美国留学归来的薛仙舟则将"cooperative"译为"合作社"。"合作社"概念在中国被认可，或许是因为其意义与中国传统金融组织"合会"接近。1918年，从日本归国的胡钧教授倡导和指导北京大学60余名学生成立北京大学消费合作社，这是中国的第一个合作社。之后两年，上海、武汉、成都、长沙等地的知识分子成立了约10个消费合作社。1919年五四运动以前，中国的《民主报》《中央商学会杂志》《经济学概论》《银行制度论》等发表了四五十篇关于合作社的文章。[①]

新中国成立后，中国共产党在新民主主义革命时期领导农民开展互助合作的基础上，从解决农民生产经营困难和促进现代化发展出发，积极推进农业生产合作化。20世纪50年代初，中国废除地主阶级封建剥削的土地所有制实行农民所有的土地所有制后，由于仍处于生产力水平低下的传统农业阶段，小规模经营的农户在发展生产中仍存在耕畜、农具不足的问题。这一时期实行农业生产互助合作，即为了解决一家一户在农业生产中存在的耕畜、农具等生产要素短缺的问题。同时，中国为保障国家工业化战略的实施，也需要通过农业生产组织起来促进农业发展，以保障能够顺利地让农业向工业化提供所需农产品原料和资金支持。鉴于这些原因，中国共产党开始在全国推进农业生产互助合作。一方面，1951年，毛泽东倡议召开一次全国性的互助合作会议，为中共中央起草一个关于农业生产互助合作的决议稿。另一方面，中共中央于1952年11月12日决定省委以上建立农村工作部。中共中央明确农村工作部的任务是：帮助党委掌握农村各项工作的政策方针，而中心任务是组织与领导广大农民的互助合作运

---

① 陈意新：《二十世纪早期西方合作主义在中国的传播和影响》，《历史研究》2001年第6期。

动，以便配合国家工业化的发展，逐步引导农民走向集体化的道路。

中国共产党引导农民走组织化发展道路，不是缺乏内在动力的制度变革，而是有着内在动力，以及基于中国历史上传统乡村凑份互助文化、民国时期引入西方合作经济的实践①。至于农业组织化的实现形式，则是借鉴了苏联农业集体农庄的实践经验。

中国农民有互助合作的内在动力，但个体经济的积极性也是根深蒂固的。中共中央在征求多方面对起草关于农业生产互助合作的决议稿意见过程中，有人提出农民有两个积极性。这个意见被吸收，正式写进 1951 年 12 月 15 日中共中央印发全国各地党委试行的《关于农业生产互助合作的决议（草案）》。这份文件第一条就指出，要正确对待农民两个方面的积极性。文件指出："农民在土地改革基础上所发扬起来的生产积极性，表现在两个方面：一方面是个体经济的积极性，另一方面是劳动互助的积极性。农民的这些生产积极性，乃是迅速恢复、发展国民经济和促进国家工业化的基本因素之一。因此，党对于农村生产的正确领导，具有极重大的意义。"该文件第二条进一步强调了农民个体经营积极性的必然性，指出："解放后农民对于个体经济的积极性是不可避免的。党充分地了解了农民这种小私有者的特点，并提出不能忽视和粗暴地挫折农民这种个体经济的积极性。在这方面，党是坚持了巩固地联合中农的政策。对于富农经济，也还是让它发展的。根据我们国家现在的经济条件，农民个体经济在一个相当长的时期内，将还是大量存在的。因此，政治协商会议共同纲领曾经指出：应该'使各种社会经济成分在国营经济领导之下，分工合作，各得其所，以促进整个杜会经济的发展'，其中即包括了'农民和手工业者的个体经济'。除此之外，共同纲领还有以下的规定：'凡已实行土地改革的

---

① 宋洪远总主编：《近来以来中国农村变迁史论（1911—1949）》第 2 卷，清华大学出版社 2019 年版，第 374—376。

地区，必须保护农民已得土地的所有权。'"当时，人们并没有把互助和合作清楚地加以区分，其中所说的"劳动互助的积极性"实际上包含了"生产合作的积极性"。1953 年 2 月 15 日，中共中央将决议草案作了修改，作为正式决议公布实施，其中正确对待农民的两个方面的积极性没有变，只是将"劳动互助"修改为"互助合作"。

从后来农民在集体经济中创造包产到户、包干到户看，处理好农民两个方面的积极性至关重要。

- ### 实施国家工业化战略下加速对小农的组织化改造

新中国成立后，中国共产党在已完成土地改革的地区引导农民开展生产互助合作。中共中央于 1951 年 12 月将《关于农业生产互助合作的决议（草案）》下发试行，又于 1953 年 2 月 15 日公布了《关于农业生产互助合作的决议》。这期间强调将发展农业生产当作农村的中心工作，对生产中的困难，要求开展灵活多样的互助合作来加以克服，尚未对小农经济改造作出全面布置，而是要求在农村工作中注意小农经济的特点。例如，1953 年 4 月 1 日中共中央在发出的《当前农村工作指南》中，转发了《人民日报》3 月 26 日发表的题为《领导农业生产的关键所在》的社论，指出要"按照中央指示'从小农经济的生产现状出发'改进对农业生产运动的领导方法"。

传统小农经济难以支撑国家工业化战略快速实施的问题很快显现出来。1949—1952 年，全国粮食产量年平均增长 13.1%，人均粮食产量年平均增长 11.3%，在这种高速增长情况下发生粮食供给紧张的问题，其中重要的原因之一是工业化快速推进。新中国成立后，工业得到迅速恢复和发展，1950—1952 年工业总产值年平均增长 34.8%，工业总产值在工农业总产值中的占比迅速提高，由 1949 年的占 30% 上升到 1952 年的占 43.1%；工业基本建设投资扩大，1953 年达 28.34 亿元，比 1952 年的 16.89 亿元增长 67.8%；城镇人口由 1949 年的 5765 万人增加到 1952 年的 7163 万人、1953 年的 7826 万人，分别比 1949 年增长 24.2%、35.7%；城镇人口占全国总人口中的占比由 1949 年的 10.6% 上升到 1952 年的 12.5% 和 1953 年的 13.3%。工业化的快速推进，城镇人口的增加，加上当时非城镇居民人均消费水平比农村居民消费水平高出约 1.5 倍，都促使对粮食等农产品的需求量大幅增加，使得供不足需。1953 年粮食"收购和销售两项比较，差额是多少呢？如果今年度销售到五百六十七亿斤，就比原计划多销了八十七亿斤；如果收购比原计划减少三十亿斤，差额就是一百一十七亿斤。即使收购计划全部完成了，八十七亿斤的差额也不是一个小数目。"[①]

1954 年 9 月 23 日，陈云在一届全国人大一次会议上说："城市工矿区和农村经济作物区的粮食需要量增加得很快，但是农民不急于出卖他们的余粮，这是一九五三年发生粮食供不应求的根本原因。城市人民购买力提高的事实也是明显的。几年来物价是稳定的，工资收入比起解放初期来已经有了很大的提高。最重要的是从一九五三年起，国家开始了规模巨大的经济建设和文化建设，全国就业人数又大为增加。这样，就大大增加了社会工资总量和城市人民的收入。正是由于城乡人民的收入增加了，才使产量增加了的粮食、油料、肉类、布匹发生了供不应求的现象。"[②]

1953 年粮食等农产品供应紧张问题的发生，使中央领导集体强化了小农经济与工业化矛盾的认识。1953 年 12 月 16 日，中共中央印发的《关于发展农业生产合作社的决议》指出："孤立的、分散的、守旧的、落后的个体经济限制着农业生产力的发展，它与社会主义的工业化之间日益暴露出

---

① 《陈云文选》第 2 卷，人民出版社 1995 年版，第 205 页。
② 《陈云文选》第 2 卷，人民出版社 1995 年版，第 258—259 页。

很大的矛盾。"这是中共中央 1951 年 12 月作出的《关于农业生产互助合作的决议（草案）》和 1953 年 2 月作出的《关于农业生产互助合作的决议》中没有的。增加这些内容，是基于 1953 年发生粮食等农产品供给紧张现象是小农经济与工业化矛盾日益突出的反映的判断。经中共中央批准、由中共中央宣传部于 1953 年 12 月印发的关于党在过渡时期总路线的学习和宣传提纲中也明确地指出了小农经济与工业化的矛盾："建立在劳动农民的生产资料私有制上面的小农经济，限制着农业生产力的发展，不能满足人民和工业化事业对粮食和原料作物日益增长的需要，它的小商品生产的分散性和国家有计划的经济建设不相适应，因而这种小农经济和社会主义工业化事业之间的矛盾，已随着工业化的进展而日益显露出来。"

基于小农经济不适应工业化的判断，在全国范围开始了对传统小农的组织化改造。在当时生产力水平较低的条件下，许多农户耕畜和农具不足，开展农业生产互助合作在当时是见效快的增产办法。在 1953 年 10 月 26 日至 11 月 5 日中共中央召开第三次农业互助合作会议之前，10 月 15 日毛泽东同中共中央农村工作部负责人谈话时指出："个体农民，增产有限，必须发展互助合作。"[①] 1953 年 12 月 16 日，中共中央作出《关于发展农业生产合作社的决议》。该决议指出，"党在过渡时期的总路线，就是要逐步实现国家的社会主义工业化，逐步实现对农业、手工业和资本主义工商业的社会主义改造。根据党的这个总路线，我国的国民经济建设不但要求工业经济的高涨，而且要求农业经济要有一定的相适应的高涨。但孤立的、分散的、守旧的、落后的个体经济限制着农业生产力的发展，它与社会主义的工业化之间日益暴露出很大的矛盾。这种小规模的农业生产已日益表现出不能够满足广大农民群众改善生活的需要，不能够满足整个国民经济

---

① 《建国以来重要文件选编》第 4 册，中央文献出版社，1992 年版，第 468 页。

高涨的需要。为着进一步地提高农业生产力，党在农村中工作的最根本的任务，就是要善于用明白易懂而为农民所能够接受的道理和办法去教育和促进农民群众逐步联合组织起来，迅步实行农业的社会主义改造，使农业能够由落后的小规模生产的个体经济变为先进的大规模生产的合作经济，以便逐步克服工业和农业这两个经济部门发展不相适应的矛盾，并使农民能够逐步完全摆脱贫困的状况而取得共同富裕和普遍繁荣的生活。"

该决议最后强调，"关于正确和错误这样两方面的经验各地区或多或少地都已经有了，各级党的领导机关必须认真地加以研究和总结，从而把互助合作运动纳入党中央所指出的正确的轨道，有计划地逐步地完成改造小农经济的工作，使农业在社会主义工业的领导下，配合着社会主义工业化的发展，而胜利地过渡到全国的社会主义时代"。

- ### 农村社会主义高潮与农业生产合作化的实现

在国家经济发展中，农业生产合作化的重要性日益被认识。在中央负责经济工作的陈云把推进农业生产合作化作为发展农业生产的重要措施。陈云在 1954 年 6 月 30 日向中共中央汇报第一个五年计划编制情况时指出："农业增产有三个办法：开荒，修水利，合作化。这些办法都要采用，但见效最快的，在目前，还是合作化。""搞合作化，根据以往的经验，平均产量可以提高百分之十五到三十。增产百分之三十，就有一千亿斤粮食。并且只有在农业合作化以后，各种增产措施才更容易见效。所以合作化是花钱少、收效快的增产办法。国家在财力上应该给予更多的支持。"[1]1955年 7 月 21 日，陈云在一届全国人大二次会议上进一步强调指出："我们发

---

[1] 《陈云文选》第 2 卷，人民出版社 1995 年版，第 238—239 页。

展农业，大量增产粮食，主要是靠农业的合作化。就是说，应该积极而稳步地发展农业合作社，把一亿一千万农户组织到生产合作社里来。到那个时候，我们的粮食产量就会大大增加起来，向农业生产合作社进行统购统销的工作，也要容易得多，合理得多。"①

1955 年 6 月末，中国共产党内部在农业社会主义改造的速度问题上发生了争论，打破了农业生产合作化稳步发展的步伐。7 月 31 日，在全国省、自治区、直辖市党委书记会议上，毛泽东作了《关于农业合作化问题》的报告，对中共中央农村工作部部长邓子恢等人要求按中共中央原定计划发展农业生产合作社的主张进行了严厉批评。毛泽东指出："在全国农村中，新的社会主义群众运动的高潮就要到来。我们的某些同志却像一个小脚女人，东摇西摆地在那里走路，老是埋怨旁人说：走快了，走快了。过多的评头品足，不适当的埋怨，无穷的忧虑，数不尽的清规和戒律。"报告批评中共中央农村工作部对浙江省农业生产合作社采取坚决收缩的做法，是"胜利吓昏了头脑"，"犯出右的错误"。报告针对当时出现的等到有了农业机械再搞合作化的观点指出："社会主义工业化是不能离开农业合作化而孤立地去进行的"，"在我国的条件下（在资本主义国家内是使农业资本主义化），则必须先有合作化，然后才能使用大机器。"②

根据毛泽东关于农业合作化问题报告的精神，中共中央于 1955 年 10 月召开了七届六中全会扩大会议。会议作出了《关于农业合作化问题的决议》。《决议》共分 12 个部分，对农业合作化的形势、必要性与可能性、发展与巩固、合作社基本特点、公共基金、生产管理、国家援助、地主和富农分子的处理、加强领导、发展规划等问题作了规定。会议进一步批判了对合作社实行收缩的方针，指责这种"右倾机会主义在实质上只是反映

① 《陈云文选》第 2 卷，人民出版社 1995 年版，第 277 页。
② 《毛泽东文集》第 6 卷，人民出版社 1999 年版，第 418、425、432 页。

1955 年毛泽东对《湖南长沙县武塘农业生产合作社是怎样从中农占优势转变为贫农占优势的》，作了长达 1729 个字的批示，以《树立贫农和下中农的优势》为题，收入《中国农村的社会主义高潮》一书。图为武塘纪念停碑文。2008 年 8 月作者摄

了资产阶级和农村资本主义自发势力的要求"。会议结束时，毛泽东作了题为《农业合作化的一场辩论和当前的阶级斗争》的总结报告。他指出，在农业合作化问题上，群众要求大发展，过渡时期的总任务要求农业适应工业，那种主张小发展的观点是错误的。同年 9 月至 12 月，毛泽东主持选编了《怎样办农业生产合作社》一书，后改名为《中国农村的社会主义高潮》（署名为中共中央办公厅编）。全书共收入 176 篇反映各地办社经验的文章。毛泽东为此书写了序言，并以"本书编者"的名义，为其中的 104 篇写了按语。在序言和按语中继续批评"右倾机会主义错误"，对农业社会主义改造和建设的速度提出了更快的设想。他提出："在中国农村中，两条道路斗争的一个重要方面，是通过贫农和下中农同富裕中农实行和平

竞赛表现出来的。""在合作社这面站着共产党","在富裕中农后面站着地主和富农"。

在中共中央七届六中全会扩大会议作出《关于农业合作化问题的决议》，以及毛泽东的两次报告和上述序言、按语被传达以后，引起全国各地强烈反响，促使各地发展农业生产合作社的速度急剧加快。到 1956 年 12 月末，全国高级农业生产合作社（简称高级社）数量由 1955 年 6 月的 500 个猛增到 54 万个，入社农户由 4 万户猛增到 10742.2 万户，参加高级社的农户占农户总数的比重，也由不到 1‰猛增到 87.8%。至此，全国农村基本实现了高级形式的合作化。1957 年，高级社的发展进入扫尾阶段，少数没有实现高级合作化的地区继续发展高级社。到这一年的年末，全国农村高级社总数达到 75.3 万个，平均每个社 158.6 户，入社农户共计 11945 万户，占农户总数的比重达到 96% 以上。

对传统小农的社会主义改造的完成，建立起高级农业生产合作社，建立起土地等生产资料的公有制[①]，为促进农业生产发展和共同富裕奠定了制度基础。这是一个历史性的制度变革。原本计划从 1953 年起经过 10 年到 15 年或更长一些时间完成这一任务，却在较短时期内完成了，从而遗留了一些问题。1981 年，中共十一届六中全会通过的《中共中央关于建国以来党的若干历史问题的决议》对此进行了总结，指出：在 1955 年夏季以后，农业合作化的改造要求过急，工作过粗，改变过快，形式也过于简单划一，以致在长期间遗留了一些问题。

在发展农业生产合作社的同时，中国共产党还领导农民发展供销合作和信用合作。

---

① 高级农业生产合作社实行土地等生产资料无偿归合作社集体所有，这是与初级农业生产合作社实行土地、耕畜、农具等农民所有基础上入股加入合作社的重要区别。

• 通过建立农产品统派购制度把农业纳入计划经济

在新中国成立之际，在小农分散经营、传统农业和不发达的自由市场下，由于国家工业化快速推进导致对粮食等农产品需求快速增长和国家宏观调控能力弱，国内发生了农产品供给不足和市场混乱兼而有之的问题，有的农民惜售，有的私商囤积居奇。从保证城市工矿区所需农产品供应出发，中国选择了农产品统派购制度。

农产品统派购制度的实行是从粮食开始的。为应对 1953 年粮食供不应求问题，陈云慎重决策，提出了 8 种可选择方案：（1）"只配不征"，即只在城市搞配售，农村不征购；（2）"只征不配"，即只在农村搞征购，城市不配售；（3）"原封不动"，即继续自由买进，自由卖出；（4）"临渴掘井"，即先自由购买，实在买不到时，再去重点产粮区征购；（5）"动员认购"，即层层下达控制数字，而控制数字不告诉农民，由村支部动员农民认购，认购量不达到控制数字不散会；（6）"合同预购"，即订预购合同，按合同购粮；（7）"不搞统一办法，由各地方自行其是"；（8）"又统又配"，即统购统销。陈云在主持制定粮食流通方案时，通过对 8 种方案的比较，在"黄色炸药"和"黑色炸药"①之间选择了统购统销制度，这既体现了经济学家求真务实的科学精神，又体现了政治家的智慧和胆略。换言之，尽管马克思主义经典作家把计划经济作为社会主义的基本特征，但中国选择粮食统购统销制度，并非一开始就是从建立计划经济体制出发而作出的抉择，而是从 8 种解决粮食供应紧张问题的方案中选出的一种方案，即是一种针对面临的实际问题而作出的选择。遵照中共中央于 1953 年 10 月 16 日作出的《关于实行粮食的计划收购与计划供应的决议》，政务院于同年 11

---

① 这是当时领导层使用的一种比喻，意指必有"震动"，又迫不得已。

月 23 日正式颁布《关于实行粮食的计划收购和计划供应的命令》《粮食市场管理暂行办法》。1954 年，长江、淮海流域遭受百年不遇的大洪灾，造成粮食大减产，1954—1955 年在非灾区又向农民多征了 350 万吨粮食，发生了许多强迫命令和 "购过头粮" 等现象，加重了国家与农民的紧张关系。为此，中共中央、国务院于 1955 年 3 月发出《关于迅速布置粮食购销工作安定农民生产情绪的紧急指示》，核减了粮食的收购任务，并决定对粮食实行定产、定购、定销（简称 "三定"）制度。

随着国家工业化的快速推进和计划经济体制的建立，统购统销制度被应用到其他各类的农产品，农产品统派购制度也成为计划经济体制的重要组成部分而长期实行，成为实现把有限资源配置到工业（主要是将有限的农业剩余转移到工业和农业向工业提供原料）的一种政策工具，成为服务于国家赶超战略的一种制度安排。1953 年和 1954 年，国家分别对油料、棉花等农产品实行统购统销，并自 1954 年起对生猪等其他农产品先后实行有计划的统一收购，即派购制度。1957 年 8 月，国务院在《关于由国家计划收购（统购）和统一收购的农产品和其他物资不准进入自由市场的规定》中进一步明确，属于国家统一收购的农产品包括：烤烟、黄洋麻、苎麻、大麻、甘蔗、家蚕茧（包括土丝）、茶叶、生猪、羊毛（包括羊绒）、牛皮及其他重要皮张、土糖、土纸、桐油、楠竹、棕片、生漆、核桃仁、杏仁、黑瓜子、白瓜子、栗子，集中产区的重要木材，大麻、甘草、当归、川芎等 38 种重要中药材，供应出口的苹果和柑橘，若干渔业集中产区供应出口和大城市的水产品。随着农产品统派购制度的建立，国家还严格限制农村集市贸易交易的农产品品种和数量，由此在农村流通领域实行高度集中的计划调节，从此真正意义上的农村自由市场基本上不复存在。

对农产品实行统派购制度，其预期目标明显是实现国家顺利收购农产品，以保障城市和工矿区所需农产品的供给。农产品统派购制度的建立，在实际上起到了把分散的小农经济纳入计划经济的作用。农产品统派购制度也成为计划经济体制的重要组成部分。

第二节　建立人民公社与构建农村社会

为解决大规模跨合作社开展渠道、水库等农田水利建设过程中遇到的问题，中国农村开始探索小社并大社，乃至建立规模更大的人民公社。人民公社以构建按照工农商学兵结合的农村社会结构为方向。1958 年起至1978 年，农村人民公社体制的流变有两个阶段。第一个阶段是"一大二公"阶段，即在农村人民公社化运动中，刮起以"一平二调三收款"为主要内容的"共产风"，挫伤了农民的积极性。第二阶段是针对人民公社化运动存在问题，中国共产党大兴调查研究之风，中央向下问计，征询如何完善人民公社体制的意见，1962 年中共八届十中全会正式确立"三级所有，队为基础"体制，并延续到改革开放前。在国家从农业"取"大于"予"的情况下，人民公社所形成的农村社区集体统筹和积累机制，在一定程度上解决了农业农村发展资金短缺的问题，促进了农业农村发展。也正因为一方面实施农业养育工业政策，另一方面要实现农业积累，农民在农业增产中获得的直接收益较少，加之社员与社员之间分配上的"吃大锅"饭问题，农村较普遍地发生出工不出力等"搭便车"现象。受当时对社会主义认识的局限，实行对农民为解决社员与社员之间的吃"大锅饭"问题而创造的包产到户加以扼制，并在农村开展社会主义教育运动，以防止集体经济的弱化。

● 小社并大社

农业生产合作社规模的扩大，在办初级农业生产合作社的时候就提出来了。1955 年毛泽东编《中国农村的社会主义高潮》时，给《大社的优越性》一文写的按语指出："现在办的半社会主义的合作社，为了易于办成，为了使干部和群众迅速取得经验，二三十户的小社为多。但是小社人少地少资金少，不能进行大规模的经营，不能使用机器。这种小社仍然束缚生产力的发展，不能停留太久，应当逐步合并。"[①] 在大社优于小社的认识下，全国迅速推进高级农业生产合作社化。针对实践中的问题，中共中央作出《关于整顿农业生产合作社的指示》。按照这一指示精神，各地缩小高级农业生产合作社规模，由 1956 年的 245 户减少到 1957 年的 159 户。这一规模调整与当时经营管理水平相适应，有利于合作社的巩固和生产的发展，受到广大农民群众的欢迎。

1957 年冬到 1958 年春，在各地农村出现以兴修水利、保持水土为中心的农业基本建设高潮中，有些农业生产合作社联合起来兴修水利工程，统一规划，统一施工；还涌现出一些打破社界、乡界、县界以至省界，群众自带口粮、工具，无偿到外地开河挖渠等先进事迹。同时，有的农业生产合作社联合起来集资购买农机具、兴办副产品加工、农机具修配厂等。这些现象的出现，使从中央到地方的一些领导人产生了新的想法，认为高级社的规模束缚了生产力的发展，不适应"大跃进"的形势，需要建立一种比高级社规模更大的生产组织，以适应农业生产和社会发展的需要。

中共中央在 1958 年 3 月召开的成都会议通过了《关于把小型的农业合作社适当地合并为大社的意见》，中共中央政治局于 4 月 8 日批准《意

---

① 薄一波：《若干重大决策与事件的回顾》下卷，中共中央党校出版社 1993 年版，第 728—729 页。

见》。《意见》指出："我国农业正在迅速地实现农田水利化，并将在几年内逐步实现耕作机械化，在这种情况下，农业生产合作社如果规模过小，在生产的组织和发展方面势将发生许多不便。为了适应农业生产和文化革命的需要，在有条件的地方，把小型的农业合作社有计划地适当地合并为大型的合作社是必要的。""为了便于加强对合作社的领导，为了在乡的范围内发展各种小型工业和文化教育事业，在小社合并为大社以后，每一个乡领导几个农业合作社是适宜的。如果乡的区划较小，可以适当地合并成大乡。"《意见》还明确了并社的条件和步骤，即小社合并为大社应具备在发展生产上有需要、绝大多数社员确实赞成、地理条件适合大社的经营、合作社的干部有能力办好大社 4 个条件；农业生产合作社的合并必须有准备有计划地进行，需要合并而不合并是不适当的，不需要合并而合并，或者合并得过早过大，也是不适当的。1958 年 4 月 12 日，《人民日报》在发表《闽侯县联乡并社发展生产力》时加了编辑的话，将《意见》的主要内容向全社会公布。

在力争上游、赶先进的形势下，各地忽视《意见》明确的并社条件和步骤，全国农村迅速掀起了并社高潮。河南省从 1958 年春季到夏收期间，将 54000 多个农业生产合作社合并为 30000 多个大社，并且试建几千户以上的大社，最大的社有 9360 户。辽宁省从 5 月开始，将 9600 个本来规模已经比较大的农业生产合作社进一步合并，组成 1461 个大社，平均每个社有农户 2000 户左右，其中 10000 户以上的有 9 个，最大的社多达 18000 户，基本上是一乡一社。

在农业生产合作社合并过程中，一些地方还把手工业合作社、供销合作社和信用合作社与农业生产合作社合并，出现"三社合一""四社合一"。一些地方还大办工业，兴办公共食堂、托儿所、幼儿园、敬老院等福利事业，把社员耕种的自留地收归社有，并广泛开展跨社生产大协作，形成后来的人民公社雏形。新出现的大社，有的仍称农业生产合作社，有的模仿苏联改称集体农庄，有的自创新名称共产主义公社，还有的称农场。

- ● **构建工农商学兵结合的农村人民公社体制**

在农业生产合作化后，促进农村社会发展提上了议程。据胡乔木回忆，1958 年二三月，毛泽东对陈伯达说，乡社合一，将来就是共产主义雏形，什么都管，工农商学兵。[1]5 月，陆定一在中共八届二次会议上的发言转达了毛泽东对人民公社的设想，即"毛主席和刘少奇同志谈到几十年以后我国的情景时，曾经这样说，那时我国的乡村中将是许多共产主义的公社，每个公社有自己的农业、工业，有大学、中学、小学，有医院，有科学研究机关，有商店和服务行业，有交通事业，有托儿所和公共食堂，有俱乐部，也有维持治安的民警等等"[2]。

1958 年 7 月 1 日，《红旗》杂志第 3 期发表的《全新的社会，全新的人》一文，向全国公开使用"人民公社"这个名称，说要把合作社变成"既有农业合作又有工业合作"这样一种组织，"实际上是农业和工业相结合的人民公社"。7 月 16 日，《红旗》杂志第 4 期发表《在毛泽东旗帜下》一文，引用毛泽东的话说，"我们的方向，应该逐步地有次序地把'工（工业）、农（农业）、商（交换）、学（文化教育）、兵（民兵，即全民武装），组成为一个大公社，从而构成我国社会的基层单位"。这段话描绘了人民公社的蓝图和前景。因此，各地农村在并社运动开展后不久，又开始试办、规划人民公社。河南省遂平县嵖岈山附近的 27 个农业生产合作社，共计9369 户，4 月刚由小社合并成大社，继而又一马当先地将大社改称人民公

---

① 《当代中国的农业合作制》（上），当代中国出版社、香港祖国出版社 2009 年版，第 417—418 页。
② 薄一波：《若干重大决策与事件的回顾》下卷，中共中央党校出版社 1993 年版，第 732—733 页。

社。由于该社曾因在全国率先放小麦高产"卫星"而闻名，故取名为卫星人民公社。这是全国成立的第一个人民公社。

1958 年 8 月 6 日，毛泽东视察河南省新乡县七里营人民公社时，当地负责人汇报了没有用"共产主义公社"而是用人民公社作名称的缘由。毛泽东说："看来'人民公社'是一个好名字，包括工农兵学商，管理生产，管理生活，管理政权。'人民公社'前面加个地名，或者加上群众喜欢的名字。"同时指出，人民公社的特点是："一曰大，二曰公。"①8 月 9 日，毛泽东视察山东，当省委书记谭启龙汇报历城县北园乡准备大办农场时，毛泽东说："还是办人民公社好，它的好处是，可以把工农商学兵合在一起，便于领导。"②8 月 13 日，《人民日报》刊登了毛泽东说"人民公社好"这一消息。此后，全国各地很快由小社并大社，转为兴办人民公社。

1958 年 8 月，在北戴河召开的中共中央政治局扩大会议通过《中共中央关于在农村建立人民公社问题的决议》。《决议》指出：人民公社是形势发展的必然趋势；建立农林牧副渔全面发展、工农商学兵互相结合的人民公社，是指导农民加速社会主义建设，提前建成社会主义并逐步过渡到共产主义所必须采取的基本方针。《决议》还对人民公社的组织规模，小社并大社转为人民公社的做法和步骤，并社中的若干经济政策，以及社的名称、所有制和分配制度等作出规定。《决议》指出，人民公社的组织规模就当时来说，一般以一乡一社、2000 户左右较为合适。人民公社进一步发展的趋势，有可能以县为单位组成联社。人民公社建成以后，不要忙于改集体所有制为全民所有制。人民公社的分配制度，要从具体条件出发，在条件成熟的地方，可以改行工资制。在条件不成熟的地方，也可以暂时

---

① 中共中央文献研究室：《关于建国以来党的若干历史问题的决议注释本》（修订），人民出版社1985 年版，第 325 页。

② 《毛泽东视察山东农村》，《人民日报》，1958 年 8 月 13 日，第 1 版。

仍然采用原有的"三包一奖"或者"以产定工制"等按劳动日计酬的制度，条件成熟以后再改变。《决议》最后指出："看来，共产主义在我国的实现，已经不是什么遥远将来的事情了，我们应该积极地运用人民公社的形式，摸索出一条过渡到共产主义的具体途径。"

在《中共中央关于在农村建立人民公社问题的决议》下达的同时，1958年9月1日《红旗》杂志第7期刊登《嵖岈山卫星人民公社试行简章（草案）》，将其作为楷模向全国推广。在高级社立足未稳之际，人民公社化运动迅猛发展起来，只用1个多月的时间，在一片敲锣打鼓声中，全国农村就基本实现了人民公社化。到1958年11月，除台湾、西藏外，全国农村全部实现了人民公社化，全国农民的99.1%，共计12692万户，组成了26572个"又大又公"的人民公社，平均每个公社4777户。

在"大跃进"运动下，高指标、浮夸风盛行，发生了生产瞎指挥和某些干部搞特殊化的情况。在全国快速建立人民公社过程中又刮起了以"一平二调"为主要特征的"共产风"（这些简称"五风"）[1]，这使比高级社公有化程度更高、规模更大且政社合一的人民公社体制弊端快速暴露出来，农民的积极性遭受严重挫伤，农业生产陷入严重困境。

• 人民公社实行"三级所有，队为基础"体制

针对农村人民公社化运动存在的问题，毛泽东在1960年年底召开的中共中央工作会议及之后的中共八届九中全会上，要求全党恢复实事求是、调查研究的作风，一切从实际出发。随后，中共中央向各中央局、省、

---

[1] 1960年11月15日中共中央印发《关于彻底纠正"五风"问题的指示》，提出必须在几个月内下决心彻底纠正十分错误的共产风、浮夸风、命令风、干部特殊化风和对生产瞎指挥风，而以纠正共产风为重点，带动其余四项歪风的纠正。

实行"三级所有，队为基础"体制后，农民积极性提高。图为生产队正在给社员年终分红。王尧卿摄

区、市党委致信，并附上 1930 年毛泽东写的《关于调查工作》（即《反对本本主义》）一文，要求县以上各级领导机关联系实际认真学习。毛泽东为纠正农村人民公社化运动的错误，率先垂范，在主持制定《农村人民公社工作条例》过程中广泛调研，多方问计，中共中央于 1962 年 2 月发出《关于改变农村人民公社基本核算单位问题的指示》，将基本核算单位由生产大队下放到生产队，1962 年中共八届十中全会通过《农村人民公社工作

条例修正草案》，正式明确实行"三级所有，队为基础"体制，到实行家庭承包经营制度前一直实施这一体制。《农村人民公社工作条例修正草案》，特别是其中明确的"三级所有，队为基础"体制，纠正了农村人民公社化运动中的错误，解决了队与队之间吃"大锅饭"问题，调动了生产队的积极性。这是全党大兴调查研究之风的一个硕果。

- ### 创建集体经济"包"字头责任制与包产到户三起三落

长期单家独户经营的农民，在建立起清一色的高度集中统一的农村集体经济组织后，针对农村集体经济组织统一经营、集体劳动中投入与收益离散的问题，捕捉到了获得潜在利益的机会而自发地进行包产到户等制度创新。这种在集体经济组织内部实行包产到户的责任制，在农村改革前三次兴起，且范围一次比一次大。包产到户因为增产效果显著，不仅农民群众和基层干部拥护，还得到党和国家领导人刘少奇、邓小平、陈云、邓子恢等人的支持和赞成。但是，当时主流意识认为包产到户是"单干"，三次包产到户都被强制压下去。

农业生产合作社建立初期农民第一次兴起包产到户。农业生产合作社自建立起，在农业生产合作社的统一经营、集体劳动中，每个人所付出的劳动数量与质量如何评价，并在分配劳动成果时充分体现出来就成为必须解决的问题。面对改进劳动管理的命题，国家层面明确了建立生产责任制的方向，并在实践中探索实行"包"字头的多种责任制形式。一届全国人大常委会于 1955 年 11 月 9 日讨论、1956 年 3 月 9 日通过的《农业生产合作社示范章程》，其中第四十条规定逐步地实行生产的责任制；第五十五条规定把劳动报酬上的按件制同劳动组织上的责任制结合起来，农业生产合作社应推行包工制；第五十六条规定农业生产合作社应尽可能从实行耕作段落和季节的包工制（小包工），逐步过渡到常年包工制（大包工），根据完成情况予以奖罚。有些农业生产合作社在实践中突破示范章程规定，让作业组包工包产，有的作业组还悄悄实行社员户包工包产。1956年4月初，邓子恢在全国农村工作部长会议上指出："包工包产势在必行！高级社没有包工包产不行，无论如何不行！"①在农业中实行定额管理，是一件极为繁杂的事情，因为农活儿的种类太多，差别太大，且同一类农活儿在不同的自然条件下，所要付出的劳动量又大不相同，监督、检查相当困难。因此，定额管理并以劳动日作为社员报酬的计量单位，并不能解决社员与社员之间吃"大锅饭"的平均主义分配问题。农民认为，只有联系农作物的最终产量来计算劳动者的报酬，才能准确地评价劳动者所付出的劳动。于是，就出现了包产到队、包产到组和包产到户。总之，农民感到，根据农业生产的特点，"包"的单位越小，评价劳动者付出劳动的准确性就越高，而包到了户之后，家庭内部的劳动成员之间就可以不必计较谁付出的劳动多少，因而生产管理的成本就最低，社员之间因计算报酬问题而发生纠纷和摩擦的可能性也最小。在这种理性认识下，农民开始实行包产到户。1956年4月29日，《人民日报》发表的《生产组和社员都应该包工包产》一文，介绍了安徽省芜湖地区一些合作社包工包产到组和四川省江津地区一些合作社包工包产到户的做法；指出包产到组到每一个社员，能够使社员更关心农业生产合作社的生产发展，以巩固急剧变革中建立起的社会主义合作制度。浙江省永嘉县受该文的启发，在燎原社试验包产到户成功后，6月县委决定在全县推广，全县255个社实行包产到户。两个月后，温州地区占农户15%的1000多个社实行包产到户。广西环江对居住分散的社实行包产量、包工、包成本到户（"三包到户"）。1956年6月30日，一

---

① 《当代中国的农业合作制》（上），当代中国出版社、香港祖国出版社2009年版，第355页。

届全国人大第三次会议通过的《高级农业生产合作社示范章程》规定，高级社应根据生产经营的范围、生产上的分工的需要和社员的情况，把社员分成若干个田间生产队和副业生产小组或副业生产队，实行定额管理，并以劳动日作为报酬的计算单位。1956 年秋开始，即高级社刚刚普及，尚未运转一个生产周期时，安徽、四川、江苏、浙江、河北、广东、广西等一些地方的农村实行了包产到户。1957 年春耕后，农业生产合作社形成了产包到队、工包到组、田间管理包到户等多种包字头责任制。9 月 14 日，中共中央发出《关于做好农业生产合作社生产管理工作的指示》，指出工包到组、田间零活包到户是建立生产责任制的一种有效办法；必须切实建立集体的和个人的生产责任制，普遍推行包工、包产、包财务制度，对超产给予提成奖励和对减产扣分（简称"三包一奖"）。^① 随着同年 6 月开始的反右派运动的展开，也随着中共中央于 8 月 8 日针对一些地方发生社员闹退社事件而决定向全体农村人口进行一次大规模的社会主义教育的开展，把闹退社和包产到户当作"走资本主义道路"加以批判。第一次包产到户历时不足一年就被迫终止，只有偏僻的合作社暗自保存下来。

在农村人民公社中第二次兴起包产到户。1958 年人民公社化初期，农村中"共产风"盛行，盲目追求人民公社的规模和公有化程度，提倡共产主义式的"按需分配"方式，推行"兵营式"的生产和生活方式，实行"组织军事化、行动战斗化、生活集体化"，加上大量农村劳动力被抽调去大炼钢铁等，再次挫伤了广大农民的积极性，农村生产力受到了极大的破坏，农业生产大滑坡，部分地区农村开始面临饥荒。从 1959 年 5 月开始，农村中一部分地区开始自行改变人民公社初期那种"大呼隆""大锅饭"的经营管理办法，有的将"基本队有制"（即生产大队所有制）改变为以

①《中共中央关于做好农业合作社生产管理工作的指示》，《人民日报》，1957 年 9 月 16 日。

生产小队为基本核算单位，或名义上保留大队为基本核算单位，但实际上将分配权下放到生产小队；有的扩大自留地，允许大搞家庭副业；有的则再次搞起了包产到户等。农民再次选择包产到户是迫不得已维持生计的一种自救措施。1959 年夏召开的庐山会议和中共八届八中全会之后的反右倾斗争运动，把包产到户当作右倾典型，包产到户也就无立足之地了。

包产到户的第三次兴起。1959 年农业生产大幅下滑，许多农民生活陷入极端困苦，农民没有粮吃，靠瓜滕、菜叶、薯茎等代食品（简称"瓜菜代"）也难以维持。在农村集体经济没有能力解决农民面临的饥饿、浮肿、非正常死亡之际，农民第三次悄然搞起了包产到户。安徽省是第三次包产到户的发源地。安徽省的责任田，是从恢复包产包工到组的集体责任制开始逐步演进的。1961 年 3 月上旬，中共安徽省委决定扩大试行责任田，并根据讨论意见，起草了《关于包产到田责任到人问题（草案）》，后来又两次修改，改为《关于推行包产到队、定产到田、责任到人办法的意见》。到 1961 年 8 月中旬，全省实行责任田的生产队达到 74.8%，当年底再增加到 90.1%。安徽省责任田就是让社员以户为单位承包生产队的土地，并负责完成定产指标，实行超产全奖、减产全赔。这实际上就是包产到户。只是因为在当时主流意识下，包产到户被视为"单干"和"资本主义自发势力"，从上到下都忌讳，所以起名为责任田。在安徽省推行责任田的同时或前后，其他一些省、自治区农村也不同程度地实行包产到户。1961 年 9 月，中共中央农村工作部上报的《各地贯彻执行六十条的情况和问题》中显示："在一部分生产力破坏严重的地区，相当一部分干部和农民对集体生产丧失信心，以致发展到'按劳分田''包产到户''分口粮田'等变相恢复单干的现象。""在经营管理方面，发现了一些错误的做法，如'田间管理责任制'，'包产到户'，或者部分产量包到户，损害了集体生产。"这表明，20 世纪 60 年代初农村相当广泛地实行包产到户。1962 年 2 月，中共中央在北京举行的扩大工作会议结束后,留下安徽省的代表继续开会。会议内容之一是批评曾希圣推行责任田,没有把"五统一"全面搞起来。同年3月20日经安徽省委常委会议通过,正式形成了《关于改正责任田办法的决议》。《决议》指出,责任田办法与中央"六十条"和关于改变农村人民公社基本核算单位的指示精神是背道而驰的,必然削弱和瓦解集体经济,走资本主义道路,必须坚决地把它改正过来。1962年9月召开的中共八届十中全会通过《关于进一步巩固人民公社集体经济、发展农业生产的决定》,把包产到户当作"复辟资本主义的单干风"加以批判。会后,全国批判"单干风",加快了"改正"包产到户的步伐。

从1956年到1962年,包产到户经历三起三落。每次"起",都是农民群众自发的,而每次"落",则都是通过搞阶级斗争,将其强压下去。包产到户的三次兴起,反映出广大农民对改革原有的妨碍生产力发展的农业经营制度的愿望由来已久。包产到户虽三次遭遇取缔,但作为一种重要经营方式创新的尝试及其成果,在中国农村经济发展史上却留下了不可磨灭的一页。它为以后中国农村实行包产到户、包干到户奠定了实践基础和思想基础。

• 农村开展社会主义教育

在以计划管理为内核的制度安排及以阶级斗争和意识形态教育等政治方式解决制度实施中遇到的种种问题的情况下,农民的诉求受压抑,并以自己所能为的方式进行抵触,如退社、出工不出力、精心耕种自留地、实行包产到户、隐瞒产量避免高征购等。在政府与农民的这种博弈中,一方面,党和政府在既定的政策框架内,顺应农民的要求对政策进行微调,如在发展集体经济、计划经济的前提下有限度地允许发展家庭副业、自留地和集市贸易，在工业布局在城市的前提下有限度地允许农村发展五小工业；另一方面，党和政府对农民进行意识形态的引导和教育，以保障既定政策的实施。

1960 年冬的整风整社运动，对于纠正农民反映最为强烈的"五风"问题，推动农村经济政策的调整，起到了一定的作用。但是，针对在人民公社制度、农村经济政策、克服经济困难措施等的不同认识，中共中央于1961 年 11 月 13 日发出《关于在农村开展社会主义教育的指示》。这个文件要求对农民群众和农村干部进行社会主义教育，并着重解决正确对待当时困难、集体经济、家庭副业、支援工业等方面的思想问题，以统一认识，发扬爱国爱社的热情，提高克服困难的信心，鼓励发展生产的干劲，使人民公社更巩固。根据中共中央的指示，这次社会主义教育采取正面教育办法，结合整风整社和各项具体工作进行。当时人民公社基本核算单位的下放、农村各项经济政策的调整，以及恢复农业生产等项任务很重，社会主义教育在 1962 年以内基本上是平稳的，对农村政治生活没有产生大的震荡，对农业生产尚无明显的消极影响。

中共八届十中全会以后，各省、自治区、直辖市传达贯彻这次全会的精神，强调千万不要忘记阶级斗争，掀起了整风整社和社会主义教育高潮。河北省保定地区在 1962 年从分配入手，进行了"小四清"（即清理账目、清理仓库、清理财物和清理工分的"经济四清"），查出一批干部有铺张浪费、多吃多占、贪污盗窃等行为。湖南省自上而下召开各级干部会议，以中共八届十中全会精神教育干部，在认清形势、明确方向的基础上揭发问题。中共湖南省委在给中共中央的报告中反映：当前阶级斗争是激烈的。不论农村或城镇，阶级敌人的破坏活动是嚣张的，一股反社会主义的"黑风"刮得很大。1963 年 2 月，毛泽东在中共中央工作会议上推荐了湖南省开展农村社会主义教育运动和河北省保定地区"小四清"的经验，并指出

"阶级斗争,一抓就灵"。会议确定,在全国农村普遍开展一次社会主义教育运动,即"四清"运动。

后来,"四清"运动发展成为一场大规模的政治运动,是中共八届十中全会把阶级斗争扩大化的理论在农村相当大范围内的一次实践。这场大规模的、长时期的政治运动,使延续多年的"左"倾错误又有了新的扩展,对发展农业生产造成了不良后果。作为重点开展"四清"运动的县社队,几乎都对阶级敌人(地、富、反、坏分子)的破坏活动和基层干部队伍的不纯情况,做了过于严重的估计,导致打击面严重扩大,挫伤了一部分基层干部和群众的政治热情、生产积极性。

"四清"运动还干扰了农村经济政策的贯彻执行。为了开展社会主义和资本主义两条道路的斗争,有些地区无视"农业六十条"的规定,没收社员的自留地、开荒地,搞生产大队核算,或者继续平调生产队和社员的资金搞集体建设。有的硬性摊派集资任务,以致社员卖猪、卖口粮交款;有的对根本不受益的大队或生产队也分派集资任务,导致挤占社员分配,影响当年生产生活。更为突出的是,各地还普遍对农村集市贸易加强了限制,认为农村集市是资本主义活动的场所。一些由于经营家庭副业有方、在集市出售商品较多,或者由于经营小商摊等赚了钱的社员,往往被当作"资本主义倾向的代表"予以批判斗争。上述种种现象,使"农业六十条"中的许多经济政策在一些地方未能落实,这不仅在农民群众中造成了思想混乱,而且严重妨碍了农村商品经济的发展。1966年夏,当"四清"运动在中国农村尚有2/3的县未作为重点开展的时候,这场运动就被"文化大革命"打断了。

• 社区集体统筹和积累机制促进"三农"发展

自决定建立人民公社起，中央就明确了农村生产与社区社会事业协调发展的方向，并在实践中形成了通过社区集体统筹和积累促进农村经济与基础设施、社会事业协调发展的实现机制。在农业养育工业，国家对农业农村投资较少的情况下，这一机制促进了"三农"发展。

从农民发展层面来看，实现农民的现代化是建立人民公社的预期目标之一。1957—1978年，一方面，农民科技文化素质的提升、健康状况的改善、人均寿命的提高等都极为明显；另一方面，农民物质生活水平有所改善，但不够显著，人均纯收入由73元增加到133.6元，尽管全国粮食产量大幅度增加，但由于全国人口增长高达48.9%，农民人均粮食消费仍在低水平徘徊。这种缓慢增长的原因有两点：第一，人民公社与高级农业生产合作社一样，担负起服务于实施国家工业化战略的使命，包括向工业提供低价农产品，既保障了工业发展所需的原料供给，又因价格"剪刀差"而有利于完成原始积累。人民公社政社合一体制与城乡二元户籍制度、农产品统派购制度共同作用，保障了把人口和劳动力留在农村，限制了农民就业和农村产业发展的空间。第二，正是由于要保障上述目标的实现，在组织制度上就要强化统一，农民的积极性严重受挫，即便农民科技文化素质提高和农田水利、农业机械化、农用化学工业快速发展使得生产力水平明显提升，但其能力没有充分发挥出来。

从农业和农村发展层面来看，在人民公社体制下，农村生产力水平实现了快速提升。一是农村人民公社的资源动员和整合功能的发挥，使大江大河治理、农田基本建设、农业机械化、农业技术改造取得明显进展，加上工业化发展为农业提供了大量的农业机械、电力、化肥和农药，"绿色革命"的兴起又使农业技术上升到新的水平，这些因素共同作用使得农业综合生产能力有了较大提高。1978 年与人民公社建立前的 1957 年相比,大江大河的治理和农田水利建设取得重大进展,全国有效灌溉面积由 27339.0 万公顷增加到 4496.5 万公顷;农业机械化快速推进,机械总动力由 121 万千瓦增加到 11750 万千瓦;农村用电量由 1.4 亿千瓦小时增加到 253.1 亿千瓦小时;开展了乡村道路、仓库、晒场等基础设施建设。农业科技的发展,全国粮食产量实现了大幅度增长,由 1957 年的 19504.5 万吨增加到 1978 年的 30476.5 万吨。二是农村社会事业快速发展。自 20 世纪 50 年代

场头演出。佘佳虎摄

起，中国在农村不仅开展识字运动扫除文盲，还全面发展教育、文化、体育、医疗、卫生、社会保障等事业。例如，在发展农村社区集体经济的基础上，开展合作医疗和选用"赤脚医生"，尽管属于较低水平，但保障了农民对医疗的基本需求。这一做法引起联合国教科文组织、世界卫生组织关注，1978 年召开的国际初级卫生保健大会将中国农村合作医疗和"赤脚医生"的做法作为解决初级卫生保健的成功范例，写入《阿拉木图宣言》，

赤脚医生。叶祖清摄

向发展中国家介绍推广。① 三是在农村社区集体统筹和积累下，社队企业的发展尽管经历曲折，但各地都有不同程度的发展，为改革初期乡镇企业异军突起和能够迅速探索走出中国特色农村工业化、城镇化道路奠定了基础。农村的这些发展，在改革开放初期实施家庭承包为主的改革后，其潜力迅即释放出来，且对当今农业的发展，仍然发挥着重要作用。还需要注意的是，农村建设取得的这些成效，是在农业剩余本身处于较低水平而且还要向工业提供积累、城乡二元财政体制——农村发展主要靠自身积累解决的情况下，依靠社区集体统筹和积累实现的，来之不易，更显人民公社动员和整合资源促进生产力和社会事业发展上的积极作用。② 如果没有人民公社，在当时农业养育工业政策下，农村生产力要实现如此快速的提升，是难以实现的。

从国家工业化乃至整个现代化层面来看，人民公社作为计划经济体制的重要组成部分，除了促进农业农村发展外，还有一个重要功能是服务于国家工业化战略，它与户籍制度、农产品统派购制度等共同作用，保障农业部门剩余向工业部门的顺利转移。③ 据专家测算，改革开放前工农产品价格"剪刀差"呈扩大趋势，严瑞珍等测算 1955—1978 年价格扩大44.9%④；中共中央政策研究室、国务院发展研究中心《农业投入》总课题组认可有关部门测算的 1954—1978 年国家通过对农业不等价交换取得的资金为 5100 亿元⑤。同时，粮食、棉花等农产品产量大幅增加，农业为国家工业化提供了所需要的大量农产品原料；通过保障农产品出口换取外

---

① 姚力：《卫生工作方针的演进与健康中国战略》，《当代中国史研究》2018 年第 3 期。

② 参见郑有贵：《目标与路径——中国共产党"三农"理论与实践 60 年》，湖南人民出版社 2009 年版，第 76—79 页。

③ 参见郑有贵：《工业化视角的城乡二元结构评价探讨》，《当代中国史研究》2013 年第 6 期。

④ 严瑞珍、龚道广、周志祥、毕宝德：《中国工农业产品价格剪刀差的现状、发展趋势及对策》，《经济研究》1990 年第 2 期。

⑤ 《农业投入》总课题组：《农业保护：现状、依据和政策建议》，《中国社会科学》1996 年第 1 期。

汇，以用于引进先进的工业技术装备。人民公社、农产品统派购制度、户籍管理制度的共同作用，使得中国作为遭受西方国家封锁、只能靠自己努力而不能像一些国家那样实行殖民政策来获取国外资源完成原始积累的发展中国家，成功地实现追赶，顺利和迅速推进国家工业化战略，到20世纪70年代末建立起独立的比较完整的工业体系和国民经济体系[1]。可见，建立人民公社，作为突破苏联社会主义模式的一种探索和社会主义计划经济体制的重要组成部分，在实现农业向工业提供积累和农产品原料，以及保障低消费、高积累，进而保障国家工业化快速推进上，实现了预期目标。

改革开放以来，国家对集体经济实行家庭承包经营，并实行政社分社。这种"废除人民公社"，废除的只是不适应农业生产特点和生产力水平较低情况下的单一集体统一经营和政社合一体制，其实质是在农村组织体系上对计划经济体制的先行废除，而不是对集体经济、通过集体统筹和积累促进农村经济与基础设施、社会事业协调发展的实现机制的废除。

第三节　农业农村现代化建设快速起步

如何推进农业现代化建设，这是新中国面临的重大课题。以毛泽东为主要代表的中国共产党人较早提出了农业现代化建设的任务，并提出把农业放在国民经济首位，倡导通过组织起来促进生产力发展，促进了农业现代化建设的快速起步。

---

[1]　叶剑英：《在庆祝中华人民共和国成立三十周年大会上的讲话》，《人民日报》，1979 年 9 月 30 日。

• 把农业放在国民经济的首位

毛泽东在新中国成立前，就把农业放在社会经济发展的首要地位和基础地位。1942 年 12 月，毛泽东在《经济问题与财政问题》一书中就明确指出："应确定以农业为第一位，工业、手工业、运输业与畜牧业为第二位，商业则放在第三位。"[①]1948 年 4 月 1 日，毛泽东在晋绥干部会议上初步提出了农业为基础的思想，指出："消灭封建制度，发展农业生产，就给发展工业生产，变农业国为工业国的任务奠定了基础。"[②] 1949 年 6 月 30日，毛泽东在《论人民民主专政》中进一步指出："没有农业社会化，就没有全部的巩固的社会主义。"[③] 可见，毛泽东对农业社会化在社会主义中的基础地位的认识是深刻的。1959 年，毛泽东在庐山会议强调工业和农业之间的综合平衡问题，指出："过去安排是重、轻、农，这个次序要反一下，现在是否提农、轻、重? 要把农、轻、重的关系研究一下。过去搞过十大关系，就是两条腿走路，多快好省也是两条腿，现在可以说是没有执行，或者说是没有很好地执行。过去是重、轻、农、商、交，现在强调把农业搞好，次序改为农、轻、重、交、商。这样提还是优先发展生产资料，并不违反马克思主义。重工业我们是不会放松的，农业中也有生产资料。如果真正重视了优先发展生产资料，安排好了轻、农，也不一定要改为农、轻、重。……现在讲挂帅，第一应该是农业，第二是工业。"[④]1960 年 3 月，毛泽东明确提出了 "农业是基础，工业为主导" 的方针。同年 8 月 10 日，经毛泽东批准、中共中央发出的《关于全党动手，大办农业，大办粮食的指示》，强调 "农业是国民经济的基础，粮食是基础的基础"。1962 年 9

---

① 《毛泽东选集》，东北书店 1948 年版，第 813 页。
② 《毛泽东选集》第 4 卷，人民出版社 1991 年版，第 1316 页。
③ 《毛泽东选集》第 4 卷，人民出版社 1991 年版，第 1477 页。
④ 《毛泽东文集》第 8 卷，人民出版社 1999 年版，第 78 页。

月，中共八届十中全会进一步明确提出"贯彻执行毛泽东同志提出的以农业为基础，以工业为主导的发展国民经济的总方针"[①]。在这一思想指导下，1964 年 12 月，三届全国人大一次会议对"四化"的内容和排列次序做了调整，把农业现代化建设列为四个现代化的首位，指出："今后发展国民经济的主要任务，总的说来，就是要在不太长的历史时期内，把我国建设成为一个具有现代农业、现代工业、现代国防和现代科学技术的社会主义强国。"[②] 以毛泽东为主要代表的中国共产党人把农业现代化列为四个现代化之首，并提出以农业为基础、以工业为主导的方针，从中共七届三中全会至中共八届十中全会，其中有 6 次中共中央全会对"三农"问题进行了专题研究，并形成文件。[③]

改革开放前，在实施国家工业化战略及为之服务的计划经济体制下，毛泽东关于"农业是国民经济的基础"的思想在实践中没有得到很好落实。

- ## 制定和实施第一幅"三农"发展蓝图

《一九五六年到一九六七年全国农业发展纲要》是新中国成立后制定的第一个"三农"发展蓝图，习惯上被简称为"农业四十条"。

"农业四十条"旨在勾划一个发展农业的长远目标及实现路径。1955年 11 月，毛泽东就全国农业发展问题，先后同 14 个省的书记和内蒙古自治区党委书记交换了意见，共同商定出 17 条。12 月 21 日，中共中央在征询对农业 17 条意见时明确提出，1956 年从省到乡各级都要做出一个包括

---

① 《中国共产党八届中央委员会第十次全体会议公报》，《人民日报》，1962 年 9 年 29 日，第 1 版。

② 《周恩来选集》下卷，人民出版社 1984 年版，第 439 页。

③ 参见郑有贵：《10 次中共中央全会通过的农业决议与当代中国"三农"政策演变》，《当代中国史研究》，载 2001 年第 5 期。

一切必要项目的全面长期计划。① 在此基础上，经调研和征求多方面意见，到 1956 年 1 月 9 日，形成《一九五六年到一九六七年全国农业发展纲要（草案）》，内容扩展到 40 条，以后虽经多次修正，但均为 40 条。1956 年 1 月 25 日，毛泽东在主持最高国务会议讨论"农业四十条"（草案）时说：1956 年到 1967 年全国农业发展纲要的任务，就是在社会主义改造和社会主义建设高潮的基础上，给农业生产和农村工作的发展指出一个远景，作为全国农民和农业工作者的奋斗目标。② 农业部长廖鲁言在会议上所作的《关于〈一九五六年到一九六七年全国农业发展纲要（草案）〉的说明》中，对纲要制定的背景和农业发展的目标做了这样的说明：在农业合作化的高潮中，中共中央政治局提出《一九五六年到一九六七年全国农业发展纲要》，就把中国社会主义革命中的一个最困难最复杂的问题——农民和农业的问题，系统地解决了，从而将在新的基础上更进一步地巩固工农联盟，将使中国的社会主义工业化加速发展，将使中国过渡时期的总任务提前完成。③ 1957 年 11 月 13 日，《人民日报》发表题为《发动全民，讨论四十条纲要，掀起农业生产的新高潮》的社论指出，全国农业发展纲要是建设我国社会主义农村和保证我国顺利实现工业化的伟大纲领。④

"农业四十条"鲜明地指出发展农业生产力这样一个中心。无论是 17 条，还是 40 条草案，都包括农业、农村、农民的方方面面（按照现行的话语，涉及"三农"的方方面面），但都围绕两个中心，即发展农业合作化和发展农业生产。

"农业四十条"明确以发展农业生产力为中心统领农村建设和农民生

---

① 《毛泽东文集》第 6 卷，人民出版社 1999 年版，第 508—509 页。

② 《毛泽东文集》第 7 卷，人民出版社 1999 年版，第 2 页。

③ 参见廖鲁言：《关于〈一九五六年到一九六七年全国农业发展纲要（草案）〉的说明》，《人民日报》，1956 年 1 月 26 日，第 3 版。

④ 《人民日报》，1957 年 11 月 13 日，第 1 版。

活水平的提高。在当时生产力水平极低和全国人民温饱问题没有得到解决的经济社会发展阶段，第一位的是发展农业生产力，即通过发展农业生产力解决全国人民的温饱问题和工业化的原料供给问题，这是当时农业农村发展中的主要矛盾。"农业四十条"虽然以发展农业生产力为中心，但也把农村和农民发展纳入其中。

"农业四十条"提出依靠农民自身力量发展农业和农村的政策取向；同时明确提出社会主义工业是国民经济的领导力量、城市工人和合作社的农民必须互相支援。在实施国家工业化战略的大目标下，"农业四十条"明确提出农业生产和农民生活水平的提高主要依靠农民自己的辛勤劳动。1956年1月25日，廖鲁言在最高国务会议上所作的《关于〈一九五六年到一九六七年全国农业发展纲要（草案）〉的说明》中清楚和详细地表述了这一政策取向，即"农业四十条"主要是向农民提出的，并且是主要依靠农民自己的人力、物力和财力来实现的。这个纲要所提出的各项任务，除了一部分是由国家举办或国家协助农民举办的以外，大部分是由农民自己举办、自己动手来做的。如果事事依赖国家，一切都由国家投资来举办，那是国家财力所不能胜任的，结果势必推迟这些事业的兴办，有的甚至办不起来了，或者是把国家的财力大量地使用到这些方面来而缩减工业投资，就会推迟社会主义工业化，对于中国的社会主义建设事业，对于全国人民，对于农民，都是不利的。[①]

"农业四十条"对工业化背景下推进农业技术改革进行了有益探索，包括：基于以精耕细作为特征的中华农耕文明总结提出了较为全面的农业增产措施；在实施国家工业化战略背景下，提出了在利用传统生产要素的基础上，加快生产和使用现代农业生产要素；提出通过建立和改进农业科学

---

① 参见廖鲁言：《关于〈一九五六年到一九六七年全国农业发展纲要（草案）〉的说明》，《人民日报》，1956年1月26日，第3版。

研究工作和技术指导工作的机构、为农业合作社培养初级和中级技术人才等措施，使农业科学研究工作更好地为发展农业生产服务；提出在提高单位面积农产品产量的同时，无论对农业合作社，还是对国营农场，都提出了提高劳动生产率的要求及其措施。"农业四十条"面对工业化和人民生活提升对大幅实现农业增产的要求，探索了在工业化和现代科学技术的发展阶段，推进现代农用工业要素引入与改进传统农耕方式并进发展，丰富和发展精耕细作技术，以大幅度增加农产品产量的技术改革路径，在探索工业化背景下推进农业技术改革方面留下宝贵的一页。

"农业四十条"的制定经历了充分酝酿调研，听取了各方面和各层次的意见，分区域规划发展不搞一刀切，也根据实践发展变化进行修正，这是值得倡导和坚持的。"农业四十条"的制定受长期经历军事斗争和革命实践等影响，在内容上有深深的历史印迹，如在开篇第一句话把这个纲要定位为"斗争纲领"。在"农业四十条"的实施上，急于求成，号召和推动提前实现"农业四十条"的发展目标，要求做革命的促进派，对急于求成行为不"泼冷水"，并采用军事斗争和政治方式。不仅如此，"大跃进""文化大革命"等影响了"农业四十条"的实施。尽管如此，"农业四十条"这一新中国首幅"三农"发展蓝图，是在国家工业化战略启动初期的特定历史阶段及其对农业发展的要求而制定的，勾画了保障国家工业化战略实施的以发展农业生产力为中心的蓝图，探索了依据农民自身力量和共同富裕、共同繁荣以聚集力量来发展农业生产力的实现路径，探索了在工业化背景下的农业技术改革，是探索中国特色社会主义农业现代化道路的重要之举，对中国作为工业化后发国家的农业大国向现代化迈进有着不可磨灭的贡献。

• 倡导发展农业靠大寨大队的自力更生精神

经过"大跃进"和农村人民公社化运动后，农业、农村及整个国民经济都进入新中国成立后最困难的时期。为克服严峻的困难，1961 年 1 月，中共八届九中全会确立对国民经济实行"调整、巩固、充实、提高"的方针。为了摆脱困境，全国开展了比、学、赶、帮的社会主义劳动竞赛运动。周恩来在 1963 年 3 月 2 日出席华东局召开的华东农业先进集体代表会议和农业科学技术会议时，号召要踏踏实实地开展农业生产运动，指出开展农业生产运动必须抓住民主办社、干部思想作风、中国共产党基层支部三个环节。从此，比、学、赶、帮运动在农业战线进一步开展起来。有些省、自治区、直辖市还结合开展了"五好"社员、"五好"干部和"五好"生产队的活动。山西省昔阳县大寨大队是自力更生、艰苦奋斗的先进典型之一，在比、学、赶、帮运动中成为全国克服经济困难的榜样。[①]

周恩来在三届全国人大一次会议上所作的经毛泽东亲自审阅、修改过的《政府工作报告》，对大寨大队自力更生、艰苦奋斗的事迹给了浓墨重彩的描述，并将大寨经验概括为三句话："大寨大队所坚持的政治挂帅、思想领先的原则，自力更生、艰苦奋斗的精神，爱国家爱集体的共产主义风格，都是值得大大提倡的。"[②]

毛泽东、周恩来号召在全国范围内开展农业学大寨运动，其初始动因是明确的，即在农业养育工业政策下，需要通过倡导学习大寨自力更生、艰苦奋斗发展集体经济的精神，以应对国家对农业投入不足的问题。1964 年 5 月 10 日、11 日，毛泽东在听取第三个五年计划设想的汇报过程

---

① 详见《当代中国农业变革与发展研究》，中国农业出版社 1998 年版，第 117—139 页。

② 《当代中国农业合作化》编辑室：《建国以来农业合作史料汇编》，中共党史出版社 1992 年版，第794 页。

中插话说:"要注意种好 16 亿亩。在这个基础上建设 4 亿多亩稳产、高产农田。要点面结合,很对。要自力更生,要像大寨一样,他也不借国家的钱,也不向国家要东西。"[①] 这可能就是后来人们所说的 1964 年毛泽东发出"农业学大寨"号召的来历。从中可见,毛泽东提出农业学大寨,最初的动因是在国家财政对农业投资较少的情况下,想依靠农民发扬自力更生、艰苦奋斗的精神来解决问题。毛泽东的这一主张,在以后的讲话中一次比一次更明确。同年 6 月毛泽东在中央工作会议上关于第三个计划的讲话中指出:"农业主要靠大寨精神,自力更生。"同年 12 月 7 日毛泽东同意国家计划委员会将拟定的编制长期计划程序印发政治局、书记处、各中央局和有关部委党组,其中又提到"农业主要靠大寨精神、工业主要靠大庆精神"。1965 年 6 月 16 日毛泽东在听取第三个五年计划问题的汇报时说:"农业投资不要那么多。农业要靠大寨精神。你给他钱,他搞的不好;你不给他钱,反而搞得好一些。农业靠大寨,工业靠大庆。"1965 年 10 月 10 日,毛泽东在讲话中又说:"农业还是靠大寨精神。"[②]

在工业化初期阶段,工业化的发展需要农业向其转移剩余,这使得农业的发展受到资金短缺的约束。在国家财政对农业投入不足的条件下,必然要求农民发扬自力更生、艰苦奋斗精神解决农业问题。大寨大队是众多自力更生、艰苦奋斗发展农业中的佼佼者,是一面"自力更生办农业的光辉旗帜"。中国共产党善于运用典型示范和引路的工作方法,倡导学习大寨自力更生、艰苦奋斗精神以发展农业也就成了历史的选择。

农业学大寨是新中国成立起至 1978 年前可以与土地改革、农业生产合作化、农村人民公社化相提并论的运动之一,其持续时间(1964 年至

---

① 《当代中国农业合作化》编辑室:《建国以来农业合作史料汇编》,中共党史出版社 1992 年版,第 793—794 页。陶鲁笳:《毛主席教我们当省委书记》,中央文献出版社 1996 年版,第 167 页。

② 周德中:《毛泽东与农业学大寨运动》,《党的文献》1994 年第 6 期。

1978 年的 15 年）又长于其他三次运动，对农村乃至整个经济社会发展都产生了极大的影响。

农业学大寨运动的开展，推动各地农村掀起了兴修水利、建设稳产高产农田的热潮，涌现了一大批大寨式社队和先进国营农场，分别成为各地农村学习的榜样和赶超的目标。1965 年 11 月，北京全国农业展览馆举行了"全国大寨式农业典型展览"，共介绍了 52 个大寨式农业典型，展示了全国农业学大寨运动的初步成果。其中有不少是 20 世纪 50 年代就涌现出来的先进典型，但也进入了"大寨式农业典型"的行列。大规模开展农业学大寨运动，对推动农业生产的恢复和发展起到了积极作用。

然而，在"文化大革命"时期，在"无产阶级专政下继续革命理论"下，农业学大寨运动被当成推行"一大二公"的工具，被当成教育农民的工具，被当作政治斗争的工具，从抓阶级斗争视角重新挖掘总结所谓的大寨经验，致使"大批修正主义、大批资本主义、大干社会主义"被塑造为大寨的"三条根本经验"，农业学大寨运动不再单纯地是宣传自力更生、艰苦奋斗精神而推动生产发展的运动，而成为政治色彩浓厚的运动，产生了严重的负面影响。

改革开放初期，农业学大寨运动被终止。这并不是对发动这一运动初始动因（即在国家财政对农业投入不足条件下，通过倡导自力更生、艰苦奋斗精神实现农业发展）的否定，而是对后来附加到这一运动的通过阶级斗争的方式教育农民搞"穷过渡"、"大概工"和吃"大锅饭"的平均主义的否定。

- 勾画和实施农业现代化蓝图

新中国成立后，毛泽东在勾画现代化建设蓝图时，把农业现代化列为

浩浩荡荡的运料大军把石料运往红旗渠水利工地。魏德忠摄

国家 3 个现代化之一，指出："我们一定会建设一个具有现代工业、现代农业和现代科学文化的社会主义国家。"[①]1957 年 10 月 9 日，毛泽东在中共八届三中全会上又说："讲到农业与工业的关系，当然，以重工业为中心，优先发展重工业，这一条毫无问题，毫不动摇。但是在这个条件下，必须实行工业与农业同时并举，逐步建立现代化的工业和现代化的农业。过去我们经常讲把我国建成一个工业国，其实也包括了农业的现代化。"[②]1962 年中共八届十中全会确定："我们党在农业问题上的根本路线是：第一步实现农业集体化，第二步在农业集体化的基础上实现农业机械化和电气化。"

受国际上石油农业的影响，20 世纪 50 年代初中国形成了以农业机械化、电气化、水利化和化学化为内涵和特质的农业现代化的技术路线[③]。

国家工业化的发展为农业提供了大量的农业机械、电力、化肥和农药，"绿色革命"的兴起又使农业技术上升到新的水平。在农村社区集体统筹和积累机制下，农业现代化建设快速推进，农田水利基础设施建设、农业机械化、技术改造等方面取得重大进展。

大规模兴修水利和农田基本建设。1978 年前，大江大河的治理，尤其是农田水利的建设，除了国家的少量投资外，很重要的是依靠集体经济组织的积累，特别是动员农民开展群众性的建设活动。在这一机制下，大江大河治理和农田水利建设取得重大进展，对农田进行了平整，使高产稳产农田数量大量增加。到 1978 年，全国有效灌溉面积达到 4496.5 万公顷，比 1952 年增长 1.3 倍。

农业机械化快速发展。1959 年 4 月 29 日，毛泽东在《党内通讯》中

---

① 《毛泽东文集》第 7 卷，人民出版社 1999 年版，第 268 页。

② 《毛泽东文集》第 7 卷，人民出版社 1999 年版，第 310 页。

③ 1959 年 10 月 18 日，中共中央批转农业机械部的报告，批示明确提出"应该根据从 1958 年起以 10—15 年的时间实现农业现代化，即实现农业机械化、水利化、化学化、电气化"。

开凿红旗渠时在悬崖峭壁上作业。魏德忠摄

提出"农业的根本出路在于机械化"[1]的论断。1959年9月，中华人民共和国农业机械部成立。全国上下都建立了抓农业机械化的工作机构。1955年到1964年，中共中央机关报《人民日报》发表关于农业机械化问题的社论多达36篇，平均每年3.6篇，其中1958年有8篇，1963年更是多达13篇，这是推进其他农业技术工作所没有的。正因为中国共产党和政府不仅从经济上，而且从政治上对农业机械化有着高度的认识，所以在实践中采取强有力的措施，特别是运用计划方式，集中配置资源，大力推进农业机械化事业的发展。1966年7月，根据毛泽东的指示，国务院在武汉召开农业机械化湖北现场会议（即第一次全国农业机械化会议），对到1980年如何基本实现机械化任务的工作进行安排。此后，国务院于1971年8月和1978年1月，先后召开了第二次和第三次全国农业机械化会议，以加快农业机械化的进程。国家在投资上对农业机械化实行倾斜政策，1966年开始将"支援农村人民公社投资"主要用于农业机械；农业贷款中的生产设备贷款，主要用于社队购置农业机械和小水电设备，1975年，其比例高达60%。农业机械设备的购买，还需要动员和整合农村资源，鉴于此，在政策上规定社队将收入的1/3用于购买和维护农业机械，1977年制定的《关于一九八〇年基本实现农业机械化的报告》又规定农村人民公社基本核算单位的公积金平均数的30%到40%用于购买农业机械。在一方面有国家的政策支持，另一方面又有人民公社积累的条件下，农业机械装备水平明显提高。新中国成立之初，中国农业机械动力很少，1952年仅18万千瓦，到1978年达到141750万千瓦，全国农业机械化作业水平有了较大提高，同期机耕面积由136千公顷增加至40670千公顷。在推进农业机械化事业进程中，农村"五小工业"也获得一定的发展。到1980年，尽管农业机械

---

[1] 《毛泽东文集》第8卷，人民出版社1999年版，第49页。

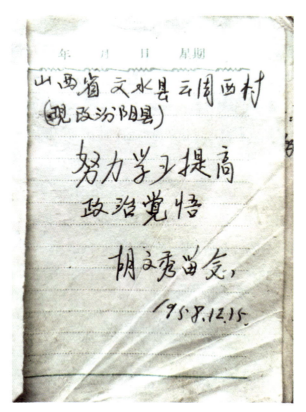

1954 年,在掖县(今烟台市莱阳市)王贾村黎明合作社社长张永茂的倡导、组织下,成立了一个科研小组,为合作社引进新品种、试验新的栽培技术、改革农具等;1958 年,把技术组改为技术队,按照农业"八字宪法",设育种、作栽、植保、土化、气象观察、生物防治等小组。1958 年 5 月,全省科技大会在王贾村召开。1963 年时,王贾村的粮食亩产超过了 800 斤,1965 年超过千斤。1978 年 3 月,张永茂作为特邀代表出席全国科学大会。上图为该村技术员参加全国妇女工作会议时,刘胡兰的母亲胡文秀给她题写的留念词。2021 年 7 月作者摄

装备水平显著提高,但 1980 年基本实现农业机械化的目标落空。究其原因,主要是 1980 年以前推进农业机械化,急于求成,脱离了当时的经济技术发展水平,机械化技术使用的不经济,致使购置农业机械后也养不起,不符合技术经济演进规律。

农业技术改造快速推进。早在农垦事业创建初期,毛泽东就指出:《共产党宣言》的十大纲领中,有一条就是建立农业产业军,所以要开垦荒地,

1974 年，全国四级农业科学实验网经验交流会要求"全国大部分地区，争取三年左右的时间，基本普及四级农科网"

建设一支采用现代化机械和科学技术的农业大军①。1955 年 7 月，毛泽东在《关于农业合作化问题》的报告中强调："中国只有在社会经济制度方面彻底地完成社会主义改造，又在技术方面，在一切能够使用机器操作的部门和地方，统统使用机器操作，才能使社会经济面貌全部改观。"② 毛泽东在报告中还向全党发出了用 20—25 年的时间完成农业技术改革的号召，指出："估计在全国范围内基本上完成农业方面的技术改革，大概需要四个至

---

① 农业部政策研究会：《毛泽东与中国农业》，新华出版社 1995 年版，第 222 页。

② 《毛泽东文集》第 6 卷，人民出版社 1999 年版，第 438 页。

1973 年中国籼型杂交水稻"三系"配套成功。图为 1976 年袁隆平（右）和李必湖在观察杂交
水稻的生长情况

五个五年计划，即二十年至二十五年的时间。全党必须为了这个伟大任务的实现而奋斗。"[①]1958 年，毛泽东提出包括土肥水种密保管工在内的"农业八字宪法"。20 世纪六七十年代"绿色革命"兴起，以杂交水稻、杂交玉米、杂交高粱为代表的高产新组合、新品种和大面积高产栽培技术投入使用，县办农科所、公社办农科站、生产大队办农科队、生产队办农科小组的"四级农业科学实验网"蓬勃兴起也促进了农业科学技术的普及和推广应用；改革耕作制度，发展间套复种多熟制，提高单位耕地面积的产出量；生产队积造农家肥，广种绿肥，挖用河塘肥泥，保持农田肥力。农村人民公社凭借其组织动员能力使这些措施得以落实。

第四节　探索追赶世界工业化进程的工农城乡关系

新中国成立后中国共产党人面临的"三农"问题，是由农业国向工业国转变进程中的问题。这是一个与传统农业社会不同的新问题。面对这一新的时代命题，中国共产党从现代化全局出发，统筹全局与局部、长远与当期发展，一方面集中力量办国家工业化这个事关中华民族伟大复兴的大事，另一方面发展工业服务农业，促进工业和农业共同发展。但是，中国作为工业化后发国家，受西方国家禁运封锁，在弱势窘境下快速追赶工业化进程中，选择了以办成国家工业化这件大事为主要目标的工农城乡政策体系。为了国家工业化资本的快速积累，国家选择实施了低消费、低工资、高积累政策，以及与之对应的计划经济体制下的工农业产品价格"剪刀

---

① 《毛泽东文集》第 6 卷，人民出版社 1999 年版，第 438—439 页。

差"政策、城乡户籍管理制度和与之对应的就业和福利政策。这些政策与政社合一的人民公社体制和农产品统派购制度共用,作用叠加,分割了城乡经济,并固化了城乡二元结构,在现代化进程中没有实现就业结构与产业结构的同步转换,也约束了"三农"发展空间。

● 对工农城乡关系的初步探索

世界各国现代化的历史是从农业文明向工业文明转变的历史。实现工业化既是世界经济发展的趋势,也是中国的必然选择。基于国际上工业国压迫剥削农业国,或者将农业国变为殖民地的事实,恽代英于 1923 年 10 月 30 日在《申报》发表《中国可以不工业化乎》(署名戴英,收入《恽代英全集》第 5 卷),指出章士钊、董时进等主张"以农立国"的危害,即作为农业国的中国,不可能脱离世界之工业国独立存在。[①] 新中国成立初期,中国与其他发展中国家一样,有着与发达国家不同的结构性特征,面临着大规模的经济变动和重大结构改进,其中最迫切的就是实现工业化。中国共产党早在成立初期,创始人之一李大钊在《由经济之解释中国近代思想变动的原因》中就论及工业化的必然性,中共七届二中全会提出中国要将农业国变为工业国,第一届中国人民政治协商会议通过的《中国人民政治协商会议共同纲领》提出国家工业化。

实现国家工业化与解决好"三农"问题是历史赋予新中国的双重使命。在由农业国向工业国跨越的历史进程中,处理好工农关系,既促进工业化发展,又解决好"三农"问题,是新中国的重大课题,也是经济政策调整的轴线。

---

① 戴英:《中国可以不工业化乎》,《申报》,1923 年 10 月 30 日。参见李天华:《关于恽代英〈中国可以不工业化乎〉一文的考证及解读》,《中国经济史研究》2012 年第 3 期。

在国家工业化战略启动之初，在工农业发展关系上，中国共产党和政府主张农业为工业化服务，这就是当时"三农"政策的定位。1950 年中共七届三中全会通过的《中华人民共和国土地改革法（草案）》，在阐述土地改革与工业化的关系时，明确土地改革是为新中国工业化开辟道路。在具体政策上，对地主、富农在城市兴办的工商业予以保护。1955 年，中共七届六中全会把农业生产合作化视作适应工业化要求、巩固工农联盟的举措，指出："工农联盟的新关系和工人阶级在这个联盟中的领导作用，必须在社会主义工业化和农业合作化互相适应的基础上建立和加强起来。我国工业的发展是迅速的。事实已经表明：如果农业合作化的发展跟不上去，粮食和工业原料作物的增长跟不上去，我国的社会主义工业化就会遭遇到极大的困难。"

随着工业化的推进和认识的深化，促进工农业协调发展成为重要的政策取向。1956 年，毛泽东在《论十大关系》中就强调工农业协调发展，并强调指出："我们现在的问题，就是还要适当地调整重工业和农业、轻工业的投资比例，更多地发展农业、轻工业。"[1]"这里就发生一个问题，你对发展重工业究竟是真想还是假想，想得厉害一点，还是差一点？你如果是假想，或者想得差一点，那就打击农业、轻工业，对它们少投点资。你如果是真想，或者想得厉害，那你就要注重农业、轻工业，使粮食和轻工业原料更多些，积累更多些，投到重工业方面的资金将来也会更多些。"[2]"我们现在发展重工业可以有两种办法，一种是少发展一些农业、轻工业，一种是多发展一些农业、轻工业。从长远观点来看，前一种办法会使重工业发展得少些和慢些，至少基础不那么稳固，几十年后算总账是划不来的。后一种办法会使重工业发展得多些和快些，而且由于保障了人民生活的需

[1] 《毛泽东文集》第 7 卷，人民出版社 1999 年版，第 24 页。
[2] 《毛泽东文集》第 7 卷，人民出版社 1999 年版，第 25 页。

要，会使它发展的基础更加稳固。"[①]1957 年 10 月，中共八届三中全会通过的《一九五六年到一九六七年全国农业发展纲要（修正草案）》指出："社会主义工业是我国国民经济的领导力量。但是，发展农业在我国社会主义建设中占有极重大的地位。农业用粮食和原料供应工业，同时，有五亿以上人口的农村，给我国工业提供了世界上的最巨大的国内市场。从这些说来，没有我国的农业，便没有我国的工业。忽视农业方面的工作的重要性是完全错误的。"1959 年 7 月 2 日，毛泽东在庐山会议上指出："重工业要

工业服务农业。图为 1956 年 9 月河北昌平县（现北京昌平区）农民第一次用电动打稻机。韩学章摄

---

① 《毛泽东文集》第 7 卷，人民出版社 1999 年版，第 25 页。

为轻工业、农业服务。"①1962 年 7 月 20 日，毛泽东在与各大区书记谈话中指出："我发了一道以农业为基础的方针提出四年了，就是不实行。既不请示，也不报告。如果你们不实行，我兼计委主任，你们作副的，到哪里都可以革命么。"②

点灯不用油。图为 1956 年 2 月春节前北京房山县（现北京房山区）农民用上了电灯。韩学章摄

---

① 《毛泽东文集》第 8 卷，人民出版社 1999 年版，第 78 页。
② 顾龙生编著：《毛泽东经济年谱》，中共党史出版社 1993 年版，第 565 页。

1962 年 9 月，中共八届十中全会公报提到："八届十中全会认为，我国人民当前的迫切任务是：贯彻执行毛泽东同志提出的以农业为基础、以工业为主导的发展国民经济的总方针，把发展农业放在首要地位，正确地处理工业和农业的关系，坚决地把工业部门的工作转移到以农业为基础的轨道上来。"在《关于进一步巩固人民公社集体经济、发展农业生产的决定》中，还就工农业投资比重、农业税、统购粮食数量等方面进行了原则性规定。

- **实行城乡二元户籍管理制度和知识青年上山下乡**

中国是人口大国，也是经济落后的农业大国，农村存在大量的剩余劳动力。新中国成立初期，劳动力等生产要素由市场配置，可以在城乡之间自由流动。随着现代工业的不断生长，农村劳动力向工业转移。农村人口大规模向城市转移，一方面需要城市向乡村转移出的劳动力提供足够多的就业岗位，另一方面农业还必须向城市人口提供足够多的农产品。显然，在追赶世界工业化进程中优先发展重工业的工业化路径下，这两个条件难以满足。城市就业压力本来就不小，而且重工业优先的工业化发展所带来的就业增量有限。在传统农业条件下，农产品长期短缺，农业提供商品粮的数量有限。因此，在这种条件下，政府不是通过制度阻隔而是通过政策引导，避免过多农村劳动力向城市和工业流动，如在政策上允许和鼓励一部分刚从农村出来的失业人员返乡参加土地改革，获得一份土地，从事农业生产。土地改革完成后，在允许富农经济和城乡私营工商业的政策下，农民不仅可以从事工商业，还可以进城寻找工作。

随着农村青年向城市流动，城市就业压力逐渐增大，将农村劳动力留在农村务农的政策取向开始显现。1952 年 7 月，政务院召开的全国劳动就业会议，制定了《关于解决农村剩余劳动力问题的方针和办法（草案）》，其中确定的解决农村剩余劳动力出路的政策思路是：剩余劳动力应靠发展多种经营，就地吸收转化，防止其盲目流入城市，增加城市的负担。同年8月6日，经政务院发布的《关于劳动就业问题的决定》指出："农村中大量的剩余劳动力不同于城市的失业半失业人员。他们是有饭吃有地种的。但他们有大量的潜在的劳动力没有发挥出来，应该积极设法使之发挥到生产上来。同时已耕的土地不足，在目前的技术条件下就不够种，进一步向前发展，定会产生更多的剩余劳动力。这是一个最根本的问题。……城市与工业的发展，国家各方面建设的发展，将要从农村吸收整批的劳动力，但这一工作必须是有计划有步骤的进行，而且在短时期内不可能大量吸收。故必须大力说服农民，以克服农民盲目地向城市流动的情绪。"1953年大规模经济建设开始后，许多农村青年纷纷涌入城市和工矿区，既加剧了城市的失业问题，又使农副产品供给更为紧张。鉴于此，中共中央和国务院再次发出指示，要求各级政府限制农民进入城市就业，强调城乡之间的劳动力流动应该有计划地进行。可见，在城市就业压力较大的情况下，把大量剩余劳动力留在农村就地发展各种产业的政策思路，在新中国成立初期即显露端倪。

随着计划经济体制的建立，剩余劳动力留在农村这一政策取向更加明确，并逐步予以制度化。

1958年1月颁布的新中国第一部户籍制度《中华人民共和国户口登记条例》，将户口分为农业户口和非农业户口两种，并规定："公民由农村迁往城市，必须持有城市劳动部门的录用证明，学校的录取证明，或者城市户口登记机关的准予迁入的证明，向常住地户口登记机关申请办理迁出手续。"从此，启动了城乡二元户籍管理制度，严格限制人口迁徙的户籍管理制度正式形成。1964年8月，国务院批转《公安部关于处理户口迁移的规定（草案）》，要求严加限制人口从农村迁往城市和集镇，以及从集镇迁往城市。此后直到改革开放初期，严格控制农业户口转为非农业户口，也就严格限制了农村人口向城镇的迁移。

实施社会福利保障与户口对应的政策，也阻碍了农村劳动力向城市和工业的迁移。在对非农业人口实行较多的社会福利保障等政策的条件下，如果农村人口向城市流动较多，社会福利保障和粮油供应的压力就会增大，并导致城市就业压力增大，进而增加工业化的成本。对此，李先念在1964年分析说："人总是要吃饭的，问题是在农村吃，还是在城市吃。我看在粮食和副食品并不宽裕的条件下，该在农村吃饭的，还是在农村吃好，因为在农村吃比在城市吃要省得多。城市并不缺乏劳动力，各行各业也并不缺人，因此要尽量不增加职工，更不要轻易从农村招收职工。"①换言之，选择城乡二元户籍管理制度和二元就业制度，是实施高积累、低消费政策的配套制度。在"大跃进"运动中，大量的农业劳动力离开农业，城镇人口由1957年9900万人猛增到13000万人，农业劳动力比重下降到65.8%，这种就业结构的突变，既造成农业生产劳动力不足，也给城市粮食供给造成了压力。为渡过国民经济困难时期，1961年至1962年不得不遣返农村人口，还大规模精简城市人口，动员城市青年下乡务农。在这种情况下，1961年开始更加严格地限制农村人口流向城市，广大农民被禁锢在农村。

城乡二元用工制度，更是直接把农村劳动力阻挡在了城市之外。城市对国有企业和集体企业实行计划招工制度。农村居民除了上中专、大学等特殊情况和极其有限的计划招工外，不能到城市就业，只能在农村就业。在农村被限于发展农业的产业政策下，农民只能以从事农业生产为主。

农业生产合作社的建立，特别是1958年开始实行政社合一的人民公

---

① 《李先念文选》，人民出版社1989年版，第285—286页。

社体制，农村集体经济实行统一经营、集体劳动，劳动力、资金和土地被集中起来统一使用，劳动力在农村内部不能跨区域流动，也不能在城乡之间自由流动，广大农民没有自由择业和流动的权利，即农业生产合作社、特别是人民公社成为实施城乡二元就业政策的组织制度保障。

中国集中力量发展重工业，但其吸纳劳动力较少，除把农村劳动力限制在农村外，还大规模开展城市知识青年到农村，即"上山下乡"。根据毛泽东 1955 年发出的号召，国家于 1962 年开始有领导地组织知识青年"上山下乡"。"文化大革命"的前 3 年，有三届城镇中学毕业生留校闹革命。1968 年 12 月，毛泽东又发出"知识青年到农村去"的号召，之后，掀起了大规模知识青年"上山下乡"运动。仅 1969 年全国就有 267 万城镇知识青年到农村。"文化大革命"十年间，全国有 1600 多万知识青年"上山下乡"。

• 发展社队企业与支援农业生产

中国明确在农村发展工业，突破在农村仅鼓励发展手工业的产业布局，起于 1958 年。中国共产党提出在农村发展工业，并非一种临时应对之策，一开始就是一种基于工业的地区布局、服务农业发展、推进农村现代化发展、促进城乡协调和国家现代化发展的战略构想。[①]1958 年开始，中共中央提出发展农村工业的政策主张。1958 年 1 月，毛泽东在南宁会议上提出地方工业要超过农业产值。会后，国家经济委员会根据毛泽东的意见，起草了《关于发展地方工业的意见》。

1958 年 3 月，毛泽东提出"农业社也可以办加工业"，"大社可以办一

---

① 参见郑有贵：《城乡"两条腿"工业化中的农村工业和乡镇企业发展——中国共产党基于国家现代化在农村发展工业的构想及实践》，《中南财经政法大学学报》2021 年第 4 期。

些加工厂，最好由乡办，或几个乡镇合办"。①1958 年 3 月成都会议通过、4 月 5 日中共中央政治局会议批准下发执行的《中共中央关于发展地方工业问题的意见》提出："县以下办的工业主要应该面向农村，为本县的农业生产服务。为此，在干部中应该提倡，既要学会办社，又要学会办厂。现在各地县以下工业企业的形式，大体上可分为县营、乡营，合作社（农业社或手工业社）营，县、社或乡、社合营等三种。"这一文件首次明确提出"社办工业"的生产经营范围，"农业社办的小型工业，以自产自用为主，如农具的修理，农家肥料的加工制造，小量的农产品加工等"。

1958 年 8 月，毛泽东将农村经济社会结构设想为工农商学兵结合②，将农村发展工业、商业纳入整个农村经济社会结构，这是对"三农"发展空间的拓展。根据这一构想，8 月 17 日至 20 日在北戴河召开的中共中央政治局扩大会议，作出《关于在农村建立人民公社问题的决议》，决定"建立农林牧副渔全面发展、工农商学兵互相结合的人民公社"。

中国共产党主张在农村办工业，是吸取了苏联的教训，既考虑到工农并举、大中小结合因素，又考虑到农村经济的全面发展。毛泽东分析指出：苏联"他们不工农并举，反对大中小并举。我们是大中小结合，基础放在小的上，靠地方，靠小的"。"苏联的集体农庄，不搞工业，只搞农业。"我们"过去想过，赚钱的工业要乡政府搞，不要合作社搞，这有点斯大林主义残余"。③毛泽东在郑州会议讲话中指出："目前公社直接所有的东西还不多，如社办企业、社办事业，由社支配的公积金、公益金等。虽然如

---

① 农业部农业政策研究会：《毛泽东与中国农业——专家学者纪念毛泽东诞辰 100 周年》，新华出版社 1995 年版，第 190—191 页。

② 《毛主席视察山东农村》，《人民日报》，1958 年 8 月 13 日，第 1 版。

③ 农业部农业政策研究会：《毛泽东与中国农业——专家学者纪念毛泽东诞辰 100 周年》，新华出版社 1995 年版，第 190—191 页。

此，我们伟大的、光明灿烂的希望也就在这里。"①

改革开放前，社队企业、社队工业实现较快发展，历史上长久附属于农业的副业，发展成为农村的主业。其中的原因，除历史既有的广大农民强烈的致富动力外，主要是突破了历史上手工业等农村副业家庭经营模式，通过社区集体统筹与积累，为社办工业、社办企业提供资金支持。1978年，全国社队企业总收入431.4亿元，社队工业产值385.3亿元，安置农村劳动力2826.5万人，占农村总劳动力的9.5%。尽管改革开放前社队企业、社队工业实现了较快发展，但与改革开放初期相比，发展速度还

队办企业。宁夏回族自治区灵武县郭家桥公社团结大队加工厂，充分利用本地资源生产草袋和草垫。图为1978年11月一批产品正装车销售

① 《建国以来毛泽东文稿》第8册，中央文献出版社1993年版，第69页。

是缓慢的。其中的原因主要有两个方面：一是国家将包括农产品加工在内的工业布局于城镇和工矿区，农产品实行统派购制度导致农村农产品加工业原料缺乏，农村主要围绕农业机械化发展配套工业，以及城镇不愿意发展的小工业。不仅如此，在国民经济遇到困难时，国家首先压减社队企业、社队办工业。二是在农村以农为主的产业布局下，社队企业被定位为副业，被指责为"搞资本主义""挖社会主义墙角""钻国家计划的空子""投机倒把"等，在"四清""文化大革命"等运动中遭受冲击。换言之，改革开放前社队企业是在夹缝中生存发展的，没有更大的发展空间。

改革开放前社队企业发展呈现出被"养育"与"贡献"的统一。所谓被养育，就是在人民公社体制下，实行社区集体统筹与积累，解决发展社队工业、社队企业需要资金的难题。所谓贡献，就是发展起来的社队企业，壮大了集体经济，提高了农民收入，为农业农村发展提供了资金支持[1]。1978年，全国社队企业总收入占人民公社三级总收入的29.7%；社队企业直接支援农业的投资达26亿多元，相当于当年国家农业基本建设投资的60%多；有几十亿元被用于工资分配，使社员的分配收入明显增加。[2]

广大农民在社区集体统筹和积累机制下，围绕农业办工业，办好工业为农业服务，因而社队企业、社队工业根深蒂固，被喻为草根企业、草根工业。它们就如火烧不尽的野草，是进入改革开放时期乡镇企业异军突起的种苗。

• 农业的曲折发展和城乡二元结构的固化

对于工业化战略实施起至中共十一届三中全会前"三农"政策的评

---

① 参见马杰三主编：《当代中国的乡镇企业》，当代中国出版社1991年版，第82—83页。
② 《人民日报》社论——《认真整顿和发展社队企业》，《人民日报》，1979年9月10日第1版。

价，无疑应当以"三农"的发展，以及"三农"发展能力或发展的可持续性为评价依据。1953—1978 年，中国的"三农"获得了较大的发展，特别是农业实现了较大发展，这些事实毋庸置疑。全国粮食产量，由 1952 年的 16392 万吨增加到 1978 年的 30477 万吨。更重要的是，农业的发展还为国家工业化战略的实施提供了资金和所需农产品，为国家工业化做出了巨大贡献。

然而，从全局的视角，即把"三农"的发展纳入整个经济社会的发展中考察，我们还可以得出这样一些判断：一是农业的发展缺乏稳定性而发生两次大波折；二是工农业发展失衡；三是就业结构转换滞后于产业结构转换。这些都使"三农"问题仍然严峻。

农业的发展缺乏稳定性而发生两次大波折。在赶超战略下，国民经济向工业偏斜运行，不利于农业的发展。在这种产业政策背景下，1959—1978 年中国农业发生了两次大波折。1959—1961 年中国农业发生了大波折，农业总产值绝对值呈负增长，1961 年比 1958 年下降 26%，跌至 1952 年的水平之下；农业产出大幅度下降，使农产品供应严重短缺。20 世纪六七十年代，"绿色革命"的兴起使农业的快速发展成为可能。然而，1966—1978 年中国农业发展缓慢，全国农业增加值年平均仅增长 2%，比 1953—1958 年年平均增长 3.2% 的速度还低 1.2 个百分点；不仅如此，农业还发生了大波折，其显著特征是农业增加值的波折迭起，1968、1972、1976、1977 年还呈负增长。这 12 年间，尽管全国粮食总产量由原来近 2 亿吨增加到 3 亿多吨，增长 56.67%，但是由于人口增长过快，人均粮食占有量一直在 300 公斤上下徘徊，其他农产品人均占有量仍停留在 1957 年的水平。农业的两次大波折，既是当时"三农"政策的结果，也是农业发展中的重大事件，不仅仅反映出农业发展能力没有充分发挥出来的问题，更反映出资源过度向工业倾斜配置而导致农业发展能力弱的问题，其教训必须吸取。

工农业发展失衡。农业养育工业政策的实施，实现了农业剩余大量向工业的转移，快速推进了工业化的发展，建立起独立的比较完整的工业体系。到 1978 年，中国工业增加值比 1952 增长了 15.9 倍，年平均增长 11.5%；工业总产值在工农业总产值的占比，由 1949 年的 30% 上升到 1978 年的 75%。1953—1978 年工农业增加值增长速度比为 5.5：1，这一增长速度比远高于国际工业化初中期工农业增长速度 2.5—3：1 的比例。农业发展严重滞后于工业，反过来又成为水桶理论中约束工业化的短板因素。

就业结构转换滞后于产业结构转换。中国农业产值在工农业总产值中的占比，由 1949 年的 70% 下降到 1978 年的 25%；而农业劳动力由 1952 年的 17317 万人增加到 1978 年的 29426 万人，增长 69.9%，农业人口在总人口中的占比由 1952 年的 85.6% 变为 1978 年的 84.2%，也就是说，20 多年内农业几乎没有变化。在经济结构的重心已转移到城市、转移到工业的情况下，仍然保持如此之众的农业人口，这在世界工业化进程中少有。这种产业结构转换与就业结构转换不同步的非典型增长，把大量人口留在农村，把大量劳动力留在农业，这种内卷化导致农业劳动生产率难以提高。

在高度集中的计划经济体制下，从保障工业化战略实施出发，国家做出包括城乡二元产业政策、二元就业政策、二元财税政策，以及农业生产合作化、人民公社化、农产品统派购、城乡二元户籍管理等一系列重大政策和制度安排，把城乡分割成为两个相对封闭的经济社会系统，不仅使农业农村发展缺乏活力，还严重约束了"三农"发展空间的拓展。

3

放活赋权改革拓展"三农"发展空间

（1978—1992）

中共十一届三中全会确立解放思想、实事求是的思路路线，作出改革开放的伟大抉择，明确把工作重心转移到社会主义现代化建设上，中国"三农"发展由此进入改革开放新时期。解决工业化长期快速推进下"三农"发展相对滞后这一重大结构性问题，增强"三农"发展活力，进而促进"三农"发展，是 20 世纪 70 年代起至 90 年代初中国共产党要破解的重大课题。

基于已建立起独立的比较完整的工业体系和国民经济体系，以邓小平为主要代表的中国共产党人，实行放活赋权改革，包括实行家庭承包经营[①]、积极开展多种经营、推进资源配置市场取向改革、打破城乡分割封闭发展格局，增强了"三农"发展活力，走出农业现代化、农村工业化、农村城镇化并进发展之路，拓宽了"三农"发展空间。以放活赋权为内核的改革之所以能够顺利推进，有两个方面的重要原因：一方面由于独立的比较完整的工业体系和国民经济体系建立起来后，工业自我积累和自我发展能力提升，从农业提取剩余为工业提供积累的紧迫性弱化，进而为国家对农村实施放活赋权政策提供了条件；另一方面中共十一届三中全会确立了解放思想、实事求是的思想路线，全国从上到下从实际出发，因地制宜地大胆改革。农村改革率先成功突破，极大地解放和发展了农村社会生产力，促进农业快速增长、乡镇企业异军突起、农民大幅增收、农民生活快速改善，进而增强了全国人民进一步推进改革开放的信心，为整个国民经济的市场取向改革提供了物质支撑和积累了宝贵经验。

---

① 改革开放初期称家庭联产承包责任制，1998 年中共十五届三中全会起称家庭承包经营。

第一节　作出加快农业发展的重大决策

在独立的比较完整的工业体系和国民经济体系建立起来后，面对长期实行农业养育工业政策导致的农业发展滞后于工业化发展的结构性问题，以先把农民这一头稳下来为取向，中共十一届三中全会作出加快农业发展的重大决策，对工农分配关系进行重大调整，以一靠政策、二靠科学、三靠投入的方针促进农业发展，从 1982 年起中共中央连续出台 5 个以促进"三农"发展为主题的中央一号文件（1985 年起中共中央与国务院联合发文），促进以放活赋权为内核的改革，中共十三届八中全会明确稳定和完善农业农村基本政策。这些关于"三农"改革发展重大决策的实施，极大地活跃了农业和农村经济，"三农"发展空间拓展，"三农"实现快速发展。

• 先把农民问题解决了

到 20 世纪 70 年代后期，农业成为国民经济最薄弱的环节。全国农民口粮人均在 300 斤以下，吃不饱肚子。1978 年，全国农村居民人均纯收入 134 元、人均消费 116 元，恩格尔系数高达 67.7%，处于贫困状态。按当时的粗略统计，1978 年全国农村贫困人口有 2.5 亿人，贫困发生率 30.7%；如果以 2010 年标准[①]计算，农村贫困人口多达 7.7 亿人，贫困发生率高达 97.5%。[②]与中国营养学会推荐的保证人体基本需要的供给热量 2400 大卡

---

① 中国先后有 1978 年、2008 年和 2010 年 3 个贫困标准。1978 年标准：1978—1999 年称农村贫困标准。2000—2007 年称农村绝对贫困标准。2008 年标准：2000—2007 年称农村低收入标准，2008—2010 年称农村贫困标准。2010 年标准：按 2010 年不变价格，每人每年 2300 元。

② 《辉煌 70 年》编写组：《辉煌 70 年——新中国经济社会发展成就（1949—2019）》，中国统计出版社 2019 年版，第 383 页。

（约为 10046 千焦）、蛋白质 75 克、脂肪 65 克的标准相比，1957—1978 年农民摄入的蛋白质低 20%、脂肪低一半以上、热量低 10%—18%。[①] 全国有近 1/4 的生产队年人均分配在 40 元以下。1977 年，平均一个大队的公积金不到 1 万元，买不上一部中型拖拉机，甚至简单的再生产都难以维持。在粮食征购上，实际上已超过了农民的负担能力。

最高决策层对农业基础地位脆弱和由此成为国民经济发展的制约因素有强烈的危机感。1978 年以前，中国农产品供给严重短缺，并由 20 世纪 50 年代的粮食净出口国，转变为自 1961 年开始的粮食净进口国，1961—1978 年共净进口粮食 5877 万吨，年均净进口 309 万吨，当时预计 1979 年需要进口粮食 1000 多万吨才能弥补缺口，农产品及其加工品出口创汇和轻工业的发展都受到严重影响，这些都成为国民经济进一步发展的重要制约因素。在这种情况下，陈云指出："要先把农民这一头稳下来。"[②] 在这一压力下，中共十一届三中全会把加快农业发展问题列为重要议题。

- 中共十一届三中全会作出加快农业发展的重大决策

针对国民经济基础农业十分薄弱的严峻问题，中共十一届三中全会原则上通过了《中共中央关于加快农业发展若干问题的决定（草案）》（以下简称《决定》），并确定发到各省、自治区、直辖市讨论和试行。根据实践发展，1979 年 9 月，中共十一届四中全会对这个决定做了修正，该决定正式通过并公布实行。在此期间，中共中央于 1979 年 4 月召开工作会议，制定了用 3 年时间对国民经济实行"调整、改革、整顿、提高"的方针，

①　周彬彬：《人民公社时期的贫困问题》，《经济研究参考》，1991 年第 3 期，第 39—55 页。
②　中共中央文献研究室、国务院发展研究中心：《新时期农业和农村工作重要文献选编》，中央文献出版社 1992 年版，第 6 页。

并提出 12 条具体的政策措施，其中第一条就是集中主要精力把农业搞上去，调整好农业与工业的关系。

《决定》总结和认真吸取了中国农业在此前 29 年曲折发展的主要经验、教训之后指出："确定农业政策和农村经济政策的首要出发点，是充分发挥社会主义制度的优越性，充分发挥我国八亿农民的积极性。……我们一定要在思想上加强对农民的社会主义教育的同时，在经济上充分关心他们的物质利益，在政治上切实保障他们的民主权利。离开一定的物质利益和政治权利，任何阶级的任何积极性是不可能自然产生的。……其次，我们还必须切实加强国家对农业的物质支持和技术支持，使农业得到先进的技术装备，使农民的科学技术水平不断提高。"

根据这个指导思想，《决定》提出 25 条政策和措施，其中重要的是：社队的所有权和自主权必须受到国家法律的切实保护；必须认真执行按劳分配的社会主义分配原则，按照劳动的数量和质量计算报酬，克服平均主义；社员自留地、家庭副业和集市贸易是社会主义经济的必要补充部分，任何人不得乱加干涉；人民公社要坚决实行"三级所有，队为基础"的制度，稳定不变；增加农业投资和农业贷款；减少粮食征购指标；提高农产品收购价格；降低农业机械、化肥、农药、农用塑料等农用工业品销售价格。同时，《决定》还明确了发展多种经营、发展社队企业、发展出口产品、搞好城乡物资交流、扶持贫困地区等方面的政策和措施。

在中国共产党解放思想、实事求是思想路线下，农民群众在实践中突破了长期实行"三级所有，队为基础"的人民公社体制等规定，促进了一系列生产关系的变革和调整。

- ● **作出工农分配关系的重大调整**

中共十一届三中全会从国民收入分配层面对工农关系进行了重大调整，扭转了较长时期内不断固化和强化对"三农"实行的"少予"政策的取向。这次全会在调整工农关系方面采取的一系列重大措施中，比较重要的有：

第一，调整国民收入初次分配政策，大幅度调整工农业产品比价。政策规定："粮食统购价格从一九七九年夏粮上市的时候起提高百分之二十，超购部分在这个基础上再加价百分之五十，棉花、油料、糖料、畜产品、水产品、林产品等农副产品的收购价格也要分别情况，逐步作相应的提高。农业机械、化肥、农药、农用塑料等农用工业品的出厂价格和销售价格，在降低成本的基础上，在一九七九至一九八○年降低百分之十到十五，把降低成本的好处基本上给农民。农产品收购价格提高以后，一定要保证城市职工的生活水平不致下降。粮食销价一律不动；群众生活必需的其他农产品的销价，也要坚决保持稳定；某些必须提价的，要给予消费者以适当补贴。"[①]

第二，调整国民收入二次分配政策，增加国家财政对农业的投入。政策规定："今后三五年内，国家对农业的投资在整个基本建设投资中所占的比重，要逐步提高到百分之十八左右；农业事业费和支援社队的支出在国家总支出中所占的比重，要逐步提高到百分之八左右。地方财政收入应主要用于农业和农用工业。"[②]

第三，减少农产品征购基数，多进口粮棉等农产品，让农民休养生息。

---

① 中共中央文献研究室、国务院发展研究中心：《新时期农业和农村工作重要文献选编》，中央文献出版社 1992 年版，第 11 页。

② 中共中央文献研究室、国务院发展研究中心：《新时期农业和农村工作重要文献选编》，中央文献出版社 1992 年版，第 34 页。

政策规定："在今后一个较长时间内，全国粮食征购指标继续稳定在一九七一年到一九七五年'一定五年'的基础上不变，绝对不许购过头粮。"①

在 20 世纪 80 年代初，上述政策中，增加国家财政对"三农"的投入政策没有得到落实，但提高农产品收购价格和减少农产品征购基数的政策得到了很好落实。1984 年全国农产品收购价格总水平比 1978 年提高 53.6%，比同期农村工业品零售价格总水平上升 7.8%，高出 45.8 个百分点。有学者研究测算：1979—1984 年农业增长中，提高农产品收购价格的贡献份额为 15.98%。② 同时，在农村改革中实行家庭承包经营、逐步减少农产品统派购品种和放开农产品市场、发展农村多种经营、允许农民进城务工经商、大力发展乡镇企业等赋权与放活政策，解放和发展了农村社会生产力，促进农业实现高速发展，工农业增加值增长速度比由 1953—1978 年的 5.6∶1 改善为 1979—1984 年的 1.2∶1；农民人均纯收入高速增长，由 1978 年的 133.6 元增加到 1984 年的 355.3 元，按可比价格计算，年均增长 15.6%，城镇居民可支配收入与农村居民人均纯收入之比由 1978 年的 2.57∶1，缩小到 1984 年的 1.84∶1。

中共十一届三中全会尽管没有从根本上改变农业养育工业的政策取向，但对国民收入分配政策的重大调整，无疑在较大程度上改善了国家与农民的利益关系。

---

① 中共中央文献研究室、国务院发展研究中心：《新时期农业和农村工作重要文献选编》，中央文献出版社 1992 年版，第 11 页。

② 林毅夫：《制度、技术与中国农业发展》，上海三联书店、上海人民出版社 1994 年版，第 9 页。

工业品降价惠农。在国家宣布降低涤棉布价格的 5 天里，从 1981 年 11 月 18 日至 22 日，鲁西北 41 个县的农村集市上涤棉布及其制品销售量比以往增加 30% 以上，总金额达 100 万元。图为山东省齐河县农民在集市上买涤棉成衣

- 发展农业要一靠政策，二靠科学，三靠投入

1982 年，邓小平提出："农业的发展一靠政策，二靠科学。科学技术的发展和作用是无穷无尽的。"①1988 年邓小平指出："科学技术方面的投

①《邓小平文选》第 3 卷，人民出版社 1993 年版，第 17 页。

入、农业方面的投入要注意"。①

　　发展农业，一靠政策，二靠科学，三靠投入。这一认识是在 20 世纪 80 年代中期形成的。中国农村改革发展第一阶段的巨大成功和辉煌成就，使一些人对农业形势做了过于乐观的估计，认为农业和粮食生产已经过关，于是，忽视农业的基础地位。国民经济再度向工业倾斜，源于旧体制下的"投资饥饿"、挤压农业等痼疾复发。财政支农支出比重逐年下降，由 1984 年的 9.1%，下降到 1985 年的 8.3%，再到 1986 年的 7.9%，1987—1988 年保持在 7.9% 的水平。全国社会固定资产投资额由 1983 年的 1369.1 亿元，增加到 1988 年的 4496.5 亿元，增长了 2.3 倍，其在国民收入中的占比由 1983 年的 28.9% 上升到 1988 年的 38.3%。与此形成强烈反差的是，农业基本建设投资占国民经济各部门基建总投资的份额由 1983 年的 6%，不断减少到 1984 年的 5%、1985 年的 3.3%、1986 年的 3%、1987 年的 3.1% 和 1988 年的 3%。1988 年，国家对农业基本建设投资的绝对额只有 47.46 亿元，比 10 年前 1978 年的 54.34 亿元还少 12.7%。另一方面，粮食订购价格提高较少，仅上调 27.8%，而市场价上涨幅度较大，订购价与市场价的差距越拉越大，与此相反，1985—1988 年农业生产资料价格分年度上涨了 4.8%、1.1%、7% 和 16.2%，其中化肥上涨 15%、3.2%、12.2% 和 26.2%。国民收入分配向工业倾斜，导致农业在 1985 年发生大波折，并在其后的 3 年间持续徘徊，工农业严重失衡。1979—1984 年，全国工业增加值与农业增加值平均每年增长率之比为 1.2：1，而 1985—1988 年，这一比例扩大为 4.34：1，其中 1988 年更扩大为 6.04：1。粮棉等大宗农产品供给严重短缺，国家又开始大量进口粮食，1987—1988 年，进口粮食均在 800 万吨以上，2 年平均净进口 853.5 万吨。

---

　　① 《邓小平文选》第 3 卷，人民出版社 1993 年版，第 275 页。

1985 年起全国粮棉油等大宗农产品产量大幅下滑和排徊，农产品供给严重短缺对国民经济的约束增强，全国上下强烈呼吁加强农业发展。针对国民经济过热问题，1988 年召开的中共十三届三中全会决定，把 1989、1990 两年改革和建设的重点突出地放到治理经济环境和整顿经济秩序上来。针对工农业发展关系失衡、粮棉供给严重短缺的状况，调整了农业政策，在提高农产品收购价格的同时，增加了对农业的投入。中共中央、国务院决定，各方面都要增加对农业的投入，中央预算内基本建设投资要逐年增加用于农业的比重，省、地、市、县都要尽可能把较多的地方机动财力用于农业建设；逐步提高乡镇企业税后留利中用于补农资金的比例；积极引导农民增加对农业的投入和劳动积累；增加农业事业费、支农资金占国家财政预算支出的份额和农业生产信贷资金比例；逐步建立农业发展基金，由各级财政纳入预算，列收列支，专款专用；在利用外资方面，农林水建设项目应占有一定的份额；等等。国家财政用于农业的支出逐年增加，1991 年为 347.5 亿元，比 1988 年的 214.1 亿元增加 133.5 亿元，即增长 62.2%。其中，1991 年用于农业基本建设的支出为 75.5 亿元，比 1988 年的 39.7 亿元增长 90.2%。

1991 年 11 月，中共十三届八中全会作出的《中共中央关于进一步加强农业和农村工作的决定》，把科教兴农提高到战略的高度地位，要求把农业发展转移到依靠科学技术进步和提高劳动者素质的轨道上来。为此，各级政府出台了许多增加农业科技投入的措施。

- ● 连续出台 5 个中央一号文件促进"三农"发展

1982 年起中共中央连续 5 年发出促进"三农"发展的中央一号文件，其内核是针对高度集中的计划经济体制弊端，实行市场取向改革和放活政策。1981 年 8 月 4 日，胡耀邦与杜润生谈话布置第一个中央一号文件起草工作时，特别提出了文件要写政策放宽问题。胡耀邦指出：农业从 1978年以来的好转主要得力于党的十一届三中全会出台的加快农业发展的 25条政策，要继续放宽政策。①1982 年农口有同志给邓小平写信，不赞成放宽政策的提法。邓小平把信转给胡耀邦等阅处，胡耀邦批给杜润生研究，主张在《人民日报》发表文章答复，阐明这一提法的必要性和正确性。1984 年 6 月，邓小平在总结农村改革初期成功经验时指出："我们首先在农村实行搞活经济和开放政策，调动了全国百分之八十的人口的积极性。我们是在一九七八年底制定这个方针的，几年功夫就见效了。"②1987 年 6 月，邓小平进一步指出："调动积极性，权力下放是最主要的内容。我们农村改革

20 世纪 80 年代初 5 个中央一号文件

① 杜润生主编：《中国农村改革决策纪事》，中央文献出版社 1999 年 1 月版，第 134 页。
② 《邓小平文选》第 3 卷，人民出版社 1993 年版，第 65 页。

之所以见效，就是因为给农民更多的自主权，调动了农民的积极性。"①

在向农村基层、农民赋权与放活的改革进程中，中共中央、国务院作出一系列重大决策。其中，1982—1986年连年发出中央一号文件，聚焦解决高度集中的计划经济体制的弊端，改革政社合一的人民公社体制，以市场为取向推进农产品统派购制度改革，突破"农村搞农业"的产业政策，在"三农"政策上实现了由"控制"向"放活"的转折性突破，逐步形成了新的"三农"政策框架。②

这一个又一个改革突破经历了艰难的过程。因为在农村改革中，尤其是在改革初期，改革遇到巨大的阻力，存在许多争论。为此，中共中央书记处农村政策研究室主任杜润生在拟定政策和起草农村工作文件时，十分谨慎小心，要完全领会中央精神，深入调查研究，了解农民要求，听取各方意见，特别采取妥善的步骤，用适当的提法，使之能获得顺利通过。主要负责起草20世纪80年代5个中央一号文件的张云千说："在农村改革中，各方面的意见很分歧，甚至尖锐对立，很难求得一致，文件很难写，草拟文件像患癌症一样折磨人。很多地方，实际是扮演基辛格的角色（当年中美建交时，基辛格说：'海峡两岸都是中国人。'这个提法为双方所接受），找出为各方面所能接受的话。一些问题，不是写得越清楚越好，而是写得越灵活、越模糊，能为各方所接受为好。"③

5个中央一号文件给了农民自主经营和发展权，促进了土地、劳动力、资金、技术的流动和优化组合，生成了农户和乡镇企业两个最具活力的市场主体，农民专业合作经济组织和农业产业化经营应运而生，农业和农村经济因此充满生机和活力。正如1982年11月5日万里在农业书记和农村

---

① 《邓小平文选》第3卷，人民出版社1993年版，第242页。

② 参见郑有贵、李成贵主编：《一号文件与中国农村改革》，安徽人民出版社2008年版，第14—15页。

③ 郑有贵、李成贵主编：《一号文件与中国农村改革》，安徽人民出版社2008年版，第59页。

思想政治工作会议上分析所说："农民最高兴两件事：一个是实惠；一个是自主。过去盲目追求'一大二公'，搞瞎指挥、大呼隆，生产上不去；现在农民有了自主权，可以独立组织生产，安排活计，结果'集没有少赶，戏没有少看，粮没有少打，钱没有少得'。有些先进队为什么也愿意搞联产承包制呢？很重要的因素就是经济利益增加了，自主权更多了。一个物质利益，一个自主权，有了这两条，八亿农民的积极性和创造性就能充分地发挥出来，成为发展生产的巨大力量。"[1]

• 中共十三届八中全会完善"三农"政策

继中共十一届四中全会对农业农村作出专门研究后，1991年11月召开的中共十三届八中全会再次对农业和农村问题作出专门决议，审议通过了《中共中央关于进一步加强农业和农村工作的决定》[2]。这次全会对20世纪90年代的农业和农村工作进行了全面部署，其主题是稳定基本政策，明确改革的方向和重点，采取措施强化农业的基础地位，促进农业和农村经济社会文化发展。具体有以下几方面：

一是要求稳定基本政策。改革初期是遵循解放思想和实事求是的思路，也是邓小平所说的"摸着石头过河"。实践证明在实践中的正确的政策，要加以稳定。因此，这次全会对农村基本政策进行了总结和概括："我们党在领导农村改革的实践中，逐步形成了一系列基本政策。主要是：实行以家庭联产承包为主的责任制，建立统分结合的双层经营体制的政策；以公有制经济为主体，允许并鼓励其他经济成分适当发展的政策；以按劳

---

① 中共中央文献研究室、国务院发展研究中心：《新时期农业和农村工作重要文献选编》，中央文献出版社1992年版，第136页。

② 这次全会通过了两个决议，另一个是《关于召开中国共产党第十四次全国代表大会的决定》。

分配为主体，其他分配形式为补充的政策；以共同富裕为目标，允许和鼓励一部分地区和一部分人通过诚实劳动、合法经营先富起来的政策；在确保粮食增产的同时，积极发展多种经营，鼓励和引导乡镇企业健康发展的政策；实施科技、教育兴农，鼓励科技人员深入农村、为农村发展服务的政策；建立国家、集体和农民个人相结合的农业投资体系的政策；建立国家、集体和农民个人相结合的农业投资体系的政策；推进农产品流通体制改革，逐渐理顺农产品价格，实行多渠道流通的政策；扶持老少边穷地区脱贫致富的政策。" 这次全会将中共十一届三中全会以来所实行的、被实践证明是行之有效的政策予以肯定，将家庭承包等若干政策明确为基本政策，其目的在于稳定和完善农村政策。

二是明确改革的方向和重点。在经历了 10 多年农村改革后，改革朝什么方向，重点是什么，需要予以明确。这次全会规定："农村改革，必须继续稳定以家庭联产承包为主的责任制，不断完善统分结合的双层经营体制，积极发展社会化服务体系，逐步壮大集体经济实力，引导农民走共同富裕的道路，切不可偏离这一深化农村改革的重点和总方向。"

三是明确 20 世纪 90 年代农业和农村工作的三大主要任务：农业综合生产能力和效益要提高到一个新的水平，到 20 世纪末确保粮食总产量达到 5000 亿公斤，农林牧副渔各业和乡镇企业持续发展，农村国民生产总值再翻一番；农村改革要有一个新的进展，逐步建立和完善适应社会主义有计划商品经济发展的经济体制和运行机制；农村社会主义面貌要有一个新的变化，形成经济繁荣兴旺、思想健康向上、社会安定团结的局面。

第二节　实行双层经营、村民自治、政社分设

中共中央尊重农民首创精神，总结推广一些地方包产到户、包干到户经验，把家庭承包经营引入集体经济，在全国范围对农村集体经济实行以家庭联产承包为主的责任制、统分结合的双层经营体制，激活了农村经济[①]。这是农村改革的第一个成功突破口。随着商品经济的发展，重塑起的家庭经营主体，在社会化服务还没有发育起来的情况下，为解决商品生产中面临的困境，开始探索自愿互利的新的联合实现形式。邓小平从战略发展的高度，提出农业"两个飞跃"的论断。在实行家庭承包经营的情况下，一些地方兴起村民自治和政社分开建立乡政府，中央总结这些经验将其在全国推广实施。改革政社合一和单一集体经营的人民公社体制，实行双层经营、村民自治、政社分设，农村治理体系和治理机制实现重大变革，这是乡村基层组织和农民探索出的解决"三农"问题的重要路径。

- **实行以家庭联产承包为主的责任制、统分结合的双层经营体制**

邓小平在 1975 年的整顿期间和粉碎"四人帮"之后，多次谈到在生产管理中建立严格的责任制问题。在中共十一届三中全会前的中央工作会议上，邓小平指出，"当前要特别注意加强责任制"，"要通过加强责任制，通过赏罚严明，在各条战线上形成你追我赶、争当先进、奋发向上的风气"。[②]中共十一届三中全会通过的《中共中央关于加快农业发展若干问题的决定（草案）》，要求实行责任制，规定："可以按定额记工分，可以按时记工分

---

① 参见郑有贵:《家庭承包经营激活农村经济》,《党政干部论坛》2021 年第 3 期。
② 《邓小平文选》第 2 卷, 人民出版社 1994 年版, 第 151—152 页。

加评议，也可以在生产队统一核算和分配的前提下，包工到作业组，联系产量计算劳动报酬，实行超产奖励。"尽管如此，包产到户仍是禁区，这一决定明确规定"不许包产到户，不许分田单干"。

不允许包产到户，既是由于认识有局限性，也是旧的思想束缚没能突破，因为当时一些中央主要领导人还在布置"以学昔阳为榜样，掀起学习大寨经验的高潮，向大队核算过渡"。谁如果胆敢公开主张实行或支持包产到户，就会被扣上两顶政治帽子：一顶是原有的，叫"违反宪法"，因为"三级所有，队为基础"的人民公社制度是宪法规定的；另外还要再加上一顶新的帽子，叫"违反中央规定"。社会上也曾对 1978 年年底开始由农民再次兴起的包产到户、包干到户进行指责，《人民日报》1979 年 3 月 15 日头版头条发表了《"三级所有，队为基础"应当稳定》的来信和编者按，要求坚决纠正分田到组、包产到组的错误做法，这给刚起步的农村改革投下了一颗重磅炸弹，并引发了全国性的大争论，包产到户、包干到户再次成为方向之争、道路之争的焦点。

1980 年 5 月，邓小平同中央负责人员谈话时，热情赞扬了安徽农村实行的包产到户、大包干[①]。这次谈话，对于明确"包产到户"的社会地位并迅速普及，起了决定性作用。根据邓小平谈话精神，中央要求国家农业委员会立即组织调查，为秋后形成中央文件做准备。1980 年 9 月 14 日至 22 日，中央召开了省、自治区、直辖市党委第一书记座谈会，讨论加强农业生产责任制问题。9 月 27 日，中共中央转发了《关于进一步加强和完善农业生产责任制的几个问题》的会议纪要，即 75 号文件。文件指出："当前，在一部分省区，在干部和群众中，对于可否实行包产到户（包括包干到户）的问题，引起了广泛的争论。为了有利于工作，有利于生产，从政策上做

---

① 《邓小平文选》第 2 卷，人民出版社 1994 年版，第 315 页。

1980年安徽省凤阳县农业获得好收成，为国家提供商品粮、油料、猪等，结束了20年来吃国家供应粮的历史。图为1981年4月安徽省凤阳县农民增收后在农村集市百货摊上选购商品

出相应的规定是必要的。"文件规定:"在那些边远山区和贫困落后的地区,长期'吃粮靠返销,生产靠贷款,生活靠救济'的生产队,群众对集体丧失信心,因而要求包产到户,应当支持群众的要求,可以包产到户,也可以包干到户,并在一个较长的时间内保持稳定。"这个文件深受广大农民群众欢迎。由于对贫困地区没有一个标准界定,农民群众则在改革实践中,突破了包产到户、包干到户只能在"三靠"地区推行的范围,在各地呈现出加速发展之势。

在邓小平理论指导下,以是否有利于生产力发展作为衡量标准,终于在 1982 年中央一号文件中,第一次明确了包产到户、包干到户的社会主义性质,给这场大辩论画上了句号,从此农业家庭承包经营制度正式确立。1983 年中央一号文件赞扬家庭承包经营是农民的伟大创造,明确包产到户、包干到户是集体经济的一个经营层次。这两个文件使包产到户、包干到户名正言顺,走出了包产到户、包干到户是单干、走资本主义道路的认识误区。

全国实行"双包"到户的生产队,1980 年秋占总数的 20%,1981 年年底扩大到 50%,1982 年夏占到 78.2%,1983 年春达到 95% 以上,到 1983 年年底已占到 99.5%,其中,包干到户占生产队总数的比例为 97.8%。由此可见,在包产到户和包干到户两种形式中,农民选择了包干到户。

1984 年中央一号文件,将土地承包期由原定的 3 年延长到 15 年,让农民在吃到"定心丸"后,又吃到了"长效丸"。

中共十三届八中全会明确将"以家庭联产承包为主的责任制、统分结合的双层经营体制"是"我国乡村集体经济组织的一项基本制度",这一定位把包干到户提升至基本制度,统一了全党对家庭承包经营制度的认识,对稳定家庭承包经营制度起到了重要作用。这是中共十三届八中全会的重大贡献。对此,邓小平在南方谈话中给予了高度肯定,指出:"这次十三届八中全会开得好，肯定农村家庭联产承包责任制不变。一变就人心不安，人们就会说中央的政策变了……城乡改革的基本政策，一定要长期保持稳定，当然，随着实践的发展，该完善的完善，该修补的修补，但总的要坚定不移。即使没有新的主意也可以，就是不要变，不要使人们感到政策变了。有了这一条，中国就大有希望。"[1]

- ● 实行村民自治

实行家庭承包经营后，一些地方乡村基层组织出现了瘫痪、半瘫痪局面，社会治安问题、民事纠纷大量增加，乱砍滥伐树林、偷牛盗马等时有发生。为解决家庭承包经营后农村治理中的问题，1981年，全国第一个村民委员会诞生在广西壮族自治区宜山县，由群众自己组织起来，进行自我管理，自我办理自己的事务。有些地方也出现了村民自治会、村民自治组等组织。

一些地方村民自治搞得较好，消息传到北京，很快得到彭真的关注。他认为这是农民群众的伟大创造，并立即请全国人大常委会法工委和民政部派人调查研究。1982年4月，在总结各地建立村民委员会经验的基础上，于《中华人民共和国宪法修正案》起草时，就将村民委员会写入其中，规定了村民委员会的性质、基本任务、组织设置、选举等有关事宜，从而确立了村民委员会的法律地位。建立村民委员会的试点工作也在各地有领导、有计划、有步骤地展开。1983年10月，中共中央、国务院发出的《关于实行政社分开建立乡政府的通知》，对村民委员会的建立提出明确要求："村民委员会是基层群众性自治组织，应按村民居住状况设立。村民委员

---

[1] 《邓小平文选》第3卷，人民出版社1993年版，第371页。

会要积极办理本村的公共事务和公益事业，协助乡镇政府搞好本村的行政工作和生产建设工作。村民委员会主任、副主任和委员要由村民选举产生。各地在建乡中可根据当地情况制订村民委员会工作简则，在总结经验的基础上，再制订全国统一的村民委员会组织条例。有些群众愿意实行两个机构一套班子，兼行经济组织和村民委员会的职能，也可同意试行。"根据这一文件，全国建立了926439个村民委员会。大多数地方在建乡政府的同时，将原来的生产大队、生产小队分别改建为村民委员会和村民小组。在北方农区，由于村落居住比较集中，较普遍的是以原生产大队范围建立村民委员会，原生产队则变为村委会下属的村民小组或自然村。在南方农区，有的将原来的大队改为乡，村委会下设到原生产队所在的自然村；也有的以原生产大队为范围建立村委会，以原生产队为范围建立村民小组。

几经调整，到1995年全国有74万个村民委员会，约500万个村民小组。大多数村实行党支部、村委会、经济合作社三套班子领导成员交叉兼职，村级组织仍然承担着较强的行政功能，并赋予其征收村的公积金、公益金和行政管理等3项提留费用，为乡镇政府和上级部门代收教育、计划生育、道路建设、民兵训练、优抚等5项统筹的权利。

在各地实行村民自治的实践基础上，1987年11月，六届全国人大常委会第二十三次会议审议通过《中华人民共和国村民委员会组织法（试行）》，为村民自治提供了法律保障，也促进了村民自治的规范运作。尽管这部法律是试行法，但由于其立法原则和基本精神具有前瞻性，顺应了时代的要求，符合农村改革的需要，受到广大农民的热烈欢迎，在实践中得到有效施行。

村民自治制度的建立和实行，让农民能够自主管理公共事务和公益事业，使广大农民在中国共产党的领导下走上了一条直接行使民主权利、依法自治的道路。1998年10月，中共十五届三中全会通过的《中共中央关于农业和农村工作若干重大问题的决定》，对村民自治给予了高度评价，指出："扩大农村基层民主，实行村民自治，是党领导亿万农民建设有中国特色社会主义民主政治的伟大创造。"

● 实行政社分设

改革政社合一的人民公社体制，首先来自基层组织和农民的实践创造。1980 年 4 月，四川省广汉县向阳乡（现为广汉市向阳镇）在全国率先取下公社管理委员会的牌子，取而代之的是乡政府的牌子。

乡村基层组织由政社合一改为政社分设体制，实质是放权，即减少政府对集体经济组织的干预，并实现集体经济组织的自主经营。

实行政社分设的改革，在中央政府层面一开始就被纳入立法范畴。1982 年年底，五届全国人大第五次会议通过的《中华人民共和国宪法》，明确规定"改变人民公社政社合一的体制，设立乡政府，人民公社只是农村集体经济的一种组织形式"，这就从宪法层面重新明确乡、民族乡、镇为基层政权组织。1983 年 10 月 12 日，中共中央、国务院发出《关于实行政社分开建立乡政府的通知》，就政社分设作出具体规定和部署。

政社分开工作自 1983 年开始，到 1985 年基本完成。人民公社改为乡，大体上分为一社一乡、大区小乡、大区中乡 3 种类型。一社一乡制，即在原人民公社的区划范围内建乡，在全国较普遍。大区小乡制，即将原人民公社改为区，原生产大队改为乡，这种体制在广东、云南等省实行。大区中乡制，即将原人民公社改为区，原人民公社下的管理区改为乡，主要在原人民公社管辖范围较大的地方实行，约占全国总乡数的 13%。当时，全国共有县辖区（区公所）7908 个，乡 82450 个（其中民族乡 3144 个），镇 9140 个。

广汉县向阳乡在全国率先取下公社管理委员会牌子，换上乡人民政府牌子

在乡级政权组织建设上，建立和完善人民代表大会制度，大力推进基层民主建设。1982年12月，五届全国人大第五次会议通过的《中华人民

共和国地方各级人民代表大会和地方各级人民政府组织法》规定："乡、民族乡、镇的人民代表大会会议由乡、民族乡、镇的人民政府召集。"1986年12月2日，六届全国人大常委会第十八次会议通过的《关于修改〈中华人民共和国地方各级人民代表大会和地方各级人民政府组织法〉的决定》，将这项规定改为乡、民族乡、镇的人民代表举行会议的时候，选举主席团主持会议，并负责召集下一次的本级人民代表大会会议。

- ● 允许农民雇工经营

20 世纪 50 年代初，从恢复经济出发，允许雇工，但认定雇工属雇佣剥削性质。在经历 20 世纪 50 年代初的一场争论后，特别是农业生产合作化后，雇工经营退出农村经济生活。60 年代起，包括雇工经营在内的"三自一包"遭到更加严厉批判。

在改革开放初期，雇工经营仍是禁区。1980 年 9 月，中共中央印发的《关于进一步加强和完善农业生产责任制的几个问题》中，仍明确规定"不准雇工"。

农民家庭扩大生产经营规模以实现进一步发展，需要有较多的人共同协作。面对生产经营进一步发展中人力不足的问题，有的农民选择了雇工经营，有的农民选择了多种形式的协作与联合。因为 20 世纪 50 年代农业生产合作化，特别是人民公社化留给农民的阴影，谈"合"色变，农民发展合作组织心有余悸，因而开始寻找其他劳动组合形式。同时，实行家庭承包经营后，因劳动效率较快提高而出现劳动力过剩现象。一方面，有些人有了一定的从业自由，愿意参与其他生产经营活动，但他们或因缺乏经营资金，或因不愿意承担生产经营的风险，或因想学到某种技术而愿意以被雇佣的形式就业。另一方面，一些人在家庭经营的基础上积累了资金或能筹集到资金，又有经营技能，希望单独雇工或联合雇工而兴办较大的企业。这样，雇工经营便开始兴起。

改革开放初期兴起的雇工经营，再次引起了争论。这次争论是由广东省高要县陈志雄跨队承包鱼塘雇工经营（最多时雇长工5个，临时工2300多个劳动日）引起的。有人认为这是资本主义的剥削经营，应该禁止或取缔；有人则认为这属于剥削，但有利于生产发展，应该鼓励和支持。1981年5月29日，《人民日报》发表《一场关于承包鱼塘的争论》，并开辟《怎样看待陈志雄承包鱼塘问题》讨论专栏，专栏历时3个月，共发表讨论文章21篇。同年9月，《人民日报》登出一篇较全面的调查报告，认为陈志雄过多的收入有占有雇工剩余劳动的成分，但他的经营有利于发展生产，应实事求是地对待。

这次讨论引起中央领导人的注意。1983年中央一号文件针对农村雇工问题指出："农户与农户之间的换工、丧失劳动能力或劳力不足者为维持生活所请的零工、合作经济之间请季节工或专业工、技术工，等等，均属群众之间的劳动互助或技术协作，都应当允许。农村个体工商户和种养业的能手，请帮手、带徒弟，可参照《国务院关于城镇非农业个体经济若干政策性规定》执行。"

之后，关于雇工问题的争论，开始集中到在私人企业雇请8个人以上经营的性质、作用、发展前景及对策等方面。1984年中央一号文件指出："目前雇请工人超过规定人数的企业，有的实行了有别于私人企业的制度，例如，从税后利润中留一定比例的积累，作为集体公有财产；规定股金分红和业主收入的限额；从利润中给工人以一定比例的劳动返还等。这就在不同程度上具有了合作经济的因素，应当帮助它们继续完善提高，可以不按资本主义的雇工经营看待。""实行经营承包责任制的社队企业，有的虽然采取招雇工人的形式，但只要按照下列原则管理，就仍然是合作经济，不能看作私人雇工经营：一是企业的所有权属于社队，留有足够的固定资产折旧费和一定比例的公共积累；二是社队对企业的重大问题，如产品方向、公有固定资产的处理、基本分配原则等有决策权；三是按规定向社队上交一定的利润；四是经理只是在社队授权范围内全权处理企业业务；五是实行按劳分配、民主管理，对个人投入的资金只按一定比例分红，经理报酬从优，但与工人收入不过分悬殊。"这些规定既反映了当时雇工经营企业的一些现实情况，又是引导雇工经营向合作经济发展的政策措施。1984年中央一号文件发出后，很多雇工经营企业向合作经济靠拢，在某种程度上改变了雇工经营的性质。

1987 年 1 月，中共中央五号文件《把农村改革引向深入》对雇工经营做了更为明确的规定：个体经营者为了补充自己劳力的不足，按照规定可以雇请一两个帮手，有技术的可以带三五个学徒。对于某些为了扩大经营规模，雇工人数超过这个限度的私人企业，也应当采取允许存在，加强管理，兴利抑弊，逐步引导的方针。

邓小平在 1987 年 4 月 17 日会见香港特别行政区基本法起草委员会委员时说："现在我们国内人们议论雇工问题，我和好多同志谈过，犯不着在这个问题上表现我们在'动'，可以再看几年。开始我说看两年，两年到了，我说再看看。现在雇工的大致上只是小企业和农村已经承包的农民，雇工人数同全国一亿多职工相比，数目很小。从全局看，这只不过是小小的一点。要动也容易，但是一动就好像政策又在变了。动还是要动，因为我们不搞两极分化。但是，在什么时候动，用什么方法动，要研究。动也就是制约一下。像这样的事情，我们要考虑到不要随便引起动荡甚至引起反复，这是从大局来看问题。重要的是，鼓励大家动脑筋想办法发展我们的经济，有开拓的精神，而不要去损害这种积极性，损害了对我们不利。"①

由于采取了上述方针、政策，个体经济和私人企业在各地农村继续得到发展，使农村形成以集体所有制经济为主体、多种经济成分并存的格局。允许农民雇工经营的政策突破，促进了农户经济的发展，还为此后"以公有制为主体、多种所有制经济共同发展的基本经济制度"的形成奠定了思想基础和实践基础。

● **农民开始新的联合**

20世纪80年代初，在快速推进家庭承包经营而农业社会化服务体系又没有发育起来的条件下，农业社会化服务缺失，农民在生产经营中遇到技术、购销、资金等诸多问题。

在农村改革前的计划经济体制下，农业生产经营中的技术、购销、资金等服务，由基层农业技术、供销社、信用社等部门承担；农村民间流通组织及农贸市场由于受到严格的政策限制，生存空间十分狭小。实行家庭承包经营后，农村社区集体经济组织一般都缺乏经济实力，无力为农户提供有效服务。在市场取向改革进程中，基层农业技术、供销社、信用社等功能部门囿于体制束缚而没有及时调整自己的功能，农民生产经营中的技术、购销、资金等服务需求难以得到满足。特别是由于购销服务的缺失，农户直接面对市场进行生产经营遇到了一系列的难题，即出现了小生产与大市场难以对接的问题。

广大农民面对生产经营中发生的技术、购销、资金服务缺失和劳力不足等方面的问题，产生了合作的内在需求，在坚持家庭承包经营制度基础

---

① 《邓小平文选》第3卷，人民出版社1993年版，第216—217页。

上，本着自愿联合、利益共享、风险共担、共同发展的原则，开始了新的协作和联合。据 1985 年年底 28 个省、自治区、直辖市的不完全统计，农户之间自行组织、有一定规模、有相对稳定的经营项目和制度的经济联合体（不包括联合承包企业）达 48.47 万个，从业人员有 420.1 万人，其中从事第一产业的占 15.7%，从事第二产业的占 54.3%，从事第三产业的占 30%。[①]

20 世纪 80 年代初，基于农民对技术的迫切需求，各类专业技术协会应运而生，农民专业合作经济组织也由此开始萌芽，成为农民多种协作与联合中最具群众性、自发性和生命力的合作形式之一。四川是全国农村专业协会发展最早的省份，1980 年郫县即出现了养蜂协会。随后，广东等省也出现了专业协会，但其发展大多处于自生自灭状态。在这一时期，由于对农产品仍实行统派购制度，流通领域的专业协会难以发育，农民专业合作经济组织主要开展农业生产技术的交流与服务，因而大多被称作专业技术协会或研究会。其主要特征有：一是合作内容比较单一，以技术交流和服务为主，主要是能人或专业大户向周围农民传授生产加工技术，以提高生产水平；二是成员的权利和义务不明晰，组织管理也不规范，属于松散型合作；三是农民专业合作组织发育程度较低，不仅规模小，会员间的合作与联合大都局限在社区内部，组织的稳定性不强；四是以能人或专业大户兴办为主。一批能人或专业大户根据市场需求，带动周边地区农民发展专业生产，形成一定规模的专业生产群体，联合起来共同面对市场，成为农民专业合作经济组织最初的形态。尽管如此，由于当时农产品市场供不应求，农民通过这种合作，得到了最急需的农业技术服务，提高了产量，增加了收入。

---

① 朱荣等主编：《当代中国的农业》，当代中国出版社 1992 年版，第 323 页。

20 世纪 80 年代中期起，随着农业综合生产能力水平的提高，农产品供给增加，农产品销售难问题逐步显现，农民对合作有了新的需求，合作内容逐渐拓宽，从主要以技术交流与服务为主，开始转向共同购买生产资料、统一销售农产品乃至进行共同使用资金、设施等生产要素方面的合作，从事农产品销售和生产资料采购的合作经济组织逐步兴起。

综上所述，改革开放初期中国农业走上新的联合，不再是解决新中国成立初期传统农业生产力水平下农民一家一户生产中存在耕畜、农具等生产要素不足的问题。由于机械、电力、化肥、农药等现代生产要素在农业生产中的普遍运用，改革开放初期农业生产力水平远高于 20 世纪 50 年代，家庭承包经营中遇到的困难发生较大变化，基本不存在农具、耕畜短缺问题，而是在从事商品生产过程中遇到新问题，主要包括分散经营且规模极小的农户不能适应千变万化的市场，以及竞争力弱，在交易中处于弱势，需要通过组织起来，解决一家一户办不了或办了不经济的新技术引进、生产资料采购、产品质量提高、农产品加工销售等问题。这些成为实行家庭承包经营后再组织化的动力和互助合作的内容。

• 邓小平提出农业"两个飞跃"的论断

在实行以家庭承包经营为基础、统分结合的双层经营制度之后，是否坚持家庭承包经营制度，在家庭承包经营制度基础上如何推进农业的组织化，又成为一个重大的实践与理论课题。20 世纪 80 年代中后期，粮棉油糖等大宗农产品大幅度减产，由此再次引发了家庭承包经营是否适应现代农业发展要求的争论。1990 年 3 月 3 日，邓小平以战略家的眼光，提出了农业"两个飞跃"的论断。他指出："中国社会主义农业的改革和发展，从长远的观点看，要有两个飞跃。第一个飞跃，是废除人民公社，实行家庭联产承包为主的责任制。这是一个很大的前进，要长期坚持不变。第二个飞跃，是适应科学种田和生产社会化的需要，发展适度规模经营，发展集体经济。这是又一个很大的前进，当然这是很长的过程。"①

农业"两个飞跃"的论断，强调家庭承包经营要长期坚持不变。邓小平在论述农业"两个飞跃"时，用了3个"长"字，其中一个"长"字是指家庭承包经营制度"要长期坚持不变"。

农业"两个飞跃"的论断，强调第二个飞跃是很长的过程。农业第二个飞跃，即"发展适度规模经营，发展集体经济"，其根本目的是邓小平明确指出的"适应科学种田和生产社会化的需要"。换言之，探索农业第二个飞跃的实现路径应以生产力的发展为出发点和落脚点，这是邓小平关于以有利于生产力发展作为判断是非曲折准绳在农业改革和发展方面的体现。1980年5月，邓小平肯定包产到户、大包干时就明确提出搞规模经营必须具备"生产发展了，农村社会分工和商品经济发展了"②的条件。具体而言，农业第二个飞跃应具备的条件主要有：农村经济的分工分业和市场化程度已达到较高水平，已有相当部分的农业劳动力转移到非农产业；农民具有较高水平的科学文化素质，特别是驾驭规模经营所需的管理素质；农村社会保障制度健全，消除农民放弃土地的后顾之忧，能够足以彻底转变农民眷恋土地的观念。邓小平还强调指出："这种转变不是自上而下的，不是行政命令的，而是生产发展本身必然提出的要求。"③农业经营规模化改造是一种经济行为，但在改革开放前发生过把它作为政治行为而强制推行、一轰而起、"一刀切"的错误。有鉴于此，农业经营规模化改造必须按照经济规律办事，在条件具备的情况下，本着自愿互利的原则，逐步推进。

---

① 《邓小平文选》第3卷，人民出版社1993年版，第355页。
② 《邓小平文选》第2卷，人民出版社1994年版，第315页。
③ 《邓小平文选》第2卷，人民出版社1994年版，第316页。

农业"两个飞跃"的论断,与毛泽东关于组织起来发展生产力的思想一脉相承,都是以生产力的发展为出发点和落脚点的,是指导农业组织化发展的一个重大理论成果。

第三节 放活农产品流通

1978 年前高度集中的计划经济体制解决了如何把有限资源配置到工业化的重大问题,但也阻隔了农村剩余劳动力向工业、城市的转移和抑制了农民发展农业、农村经济的积极性。在中国经济市场化改革进程中,农村走在前列。在改革开放初期,中共中央、国务院采取了多种政策和措施,搞活农村的商品流通。一方面,逐步缩减农产品统派购的品种和比重,扩大了议价收购和市场调节的范围;另一方面,大力恢复和发展城乡集市贸易,恢复供销合作社的合作商业性质(在后来的实践中恢复供销社的合作商业性质的政策目标未能实现),鼓励农民、农村集体经济组织和国有农场(农垦区)自办商业组织或组建农工商联合企业,建立农副产品批发市场。在农产品供给逐步充裕后,以统派购为核心的农产品流通体制已不能适应经济社会发展的要求,1985 年中央一号文件决定改革农产品统派购制度,国家不再向农民下达农产品统购派购任务,按照不同情况,分别实行合同定购和市场收购。之后,中央又从实际出发开始实行"利用双轨制、走出双轨制"的农产品价格和流通体制改革,使农村生产资源逐步实现按市场需求进行配置。

● **恢复发展城乡集市贸易和建立城市农副产品批发市场**

集市贸易是中国农民之间、城乡之间进行商品交换的一种传统形式，许多农村集市又是农民开展社会文化活动、沟通信息、调剂生活的场所。发展农村集市贸易是 20 世纪 60 年代初为恢复农村经济发展的重要政策措施，但在"文化大革命"期间，这些政策的贯彻执行受到干扰，被指责为"资本主义尾巴"，在实践中因割"资本主义尾巴"而予以取消。

农村流通改革是从恢复和发展城乡集市贸易开始的。中共十一届三中全会通过的《中共中央关于加快农业发展若干问题的决定（草案）》，规

河北省赵县随着农村集市贸易的恢复和发展，积极组织有关部门加强市场行政管理，搞好税务、卫生检疫、维护秩序等工作。他们根据商品种类分行划市，对上市商品进行登记，出市销号，既保护了正当交易，又便利了群众买卖，做到管而不死，活而不乱。河北省赵县城关公社建立了集市贸易工商管理所，协助成交双方算账、过秤。图为工商管理人员在粮食市场为成交双方过秤

定"社员自留地、家庭副业和农村集体贸易，是社会主义经济的必要补充部分，不能当作所谓资本主义尾巴去批判。相反地，在巩固和发展集体经济的同时，应当鼓励和扶持农民经营家庭副业，增加个人收入，活跃农村经济"。这一政策的实施，使农村集市贸易得到快速恢复和发展。1979年年底，全国农村集市贸易的数量和规模，大体恢复到1965年的水平，活跃了农村经济，拓宽了农产品销售渠道。1980年，各地普遍恢复了传统的定期集、插花集、早晚市、庙会、骡马大会、物资交流会等交易形式，农村集市贸易成交额在1979年大幅度增长的基础上又增长了23.9%。彼时上市商品品种达二三百种，一些多年绝迹或罕见的土特产品、传统产品又重新上市了。1984年与1978年相比，农村集市由33302个增加至50356个，数量增加了51.2%；集市贸易成交额由125亿元增加至382亿元，增长了2倍；集市贸易成交额占社会零售额的比重由8.2%提高到12%，增加了3.8个百分点。开放城乡集市贸易加上允许农民进行长途贩运活动，对促进城乡经济联系、改善城市副食品供应起到了积极的作用。例如，1985年武汉市城郊地区有4.6万农民往市区运销农产品，其运销产量在全市总销量中的占比为：蔬菜85%，鲜鱼91%，猪肉74%，活禽72%，蛋类69%，水果43%。江苏省南通地区几个县的数万名农民，用自行车将大批活鸡运到上海市销售，被人们誉为"百万雄鸡过大江"。国家鼓励农村集市贸易的政策和给予其合法地位，使得它与后来的家庭承包经营"两路夹击"，使农村市场取向改革不可逆转。

疏通和开辟多种流通渠道。1982年，中共中央一号文件要求"必须多方设法疏通和开辟流通渠道。国营商业和供销合作社要充分利用现有经营机构，打破地区封锁，按照经济规律组织商品流通，大力开展产品推销工作"，并要求"有计划地试办和发展社队集体商业，如贸易货栈、联合供销经理部和农工商联合企业等，逐步实现多成分、多渠道、少环节。各级商业部门应当把积极支持和指导社队开展推销和采购业务活动当作自己的一项重要任务。各级计划、财政、物资和交通等部门，应把社队集体商业、社队企业和农工商企业列入户头，给予方便。农村商业实行多渠道后，当地人民政府应当加强领导，划分业务范围，做好协调、疏导和管理工作。农村各种商业组织和个人运销活动，都要严格遵守政府的政策、法令，服从工商管理"。

建设城市农副产品批发市场。随着农业生产专业化、社会化程度的提高，农副产品进入城市的商品量大幅度增加，大中城市仅有以零售为主的集市贸易即农贸市场，已不能适应农村专业户及经济联合体出售大宗农副产品的要求，必须有专门的批发市场，方能搞好农副产品的吞吐流通，更好地为农业生产和城市人民生活服务。1984年，一号文件提出："大城市在继续办好农贸市场的同时，要有计划地建立农副产品批发市场，有条件的地方要建立沟通市场信息、组织期货交易的贸易中心。此事应纳入城市建设规划。"一些大中城市的农贸市场就由农民摆摊设点的零售小额贸易向批发市场转化。大中城市建立农副产品批发市场后，农村专业户、长途贩运者和农村合作经济单位可在那里批量出售商品，城市里的国有与集体商店、个体工商户，机关团体的食堂、饮食店，也可到那里采购进货。这样，不仅扩大了农副产品进城，减少了因流通环节多而造成的损失浪费，而且可以引导农民在国家计划指导下面向市场，在市场竞争中学经营、学管理、学技术，提高经营水平。到1986年年底，全国大中城市的农副产品批发市场发展到450多个，年成交额达到24亿元左右。

• **允许农民购置大中型拖拉机经营运输业**

实行家庭承包经营后，作为生产经营单位的农户，自然就有了购买拖拉机等大中型农业生产资料的要求。生产要素组合的这种变化，是生产经营组织形式变化的必然结果。但是，这一新现象引发了一场大争论。很多人持反对意见，认为“拖拉机是大型生产工具，私人购买，这还了得”。这一争论的实质，就是农民家庭对大中型生产资料是否可以拥有所有权的问题。

广大农民的实践，为中共中央、国务院决策提供了充分的依据。到1982年年底，全国农民私人购买拖拉机超过100万台（其中小型拖拉机80多万台，大中型拖拉机20多万台），汽车超过10万台，涌现出了一批农机、汽车专业户、联合体，成为农业生产和农村运输中不可缺少的力量。

在经过大量调查研究之后，1983年中央一号文件决定允许农民购买农业机械，并规定：“农民个人或联户购买农副产品加工机具、小型拖拉机和小型机动船，从事生产和运输，对发展农村商品生产、活跃农村经济是有利的，应当允许；大中型拖拉机和汽车，在现阶段原则上也不必禁止私人购买。”

1984年2月，国务院还专门发出了《关于农民个人或联户购买机动船和拖拉机经营运输业的若干规定》，明确宣布：“国家允许农民个人或联户用购买的机动车船和拖拉机经营运输业。”“农民个人或联户合法经营运输业，受国家法律保护。任何部门、单位或个人不得向他们乱收费、随意罚款或擅自提高收费标准；不得平调或摊派其资财。”“各地农机、交通部门要帮助农村培训驾驶、司机和维修人员，积极为农民的机动车船和拖拉机提供维修和技术服务，并合理收取费用。”从此，政策上许可了农民购买汽车、农用机械，中国农用机械、汽车的发展随之进入新的阶段。

• 改革农产品统派购制度和对粮食实行“双轨制”

农村改革引入市场机制，主要进行了两方面的改革。一是放活农村流通。1982 年中央一号文件明确指出，农业经济"要以计划经济为主，市场调节为辅"。于是，农产品封闭式的流通体制发生了很大的变化，为多渠道、少环节、开放式的流通体制的形成奠定了基础，促进了农业和农村商品生产的大发展。二是逐步缩减农产品统派购的品种和比重，扩大了议价收购和市场调节的范围。截至 1984 年年底，属于统派购的农副产品由 1978 年的 100 多种减少到 38 种（其中中药材 24 种），即减少了 67.6%。农民出售农副产品总额中，国家按计划牌价统派购的比重由 1978 年的 84.7%下降到 1984 年的 39.4%。

1985 年中央一号文件作出取消农产品统派购制度的历史性决策，在放活政策上实现重大突破。1982 年起的 3 个中央一号文件对农村流通体制进行了诸方面的改革，但仍是在坚持农产品统派购制度下进行的，是局部性的放活政策。农村流通体制不适应农业和农村经济发展要求的问题日益凸显，1984 年发生低水平过剩下的粮食卖难、存难、运难现象，只是这一问题的表现之一。农村改革的成功，使全国粮食产量由 1978 年的 30476.5 万吨增加到 1984 年的 40730.5 万吨，人均粮食占有量也由 319 公斤提高到 394 公斤，初步扭转了粮食、棉花、油料等大宗农产品供给长期短缺的格局，为改革实行长达 30 多年的农产品统派购制度奠定了物质基础。在这两方面背景下，围绕进一步活跃农村经济，1985 年中央一号文件作出改革农产品统派购制度的决定。文件规定："从今年起，除个别品种外，国家不再向农民下达农产品统购派购任务，按照不同情况，分别实行合同定购和市场收购。""取消统派购以后，农产品不再受原来经营分工的限制，实行多渠道直线经营。""任何单位都不得再向农民下达指令性生产计划。"文件还明确了农业管理改革的方向，提出："扩大市场调节，进一步放活经济之后，农民将从过去主要按国家计划生产转变到面向市场需求生产；国家对农业的计划管理，将从过去主要依靠行政领导转变到主要依靠经济手

市场调节促进多种经营发展。图为湖北省监利县群众在农贸市场上选购鲜鱼

段。"取消农产品统派购制度，发挥市场在资源配置中的作用，促进了农村产业结构的调整，并在产品供给和生产要素组合上为打破城乡二元结构奠定了基础，这在当时被誉为继实行家庭承包经营制度后农村的第二步改革。邓小平称赞这个文件在改革上"迈出了相当勇敢的一步"。①

由于1985年粮棉油等大宗农产品大幅度减产及其后3年的低位徘徊，全面取消农产品统派购制度的改革在实践中遇到一些困难，因而基于不同农产品的特性，将改革方案修改为按照分品种渐进的方式推进，即对需求弹性较大的水产品、水果、畜产品和蔬菜等仍实行自由购销，生产和流通完全由市场调节；对需求弹性小而又关系国计民生的粮棉等大宗农产品，实行全部或部分由国家定购。具体而言，粮食实行国家定购和市场购销的"双轨制"（"双轨制"的实施导致了一些混乱，不过也为市场化改革做了准备，所以后来有的学者以利用"双轨制"走向市场化来评价其作用）；对棉花和蚕茧实行统一收购经营制度；对烟草实行国家专卖制度。

- ● 恢复供销合作社的合作商业性质

供销合作社是20世纪50年代初期，由农民集资、在国家扶持下创办和组织起来的，担负着向农民供应生产、生活资料和推销农副产品的任务，是商品流通中的一支重要力量。后来它同国有商业时分时合，进而转变为全民所有制，成为国有商业的组成部分，失去了合作经济的特点，难以适应服务农业农村发展的要求。

为此，1981年全国农村工作会议提出供销合作社要逐步进行体制改革，恢复和加强供销社组织上的群众性、管理上的民主性和经营上的灵活

---

① 杜润生主编：《中国农村改革决策纪事》，中央文献出版社1999年版，第145页。

性，使它在农村经济生活中发挥更大作用。1982年中央一号文件的实施，推动了供销合作社改革试点的开展。

1983年中央一号文件指出："基层供销合作社应恢复合作商业性质，并扩大经营范围和服务领域，逐步办成供销、加工、运输、技术等综合服务中心。"1983年3月，商业部专门召开全国供销合作体制改革会议，研究解决改革中出现的新问题，并做出加快供销合作社改革的部署。经过几年的改革，供销合作社不仅在扩大农民股金、建立民主管理制度上有了很大进展，而且在经营方式、经营内容上也发生了变化。

一是同农民联合兴办种植业、养殖业商品生产基地，共同举办农副产品加工和兴建流通服务设施。1986年，全国供销合作社系统通过同农民联合兴办商品基地，向农民提供生产资金6亿多元，培训农民技术骨干300多万人次，发行有关生产、技术、市场信息等资料1200多万份。到1986年年底，全国供销合作社系统自办和联办的加工企业达到3.5万个，比改革前的1981年增加1.8万个，年产值达到160亿元，增加65亿元。二是发展跨部门、跨地区的横向经济联合。一类是发展同城市工商企业的联合；另一类是组织跨地区的联合企业。

三是对部分商品的经营，由单纯的买卖变为对农民实行代理制。为农民代购、代销、代贮、代运的产品，价格完全按照实际交易额同农民结算。这样做使所得利润大部分返还给农民，供销合作社只收取少量手续费，从而改变了过去供销合作社吃购销差价饭的办法。

四是增强了供销合作社自身的积累能力。经过改革，供销合作社拓宽了业务领域，搞活了经营服务，自有资金有了较大幅度增长。到1986年年底，全国供销合作社系统拥有多种仓库8500万平方米，比1981年增加了2600万平方米；运输车、船7.4万辆（只），比1981年增加了3.4万辆（只）；购销网点扩大，增强了供销合作社自我发展的能力。

- ## 鼓励农民自办商业组织

广大农民在发展商品生产的过程中愈来愈意识到，一家一户分散经营难以掌握市场信息，缺乏抗击市场风险能力。他们根据发展生产和自身经济利益的需要，自愿组织起来，兴办多种形式的商业组织。据 1986 年年底 17 个省、自治区、直辖市 560 个县的不完全统计，已办起各种形式的农民合作商业组织、农工商联合组织、专业市场等 7 万多个。大体有以下几种类型：

第一，乡、村合作经济组织自办流通服务。在多种经营比较发达的地区，乡、村合作经济组织建立起多种经营服务公司、贸易货栈等，以推销当地生产的农副产品为主，也兼营一部分化肥、农药等生产资料。这些合作商业有常年性的，也有季节性的。

第二，以农产品加工、销售企业为"龙头"，与原料生产者在各自独立核算的基础上，以合同形式结成的、有稳定互惠关系的农工商（或林工商、牧工商、渔工商）联合组织。这些"龙头"企业，有的是国营企业，有的是供销合作社，有的是其他专业合作组织、专业协会或乡、村合作组织。

第三，在农民家庭企业发达的地区，由农民自行集资兴办起各类专业市场。1986 年年底，全国各地涌现出各类专业市场 1000 多个。每个家庭企业往往是承担一种产品的一个或几个生产环节，他们所需要的原材料或中间产品到专业市场上自由采购，生产出的产品或半成品拿到专业市场上自由出售。

此外，各地还有许多从事同类农产品生产的农户，为加工、销售自有农产品而组织的实体性专业合作社或松散的联合体。

- ## 建立农垦商业体系

中共十一届三中全会以后，农垦系统突破国有农场长期单一经营农业的办场模式，由单纯生产型向生产经营型转变，开始试办农工商联合企业，建立起农垦商业体系。到 1987 年，全国农垦系统有商业网点 6 万多个，从业人员 18 万多人，分别比 1980 年增长 9 倍和 3 倍；商品销售总额 50 亿元，创利税 2.2 亿多元，分别比 1980 年增长 2.2 倍和 5 倍；外贸出口额 16.7 亿元，比 1980 年增长 3.5 倍。本着开放搞活的原则，农垦商业的发展坚持了国有、集体、个体一起上的方针，经营范围不断扩大，商业网点由农场内部逐步向城镇延伸。到 1987 年，有 1/3 的农场进城办商业，与之配套的仓储、冷藏、加工、包装、运输等设施相应地发展起来，初步形成了纵横交错的全国农垦商业网络。

建立经济联合体是农垦商业体系的一个主要特点。据 20 多个省、自治区、直辖市的不完全统计，到 1987 年农垦商业建立了各种联合体 500 多个。这些联合体不少是跨地区、跨行业、跨部门和跨所有制的。联合的形式有股金联合、产销联合、加工联合等，包括农商、工商、商商及农工商、内外贸联合。

农垦商业体系的建立，促进了国有农场经济的发展。一是打破了农工商互相隔绝的界限，改变了国有农业企业只提供原料的状况，提高了经济效益，加速了资金周转，有利于扩大再生产。二是广开了生产门路，发展多种经营，解决了国有农场内部的剩余劳动力问题，使农场职工收入增加，生活改善。三是使生产、加工与流通密切联系在一起，提高了产品的综合利用率，增加了社会商品的有效供给。

通过放开部分农产品的流通和采取多种政策措施搞活流通，长期存在的农产品封闭式的流通体制发生了很大变化，多渠道、少环节、开放式的流通体制初步形成，促进了农业和农村商品生产的发展。

第四节 积极开展多种经营和农业综合开发

1949—1978 年，由于人口快速增加、工业化快速推进，对农产品尤其是粮、棉、油、糖等大宗农产品数量增长的需求较快，解决温饱问题与结构改善的矛盾一直没有得到解决。加之受自上而下的计划管理影响，一些地方在执行"以粮为纲，全面发展"方针时，还将其变成以"以粮为纲，全面砍光"，这样的窘境在改革开放前没有摆脱。中共十一届三中全会起，与改革开放前不同的是，在强调粮食增产的同时，积极开展多种经营，树立大农业观念，确立农业综合生产能力观念，实施农业综合开发，农村产业结构由较单一发展农业向一、二、三次产业全面发展转变。由于科技进步、装备水平提高、基础设施改善和农民积极性调动，尽管快速推进的工业化、城镇化占用大量耕地，农业仍实现快速发展，不仅实现农产品产量的大幅增加，还实现了产业结构、产品结构、品质结构的改善，为满足人民生活改善做出了贡献。

• 积极开展多种经营与农村产业结构调整

农村不应当只单纯发展农业，而且可以发展非农产业，走"农工商建运服"综合发展之路。针对农村产业较单一的问题，中共十一届三中全会起，重新确定了农村产业结构政策。中共十一届三中全会强调，坚决地、完整地执行农林牧副渔并举和 "以粮为纲,全面发展,因地制宜,适当集中" 的方针。中共十一届四中全会通过的《中共中央关于加快农业发展若干问题的决定》提出,实行粮食和经济作物并举、农林牧副渔五业并举。1981 年 3 月,中共中央、国务院转发国家农业委员会《关于积极发展多种经营的报告》的通知指出:"长期以来,我们把绝大部分的注意力集中在有限的耕地上,而耕地又几乎只是集中于种粮食作物。不少地区,为发展粮食作物而不讲具体条件,不计生产成本,不问经济效益,不顾负担能力,制定不切实际的大计划,追求无法实现的高指标。结果,粮食虽然在一个短时期内增了产,但不必要地挤掉了多种经营和家庭副业,致使农业内部比例失调,自然资源受到破坏,农民负担沉重。这个教训是必须记取的。"《通知》提出:"决不放松粮食生产,积极开展多种经营,这就是我们的方针。""多种经营,综合发展,应当作为我国繁荣农村经济的一项战略性措施。"[1] 同时,中共中央、国务院决定,在若干年内继续保持一定数量的粮食进口,以便在粮食供求平衡的条件下,把农业经济内部比例失调的状况调整过来。1982—1984 年连续 3 年中共中央发布的一号文件中,都重申了上述产业政策的基本内容及其重要意义。

农村改革的成功,使全国粮食产量由 1978 年的 30476.5 万吨增加到 1984 年的 40730.5 万吨,人均粮食占有量也由 319 公斤提高到 394 公斤,粮食等农产品供给严重紧缺的状况初步缓解,这既为进一步改革农产品统派购制度奠定了物质基础,也为进一步调整农村产业结构调整奠定了物质基础。在这种背景下,1985 年中央一号文件在明确取消农产品统购制度的同时,就大力调整农村产业结构作出部署,提出大力帮助农村调整产业结构,国家将以一定的财力物力支持粮棉集中产区发展农产品加工业,调整

---

① 中共中央文献研究室、国务院发展研究中心:《新时期农业和农村工作重要文献选编》,中央文献出版社 1992 年版,第 91、93、94 页。

积极发展家庭副业。图为 1980 年 2 月，四川省彭县女社员争相购买小家禽

产业结构；拿出一批粮食，按原统购价（费用按财政体制分担）销售给农村养殖户、国营养殖场、饲料加工厂、食品加工厂等单位，支持发展畜牧业、水产养殖业、林业等产业；在发展畜牧、水产业中，要特别注意扶持养殖专业户、专业村，并在一定区域范围内逐步建立和健全养殖业的良种繁育、饲料供应、疫病防治、产品加工、贮运销售等配套的商品生产服务环节。

在重视工业而忽视农业的情况下，1985 年粮棉油等大宗农产品生产大幅下滑，促使再次提出了农村发展中要处理好农业与工业关系的命题。1985 年 9 月，陈云在中国共产党全国代表会议上指出："发展乡镇企业是必要的。问题是'无工不富'的声音大大超过了'无农不稳'。十亿人口吃饭穿衣，是我国一大经济问题，也是一大政治问题。'无粮则乱'，这件事不能小看就是了。"[1]1986 年 6 月，邓小平在听取经济情况汇报时指出："农业上如果有一个曲折，三五年转不过来。""要避免过几年又大量进口粮食的局面，如果那样，将会影响我们经济发展的速度。"[2]

为缓解副食品供应偏紧的矛盾，从 1988 年起，国家开始实施"菜篮子工程"建设，建立了一批中央和地方的肉、蛋、奶等生产基地及良种繁育、饲料加工等服务体系，促进了畜牧业向商品化、专业化方向发展。

• **实施农业综合开发**

中国农业生产发展到 1985 年以后，面临着新挑战，主要有 3 个矛盾：一是人口增加与耕地减少的矛盾。全国城乡人口以每年 1400 多万的

---

① 中共中央文献研究室、国务院发展研究中心：《新时期农业和农村工作重要文献选编》，中央文献出版社 1992 年版，第 352 页。
② 《邓小平文选》第 3 卷，人民出版社 1993 年版，第 159 页。

速度增加，相当于一个中等国家的人口，而全国耕地以每年 33 万公顷的速度减少，这是一个非常严峻的形势。

二是粮食需求总量增长与粮食供给总量不足的矛盾。随着中国经济发展和人民生活水平的提高，对粮食、粮食转化物和其他农产品的需求大大增加。当时全国粮食消费每年增加 100 亿—150 亿公斤，但粮食总产量连续 4 年在 4 亿吨左右徘徊。

三是农副产品出口创汇比例下降与国家外汇需求逐年增加的矛盾。随着中国实施沿海地区经济发展战略，逐步扩大了国际经济文化交往关系，国家外汇的需求量逐年增加。但是，国家可以提供的换取外汇的农产品出口量逐年减少。据统计，全国有 50% 左右的外汇是依靠农副产品出口或以农副产品为原料的制成品出口获得的。由于农业发展后劲不足，国内对农副产品的需求量增加过猛，使国家不得不限制农副产品出口，致使农副产品直接出口创汇比例下降，不能满足农业生产资料进口和工业生产技术设备引进需要的外汇，制约了工农业的发展。

针对这些矛盾，中共中央、国务院根据国情，借鉴世界一些国家发展农业的成功经验，采取世界银行的项目管理方法，探索了农业综合开发途径。从 1988 年起，国家设立专门资金，成立专门机构，开始在东北平原、黄淮海平原开展农业综合开发。这是中共中央、国务院从当时中国农业面临的新情况出发，加快农业和农村经济发展的重大战略决策。

这期间，农业综合开发有两个方面的特征：一是国家组织开展的农业综合开发的区域范围逐步扩大。从最初主要集中在东北平原、黄淮海平原和长江中下游平原的 11 个省、自治区、直辖市，涉及 749 个县和国有农牧场，扩大到 1993 年的 1245 个县及国有农牧场。二是农业综合开发的内容，以改造中低产田为重点，适当开垦宜农荒地，实现农林牧副渔各业全面发展。

经过 10 多年的探索，农业综合开发事业形成了综合性较强的特点，即综合规划、合理布局，综合利用资源，综合治理国土，综合采取措施，综合安排投入，综合组织协调，综合各方面力量，讲求综合效益。与非项目区相比，农业综合开发除有明确的开发主攻目标外，还具有以下特点：一是有严格的开发投入机制，即配套投入、滚动开发的激励机制；二是有科学的开发项目手段，即各项管理制度化、综合治理科学化、工程建设规范化的手段；三是有较强的开发协调体系，即各级组织领导、各有关部门、基层干部和农民群众都能形成同心协力的整体力量；四是有系列化的开发产业结构，即以"龙头"项目带动种养业农产品系列开发；五是有显著的综合开发效益，即经济效益、生态效益和社会效益的统一。

- ### 树立大农业观念和确立农业综合生产能力概念

1981 年，中共中央、国务院在转发国家农业委员会《关于积极发展农村多种经营的报告》的通知中明确提出，发展农业，调整布局，要放眼于对全部国土的利用，要有大农业与大粮食的观点。中共十三届八中全会通过的《中共中央关于进一步加强农业和农村工作的决定》，要求"树立大农业观念，搞好农业综合开发，合理利用农业资源"。树立大农业观念，搞好农业综合开发，有两点原因：一是当时有一些山地、丘陵、草地、水面、滩涂和海域等尚未开发，种植业和养殖业都具有相当可观的潜力。二是当时农村有 4 亿多劳动力，剩余劳动力较多，树立大农业观念，可以解决部分剩余劳动力的就业问题。

农业综合生产能力，是改革开放后初期形成的一个能更加科学地衡量农业发展水平的新概念。1979 年之前的 30 年，中国发展农业偏重单纯抓粮食生产，但一直未能解决全国人民的温饱问题。中共十一届三中全会开始，随着农村改革的成功，粮食和多种经营全面发展，农村第二、三产业逐步兴起，不仅解决了全国人民的温饱问题，而且农业和农村经济也得到了较快发展。在这样的条件下，人们逐步认识到农业综合发展的客观必然性。1985 年，中国农业发生了大的波动，粮、棉、油、糖等大宗农产品产量出现大滑坡，随后连续 3 年徘徊不前。

这些经验教训，深化了中国共产党关于农业发展除靠政策因素外，还必须依靠资金、物质、科技等多因素的综合投入的认识。在形成发展农业一靠政策、二靠科技、三靠投入共识后，人们对政策、科技和投入三者内在联系的认识也日益深化，到 20 世纪 90 年代，认识到这些发展农业的措施归结到一点，就是要提高农业综合生产能力。只有不断提高农业综合生产能力，才能不断增强农业发展后劲。农业综合生产能力这一指标，有别于单独用农产品产量，甚至仅仅用粮棉产量衡量农业生产能力的评价体系，能够反映出各项投入和各种产出之间具有的相互影响和相互作用，更好地体现农业生产能力的系统性和整体性。一般情况下，粮、棉、油、肉、鱼等农产品产量增加，就意味着农业综合生产能力提高。产品产出能稳定在一定水平之上，表明农业综合生产能力达到了一定水平之上。如果综合生产能力能够百分之百地发挥作用，这时的农业产出水平就是农业综合生产能力的水平。但是，由于社会经济条件、自然气候等因素的限制，农业综合生产能力往往只能部分地发挥作用，因此实际产出水平值小于生产能力水平值。

正因为农业综合生产能力这一概念对农业发展有着积极的引导作用，所以中共十三届八中全会通过的《中共中央关于进一步加强农业和农村工作的决定》，肯定和吸收了农业综合生产能力的概念。这次全会把农业综合生产能力和效益的提高作为中心目标。中国共产党和政府确立了农业综合生产能力概念，并以此引导实践，促进了农业综合生产能力上了一个又一个新台阶。

- ## 启动国家扶贫开发行动

改革开放初期，在促进整个"三农"发展的同时，中央着手解决集中连片地区的贫困问题。

1980年，国家开设由中央财政拨款、用于支持"老、少、边、穷"地区经济社会发展的经济不发达地区发展的专项资金。1982年，中国在干旱严重的甘肃河西地区、定西地区和宁夏回族自治区西海固地区（简称"三西"地区）实施农业专项建设，计划用10年至20年的时间，拨专款重点扶持28个贫困县。到20世纪80年代中期，改革开放政策使农村贫困人口快速减少，但到1985年，因受经济、社会、历史、自然、地理等方面制约而处于贫困状况的农民仍有1.25亿人。

鉴于农村改革的成功突破促进农业连年丰收和农民大幅增收，以及贫困地区仅靠自身的努力难以缩小与其他地区的差距，国家在解决贫困地区的"三农"问题上，实施了差别政策——扶贫开发政策，集中力量帮助贫困地区发展。1984年9月29日，中共中央、国务院发出《关于帮助贫困地区尽快改变面貌的通知》，决定对贫困地区实施与一般地区不同的扶持政策，由此开启了全国范围的扶贫开发工作。1986年4月六届全国人大四次会议将帮助贫困地区较快地摆脱经济文化落后状况列入"七五"计划。同年，为加强扶贫开发工作，组建了作为国务院议事协调机构的国务院贫困地区经济开发领导小组（1993年更名为国务院扶贫开发领导小组）。同年5月14日国务院贫困地区经济开发领导小组举行的第一次全体会议纪要显示，当时全国农村人均年纯收入在200元以下的约有1.02亿人，占农村总人口的12.2%，部分农民的温饱问题还未完全解决。

通过安排专项资金，制定专门的优惠政策，将此前的救济式扶贫政策改为开发式扶贫政策，按照 1978 年标准，全国农村贫困人口由 1985 年的 1.25 亿人减少到 1992 年的 8000 万人，贫困发生率由 14.8% 下降为 8.8%。[1]

第五节　走农业现代化、农村工业化、城镇化共同发展之路

在搞活政策取向下，中国开始农工商综合经营试点，将社队企业更名为乡镇企业并促进"四个轮子"一起转，允许务工、经商、办服务业的农民自理口粮到集镇落户，农民开启离土不离乡、进厂不进城的"两栖"生产生活方式，乡镇企业异军突起，小城镇建设快速推进，城乡隔离、农村主要发展农业转向农业现代化、农村工业化、城镇化共同发展，走出农村工业化、农村城镇化道路，打开了"三农"发展的广阔空间。

● 农工商综合经营试点

1979 年起，根据中央的决定，少数地方进行了农工商综合经营改革试点，即向农业的产前、产后延伸，建立农工商一体化的经济实体。

1979 年 9 月 29 日，叶剑英在庆祝中华人民共和国成立三十周年大会上代表中共中央、人大常委会和国务院所作的重要讲话指出："实现四个现代化，将使我国农业逐步变为农林牧副渔布局合理、全面发展、能够满足

---

[1] 《辉煌 70 年》编写组：《辉煌 70 年——新中国经济社会发展成就（1949—2019）》，中国统计出版社 2019 年版，第 383 页。

人民生活和工业发展需要的发达的农业，使我国农村逐步变为农工商综合经营的富庶的农村。"[1] 这个经中共十一届四中全会审议通过的重要讲话，第一次明确宣布了中国农村要走农工商综合经营之路。

在当时计划经济体制下小范围推行农工商综合经营改革试点，由于缺乏市场制度基础，加之这一试验对条块分割的计划经济体制构成冲击，因而难以得到有关部门的有效配合，产业链各环节难以有效一体化，结果没有取得预期绩效，也就未能在整个农业领域推行。

进入 20 世纪 90 年代，在社会主义市场经济体制建立过程中，基层从实际出发创造的产加销、贸工农一体化的农业化经营，是在市场取向改革进程中对农工商综合经营的发展创新。

• 允许务工、经商、办服务业的农民自理口粮到集镇落户

城乡集市贸易的开放和迅速发展，使得大量农民进入城市和小城镇，出现大量城镇暂住人口。

从 1984 年起，小城镇户籍制度改革开始启动。1984 年中央一号文件指出："一九八四年，各省、自治区、直辖市可选择若干集镇进行试点，允许务工、经商、办服务业的农民自理口粮到集镇落户。"

根据 1984 年中央一号文件精神，国务院于 1984 年 10 月 13 日发出《关于农民进入集镇落户问题的通知》。该通知提出，随着农村商品生产和商品交换的迅速发展，乡镇工商业蓬勃兴起，越来越多的农民转向集镇务工、经商，他们迫切要求解决迁入集镇落户问题。该通知要求，凡申请到集镇务工、经商、办服务业的农民和家属，在集镇有固定住所，有经营能力，

---

[1] 叶剑英：《在庆祝中华人民共和国成立三十周年大会上的讲话》，《人民日报》，1979 年 9 月 30 日，第 1 版。

或在乡镇企事业单位长期务工的，公安部门应准予落常住户口，及时办理入户手续，发给《自理口粮户口簿》，统计为非农业人口。粮食部门要做好加价粮油的供应工作，可发给《加价粮油供应证》。地方政府要为他们建房、买房、租房提供方便，建房用地，要按照国家有关规定和集镇建设规划办理。工商行政管理部门要做好工商登记、发证和管理工作，各有关部门都要给以热情支持，积极引导，加强管理，促进集镇的健康发展。对新到集镇务工、经商、办服务业的农户要同集镇居民户一样纳入街道居民小组，参加街道居民委员会活动，享有同等权利，履行应尽的义务。为了使在集镇务工、经商、办服务业的农民保持稳定，乡镇人民政府和村民委员会对其留居农村的家属不得歧视；对到集镇落户的，要事先办好承包土地的转让手续，不得撂荒；一旦因故返乡的应准予迁回落户，不得拒绝。

• 农民离土不离乡，进厂不进城

20世纪80年代初，家庭承包经营制度的实施，促进了农业劳动生产率的提高，进而涌现出大量剩余劳动力，需要向非农产业和向城市转移。由于城市就业仍实行计划管理制度，农民不能进入城市企业就业，只有少数农民到城镇摆摊设点经营小买卖。在农村，乡镇企业异军突起，成为吸纳农村剩余劳动力的主要载体。乡镇企业起步之初，规模都比较小，一般是分散办在农村，因而被形象地喻为村村点火、户户冒烟。这样，农民白天在周边企业上班，晚上回家休息，还能兼顾做好承包地上的农活儿。对这种现象，当时流传的说法是"离土不离乡、进厂不进城"。江苏省常熟市"离土不离乡，进厂不进城，亦工又亦农，集体同富裕"的碧溪之路在全国广为推介。[①]

由于乡镇企业和城市企业对农村劳动力的吸纳，在全国农业劳动力从1978年的28373万人增加到1988年的32308万人的情况下，农业劳动力在全社会劳动力的占比仍然从1978年的70.5%下降到1988年的59.3%，下降了11.2个百分点。农村非农产业劳动力在农村劳动力总数中的占比，从1978年的9.2%上升到1988年的19.4%，增长10.2个百分点。

20世纪80年代农村劳动力的这种转移，尽管主要发生在县以下的乡村，但仍然是近代以来，除"大跃进"时期的特殊情况外的规模最大的一次劳动力转移。与"大跃进"时期劳动力向非农产业转移不同的是，这次转移是在农业劳动生产率提高和剩余农产品供给增长基础上的转移，是农村乡镇企业大发展对农村剩余劳动力形成较大吸纳能力下发生的。

在1989年至1991年的3年间，国民经济受宏观经济紧缩和治理整顿的影响，增长速度放缓，导致从事城镇建筑和服务行业的一部分农民回到农村，另一部分转移到乡镇企业的劳动力又回到农业生产。3年间，城市劳动力占全社会劳动力比例不仅没有提高，反而有所下降，从1988年的26.3%下降到1991年的26.1%。农村非农产业劳动力1989年和1990年分别减少178.7万人和102万人。1991年乡镇企业开始进入回升阶段，非农产业劳动力增加344.3万人，但仅比1988年增加63.6万人。全国农业劳动力从1988年的32308万人增加到1991年的34878万人，农业劳动力在全社会劳动力中的占比从1988年的59.3%上升为59.8%。人口城镇化放缓，从1988年的25.81%上升到1991年的26.37%，仅增长0.56个百分点。

---

① 参见郑有贵：《苏南模式向现代企业制度转换——以常熟市及其4个企业为例》，《教学与研究》2002年第12期。

● 社队企业更名为乡镇企业及乡镇企业异军突起

中共十一届三中全会提出 "社队企业要有一个大发展"。1979—1983年，中共中央、国务院及各地和有关部门采取一系列政策、措施，促进社队企业发展。在中共十一届三中全会作出改革开放的伟大决策及提出社队企业要有一个大发展的精神鼓舞下，在对国民经济实行 "调整、改革、整顿、提高" 过程中，农民积极争取发展工业化机会来拓展发展空间，中国的工业化开始突破工业布局于城市和工矿区的限制，快速向农村延伸，20 世纪 50 年代兴起的社队企业呈快速发展态势。1978 年全国社队企业有52.1 万个，从业人员 1734.4 万人，总产值 385.3 亿元。到 1983 年，企业增加到 55.3 万个，企业人数增加到 2168 万人，产值增加到 686 亿元。

福建省晋江县陈埭公社花厅口大队利用本地原料，建起投资少、见效快的登山鞋厂，既支援了外贸出口，又使全大队的闲散劳力得到充分利用，增加了社员收入。图为 1980 年 4 月生产场景

江苏省无锡县（现无锡市锡山区）乡镇企业无线电厂

1984 年年初，中共中央一号文件提出，在兴办社队企业的同时，鼓励农民个人兴办或联合兴办各类企业。1984 年 3 月，中共中央、国务院转发农牧渔业部和部党组《关于开创社队企业新局面的报告》的通知中，更加明确地指出："只有不断开辟新的生产门路，妥善安排不断出现的多余劳力，充分利用农村的剩余劳动时间，逐步改变八亿人搞饭吃的局面，使农村商品生产得到充分的发展，农村才能富裕起来，也才能逐步积累农业现代化所需要的大量资金。"①《通知》还指出，乡镇企业是多种经营的重要组成部分，是农业生产的重要支柱，是广大农民群众走向共同富裕的重要途径，是国家财政收入新的重要来源。

《通知》在乡镇企业发展史上具有十分重要的意义，一是将社队企业

① 中共中央文献研究室、国务院发展研究中心：《新时期农业和农村工作重要文献选编》，中央文献出版社 1992 年版，第 263 页。

正式改称为乡镇企业，明确乡镇企业由原来的两个轮子（社办、队办）改变为"四个轮子"（乡办、村办、联户办、户办）同时发展，由主要是农副产品加工产业改变为六大产业（农、工、商、建、运、服）同时并进，实行"多轮驱动，多轨运行"；二是突破了就地取材、就地生产和就地销售（简称"三就地"）的限制，乡镇企业可以广泛外引内联，市场得到极大拓宽；三是极其明确地指出了发展乡镇企业的意义，制定了指导乡镇企业发展的总方针，提出了开创乡镇企业新局面的历史任务，并明确开创乡镇企业发展的政策。这个文件的下达，使各级党政领导和有关部门提高了对乡镇企业的重要地位和作用的认识，将其列入重要议程，进一步加强和完善有关政策、措施。广大农村干部和农民群众更加解放思想，迸发出大办乡镇企业的积极性和创造性，乡、村两级集体、个体农户和联户（小组）4 个层次的、多种经营内容和经营方式的乡镇企业迅猛发展起来。以 1984 年中央一号文件和中共中央、国务院转发农牧渔业部和部党组《关于开创社队企业新局面的报告》为标志，进一步统一了全党对发展社队企业的认识，在发展政策上实现新的突破。

中共十二届三中全会作出社会主义计划经济是在公有制基础上的有计划的商品经济的重大论断及审议通过《中共中央关于经济体制改革的决定》，使乡镇企业发展的体制和政策环境进一步改善。这些以放活为内核的政策的实施，使乡镇企业发展实现了未曾预料到的异军突起，中国由此成功地走出了中国特色社会主义农村工业化道路，也成功地走出了中国特色的城乡"两条腿"工业化道路[①]，在破解"三农"难题和促进国家现代化发展进程中有着重大贡献和历史地位。

1986 年 6 月 12 日，邓小平对乡镇企业的快速发展给予了高度评价，

---

① 参见郑有贵：《城乡"两条腿"工业化中的农村工业和乡镇企业发展——中国共产党基于国家现代化在农村发展工业的构想及实践》，《中南财经政法大学学报》2021 年第 4 期。

称赞其为异军突起："农村改革中，我们完全没有料到的最大的收获，就是乡镇企业发展起来了，突然冒出搞多种行业，搞商品经济，搞各种小型企业，异军突起。这不是我们中央的功绩。乡镇企业每年都是百分之二十几的增长率，持续了几年，一直到现在还是这样。乡镇企业的发展，主要是工业，还包括其他行业，解决了占农村剩余劳动力百分之五十的人的出路问题。农民不往城市跑，而是建设大批小型新型乡镇。如果说在这个问题上中央有点功绩的话，就是中央制定的搞活政策是对头的。这个政策取得了这样好的效果，使我们知道我们做了一件非常好的事情。这是我个人没有预料到的，许多同志也没有预料到，是突然冒出这样一个效果。"①

● 快速推进小城镇建设

城镇化是现代化的重要标志。城镇化的特征，不同学科从不同侧面予以揭示。1978 年前，中国实施了抑制农村人口向城镇转移的政策，城镇化进程缓慢，城镇化率仅由 1952 年的 12.5% 提高到 1978 年的 17.9%。农村人口城镇化的停滞，不仅使滞留在农村的人口过多而不利于"三农"问题的解决，也使得"大中国，小市场"格局未能发生明显改变。

改革开放初期，国家提出有计划地推进小城镇建设。中共十一届三中全会原则通过、中共十一届四中全会正式通过的《中共中央关于加快农业发展若干问题的决定》，要求"有计划地发展小城镇建设和加强城市对农村的支援"；并指出，"这是加快实现农业现代化，实现四个现代化，逐步缩小城乡差别、工农差别的必由之路。我国农村现在有八亿人口，有三亿劳动力，随着农业现代化的进展，必将有大量农业劳动力可以逐步节省下

---

① 《邓小平文选》第 3 卷，人民出版社 1993 年版，第 238 页。

来，这些劳动力不可能也不必要都进入现有的大、中城市，工业和其他各项建设事业也不可能和不必要都放在这些城市。我们一定要十分注意加强小城镇的建设，逐步用现代工业交通业、现代商业服务业、现代教育科学文化卫生事业把它们武装起来，作为改变全国农村面貌的前进基地。全国现有两千多个县的县城，县以下经济比较发达的集镇或公社所在地，首先要加强规划，根据经济发展的需要和可能，逐步加强建设。还可以运用现有大城市的力量，在它们的周围农村中，逐步建设一些卫星城镇，加强对农业的支援"。

1980年，在当时城乡分隔、大城市基础设施滞后的情况下，全国城市规划工作会议提出了"严格控制大城市规模，合理发展中等城市，积极发展小城市"的城市发展总方针。同年12月，国务院批转的《全国城市规划工作会议纪要》提出："依托小城镇发展经济，有利于生产力的合理布局，有利于就地吸收农业剩余劳动力，有利于支援农业和促进当地经济文化的发展，有利于控制大城市的规模。从长远看，对缩小城乡差别和工农差别，也有重要意义。""国家应制定鼓励发展小城镇的政策，改变多年来政策与方针的矛盾，以利小城镇的发展。"

1981年中共中央、国务院转发国家农业委员会《关于积极发展农村多种经营的报告》的通知中指出："要结合发展多种经营，依靠集体经济的力量，发展小城镇建设。这不但是城乡商品交流的需要，而且对向农村传送先进的科学文化，改变国家整个经济布局，逐步缩小城乡差别都有非常深远的意义。"

1983年，著名社会学家费孝通提出，"解决农村剩余劳动力问题要以小城镇为主，大中小城市为辅"，认为"加强小城镇建设是中国社会主义城市化的必由之路"。在当时的城乡户籍制度下，这些战略和政策设想是从国情出发的选择，因此得到社会和政府的认同。

1984 年中央一号文件指出："随着农村分工分业的发展，将有越来越多的人脱离耕地经营，从事林牧渔等生产，并将有较大部分转入小工业和小集镇服务业。这是一个必然的历史性进步，可为农业生产向深度广度进军，为改变人口和工业的布局创造条件。不改变'八亿农民搞饭吃'的局面，农民富裕不起来，国家富强不起来，四个现代化也就无从实现。"文件进一步指出："农村工业适当集中于集镇，可以节省能源、交通、仓库、给水、排污等方面的投资，并带动文化教育和其他服务事业的发展，使集镇逐步建设成为农村区域性的经济文化中心。建设集镇要做好规划，节约用地。"①

1985 年中央一号文件指出，要加强对小城镇的指导；运用经济杠杆，鼓励宜于分散生产或需要密集劳动的产业，从城市向小城镇和农村扩散；县和县以下小城镇的发展规划，要适应商品经济的需要。

这一时期，由于乡镇企业的发展，且注意把发展乡镇企业、建立小工业区同小城镇建设结合起来，从而促进了农村城镇化的进程，兴起了一批新的小城镇。1991 年与 1985 年相比，农村小城镇由 7956 个增加至 11882 个，增长 49.3%。

农村改革的率先成功突破，为国家整个经济体制改革探了路、积累了经验、提供了物质支撑，增强了中国共产党推进整个经济改革的信心，这是中共十二届三中全会审议通过《中共中央关于经济体制改革的决定》的历史逻辑之一。

---

① 《新时期农业和农村工作重要文献选编》，中央文献出版社 1992 年版，第 232—234 页。

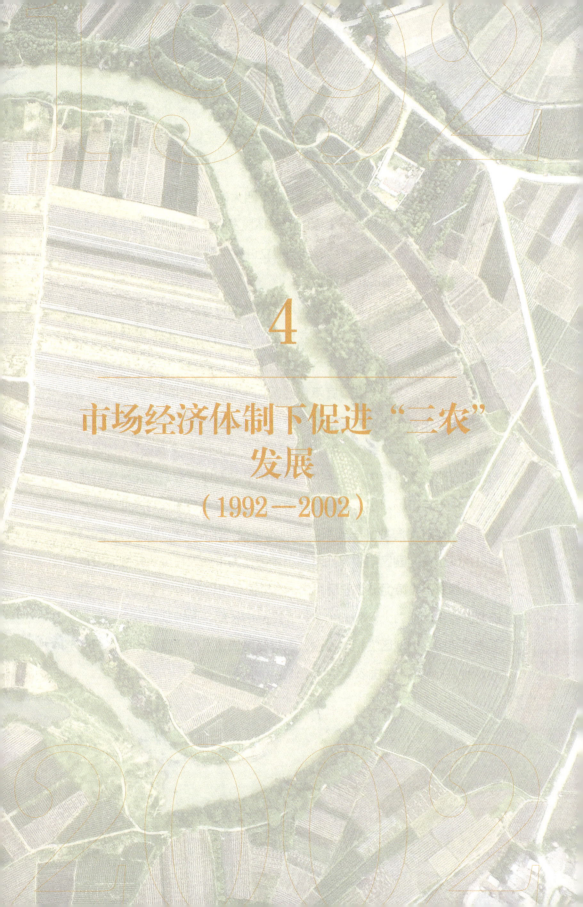

4

市场经济体制下促进"三农"发展

（1992—2002）

1992 年，邓小平南方谈话和中共十四大确立建立社会主义市场经济体制的改革目标，农村改革发展的体制环境发生了深刻的变化。到中共十六大前，探索社会主义市场经济体制建立进程中促进"三农"发展的路径，是中国共产党要破解的重大课题。

在建立前所未有的社会主义市场经济体制过程中，以江泽民为主要代表的中国共产党人，着力促进小农户生产与市场对接。经过实践探索，中共十五届三中全会通过的《中共中央关于农业和农村工作若干重大问题的决定》，提出了"建立以家庭承包经营为基础，以农业社会化服务体系、农产品市场体系和国家对农业的支持保护体系为支撑，适应发展社会主义市场经济要求的农村经济体制"（简称"一个基础，三个支撑"）的改革方向。在深化改革进程中，总结推广基层创造的农业产业一体化经营促进了小农户生产与市场对接，实施粮棉市场化改革攻坚与国家对农业的支持保护并进，促进沿海地区率先基本实现农业现代化和实施西部大开发战略，促进乡镇企业向园区集中，把发展小城镇作为带动农村经济和社会发展的一个大战略。改革促进农业现代化、农村工业化、农村城镇化进一步发展，农业综合生产能力上到新的台阶，农产品由长期全面短缺转变为总量基本平衡和结构性、地区性相对过剩，农村经济快速发展。经过半个世纪的努力，到 2000 年，中国农民生活总体达到小康水平。

第一节　深化农村基层组织改革和促进小农户生产与市场对接

在建立社会主义市场经济过程中，农村基层组织改革深入推进。在基层政权和民主建设上，将村民自治实践做法概括为民主选举、民主决策、民主管理、民主监督（简称"四个民主"）并进行推广，推行乡镇政务公开制度，从减轻农民负担出发精简乡镇机构。对农村基本经营制度进行完善，将"以家庭承包经营为基础、统分结合的双层经营体制"确定为农村的基本经营制度，开展第二轮承包并实行 30 年不变，按照依法、自愿、有偿原则促进土地承包经营权流转。为解决农民一家一户经营中遇到的困难，促进小农户生产与大市场对接，推进农业社会化服务体系建设，推广基层创造的农业产业化经营，将计划经济下分割了的产前、产中、产后联结起来，形成贸工农、产加销一体化经营。从促进集体经济发展出发，探索和完善农村公有制有效实现形式，促进农村股份合作制改革。经过实践探索，1998 年召开的中共十五届三中全会，明确"一个基础，三个支撑"的农村经济体制构架。

- 发展农村基层民主和改革乡镇机构

1998 年 9 月，江泽民在安徽考察工作时强调加强农村基层民主建设，指出：经济体制改革需要同政治体制改革相互配合、相互促进。扩大农村基层民主，保证农民直接行使民主权利，是社会主义民主在农村最广泛的实践，也是充分发挥农民积极性、促进农村两个文明建设、确保农村长治久安的一件带根本性的大事。扩大农村基层民主，必须坚持党的领导，必须坚持依法办事，把握住了这两条就能够有领导、有秩序、有步骤地进行。[①]

总结推广村民自治中的"四个民主"。1994 年中央召开的全国农村基层组织建设工作会议，明确提出完善村民选举、村民议事、村务公开、村规民约等项制度。在总结各地实践经验的基础上，民政部将开展村民自治活动的基本内容提炼、概括为民主选举、民主决策、民主管理、民主监督，使村民自治制度进一步完善。

1997 年 10 月，中共十五大将民主选举、民主决策、民主管理、民主监督首次写入中国共产党的代表大会报告。1998 年 9 月，江泽民在安徽考察工作时指出："要在农村基层实行民主选举、民主决策、民主管理和民主监督。当前，重点要抓好村级民主制度建设，依法健全三项制度：一是村民委员会的直接选举制度，让农民群众选举自己满意的人管理村务。二是村民议事制度，村里的大事，尤其是与家家户户切身利益密切相关的事情，都要经村民大会或村民选出的代表讨论，不能由少数人说了算。三是村务公开制度，凡是群众关注的问题，都要定期向村民公开，接受群众监督。"[②] 经过 10 年试行，村民自治日益成熟，深入人心，植根于广阔的农村大地。将实践中行之有效的规则，经立法程序上升为国家法律，建立更为完善的村民自治制度，成为社会各界的共同愿望。1998 年 11 月 4 日，九届全国人大常委会第五次会议审议通过了修订后的村委会组织法，将民主

---

① 《江泽民文选》第 2 卷，人民出版社 2006 年版，第 214—215 页。
② 《江泽民文选》第 2 卷，人民出版社 2006 年版，第 215 页。

选举、民主决策、民主管理、民主监督用法律的条文固定下来。以中共十五届三中全会和村委会组织法正式颁布为标志，村民自治进入新的发展阶段，日益向广度和深度发展。村委会换届选举的民主化、规范化程度不断提高，绝大多数的村委会建立了村民会议、村民代表会议和村务公开制度，制定了村民自治章程和村规民约。

推行乡镇政务公开制度。中国共产党不仅重视村级民主建设，还十分重视乡级民主建设。中共十五届三中全会通过的《中共中央关于农业和农村工作若干重大问题的决定》指出：要坚持和完善乡镇人民代表大会的直接选举制度。乡镇政权机关都要实行政务公开，方便群众办事，接受群众监督。在村民自治取得实践经验的基础上，2000年12月6日中共中央办公厅、国务院办公厅发出《关于在全国乡镇政权机关全面推行政务公开制度的通知》，部署在乡镇政权机关和派驻站所全面推行政务公开制度，明确乡镇政务公开要从人民群众普遍关心和涉及群众切身利益的实际问题入手，对群众反映强烈的问题、容易出现不公平、不公正甚至产生腐败的环节以及本乡镇经济和社会发展的重大问题，都应当公开。

推进乡镇机构改革。乡镇机构改革除转换职能以适应社会主义市场经济发展要求外，还有一个重要任务就是减轻农民负担。很多乡镇有七套班子，包括党委、政府、人大主席团、政协联络处、武装部、纪律检查委员会、政法委员会等，还有七所八站，都是从上面下去的，源头在上面。如有的镇的政协联络处设主任一人，副主任两人，都是"吃皇粮"的公务员，而这个镇连一个统战对象都没有。因此，必须加大政治体制改革力度，从根本转变政府职能入手，改革乡镇机构。首先是大刀阔斧地"拆庙"，然后是"搬菩萨"。1998年9月，江泽民在安徽考察工作时指出："现在农民负担重，一个主要原因就是靠农民负担供养的人员太多。'养民之道，必以省官为先务'。乡镇机构改革，要认真研究解决这个问题。"①中共十五届三中全会通过的《中共中央关于农业和农村工作若干重大问题的决定》指出：乡镇政府要切实转变职能，精简机构，裁减冗员，目前先要坚决把不在编人员精减下来，做到依法行政，规范管理。2001 年 2 月 2 日，中央召开全国市县乡镇机构改革工作会议，朱镕基、胡锦涛出席会议并作重要讲话，对乡镇机构改革进行具体部署。这次会议明确：确保全国市县乡机关行政编制总的精简 20%；积极推进行政审批制度改革；清理整顿行政执法队伍，实行集中综合执法；坚决清退超编人员和各类临时聘用人员，压缩财政供养人员；想方设法把分流人员安置好。2 月 27 日，江泽民在海南考察工作时指出，对一些规模过小、辐射能力很弱的乡镇，可以考虑在统筹规划、搞好试点的基础上，撤乡并镇，以精减机构，减少财政供养人员，进一步优化配置乡镇一级各方面的资源。在实践中，一些地方合并乡镇和行政村的建制（如合并 1/3 的乡镇和行政村），扩大乡镇和行政村的规模，减少"吃皇粮"的人数；也有些地方对乡镇政府工作人员和事业单位的编制作了限制（如各不超过 30—40 人）等。这些措施在减轻农民负担上收到一定效果。

• 完善农村基本经营制度

在中共十四大明确使市场在社会主义国家宏观调控下对资源配置起基础性作用后，中国从以下 4 个方面对农村基本经营制度进行完善。

一是将"以家庭承包经营为基础、统分结合的双层经营体制"确定为农村基本经营制度。1993 年 3 月，八届全国人大第二次会议通过修改宪法

---

① 《江泽民文选》第 2 卷，人民出版社 2006 年版，第 215 页。

的决议，将以家庭联产承包为主的责任制和统分结合的双层经营体制，作为农村经济的一项基本制度载入了《中华人民共和国宪法》，即以国家的根本大法保障这一制度长期稳定。同年 7 月，又将其载入了《中华人民共和国农业法》。根据实践发展，中共十五届三中全会通过的《中共中央关于农业和农村工作若干重大问题的决定》，充分论述了家庭承包经营适合现代农业发展的要求，指出实行家庭承包经营，"符合农业生产自身的特点，可以使农户根据市场、气候、环境和农作物生长情况及时作出决策，保证生产顺利进行，也有利于农户自主安排剩余劳动力和剩余劳动时间，增加收入。这种经营方式，不仅适应以手工劳动为主的传统农业，也能适应采用先进科学技术和生产手段的现代农业，具有广泛的适应性和旺盛的生命力，必须长期坚持"。这次全会还将"以家庭联产承包为主的责任制和统分结合的双层经营体制"更名为"以家庭承包经营为基础、统分结合的双层经营制度"。对农村基本经营制度的这一新的概括更名，突出家庭承包经营在双层经营制度中的基础性地位，使其名副其实。这次全会再次明确必须长期坚持"以家庭承包经营为基础、统分结合的双层经营制度"。

二是针对农民担心农村土地政策会变的问题，开展第二轮承包并实行土地承包期 30 年不变，制定和实施土地承包法。1993 年 11 月，中共中央、国务院发布的《关于当前农业和农村经济发展的若干政策措施》提出，在原定耕地承包期（15 年）到期之后，再延长 30 年不变。在承包期内提倡实行"增人不增地、减人不减地"的办法，力求土地承包关系的稳定。1998 年 8 月九届全国人大常委会第四次会议修订的《中华人民共和国土地管理法》，规定土地承包经营期限为 30 年。1998 年 9 月江泽民在安徽考察时指出："中央关于土地承包的政策是非常明确的，就是承包期再延长三十年不变。而且三十年以后也没有必要再变。"[①] 中共十五届三中全会通过的《中共中央关于农业和农村工作若干重大问题的决定》指出：要抓紧制定确保农村土地承包关系长期稳定的法律法规，赋予农民长期而有保障的土地使用权。2002 年 8 月 29 日，九届全国人大常委会第二十九次会议通过《中华人民共和国农村土地承包法》，为稳定和完善以家庭承包经营为基础、统分结合的双层经营制度提供了法律保障。

三是从促进要素有效配置并保障农民权益出发，明确按照依法、自愿、有偿原则促进土地承包经营权流转。土地制度不仅涉及农民的权益，还涉及能否有效配置土地资源。1993 年 11 月《中共中央关于建立社会主义市场经济体制若干问题的决定》和 1995 年 3 月国务院批转《农业部关于稳定和完善土地承包关系的意见》一再指出，在坚持土地集体所有和不改变土地农业用途的前提下，在承包期内允许土地使用（经营）权依法有偿转让；少数经济比较发达的地方，本着群众自愿原则，可以采取转包、入股等多种形式发展适度规模经营，提高农业劳动生产率和土地生产率。2001 年 12 月 30 日，中共中央发出《关于做好农户承包地使用权流转工作的通知》。《通知》指出：农户承包地使用权流转要在长期稳定家庭承包经营制度的前提下进行；农户承包地使用权流转必须坚持依法、自愿、有偿的原则；规范企事业单位和城镇居民租赁农户承包地；加强对农户承包地使用权流转工作的领导。国务院对农村荒山、荒沟、荒丘、荒滩资源（简称"四荒"地）的开发提出了实行谁治理、谁管护、谁收益，"四荒"地使用权的租赁、拍卖或承包期限最长不超过 50 年，本村农民享有优先权等政策，并要求治理开发"四荒"要做到公开、公平、自愿、公正。在实践中，农用土地使用权有偿转让呈现出多样化的形式，除转包、转让外，还有租赁、

---

① 《江泽民文选》第 2 卷，人民出版社 2006 年版，第 213 页。

入股等多种形式。

农民签订《农村土地承包经营权流转合同》

　　四是促进家庭经营和社区集体经济两个层次发展。随着农村改革的深化和经济的发展，以家庭承包经营为基础、统分结合的双层经营制度，也随之不断完善和发展。据农业部农村合作经济指导司统计，1994年乡（镇）级挂牌建立合作经济组织3万个，占全国乡镇总数的63.8%；村级挂牌的67万个，占全国行政村总数83.5%；村以下挂牌的150万个，占全国村民小组总数的53.8%。具体可分为三大类：社区有一定力量，能为家庭经营提供一定的服务（数量不等），家庭经营发展较好（统分结合较好）的；村、组没有经济实力，不能为家庭经营提供有效服务，家庭经营处于自流状态的；村、组统一经营、统一核算、统一分配，或土地分包到户，集体办的企业统一经营、统一核算、统一分配，全国约有 7000 个单位，占全国行政村总数的 0.8%。20 世纪 90 年代中期农村产权制度改革后，家庭经营与社区集体经济两个层次都有了很大的发展和重大变化。从家庭经营层面来看，随着农村商品生产、非农产业的发展，除承包集体土地经营之外，有条件的组建自己的企业。到 1998 年，在 2003.94 万个乡镇企业中，个体企业占 83.6%，私营企业占 11.1%；两者合计 1897.35 万个，占 94.68%。在乡镇企业增加值 22186.4 亿元中，个体企业占 33.2%，私营企业占 21.8%；两者合计 12215.1 亿元，占 55%。从集体经营层面来看，集体也在迅速发展自己的独立经营，并与社区以外的单位和地区搞联合经营。有些还以自己的收益或产品帮助本社区经济的发展，或为家庭经营服务；有的则离开本社区实行跨社区的家庭经营服务工作，谋求自身的独立发展，成为独立企业。有些在坚持双层经营体制的同时，集体企业和集体资产的经营方式出现多样化，除了维持集体派人经营的方式外，还涌现出了股份制、股份合作制、合作制、合营制、承包制、租赁制、租售结合等多种经营方式。

• 建设农业社会化服务体系

农业社会化服务是农业现代化的产物，也是现代农业区别于传统农业的重要标志。世界上农业发达的国家，都是以完善的农业社会化服务为支撑的。中国农业相对落后，除人多地少这个客观因素外，还在于农业社会化服务薄弱，农村劳动力主要集中在农业生产领域，从事产前、产中和产后服务的劳动力过少。改变这种状况的根本途径是大力拓展农业产前、产中和产后的服务产业，建立健全农业社会化服务体系。

中国在实行家庭承包经营制度以后，农村商品经济有了较快发展，农业社会化服务也迅速发展。1983 年，个别地方开始出现农业服务公司，并提出"一体化服务""系列化服务"等概念，到 1985 年理论与实际工作者明确使用了"社会化服务"这个概念。1986 年中共中央、国务院在《关于一九八六年农村工作的部署》中指出：农村商品生产的发展，要求生产服务社会化。中国农村商品经济和生产力的发展，在地区之间、产业之间是参差不齐的，农民对服务的要求也是各式各样的，不同内容、不同形式、不同规模、不同程度的合作和联合将同时并存。1988 年 11 月，《中共中央国务院关于夺取明年农业丰收的决定》提倡通过联合形式，建立多层次、多形式的服务体系，做好对农户多方面的服务，促进农村商品经济发展。即除完善和加强乡村合作（集体）经济组织统一经营层次对农户生产经营的综合服务外，还要支持和鼓励国有企事业单位、农民自愿组织的专业合作社和专业户，围绕某种产品向农户提供单项或系列化服务，并且要强化国家经济技术部门、农业院校和科研单位为农业服务的功能。1991 年，国务院发出《关于加强农业社会化服务体系建设的通知》。

1996 年 6 月，江泽民在河南考察农业和农村工作时指出："要大力发展农业的社会化服务体系，发展贸、工、农一体化的产业化经营方式，引导农民发展各种新的联合与合作，逐步建立和发展连接农户与市场的各种必要的中介组织。"[1]1998 年，中共十五届三中全会通过的《中共中央关于农业和农村工作若干重大问题的决定》，把建设农业社会化服务体系作为发展社会主义市场经济的重要支撑体系之一。

随着农业专业化程度的提高，农业的产前、产中、产后各个环节划分愈来愈细，农业社会化服务的项目也越来越多。由于中国的地域辽阔，气

---

[1] 　中共中央政策研究室、中国农村杂志社：《江总书记视察农村》，中国农业出版社 1998 年版，第 185 页。

候、地形差别大，再加上各地的经济发展水平不平衡，全国各地结合实际，形成了多种多样的农业社会化服务方式。

• 探索形成农业产业化经营

20 世纪 80 年代后期开始，随着市场取向改革的深化，千家万户小规模分散经营遇到难以顺利地进入国内外大市场和防御市场风险等新问题，一些地方在实践中尝试将计划经济下分割了的产前、产中、产后联结起来，形成贸工农、产加销一体化经营。

山东省潍坊市诸城县的这种尝试引起相关部门重视，并在全国加以推广。作为龙头企业的县外贸局（公司），对农户实行统一供应雏鸡、统一供应饲料、统一技术服务、统一收购、统一加工出售的"五统一"的服务，带动农民发展肉食鸡产业，很快形成年产几千万只鸡的规模，经济效益、社会效益显著提高。这一做法引起中共山东省委、省政府的重视，经过调查研究，省委、省政府先于 1987 年、1989 年两次在诸城召开由地市县主要领导参加的现场经验交流会，学习诸城的经验，从而促使这种一体化经营模式逐步在潍坊市和全省各地相继推开。之后，广东、江苏、浙江等省也相继出现了类似诸城县的贸工农一体化经营。当时，这种经营方式的叫法不一。1992 年，山东省潍坊市首次使用了农业产业化的提法，山东省委、省政府调查组调研后认为以"农业产业化"的提法比较确切。经省委研究，同意了调查组的意见，并印发了《关于按产业化组织发展农业的初步设想与建议》的报告。1993 年，山东省政府把实施农业产业化经营战略作为发展社会主义市场经济的重要途径，在全省各地市进行推广。中央新闻单位，特别是《农民日报》，对山东和其他省区市实施以产业化经营方式发展农业的思路和做法做了及时报道宣传。1995 年 12 月，《人民日报》

发表论农业产业化的社论，并连续刊登文章，介绍了潍坊市发展农业产业化的经验，推动了这一新生事物的传播和发展。

中共中央、国务院对各地兴起的农业产业化经营予以积极肯定，并积极推广农业产业化经营发展。1993 年，《中共中央国务院关于当前农业和农村经济发展的若干政策措施》指出，以市场为导向，积极发展贸工农一体化经营。1997 年 9 月，中共十五大报告明确指出："积极发展农业产业化经营，形成生产、加工、销售有机结合和相互促进的机制，推进农业向商品化、专业化、现代化转变。"① 中共十五届三中全会通过的《中共中央关于农业和农村工作若干重大问题的决定》对农业产业化经营给予了高度肯定，指出："在家庭承包经营基础上，积极探索实现农业现代化的具体途径，是农村改革和发展的重大课题。农村出现的产业化经营，不受部门、地区和所有制的限制，把农产品的生产、加工、销售等环节连成一体，形成有机结合、相互促进的组织形式和经营机制。这样做，不动摇家庭经营的基础，不侵犯农民的财产权益，能够有效解决千家万户的农民进入市场、运用现代科技和扩大经营规模等问题，提高农业经济效益和市场化程度，是我国农业逐步走向现代化的现实途径之一。"

国家不仅倡导农业产业化经营，还实施了一系列支持政策。2000 年 1 月，中央农村工作会议提出：国务院有关部门要在全国选择一批有基础、有优势、有特色、有前景的龙头企业作为国家支持的重点，在基地建设、原料采购、设备引进和产品出口等方面给予具体的帮助和扶持。根据这一要求，2000 年 11 月，农业部、国家计委、国家经贸委、财政部、外经贸部、中国人民银行、国家税务总局、中国证监会联合在北京召开了全国农业产业化工作会议，出台了《关于扶持农业产业化经营重点龙头企业的意

---

① 《江泽民文选》第 2 卷，人民出版社 2006 年版，第 24 页。

见》；公布了 151 家农业产业化国家重点龙头企业名单。从此，农业产业化经营逐步成为国家对农业投入的重要渠道，农业产业化经营进入新的发展阶段。2001 年国家税务总局印发《关于明确农业产业化国家重点龙头企业所得税征免问题的通知》；中央财政建立了农业产业化专项资金，用于扶持龙头企业。仅 2002 年，中央财政就安排农业产业化扶持资金 8 亿元，国债技改贴息项目中安排农业产业化国家重点龙头企业项目 22 个，项目总投资 31 亿元；农业银行安排重点龙头企业扶持贷款 227 亿元，并将资产超过亿元的 1000 多家龙头企业纳入农行的重点支持范围。中央在财政资金上对农业产业化经营予以支持，促进了农业多元化投入格局的进一步形成，起到以小博大的作用。例如，2002 年江苏省财政投入 11 亿元，金融机构贷款 112 亿元，农村集体经济投资 8 亿元，城乡法人投资 34 亿元，个人投资 75.6 亿元，引入外资 11 亿美元。

与 20 世纪 70 年代末学习南斯拉夫而由中国政府推动的农工商综合经营试点未能取得实质进展相比，由于市场化改革的不断深化，加之有力的政策支持，农业产业化经营如雨后春笋般在全国各地迅速发展起来。截至2001 年，全国各类农业产业化经营组织发展到 6.6 万个。其中，龙头企业带动型的 2.7 万个，占 41%；中介组织带动型的 2.2 万个，占 33%；经纪人、专业大户带动型的 9600 个，占 14%；专业市场带动型的 7600 个，占12%。各类产业化经营组织带动农户 5900 万户，占全国农户总数的 25%，平均每户从产业化经营中增收 900 元。

- **探索完善农村公有制有效实现形式**

中国共产党注重农村公有制实现形式的有效性。中共十五大报告指出：

"公有制实现形式可以而且应当多样化。"[①]

中共十五届三中全会审议通过的《中共中央关于农业和农村工作若干重大问题的决定》，要求"探索和完善农村公有制的有效实现形式"。这里突出强调了农村公有制实现形式的有效性。中国曾在很长时期内忽视农村公有制实现形式的有效性，片面追求纯和大，对"集体所有，统一经营"模式不敢越雷池一步，甚至"穷过渡"之风连绵不断。实践证明，这些都不适应农业生产力发展水平和农业生产特点的要求。

经过 20 多年来的改革和发展，中国农村逐步形成了多样化的公有制实现形式。社区集体所有制形式发生了很大变化，出现了一些新的集体所有制形式：一种是集体将资产出售给企业职工，变成职工所有，由职工在自愿、民主的原则下组成合作企业或股份合作企业，其公共财产属集体所有；第二种是原属私人的资产，联合组成合作社或股份合作企业所形成的公共财产；第三种是各联合单位所形成的公共财产。同时，农村公有制与非公有制经济相互结合，公有制经济组织将资产的经营权有偿转让给个体专业户、私营企业等，实行合伙经营、租赁经营、承包经营、拍卖使用权等，依托个体、私营经济等非公有制经济发展壮大农村公有制经济的实力。总之，对农村公有制实现形式的探索，充分考虑了社会主义初级阶段农村生产力水平的要求和农业生产的特点，注重其有效性，这是农村经济充满生机和活力的重要因素之一。

• 实行农村股份合作制改革

从中国实践看，股份合作制企业的产生有 3 方面的背景因素：第一，

---

① 中共中央文献研究室：《十一届三中全会以来党的历次全国代表大会中央全会重要文件选编》，中央文献出版社 1997 年版，第 427 页。

在邓小平 1992 年南方谈话之前，关于姓"社"姓"资"的争论不断，股份合作制被认为是兼有股份制和合作制的特点，被认定姓"社"，在这种理论背景和政策导向下，个体私营企业把实行股份合作制当成红帽子戴在头上，而集体企业为克服自身因产权膜糊而激励不充分的缺陷，将集体企业改为股份合作制企业。第二，在企业起步之际，企业规模小，需要从各方面特别是由企业内部职工融资，便选择了股份合作制。第三，在资本稀缺而资本收益率较高的条件下，合作社吸收资本的难度日益加大。为了吸引资本，合作社开始引入股份制，实行按股分红与利润返还相结合，甚至采取"对外来资本和社会资本实行按股分红，合作社内部则实行按交易额返还"的"一社两制"。

在农村深化改革中，股份合作制企业迅速崛起，中共中央对其予以充分肯定，并指导其健康发展。1994 年 4 月召开的全国农村改革试验区第八次工作会议分析指出：近年来农村出现的各种类型的股份合作制，在促进生产要素流动、合理配置资源方面正在发挥着越来越大的作用，应当予以高度重视。这种组织形式在农村许多领域都具有一定的适应性，已经成为一种重要的经营组织形式，应当在认真总结经验的基础上，逐步将其规范化。发展股份合作制，不要一哄而起，更不能违背群众意愿，采用行政命令的办法强制推行。不能将股份合作制作为一种单纯的集资方式，而要把注意力放在明晰产权关系、转变经营机制、形成有效的资产积累制度上。各级党政领导和有关部门把兴办股份合作制企业纳入了议事日程。农业部制定发布了《推行和完善乡镇企业股份合作制的通知》《乡镇企业产权制度改革意见》等文件，大力予以推动。1998 年 1 月 9 日，江泽民在中央农村工作会议上指出："乡村集体企业实行股份合作制，就必须坚持从实际出发，因地制宜，而不能刮风，不能一哄而起，更不能把集体资产变成少数人的财产。"①

中共十五届三中全会通过的《中共中央关于农业和农村工作若干重大问题的决定》，拓展合作经济和集体经济的联合内容，明确允许生产要素参与分配。全会提出："农民采用多种多样的股份合作制形式举办的经济实体，是改革中的新生事物，要积极扶持，正确引导，逐步完善。以农民的劳动联合和农民的资本联合为主的集体经济，更应鼓励发展。"全会还规定，实行"以劳动所得为主和按生产要素分配相结合的分配制度"，从而将实践中存在的生产要素参与分配的做法进一步政策化。

各地试行和推广股份合作制的实践经验表明，股份合作制的实行，初步建立了企业法人财产制度和有限责任制度，在盘活存量资产、聚集新增资本、优化资源配置、促进政企分开、增进企业活力和经济效益等方面绩效显著。到 1996 年，全国乡村集体企业实行股份合作制改造的有 20 多万家，占乡村集体企业总数的 15% 左右。全国乡镇企业集团达 738 家。发展最快的山东、江苏、浙江 3 省，截至 1996 年 8 月，改组为股份合作制的乡村集体企业，分别占到总数的 74%、32.9% 和 25.9%。

这一时期的股份合作制企业，与此前的合作企业、集体企业相比，激励更充分，但也存在一些问题：一方面，股份合作制企业与合作社相比，允许资本参与分配，增强了吸引资本的能力，这是合作社向股份合作制企业演变的动因。同时，此时的股份合作制企业的股权不可转让、不可交易、不能变现，这些问题没有解决前，仍是一种准股权，也成为这种制度广为推行的障碍之一。另一方面，与农村产权制度改革前的集体企业相比，企业产权明晰，职工的激励机制建立起来，但由于所有权对经营权约束方式不完善，企业对经营者的激励不充分，资本利益得不到完全保障。当时对

---

① 《中央农村工作会议在京举行》，《人民日报》，1998 年 1 月 10 日，第 1 版。

这种产权结构及其运作机制上存在的问题没有及时解决，导致其向以资本为核心的公司制企业演变。

- ### 明确"一个基础，三个支撑"的农村经济体制构架

中共十五届三中会研究并形成关于"三农"的专项决议《中共中央关于农业和农村工作若干重大问题的决定》，其背景是：从时机上分析，在中共十一届三中全会召开20周年之际，如何评价农村改革，这对于农村乃至全国改革的进一步深化，有着深刻的现实意义。从农业和农村经济内部分析，1997年开始农民收入增长幅度下降，特别是1998年夏的洪涝灾害来势猛、时间长、影响和危害大，暴露出农业基础设施薄弱和生态环境脆弱，以及农业和农村经济发展深层次的矛盾需要通过进一步深化改革加以解决。从宏观经济分析，在经济全球化的格局中，亚洲金融危机致使亚洲乃至全球经济受到不同程度的冲击，经济景气度下降，市场疲软。在这样的国际经济环境下，实现国内经济的持续健康发展，需要开拓农村市场，进而需要夯实农业基础和增加农民收入。在这次全会前夕，1998年9月，江泽民在安徽省考察工作时指出："面对亚洲金融危机的挑战，我们必须更加重视和加强农业，把农村经济搞上去，这样才能保持经济社会的稳定，才能增加发展的回旋余地。"[1]

这次全会明确了"一个基础，三个支撑"为内容的农村经济体制改革任务，即"建立以家庭承包经营为基础，以农业社会化服务体系、农产品市场体系和国家对农业的支持保护体系为支撑，适应发展社会主义市场经济要求的农村经济体制"。全会通过的《中共中央关于农业和农村工作若

---

[1] 《江泽民文选》第2卷，人民出版社2006年版，第207页。

干重大问题的决定》，包括 10 个方面的内容：农村改革 20 年的基本经验；农业和农村跨世纪发展的目标和任务；长期稳定以家庭承包经营为基础、统分结合的双层经营体制；深化农产品流通体制改革，完善农产品市场体系；加快以水利为重点的农业基本建设，改善农业生态环境；依靠科技进步，优化农业和农村经济结构；推进农村小康建设，加大扶贫攻坚力度；加强农村基层民主法制建设；加强农村社会主义精神文明建设；加强农村基层党组织建设和干部队伍建设。该《决定》在赋权与放活政策上实现新的重大突破。

第二节　粮棉市场化改革攻坚与国家对农业实行支持保护

　　建立与社会主义市场经济相适应的农产品流通体制和国家宏观调控体制，是中共十四大明确建立社会主义市场经济体制后面临的新课题。在破解这一课题过程中，国家一方面继绝大多数农产品已由市场调节后，对粮棉流通市场化改革进行攻坚；建立农产品期货市场，开辟农产品运输"绿色通道"，促进开放、统一、竞争、有序的农产品市场体系的形成。另一方面针对农业的弱质性，建立国家专项农产品储备制度和风险基金，实行保护价收购粮食，实行粮食省长负责制，构建起国家对农业的支持保护体系。

● 攻克粮棉市场化难关

进入 20 世纪 90 年代，粮棉市场化改革再次启动。

放开棉花购销。1996 年开始实行"棉花交易会"制度，即以举办交易会的方式，让各主产区和有棉花调出计划的棉麻公司（卖方）与销区的棉麻公司、纺织企业（买方），直接见面，自主交易。1998 年 4 月起将棉花收购价格由政府定价改为政府指导价，放开供应价，实行市场调节价。11 月 28 日，国务院作出《深化棉花流通体制改革的决定》，此决定提出的改革思路是：国家在管好棉花储备、进出口和强化棉花质量监督的前提下，完善棉花价格形成机制，拓宽棉花经营渠道，转换棉花企业经营机制，降低流通费用，建立新型的产销关系。该决定还明确，建立政府指导下市场形成棉花价格的机制，并决定从 1999 年 9 月 1 日新棉花年度起，棉花的收购价格、销售价格主要由市场形成，国家不再作统一规定。棉花流通和经营渠道也进一步拓宽，允许供销社及其棉花企业以外的农业部门所属的种棉加工厂和国有农场、经资格认定的纺织企业，直接收购、加工和经营棉花。国家主要通过储备调节和进出口调节等经济手段调控棉花市场，防止棉花价格的大起大落。2001 年，棉花经营进一步放宽，取得资格认定后的棉花收购和加工企业都可以从事棉花经营，同时建立棉花质量检验机构，监督执法与检验分开，这是棉花流通体制具有实质意义的一项改革。

稳步推进粮食购销放开。1991 年到 1993 年，实行购销同价和"保量放价"政策，废除了粮食统销制度，试图让市场在调节产销上发挥主要作用。1993 年，在"保量放价"改革受阻后，国家加强对粮食市场的控制，强化粮食供给的行政责任和价格手段。1996 年开始，全国粮食产量连续几年大幅增加，粮食库存逐年增加，在短期内实现了供求平衡、丰年有余，供求关系出现了重大变化。针对中国粮食由长期短缺转变为阶段性供大于求的新形势及由此带来的新问题，1998 年起，国家再次开始探索推进粮食流通体制改革，5 月，国务院作出《关于进一步深化粮食流通体制改革的决定》，6 月颁布《粮食收购条例》，宣布实施以"四分开、一完善"（政企分开、储备与经营分开、中央与地方责任分开、新老财务账目分开、完善粮食价格机制）和"三项政策，一项改革"（按保护价敞开收购农民余粮、粮食收储企业实行顺价销售、农业发展银行收购资金封闭运行、加快国有粮食企业自身改革）为主要内容的改革。实行以"三项政策，一项改革"为主要内容的新一轮粮食改革，是在粮价持续低迷、国有粮食企业亏损严重、收购资金被大量挪用的情况下提出的，这一方案有很强的针对性和自身逻辑性。这些改革举措的实施，对农业收入影响最大的就是按保护价敞开收购农民余粮，因为在粮食阶段性供大于求、市场粮价低迷情况下，实行按保护价敞开收购农民余粮对于稳定市场粮价、稳定粮食生产、保护农民种粮积极性起着积极作用。但是，运行中也遇到了一些问题，远远超出了政策设计时的预想。面对其中出现的问题，政府调整改革方案，主要措施包括：（1）放松对粮食收购准入的限制。（2）一部分劣质粮退出保护价收购范围。（3）改进粮食财政补贴办法。（4）扩大粮食风险基金规模。（5）国家加大投资新建粮库。（6）新组建中国储备粮管理总公司，对中央储备粮实行垂直管理。2000 年，调整按保护价收购粮食的品种和地区范围，拓宽经营渠道，允许和鼓励经省级工商行政管理部门审核批准的用粮企业和粮食经营企业直接到农村收购粮食，农村集贸市场常年开放。2001年，在原来制度微调的基础上，开始在销区取消农民的粮食定购任务、放开市场、放开粮价、放开经营的改革。同年年初，国务院决定由浙江省率先进行粮食流通体制市场化改革，7 月，国务院公布了《关于进一步深化粮食流通体制改革的意见》，确定了"放开销区，保护产区，省长负责，加强调控"的改革思路，将所放开的销区范围进一步拓展到包括浙江、上海、福建、广东、海南、江苏、北京、天津等 8 个省区。2004 年中央一号文件提出："从 2004 年开始，国家将全面放开粮食收购和销售市场，实行购销多渠道经营。"同年国务院还发出《关于进一步深化粮食流通体制改革的意见》。全面放开粮食购销和价格，实现了粮食购销市场化的最终突破。

经过改革，除烟叶、蚕茧外的所有农副产品全部放开，农产品价格由市场形成，农村市场主体呈多元化发展，市场配置资源的基础作用进一步增强。

• 完善农产品市场体系

建立农产品期货市场。随着农产品集贸市场与批发市场的发展，国家着手准备建立农产品期货市场，进一步完善中国农产品市场体系。1984 年，国家有关文件多次提出建立农产品期货市场的要求，直到 1990 年 7 月国务院批转商业部等 8 个部委《关于试办郑州粮食批发市场的报告》，决定成立由商业部和河南省政府合办的中国粮食批发市场，农产品期货市场开始筹建。1990 年 10 月 12 日成立的郑州粮食批发市场，是中国第一个以期货业为目标的商品交易市场，主要经营小麦、玉米等产品的远期批发交易。这是现货批发市场，首次引进期货机制的规范化交易市场，其组织结构、交易规则参照期货市场的模式设立，实行会员制、保证金制等，并允许远期合约在场内转让。1993 年 5 月 28 日，郑州商品交易所成立，推出了大豆、绿豆、小麦、玉米、芝麻等 5 个商品的标准化期货合约，制定了符合国际通用原则的交易规则和经纪公司代理章程，并逐步发展成为国内具有影响力的期货交易所。继郑州商品交易所推出期货交易后，上海粮油商品交易所、苏州商品交易所、华南商品交易所、海南中商期货交易所等先后成立，豆油、菜籽和菜籽油、生丝、坯绸、原糖、橡胶等期货交易相继推出。据不完全统计，截至 1993 年年底，全国期货交易所或商品交易所有 39 家，其中专营或兼营农产品的有十几家，农产品期货市场发展迅猛。农产品期货市场也出现了许多问题，如各地盲目争办期货市场，结果出现"一个品种多家办"，影响了期货市场的正常发育；期货市场投机成分多，套期保值者少；期货交易所自身管理不够规范，期货经纪业发展混乱；期货市场小品种交易活跃而大品种交易冷淡，不利于期货市场的发育。面对这些问题，国家在 1995 年对期货市场进行整顿，经中国证监会审批，共有 15 家期货交易所被确定为试点单位，其中有 12 家专做或兼做农产品期货交易，被中国证监会确认上市和试运行的农产品期货有 25 个品种。至此，中国农产品期货市场开始进入规范发展阶段。农产品期货市场运作逐渐规范，发现价格、套期保值、引领现货市场的功能初步形成。

中共十五届三中全会通过的《中共中央关于农业和农村工作若干重大问题的决定》指出："进一步搞活农产品流通，尽快形成开放、统一、竞争、有序的农产品市场体系，为农民提供良好的市场环境，是农业和农村经济持续稳定发展的迫切需要。"在农产品市场体系建设上，采取的主要举措有：一是加强以产地批发市场为中心的农产品市场体系建设。之前，农产品市场体系建设主要围绕"菜篮子"工程展开，建设重点是销地鲜活农产品批发市场。1998 年，明确提出完善农产品市场体系，重点是在农产品集散地发展区域性或全国性的批发市场。此后，各地把产地批发市场纳入农业基础设施建设规划，落实资金，增加投入，重点建设公用设施，加快农产品批发市场建设进度。二是启动农产品经济信息体系、质量标准体系和检验检测体系的建设。三是培育农民自己的流通组织，提高农民进入市场的组织化程度。

经过农产品流通体制的改革和市场体系的建设，农产品市场交易方式由集市贸易扩大到专业批发、跨区域贸易、"订单"农业、拍卖市场和期货交易等多种形式，初步形成了以城乡农贸市场为基础、以批发市场为中心、以直销配送和超市经营为补充的农产品市场体系，加上农产品运输"绿色通道"的开通和信息化建设的推进，农产品市场由封闭、分割的小市场逐步向开放、统一、竞争、有序的大市场演化。

• 制定和实施农业宏观调控措施

在市场配置资源改革过程中，国家对农业进行宏观调控，建立了国家农产品专项储备制度、粮食和副食品风险基金、粮食省长负责制，实行粮食收购保护价格政策。

建立和实施粮、棉、油、肉、糖等主要农副产品专项储备制度。1990年9月16日，针对粮食丰收后国家粮食周转库和储备库存粮大幅度增加的问题，国务院印发《关于建立国家专项粮食储备制度的决定》，决定建立国家专项粮食储备制度。该决定提出，成立国务院直属机构国家粮食储备局；当年专项粮食储备计划重点照顾粮食调出省和地区，开始定为175亿斤，后来追加为250亿斤；国家专项储备粮由国务院统一调度。12月1日，中共中央、国务院印发的《关于1991年农业和农村工作的通知》，要求除了中央建立专项粮食储备外，地方也要储备，建立多级粮食储备制度。之后，国家根据粮食市场的变化和政策执行过程中出现的问题，对国家专项粮食储备制度进行多次调整。1994年4月，国务院印发《关于加强"菜篮子"和粮棉油工作的通知》，鉴于1993年全国从南到北发生粮油、蔬菜、猪肉等副食品全面性价格上涨问题，国家开始建立油、肉、糖等副食品的专项储备制度。建立农副产品储备，实行旺吞淡吐，是调控市场、平衡供求的物质基础和重要手段。要尽快把中央和地方的粮、棉、油、肉、糖储备制度建立起来，进一步完善储备管理、使用办法，把政策性储备和经营性周转库存分开。"八五"期间已确定的支持建立肉、糖储备制度的政策，要认真落实。2000 年和 2001 年，因结构调整等原因，粮食产量下降，在这种情况下，国家粮食储备及时吞吐，保证了供给，稳定了市场，支持了农业结构调整政策的连续实施。

建立粮食和副食品风险基金。1993 年 11 月 5 日，中共中央、国务院印发的《关于当前农业和农村经济发展的若干政策措施》提出，为了支持保护价收购，从当年起建立粮食风险基金。粮食价格放开后，中央和地方财政减下来的粮食加价、补贴款要全部用于建立粮食风险基金。1994 年 5 月，国务院印发《关于印发粮食风险基金实施意见的通知》，明确了建立粮食风险基金的目的、内容、用途、资金来源等，为完善粮食宏观调控体系迈出了一大步。之后，中央积极落实粮食风险基金制度。1994 年国务院印发的《关于加强"菜篮子"和粮棉油工作的通知》提出，建立粮食和副食品风险基金。要把中央和地方减下来的粮、肉、菜等专项补贴全额用于建立粮食和副食品风险基金，还要从其他方面筹集一些资金，充实风险基金，形成一定的规模。1995 年，中央的粮食风险基金到位，同时，中央积极督促尚未完全到位的省区按中央规定的比例及早落实，并从财政上单独划出来，建立由粮食、财政、物价、农业、计划等部门组成的风险基金管理使用小组，实行专管专用。

实施粮食收购保护价格政策。1993 年 2 月，国务院发出《关于建立粮食收购保护价格制度的通知》，决定建立粮食收购保护价格制度，以保护农民种粮积极性，促进粮食生产稳定增长。《通知》明确了制定粮食收购保护价格的原则，即粮食收购保护价格的制定要以补偿生产成本并有适当利润，有利于优化品种结构，并考虑国家财政承受能力。随着国家财力的增强，要逐步提高保护价格水平，在条件具备时向支持性价格过渡。1997 年 8 月，国务院发出《关于按保护价敞开收购议购粮的通知》，从切实保

实行主要粮食品种收购保护价，保护农民利益

证农民增产增收、保护农民生产积极性出发，决定在农业丰收情况下要按保护价敞开收购议购粮，并要求各地区及时制定并公布当地议购粮保护价政策。

1996年江泽民在河南考察农业和农村工作时指出："我们已经初步建立了农产品收购最低保护价、粮食专项储备和风险基金制度，这些制度在近年来对稳定粮食供求、保护农民和消费者利益等方面都发挥了一定的作用。但由于财力有限，体制还没有完全理顺，从总体上看，对农业的支持保护体系还不健全，也缺乏支持保护力度。要通过不断探索，逐步建立起有中国特色的对农业强有力的支持和保护体系，并使之制度化、法律化。"[1]

实行粮食省长负责制。20世纪90年年初，在种粮增产不增收的情况

① 中共中央政策研究室、中国农村杂志社：《江总书记视察农村》，中国农业出版社1998年版，第185页。

下，农民挖鱼塘、栽果树。特别是自 1992 年起，国家快速推进工业化，地方政府出现忽视农业及粮食生产倾向，如对农业的投入不落实，不愿承担扶持农业技术推广责任而对基层农技推广机构"断奶"，将大片农田用于建开发区或搞房地产。这些都使粮食播种面连年下降，由 1991 年的113465.9 千公顷减少为 1994 年的 109543.7 千公顷。其中，东南沿海地区粮食生产下滑幅度更大，1993 年南方地区粮食产量在全国粮食总产量中的比重下降到 52.8%，比 1984 年低了 7 个百分点。诸多因素叠加，历史上的南粮北调向北粮南运转变。[①] 东南沿海地区粮食产量下降，引起全国性粮食短缺和粮价暴涨。鉴于此，1994 年 5 月国务院发出《关于深化粮食购销体制改革的通知》，明确规定"实行省、自治区、直辖市政府领导负责制，负责本地区粮食总量平衡，稳定粮田面积，稳定粮食产量，稳定粮食库存，灵活运用地方粮食储备运行调节，保证粮食供应和粮价稳定"。粮食省长负责制的实施，地方政府抓粮食生产的力度明显加大，对农业的扶持措施增加，在促进粮食生产发展和保持粮食供求平衡方面起了积极作用。

- ### 国家支持保护农业

随着社会主义市场经济体制的建立，无论是对农业的基础地位，还是对农业的支持保护，中央都有了新的认识。江泽民在 1993 年 11 月全国农村工作会议上指出："越是加快改革开放，越要重视农业、保护农业、加强农业。要真正地而不是表面地，实际地而不是口头地，全心全意地而不是半心半意地加强农业这个基础。"[②] 1998 年 1 月 9 日，江泽民在中央农村工

---

① 参见郑有贵、欧维中、邝婵娟、焦红坡：《南粮北调和北粮南运——当代中国南北两个区域之间粮食流向流量流变的研究》，《当代中国史研究》，1997 年第 5 期。

② 《江泽民论有中国特色社会主义（专题摘编）》，中央文献出版社 2002 年版，第 119 页。

作会议上指出：农业是稳民心、安天下的战略产业，任何时候都要抓得很紧很紧。特别是在连续丰收后要谨防出现松懈情绪。[①]1998 年 10 月，中共十五届三中全会通过的《中共中央关于农业和农村工作若干重大问题的决定》指出："农业、农村和农民问题是关系改革开放和现代化建设全局的重大问题。没有农村的稳定就没有全国的稳定，没有农民的小康就没有全国人民的小康，没有农业的现代化就没有整个国民经济的现代化。稳住农村这个大头，就有了把握全局的主动权。"2000 年，严重旱灾造成粮食大幅度减产，再次表明中国农业抗灾力不强。为此，2000 年 10 月，江泽民在中共十五届五中全会上强调：保持经济持续快速健康发展，必须始终高度重视并抓紧解决好粮食安全等问题。12 亿多人吃饭，只有依靠自己，靠谁也靠不住。决不可轻言粮食过关了。加大对农业的支持和保护力度，改善农业生产条件，这是巩固农业基础地位，增加农民收入的重要保证。随着国家财力的不断增强，要进一步增加对农业和农村的投入，支持农田水利建设、农业生态建设和农业科技推广。要注意安排一些有利于农民直接增收，有利于提高农业抗灾能力和改善农村市场条件，有利于提高农业竞争力的建设项目。[②]加入世界贸易组织后，基于中国农业还处于负保护的状况，随着经济的发展，逐步加大对农业的支持保护。

在农业支持保护上，国家明确了加大对农业投入的政策取向。江泽民在 1993 年 11 月全国农村工作会议上讲话中指出：应该调整结构，包括调整基本建设投资、财政预算内资金、信贷资金结构。宁肯暂时少上几个工业项目，也要保证农业发展的紧迫需要。在确保农业持续稳定发展的前提下，安排整个国民经济的规模和速度，安排工农业两大门类资金投放的比

---

① 《中央农村工作会议在京举行》，《人民日报》，1998 年 1 月 10 日，第 1 版。
② 《十五大以来重要文献选编》（中），人民出版社 2001 年版，第 1404 页。

例。不仅中央要坚持这样做，各个地方也要坚持这样做。"[1]

国家明确了农业支持保护法律保障措施。改革开放以来，特别注重通过法律建设来加强对农业的支持和保护，全国人大及其常委会相继制定了农业法、农业技术推广法、动物防疫法、土地管理法、水法、森林法、草原法、渔业法、水土保持法等法律，国务院和有关部委、各省（自治区、直辖市）出台了一大批法规、规章。1993年7月，八届全国人大常委会第二次会议通过的《中华人民共和国农业法》第42条、第47条分别规定："国家逐步提高农业投入的总体水平。国家财政每年对农业总投入的增长幅度应当高于国家财政经常性收入的增长幅度"；"各级人民政府应当加强对国家农业资金使用的管理，引导农业集体经济组织合理使用集体资金。任何单位不得截留、挪用各级人民政府拨付用于农业的资金和银行的农业贷款"。初步建立起的确保农业稳定增长、保护农民合法权益的法律和法规体系，为依法治农、护农、兴农提供了保障。

第三节　推进农业科技革命和分地区促进现代化建设

20世纪90年代，特别是在世纪之交，中国共产党在农业现代化建设上，基于农业现代化建设面临问题及发展趋势，形成并实施了新的战略构想，包括进行一次新的农业科技革命、实施农业可持续发展战略、在实施西部大开发战略中实行"一退三还"和"造林绿化工程"、发展高产优质高效农业、推进农业和农村经济结构战略性调整、促进沿海地区率先基本

---

[1] 《江泽民论有中国特色社会主义（专题摘编）》，中央文献出版社2002年版，第119页。

实现农业现代化。

- ### 进行一次新的农业科技革命

坚定不渝地实施科教兴农战略。1993 年 11 月,《中共中央国务院关于当前农业和农村经济发展的若干政策措施》提出,要加速发展农业和农村经济,必须紧紧依靠科技进步和提高劳动者的素质,继续推进农科教"三结合",全面实施科技教育兴农的发展战略。1995 年 5 月,《中共中央国务院关于加速科学技术进步的决定》要求大力推进农业和农村科技进步,提出:在人口不断增加的情况下,使农业和农村经济不断跃上新台阶,根本出路在于依靠科技进步。必须始终把科技进步摆在农业和农村经济发展的优先地位,把农业科技摆在科技工作的突出位置,推动传统农业向高产、优质、高效的现代农业转变,使我国农业科技率先跃居世界先进水平。要着重抓好中国现有农业先进技术的组装配套,并有选择地引进一批国外、境外的优良品种、先进技术和管理经验,加速推广应用。大力提高农业技术成果的转化率和规模效益。

推进农业现代化进程,核心问题是加速农业科技进步,这是农业现代化建设的一个重要支柱。1996 年 9 月,江泽民在接见全国星火计划工作会议代表时指出,中国的农业问题、粮食问题,要靠中国人自己解决。这就要求我们的农业科技必须有一个大的发展,必然要进行一次新的农业科技革命。[①]1998 年 9 月 25 日,江泽民在安徽考察工作时指出:"现在,一些发达国家已经把基因育种工程、互联网、卫星定位系统等高新技术运用于农业。我们必须有紧迫感,尽快迎头赶上。要切实抓好农业科研攻关、先

---

① 江泽民:《论科学技术》,中央文献出版社 2001 年版,第 8 页。

进适用技术推广和农民科技培训，使农业的增长真正转到依靠科技进步和提高劳动者素质的轨道上来。"[①] 中共十五届三中全会通过的《中共中央关于农业和农村工作若干重大问题的决定》指出："由传统农业向现代农业转变，由粗放经营向集约经营转变，必然要求农业科技有一个大的发展，进行一次新的农业科技革命。"

随着科技教育兴农战略的实施，中国农业科学技术水平提升。"八五"期间，增产效果显著的两系法杂交水稻开始大面积推广，遗传基因抗虫棉培育成功，以及水稻旱育稀植和抛秧技术、北方和高寒山区玉米地膜覆盖技术、小麦精量播种技术、测土配方施肥和化肥深施技术、节水灌溉技术等的推广，为全国农业的显著增产作出了重要贡献。农业部、财政部坚持以组织实施"丰收计划"等为"龙头"，在全国大范围、大面积推广一批先进适用的农业科学技术，取得了丰硕的成果。1987—1996 年，投入实施"丰收计划"的资金为 50 亿元，由于较好地实现了技术、资金、物资等资源的优化组合，新增产值达 400 多亿元，投入产出比在 1∶8 以上。

- 实施农业可持续发展战略

改革开放初期，中共中央、国务院把生态环境等作为重要的基本国策，提出了"工矿企业要认真解决污染问题，防止对水源、大气等自然资源和农业的损害"。国家先后颁布实施了《中华人民共和国森林法》《中华人民共和国草原法》《中华人民共和国渔业法》《中华人民共和国水法》《中华人民共和国土地管理法》等，采用法律规范的手段，保护、合理开发利用土地、森林、草原、水和渔业（水产）等资源，以及大力开展造林育林、

---

① 《江泽民文选》第 2 卷，人民出版社 2006 年版，第 215—216 页。

建设草原、保护和改善生态环境。1992 年后，国家又陆续颁布实施了《中华人民共和国农业法》《中华人民共和国防沙治沙法》《中华人民共和国水土保持法实施条例》《基本农田保护条例》《国务院关于环境保护若干问题的决定》《基本农田保护区环境保护规程》等法律法规，着重加强对耕地，特别是基本农田的保护，以及对农业生产环境污染的治理。

把农业可持续发展确立为优先发展领域。1994 年 3 月，中国政府在制订《中国 21 世纪议程》中，把农业可持续发展确立为优先发展领域，并布点进行试验示范。虽然中国的可持续农业发展研究起步时间比较晚，但显示出强劲的发展势头和充满希望的前景。1996 年 3 月，八届全国人大第四次会议批准的《中华人民共和国国民经济和社会发展“九五”计划和 2010 年远景目标纲要》明确提出，“实施可持续发展战略”。2001 年 2 月 27 日，江泽民在海南考察工作时指出：实施可持续发展战略，保护资源环境和加强生态建设，是我们的一项基本国策。要遵循生态规律和经济规律，把经济建设、社会发展、生态环境保护、资源合理开发利用及培育生态产业有机结合起来。破坏资源环境就是破坏生产力，保护资源环境就是保护生产力，改善资源环境就是发展生产力。[①]

促进农业生态环境建设。这是可持续发展战略的重要组成部分。国务院将发展生态农业列为中国环境与发展十大对策之一，并在全国开展生态农业示范县建设和乡、村级试点工作。截至 1996 年年底，国家级生态农业试点县 50 个，省级生态农业试点县 100 个，县、乡、村三级生态农业试点总数达 2000 多个。1997 年 8 月 5 日，江泽民在《姜春云同志关于陕北地区治理水土流失、建设生态农业的调查报告》上批示：“历史遗留下来的这种恶劣的生态环境，要靠我们发挥社会主义制度的优越性，发扬艰苦

---

① 《江泽民在海南考察工作时强调 大力加强和改进党的作风建设 不断开创改革和发展的新局面》，《人民日报》2001 年 3 月 1 日，第 1 版。

创业的精神，齐心协力地大抓植树造林，绿化荒漠，建设生态农业去加以根本的改观。经过一代一代人长期地、持续地奋斗，再造一个山川秀美的西北地区，应该是可以实现的。"①中央决定实施的西部大开发战略，把生态建设列为重中之重的项目。

在实施西部大开发战略中实施"一退三还"和"造林绿化工程"。加快西部地区发展，是邓小平在20世纪90年代初明确提出的"两个大局"战略思想的重要组成部分。邓小平关于"两个大局"的战略，是一个系统的、高瞻远瞩的构想。1999年6月17日，江泽民在西北地区国有企业改革和发展座谈会上指出：现在，我们正处在世纪之交，应该向全党全国人民明确提出，必须不失时机地加快中西部地区发展，特别是要抓紧研究西部地区大开发。实施西部大开发，对于推进全国的改革和建设，对于国家的长治久安，具有重大的经济意义和社会政治意义。加快中西部地区发展步伐的条件已经基本具备，时机已经成熟。从现在起，这要作为党和国家一项重大的战略任务，摆到更加突出的位置。②9月中共十五届四中全会提出"国家要实施西部大开发战略"。2000年1月19日至22日，国务院西部地区开发领导小组在北京召开西部地区开发会议，进一步明确了西部大开发的意义、重点和要求；朱镕基强调，各部门、各地区要站在中国现代化建设全局和战略的高度，把思想和行动统一到党中央的重大决策上来，不失时机地推进西部地区大开发。这次会议的召开，标志着西部大开发战略进入实施阶段。9月10日，国务院发出《关于进一步做好退耕还林还草试点工作的若干意见》。2001年3月15日，九届全国人大第四次会议批准的《中华人民共和国国民经济和社会发展第十个五年计划纲要》提出，西部大开发中要加强生态建设和环境保护，保护天然林资源，因地

---

① 姜春云主编：《中国农业实践概论》，人民出版社、中国农业出版社2001年版，第476页。

② 《江泽民文选》第2卷，人民出版社2006年版，第341—342页。

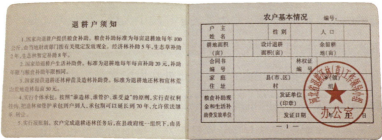

河北省退耕还林粮食补助现金和生活补助费兑现凭证

制宜实施坡耕地退耕还林还草，推进防沙治沙和草原保护，注意发挥生态的自我修复能力。巩固和加强西部地区的农业基础。到 2002 年，西部地区完成退耕还林 4418 万亩、荒山荒地造林 4404 万亩。

• 发展高产优质高效农业

20 世纪 90 年代初期，中央提出并实施了发展高产优质高效农业的指导方针。1992 年 9 月 25 日，国务院作出《关于发展高产优质高效农业的决定》，对发展高产优质高效农业作出 9 项规定：一是进一步把农产品推向市场；二是以市场为导向继续调整和不断优化农业生产结构；三是以流通为重点建设贸工农一体化的经营体制；四是依靠科技进步发展高产优质高效农业；五是建立健全农业标准体系和监测体系；六是继续增加农业投入，调整资金投放结构；七是改善高产优质高效农业的生产条件；八是积极扩大农业对外开放；九是加强领导，建立适应高产优质高效农业的考核制度。这些都为高产优质高效农业的发展指明了宏观调控的重点与方向。

在保持农产品稳定增加的基础上，逐步调整农业生产结构，大力发展高产优质高效农业，是中国农业生产力水平和国民经济发展以及人民生活从"吃饱"到"吃好"转变的必然要求，它标志着中国农业登上了一个历史新台阶，是中国农业发展史上的大转折，从过去以追求产品数量增长、满足人民温饱需要为主，开始转向高产优质并重、提高效益的新阶段。

为了引导和推动高产优质高效农业的发展，1993 年 11 月，中共中央、国务院发布的《关于当前农业和农村经济发展的若干政策措施》指出，要有计划地在不同地区建立一批各具特色的高产优质高效农业示范区，实行科技、资金、物质等生产要素的综合投入，在品种和质量方面进行深度开发，国家要安排专项贷款予以支持。国务院还明确，连续 5 年，每年以 10 亿元专项贷款支持建立国家级高产优质高效农业示范区。李鹏在 1994 年所作的政府工作报告中指出："在稳定粮食棉花种植面积和提高单位面积产量的基础上，调整农业生产结构，发展多种经营，国家准备重点扶持 500 个商品粮大县、150 个优质棉大县，建设一批各具特色的高产优质高效农业示范区。"[①] 到 1994 年 11 月，全国共选建 47 个高产优质高效农业示范区，同时中国农业银行下达 1994 年高产优质高效农业示范区贷款计划。47 个高产优质高效农业示范区大致划分为 6 种类型：外向型农业示范区 9 个，城郊型农业示范区 15 个，农产品转化型示范区 8 个，高科技示范区 2 个，农业资源综合开发型示范区 10 个，特色农业示范区 3 个。

1992 年后，在保证粮食生产面积稳定、单产提高、总产增加、结构

---

① 《人民日报》，1994 年 3 月 24 日，第 1 版。

优化、品质改善的前提下，中国农作物业进一步由粮食作物—经济作物二元结构，向粮食作物—经济作物—饲料作物三元结构转变；优质高效、适销对路的各种"菜篮子"产品加速发展；畜牧业、水产业、水果业等高效产业的产值在农林牧渔业总产值中所占份额显著提高，各业内部的生产结构、产品结构也逐步优化。农业产业化经营方式的推进，更带动了农产品加工、储藏、保鲜和运销等业务的迅速发展。

- ### 推进农业和农村产业结构战略性调整

基于世纪之交中国农业综合生产能力提高后农产品供给由长期短缺到供求基本平衡、丰年有余的历史性转变，中共中央及时作出农业和农村经济发展进入新阶段的重要判断。农业发展进入新阶段，其主要特征表现在6个方面[①]：在产品供求关系，农产品供给由全面短缺走向总量基本平衡和结构性、地区性相对过剩；在增长方式，农业发展从以劳动密集型为主向资本、技术密集型方向转变；在发展目标方面，农业发展从追求产量最大化正在转向追求效益最大化；在农民增收途径方面，从过去的主要依靠农产品特别是粮食增产和提价，转向主要依靠多种经营和非农产业；在制度创新方面，农业从分散型的内部自主创新向一体化式的外部创新带动内部创新转变；在农业与国民经济的关系方面，农业与其他产业的关系日趋紧密。

基于中国农业和农村经济进入新的发展阶段，中共中央、国务院决定对农业和农村经济结构进行战略性调整。在以市场手段为主要工具的政策下，中国农业结构调整取得明显进展。一是农产品品种和质量结构发生

---

① 农业部软科学委员会课题组：《中国农业发展新阶段》，中国农业出版社 2000 年版，第 4—7 页。

积极变化，优质专用农产品发展较快。2000 年全国优质专用小麦面积达到 25%，优质稻面积达到 50% 以上，优质专用玉米面积达到 25%，优质专用大豆面积达到 44%，"双低"油菜面积达到 56%，优质瘦肉型猪达到 35%，名特优新畜禽、水产品品种明显增加。二是农业生产结构发生积极变化，高效经济作物、畜牧业、水产业成为新的增长点。2000 年，种植业产值在农业中的比重首次降到 60% 以下，畜牧业和水产业的比重分别提高到 25% 和 11%。三是农业生产区域布局发生积极变化，主要农产品逐步向优势产区集中。一些地方形成了有一定规模的重点产品和主导产业，如山东的蔬菜、新疆的棉花、海南的冬季瓜菜、陕西的苹果、山西的小杂粮、黑龙江的绿色食品等。东部沿海地区和大中城市郊区的外向型农业有了长足发展。全国出口农产品 75% 来源于东部地区；中部地区发挥粮食生产优势，逐步成为畜产品生产和加工基地；西部地区积极实施退耕还林、还草，2000 年退耕还林、还草面积 1144 万亩，比上年多退耕 552 万亩。

2000 年 11 月 28 日，江泽民在中央经济工作会议上指出：继续推进农业和农村经济结构的战略性调整。这是增加农民收入的根本途径。[①]2001 年 1 月 3 日至 5 日，中央农村工作会议指出：在市场经济条件下政府引导和推动结构调整，主要任务就是培育市场，创造良好的市场环境。当前最迫切的是建立健全农业质量标准、农产品质量检测检验和市场信息 3 个体系。这是健全农产品市场体系最重要的基础性工作，也是促进农产品优质化最有效的手段。2001 年 1 月 10 日，《中共中央国务院关于做好 2001 年农业和农村工作的意见》指出：推进农业结构的战略性调整，必须牢牢把握提高质量和效益这个中心环节，面向市场，依靠科技，在优化品种、优化品质、优化布局和提高加工转化水平上下功夫。只有这样，才能使中国

---

① 《江泽民论有中国特色社会主义（专题摘编）》，中央文献出版社 2002 年版，第 131—132 页。

农业在新的台阶上继续保持旺盛的发展活力，促进农民收入的持续增长。

- ● 提出沿海地区率先基本实现农业现代化

20 世纪 90 年代初，由于物价水平上涨，农业经济效益尤其是种植业经济效益呈直线下降趋势。有些地区农业效益不高，带来了"四个下降"：农民种田积极性下降；粮棉油种植面积下降；务农队伍整体素质下降；部分地方农业的实际地位下降。随着经济结构的演变，再加上舆论的某些导向作用，有些地方的领导工作精力一头沉，"码头"跑得多，"田头"跑得少，对农业抓得时紧时松。在集体分工上，力量明显不足，把农业当作"口号农业""政治农业"来抓，主要靠开会发文件，不注重实际效果。这"四个下降"在发达地区带有一定的普遍性，给农业的稳定发展带来了不容忽视的潜在危机。

1998 年 10 月，江泽民在江苏、上海和浙江考察时指出，"沿海经济发展较快的地区，二、三产业比较发达，农业的比重相对小一些，但农业的基础地位没有变，也不能变。越是二、三产业发展快、越需要牢固的农业基础提供有力的支持"。"沿海发达地区要高度重视农业和农村工作，继续深化农村改革，加快发展农业生产力，建设发达农业，争取率先基本实现农业现代化。"[1] 中共十五届三中全会通过的《中共中央关于农业和农村工作若干重大问题的决定》指出：东部地区和大中城市郊区要提高农村经济的发展水平，有条件的地方要率先基本实现农业现代化。"东部地区和大中城市郊区要提高农村经济的发展水平，有条件的地方要率先基本实现农业现代化，并通过经济联合和合作，帮助和带动中西部地区农村的发展，

---

[1]　中共中央政策研究室农村组、中国农村杂志社编：《江总书记视察农村》，中国农业出版社 1998年版，第 342—343 页。

逐步实现共同富裕"。

提出沿海地区率先实现农业现代化的要求，是对中国现代化建设作出的重大战略决策，确立了"三农"问题在现代化建设中的重要地位，找到了加速建设中国特色社会主义现代化的正确道路，对沿海地区经济的健康、持续发展具有针对性，对欠发达地区也起着积极的示范和启迪作用。

第四节 打破城乡二元结构

进入工业化中期后，中国从国家现代化的高度，提出要逐步解决中国二元经济社会结构问题，并探索实现路径，包括把发展乡镇企业作为一个重大战略和引导乡镇企业适当集中，把发展小城镇作为带动农村经济和社会发展的一个大战略，促进农村就业结构调整。在区域发展不平衡的情况下，发生了农村劳动力跨地区大流动和"民工潮"现象。

• 把发展乡镇企业作为一个重大战略和引导乡镇企业适当集中

邓小平在南方谈话中，提出把乡镇企业的发展作为国家发展的优势之一和坚持社会主义的重要支撑。邓小平指出："从深圳的情况看，公有制是主体，外商投资只占四分之一，就是外资部分，我们还可以从税收、劳务等方面得到益处嘛！多搞点'三资'企业，不要怕。只要我们头脑清醒，就不怕。我们有优势，有国营大中型企业，有乡镇企业，更重要的是政权在我们手里。"① 这既解除了受姓"社"姓"资"和怕"三资"企业思想的禁锢，也极大地鼓舞了亿万农民和广大乡镇企业干部职工。由此，乡镇企业进一步活跃起来，进入第二轮高速增长期。

明确发展乡镇企业是一项重大战略。1997 年 3 月，中共中央、国务院在批转农业部《关于我国乡镇企业情况和今后改革与发展意见的报告》时指出，发展乡镇企业，是推进我国社会主义现代化建设和强国富民的一项重大战略抉择。未来十五年，是我国社会主义现代化建设的关键时期，乡镇企业肩负着新的历史重任。1998 年 4 月 21 日，江泽民在江苏考察乡镇企业时强调指出："在我们这样一个农村人口占大多数的国家搞现代化，发展乡镇企业是一个重大战略，是一项长期的根本方针。各级领导同志对此一定要有战略眼光"；"发展乡镇企业是实现农业现代化、实现农村小康的必由之路"；"要根据市场需要、国家产业政策和当地资源优势，调整优化产业结构，尤其要大力发展农副产品加工业和贸工农一体化的龙头企业，把乡镇企业发展与推进农业产业化经营结合起来。"② 这一论述推动乡镇企业实行体制创新和经营方式的转变，促进了乡镇企业的改革与发展。

引导乡镇企业适当集中。中共十四届三中全会审议通过的《中共中央关于建立社会主义市场经济体制若干问题的决定》指出：在明晰产权的基础上，促进生产要素跨社区流动和组合，形成更合理的企业布局。加强规划，引导乡镇企业适当集中，充分利用和改造现有小城镇，建设新的小城镇。

促进中西部乡镇企业发展。由于多种原因，乡镇企业发展的区域分布很不平衡，占全国人口约 2/3 的中西部地区，只拥有全国乡镇企业产值的

---

① 《邓小平文选》第 3 卷，人民出版社 1993 年版，第 372—373 页。
② 《江泽民文选》第 2 卷，人民出版社 2006 年版，第 116—118 页。

1/3。[①]中共十四大作出"扶持和加快中西部地区和少数民族地区乡镇企业的发展"的决策。1993 年 2 月 14 日，国务院印发《关于加快发展中西部地区乡镇企业的决定》。在政策支持和工作推动下，中西部地区乡镇企业实现快速发展。

出台专门法律保障乡镇企业发展。在制定实施政策促进乡镇企业发展的同时，明确乡镇企业的法律地位并实施法律保障的问题也提出来了。1996 年 10 月 29 日，八届全国人大常委会第二十二次会议通过《中华人民共和国乡镇企业法》。该法自 1997 年 1 月 1 日起施行。该法明确了发展乡镇企业的基本方针、重要原则、主要任务，明确了乡镇企业产权关系，理顺了乡镇企业管理体制，规范了乡镇企业支农义务，提出了扶持乡镇企业发展措施和规范其行为的具体要求。该法的颁布实施，是乡镇企业发展史上的重要里程碑，受到广大农民和乡镇企业职工的拥护，在促进、引导、保护和规范乡镇企业发展中发挥了积极作用。

明确乡镇企业开辟了农村现代化新路。中共十四大报告指出：乡镇企业异军突起，是中国农民的又一个伟大创造。它为农村剩余劳动力从土地上转移出来，为农村致富和逐步实现现代化，为促进工业和整个经济的改革和发展，开辟了一条新路。中共十五届三中全会通过的《中共中央关于农业和农村工作若干重大问题的决定》指出：乡镇企业异军突起，带动农村产业结构、就业结构变革，以及小城镇发展，开创了一条有中国特色的农村现代化道路。

---

① 《国务院关于加快发展中西部地区乡镇企业的决定》，1993 年 2 月 14 日。

- **把发展小城镇作为带动农村经济和社会发展的一个大战略**

1994 年 9 月，经国务院原则同意，建设部等 6 个部委联合发出《关于加强小城镇建设的若干意见》。该意见提出：小城镇在新的历史条件下，已经成为农村经济和社会进步的重要载体，成为带动一定区域农村经济社会发展的中心。大批农民进镇务工经商，推动了小城镇的发展，促进了人流、物流、信息流向小城镇的聚集。这些变化都要求小城镇要改善各项基础设施，为生产、生活和投资提供良好条件和环境。意见对小城镇的发展提出了搞好发展规划、建立新型的管理体制、提高小城镇的建设水平等要求。

1995 年，国务院有关部委启动了小城镇综合改革试点。4 月，国家体制改革委员会、建设部、公安部等 11 个部委联合发出《小城镇综合改革试点指导意见》，并在全国选择了 57 个镇作为综合改革试点。

1997 年 6 月 10 日，国务院批转公安部《小城镇户籍管理制度改革试点方案》《关于完善农村户籍管理制度意见》，并发出通知。该通知认为，应当适时进行户籍管理制度改革，允许已经在小城镇就业、居住并符合一定条件的农村人口在小城镇办理城镇常住户口，以促进农村剩余劳动力就近、有序地向小城镇转移，促进小城镇和农村的全面发展。农村新生婴儿可以随母或者随父登记常住户口。此后，许多小城镇从促进经济发展出发，逐步放开户籍限制。

世纪之交，即在农业和农村经济进入新的发展阶段后，国家采取了更加有力的政策措施，促进农村城镇化发展。1998 年 9 月江泽民在安徽考察工作时指出："要继续大力发展乡镇企业，发展小城镇，使它们在带动农业发展、增加农民收入方面发挥更大作用。"[1] 社会学家费孝通在 1984 年曾提

---

[1] 《江泽民文选》第 2 卷，人民出版社 2006 年版，第 216 页。

出过"小城镇大问题"，隔了 14 年之后，1998 年 10 月，江泽民风趣地对他说：你说"小城镇大问题"我改了个词，叫小城镇大战略。中共十五届三中全会通过的《中共中央关于农业和农村工作若干重大问题的决定》指出："发展小城镇，是带动农村经济和社会发展的一个大战略，有利于乡镇企业相对集中，更大规模地转移农业富余劳动力，避免向大中城市盲目流动，有利于提高农民素质，改善生活质量，也利于扩大内需，推动国民经济更快增长。"

经过实践探索，2000 年 6 月，中共中央、国务院发出《关于促进小城镇健康发展的若干意见》。《意见》提出，力争经过 10 年左右的努力，将一部分基础较好的小城镇建设成为规模适度、规划科学、功能健全、环境整洁、具有较强辐射能力的农村区域性经济文化中心，其中少数具备条件的小城镇要发展成为带动能力更强的小城市，使全国城镇化水平有一个明显的提高；改革小城镇户籍管理制度，凡在县级市市区、县人民政府驻地镇及县以下小城镇有合法固定住所、稳定职业或生活来源的农民，均可根据本人意愿转为城镇户口，并在子女入学、参军、就业等方面享受与城镇居民同等待遇；对进镇落户的农民，可根据本人意愿，保留其承包土地的经营权，也允许依法有偿转让。根据文件精神，全国共选择 100 个基础条件较好、示范带动作用明显的建制镇进行经济综合开发的试点，引导乡镇企业合理集聚，完善农村市场体系，发展农业产业化经营和社会化服务体系，促进小城镇经济发展；对 58 个全国第二批小城镇建设示范镇，国家给予了一定的技术、政策和资金支持，加强了对小城镇建设和规划的指导。

在政策引导下，小城镇快速发展。全国建制镇，由 1978 年的 2176 个增加到 1988 年的 11481 个；1992 年以后，进入快速增长期，到 2001 年突破 2 万个，达到 20374 个。1990—2001 年的 11 年间，全国平均每年新增小城镇 800 个左右，每年转移农村人口 1000 万人，共有超过 1 亿的农村人口到小城镇。小城镇的发展，加快了城镇化步伐，全国城镇化率由 1978 年的 17.9% 提高到 1991 年的 26.9%，再提高到 2002 年的 39.1%，1992—2002 年年平均提高 1.1 百分点，高于 1979—1991 年的年平均提高 0.7 个百分点，更高于 1953—1978 年平均增加 0.21 个百分点。

• 农村劳动力跨地区大流动与"民工潮"

20 世纪 80 年代后期起，在市场就业导向下，由于城乡之间收入水平差距和地区之间经济发展差异，越来越多的农民走出乡村跨地区流动。据调查，1989 年农村劳动力流动人数为 3000 万人，其中跨省流动的人数为 700 万人。1989 年春节铁路客运拥挤，媒体开始用"民工潮"表述这一现象。1992 年年初，邓小平南方谈话和中共十四大明确建立社会主义市场经济体制后，中国经济又一次高速增长，东、中、西部地区之间的农村劳动力流动规模也随之大幅增加。包括乡外县内部分，1993 年农村劳动力流动的人数达到 6200 万人，其中跨省流动的达到 2200 万人，分别比 1989 年增长了 1.07 倍和 2.14 倍。1997—1999 年人口变动调查结果显示，离开户口所在地半年以上人口规模逐年扩大，由 1997 年估计的 6100 万增加到 1999 年的 8200 万，其中离开县所在地人口占 80%。[①]

从 20 世纪 90 年代开始，农村剩余劳动力向小城镇转移也呈加速之势。东部发达地区的乡镇企业开始向规模经营发展，通过建立乡镇工业园区、乡镇工业城、农民商城等形式，创建新的小城镇，使农村非农产业向小城镇集聚，促进了农村工业化与农村城镇化的同步发展。由于乡镇企业的发展和流动人口的增加，许多东部地区的小城镇有一半以上是外来移民，中

---

① 国家统计局编：《2001 中国发展报告——中国的"九五"》，中国统计出版社 2001 年版，第 252 页。

西部地区的许多新兴小城镇也有 30% 以上是外来移民。

农村剩余劳动力流入城市，使城市获得大批廉价的劳动力，满足了城市经济高速发展对劳动力的需求，特别是满足了城市建筑、环卫以及餐饮、旅店等行业对重活儿、脏活儿劳动力的需求。农村剩余劳动力进城，还形成了一个大的消费群体，繁荣了城市的商业、旅游业、房产业等，促进了城市经济的发展，城镇化进程明显加快。

• 提出逐步解决二元经济社会结构

世纪之交，中国进入工业化中期后，从国家现代化的高度，提出了逐步解决二元经济社会结构的任务，并提出了解决这一问题的思路。江泽民指出："提高我国的现代化水平，解决农民就业和增收问题，必须调整农村的就业结构和产业结构，走工业化、城市化的路子，把农村人口尽可能多地转移出来。这是世界各国走向现代化的共同规律，是一个大方向。我们也必须坚定不移地走这条路。"[1]

调整农村就业结构和发展农村工业化、城镇化是逐步破除城乡二元经济社会结构的重要路径。2001 年 12 月，江泽民指出："关于提城镇化还是提城市化，我看实质都是要把农村富余劳动力转移出来的问题。根据我国国情，不能一下子就笼统地提城市化。城市化要推进，小城镇建设也要加强。不论提城镇化还是提城市化，都要根据经济社会发展逐步推进，也就是说，我国二元经济社会结构的问题，要在工业化、信息化的进程中逐步加以解决。"[2]

---

[1] 《江泽民文选》第 3 卷，人民出版社 2006 年版，第 407 页。
[2] 《江泽民文选》第 3 卷，人民出版社 2006 年版，第 409 页。

第五节　农村税费改革试点和农民生活总体达到小康水平

　　20世纪90年代，中国农民负担重的问题较为突出。中国共产党和政府从保障农民物质权益和实现小康目标出发，着力解决计划经济体制向市场经济体制转变过程中的"一低一高一重"（即订购粮价过低、农业生产资料销价过高、农民负担过重）问题，启动农村税费改革试点，实施《国家八七扶贫攻坚计划》，促进农民收入增加，农民生活水平总体达到小康水平。

● 减轻农民负担和解决"一低一高一重"问题

　　中共中央、国务院十分重视减轻农民负担问题，三令五申提出明确要求和具体部署，要求各地各部门把减轻农民负担作为一项政治任务切实抓好。1991年年底，国务院发布《农民承担费用和劳务管理条例》，将此项工作纳入法制管理轨道。1992年7月，国务院办公厅发出《关于进一步做好农民承担费用和劳务监督管理工作的通知》，进一步提出坚决贯彻落实《农民承担费用和劳务管理条例》的工作部署。1993年3月和7月，中共中央办公厅、国务院办公厅先后发布《关于切实减轻农民负担的紧急通知》《关于涉及农民负担项目审核处理意见的通知》，命令取消了中央和国家机关的37项集资、收费和基金项目、43项达标升级活动，并纠正了10种错误收费方法，基本上堵住了加重农民负担的源头。1995年8月，中央又提出"约法三章"：（1）坚决把不合理的负担项目压下来，停止一切不符合规定和不切合实际的集资、摊派项目；（2）暂停审批一切新的收费项目，禁止一切需要农民出钱、出物、出工的达标升级活动；（3）已命令取消的项目，任何地方和部门都无权恢复，国务院规定的提留统筹费不超过上年农民人均纯收入 5% 的比例限额不得突破。这些举措制止了加重农民负担反弹。1996 年 12 月，中共中央、国务院又作出《关于切实做好减轻农民负担工作的决定》，进一步完善了减轻农民负担的政策规定。

中共十五届三中全会通过的《中共中央关于农业和农村工作若干重大问题的决定》明确了实现农业和农村跨世纪发展目标必须坚持 10 条方针，其中第 7 条是"切实减轻农民负担。这是保护农村生产力，保持农村稳定的大事。坚持多予少取，让农民得到更多的实惠。农村各项建设都要尊重群众意愿，量力而行。"《决定》还明确，"减轻农民负担要标本兼治。合理负担坚持定项限额，保持相对稳定，一定三年不变；严禁乱收费、乱集资、乱罚款和各种摊派，纠正变相增加农民负担的各种错误做法，对违反规定的要严肃处理；逐步改革税费制度，加快农民承担费用和劳务的立法。"这改变了原来农民负担以上年农民纯收入为基数、一年一定的办法，对农民负担加重的问题起了减缓作用。

20 世纪 90 年代中期，针对经济体制转轨中一度出现的"一低一高一重"问题，中共中央、国务院采取了提高粮食订购价格和按保护价敞开收购余粮，对化肥实行最高限价、减少流通中间环节降低流通费用，明令取消一批涉农集资、基金、收费项目和要求农民出钱出物出工的升级活动等。这些政策措施的实施收到了明显效果，保护了农民利益。中共十四大后，在探索和建立社会主义市场经济体制的实践中，中央相继出台了促进农业发展、增加农民收入的政策，如加强宏观调控、按保护价收购余粮、减轻农民负担等。这些增收减负政策措施归结为一点，就是切实保障农民的物质利益和合法权益，有效调动、保护、发挥农民的积极性和创造性，从而保障了农业和农村经济的持续快速发展。

• 推进农村税费改革试点

彻底解决农民负担重的问题，走出"黄宗羲定律"，需要将城乡二元税制转变为城乡一元税制，从根本上调整国家与农民之间的利益分配关系。

进入工业化中期阶段后，由于非农产业成为经济的主体，国家财政收入快速增加，其结构也发生了重大变化，农业各税在整个税收中的份额逐渐下降，由 1952 的 28% 下降至 2000 年的 3.7% 和 2005 年的 3.25%，这为取消农业税、实行城乡统一税制奠定了基础。

2000 年 2 月，中共中央政治局常委会和政治局会议作出改革农村税费制度的重大决策。会议讨论通过了《中共中央国务院关于进行农村税费改革试点工作的通知》，并于同年 3 月 2 日发布实施。试点的主要内容是"三个取消、两个调整、一个逐步取消和一项改革"，即取消乡统筹、农村教育集资等专门面向农民征收的行政事业性收费和政府性基金、集资，取消屠宰税，取消统一规定的劳动积累工和义务工；调整农业税和农业特产税；改革村提留征收使用办法。按照改革方案，农民共缴纳农业税及附加额为 8.4%（其中农业税的比例为 7%，农业税附加为正税的 20%），此外不再承担其他任何收费。同时，该通知还明确了四项配套措施：规范农村收费管理，精简乡镇机构和压缩人员，改革和完善县乡财政管理体制，建立健全农民负担监督机制。农村税费改革试点逐步扩大，2000 年中央决定在安徽省首先进行试点；2001 年开始在江苏省进行试点；2002 年 4 月国务院办公厅发出《关于做好 2002 年扩大农村税费改革试点工作的通知》，决定进一步扩大农村税费制度改革试点范围，试点范围扩大到 20 省市；2003 年在全国全面推开。这期间是"减轻、规范、稳定"阶段，主要是正税清费，是农村税费改革的第一步。

为解决农村税费改革后乡级政权组织减收的问题，2000 年 10 月，中央决定实行转移支付。2000 年年底，中央财政核定给安徽省补助 11 亿元。2001 年，针对安徽方案实施后新出现的减收因素，中央将该省的补助增加到 17 亿元；中央财政对其他省份 106 个试点县（市）转移支付补助 16 亿元；对全国 21 个省发放农村教师工资补助 50 亿元。2002 年，国务院新增 16 个省扩大农村税费改革试点后，中央新增安排 16 亿元。到 2002 年，中央财政安排的农村税费改革转移支付总额达到 245 亿元。在加大中央转移支付的同时，中央要求各省及有条件的市、县也拿出一定资金进行转移支付，以保障改革试点能够实现中央提出的"三个确保"的要求。[①] 同时，还针对出现的新问题和新情况，对相关政策进行完善，包括：合理确定农业税计税土地面积、常年产量和计税价格；采取有效措施均衡农村不同从业人员的税费负担；调整完善农业特产税政策，减轻生产环节税负水平；在不增加农民负担的前提下，妥善解决村级三项费用的开支需求；妥善解决取消统一规定的"两工"后出现的问题；保障农村义务教育经费投入；推进配套改革，规范税费征收，强化农民负担监督管理等。

农村税费改革试点在减轻农民负担方面取得了明显成效。各试点地区农民负担减轻幅度一般都在 25% 以上。安徽、江苏省改革农村税费改革后，2001 年农民人均政策性负担比税费改革前分别减少了 39 元和 33 元，减负幅度达 35.6% 和 30%。农村税费改革深受广大农民群众的欢迎。

- ### 实施《国家八七扶贫攻坚计划》

随着贫困人口的减少，贫困人口分布的地缘性特征更加明显，主要集

---

① 阎辉：《农村税费制度改革的进展、成效和问题》，《中国农村研究报告（2002 年）》，中国财政经济出版社 2003 年版。

中在国家重点扶持的 592 个贫困县，分布在中西部的深山区、石山区、荒漠区、高寒山区、黄土高原区、地方病高发区以及水库库区，多数是革命老区和少数民族地区，交通不便、生态失调、经济发展缓慢、文化教育落后、人畜饮水困难、生产生活条件极为恶劣。① 鉴此，1994 年 4 月 15 日，国务院作出《国家八七扶贫攻坚计划》，决定从 1994 年起，在扶贫工作取得初步成效的基础上，计划用 7 年时间，解决按 1990 年不变价格计算每户年人均收入在 500 元以下的 8000 万人口的绝对贫困问题。这是一个目标明确、对象明确、措施明确和期限明确的扶贫开发行动纲领。尽管这8000 万的贫困人口只占全国农村总人口的 8.87%，但与之前的扶贫工作比较，解决这些地区群众的温饱问题难度更大。为此，《国家八七扶贫攻坚计划》提出集中人力、物力、财力，动员社会各界力量，到 2000 年年底基本解决农村贫困人口的温饱问题。为推动《国家八七扶贫攻坚计划》的实施，1996 年 9 月 24 日召开中央扶贫工作会议，10 月 23 日中共中央、国务院印发《关于尽快解决农村贫困人口温饱问题的决定》。

在实施《国家八七扶贫攻坚计划》中，国家采取了一系列措施：一是加强领导。突出强调了党政一把手扶贫工作责任制。二是增加投入。中央政府用于扶贫开发的投入逐年增加，从 1995 年的 98 亿元增加到 2000 年的 248 亿元。同时，要求各级地方政府相应增加扶贫资金，并把扶贫列入财政预算。三是收缩范围、集中力量、保证重点。全国确定了 592 个重点扶持的贫困县。这些县的贫困人口占 8000 万贫困人口的 70%。同时，强调把贫困县中最贫困的乡、村、户始终作为扶持的重点，彻底改变不论贫富均等扶持的办法。四是扶贫到户。1997 年颁布实施的《国家扶贫资金管

---

① 《国务院发出通知要求各级政府和部门认真贯彻〈国家八七扶贫攻坚计划〉》，《人民日报》，1994年 5 月 19 日，第 1 版;《国家八七扶贫攻坚计划（1994—2000 年）（摘要）》，《人民日报》，1994 年 5 月 19 日，第 2 版。

理办法》规定，中央的各类专项扶贫资金要以贫困户为对象，除了以当地农副产品为原料的加工业中效益好、有还贷能力的项目外，扶贫专项贷款不再支持贫困地区非农产业项目。五是对贫困地区在信贷、财税、经济开发方面实行优惠政策。1998 年国家开始的小额信贷试点和推广工作，在1999 年即覆盖 240 多万个贫困农户。2000 年银行信贷扶贫资金总额 150亿元，其中 50 亿元直接用于农户解决温饱的种植业、养殖业。六是开展东西扶贫协作和以中央各部委为主的定点扶贫工作。到 2000 年，东部 13个沿海省、市实际投资 57.9 亿元，无偿捐助 16.38 亿元，并通过干部交流、人才培训为贫困地区培养了大量人才。中央各部委扶持了 325 个国家级贫困县，投入资金 44 亿元，帮助引进资金 105 亿元，进行各类培训 68 万多人次。

《国家八七扶贫攻坚计划》执行期间，国家重点扶持贫困县经济发展速度明显加快，农业增加值增长 54%，年均增长 7.5%；工业增加值增长99.3%，年均增长 12.2%；地方财政收入增加近 1 倍，年均增长 12.9%；粮食产量增长 12.3%，年均增长 1.9%；农民人均纯收入由 648 元增加到1337 元，年均增长 12.8%。592 个国家重点扶持贫困县中有 318 个实现了基本普及九年义务教育和基本扫除青壮年文盲的目标。大多数贫困地区乡镇卫生院得到改造或重新建设，缺医少药的状况得到缓解。推广了一大批农业实用技术，农民科学种田的水平明显提高。贫困地区 95% 的行政村能够收听收看到广播电视节目，群众的文化生活得到改善，精神面貌发生了明显变化。

在解决贫困地区"三农"问题上实施的差别政策，以及救济式扶贫逐步转变为开发式扶贫、封闭式扶贫逐步转变为开放式扶贫，按照 1978 年标准，农村尚未解决温饱问题的贫困人口由 1978 年的 2.5 亿人减少到 2000

年的 3209 万人，农村贫困发生率从 30.7% 下降到 3.5%。[①]1986 年到 2000 年，中国农村贫困地区修建基本农田 9915 万亩，解决了 7725 万多人和 8398 万多头大牲畜的饮水困难；到 2000 年年底，贫困地区通电、通路、通邮、通电话的行政村分别达到 95.5%、89%、69% 和 67.7%。

• 促进农民增收和农民生活总体达到小康水平

世纪之交，中共中央、国务院针对农民收入增长缓慢的问题，从全局层面强调了促进农民增收的必要性，并提出了增加农民收入的思路和措施。1998 年 9 月，江泽民在安徽考察工作时指出："增加农民收入是一个带有全局性的问题，不仅直接关系到农村实现小康，还直接关系到开拓农村市场、扩大国内需求、带动工业和整个国民经济增长，从长远看还可能影响农产品的供给。现在，农民收入增长缓慢的问题越来越突出，必须引起高度重视。要引导农民根据市场需求调整和优化产业结构，发展高产优质高效农业，发展贸工农一体化的农业产业化经营，提高农业综合效益。要继续大力发展乡镇企业，发展小城镇，使它们在带动农业发展、增加农民收入方面发挥更大作用。"[②]

中共十五届三中全会通过的《中共中央关于农业和农村工作若干重大问题的决定》指出："必须承认并充分保障农民的自主权，把调动广大农民的积极性作为制定农村政策的首要出发点。这是政治上正确对待农民和巩固工农联盟的重大问题，是农村经济和社会发展的根本保证。调动农民的积极性，核心是保障农民的物质利益，尊重农民的民主权利。在任何时候，

① 《辉煌 70 年》编写组：《辉煌 70 年——新中国经济社会发展成就（1949—2019）》，中国统计出版社 2019 年版，第 383 页。
② 《江泽民文选》第 2 卷，人民出版社 2006 年版，第 216 页。

任何事情上，都必须遵循这个基本准则。"保障农民物质利益，一个重要方面就是增加农民收入。这次全会明确将"农民收入不断增加，农村全面实现小康，并逐步向更高的水平前进"作为农业和农村跨世纪发展的目标和方针。《决定》指出，"农民过上小康生活，在我国具有划时代意义。农村实现小康，就是使广大农民温饱有余，生活资料更加丰富，居住环境有一定改善，健康水平和受教育程度进一步提高。各地要从实际出发，根据当地经济发展水平和农民承受能力，扎扎实实地推进农村小康建设。""全国农村实现小康，重点要加快中西部地区农业和农村经济发展。国家要加大财政转移支付力度，调整加工业布局，优先安排基础设施重点建设项目，支持中西部地区经济发展。中西部地区要发挥粮棉油和畜产品等生产优势，发展农副产品加工业，成为全国主要农产品的商品基地。东部地区和大中城市郊区要提高农村经济的发展水平，有条件的地方要率先基本实现农业现代化，并通过经济联合和合作，帮助和带动中西部地区农村的发展，逐步实现共同富裕。"

《中共中央国务院关于做好 2001 年农业和农村工作的意见》，把增加农民收入放在了整个国民经济的突出位置，强调指出："必须高度重视农业和农村工作，把千方百计增加农民收入作为做好新阶段农业和农村工作、推进农业和农村经济结构调整的基本目标，并放在整个国民经济的突出位置。"

1992—2002 年，农民增收取得新进展，农民人均可支配收入由 784 元上升为 2528.9 元。尽管总体上是增加的，但增长幅度有所减少。增幅减少有多方面因素，如亚洲金融危机、农产品供给充足而价格回调等都对农民收入增长造成了不利影响。应当肯定，能在如此不利条件下获得这一成果，来之不易。

到 2000 年，中国实现了现代化建设第二步战略目标，农民生活总体上达到小康水平。1978—2000 年，全国农村居民人均可支配收入由 133.6 元增加到 2282.1 元；农民人均消费支出由 116.1 元增加到 1714.3 元；农民居民消费水平由 138 元提高到 1917 元，按可比价增长 2.8 倍；农村居民恩格尔系数由 67.7% 改善为 48.3%；按 2010 年标准，贫困发生率由 97.5% 下降为 49.8%。[①]农民生活水平实现大幅提高，实现小康，成为新的里程碑。中共十六大作出中国"现在达到的小康还是低水平的、不全面的、发展很不平衡的小康"的客观判断。[②]

---

① 《辉煌 70 年》编写组：《辉煌 70 年——新中国经济社会发展成就（1949—2019）》，中国统计出版社 2019 年版，第 377、378、381、382、383 页。

② 《十六大以来重要文献选编》（上），中央文献出版社 2011 年版，第 14 页。

5

统筹城乡发展和建设社会主义新农村

（2002—2012）

基于 20 世纪末全国人民生活总体达到小康水平，中共十五届五中全会提出新世纪开始全面建设小康社会，中共十六大明确了全面建设小康社会的目标。解决市场经济下"三农"发展受弱质性困扰而城乡差距扩大的问题，从全面建设小康社会的战略全局出发，建设社会主义新农村，是新世纪起至中共十八大前中国共产党要破解的重大课题。

基于世纪之交中国进入到工业化中期的发展阶段，以胡锦涛为主要代表的中国共产党人，明确提出统筹城乡经济社会发展方略，作出中国总体上进入以工促农、以城带乡发展阶段的重要判断。中共十六大起至十八大前，一个与社会主义市场经济体制大体相适应，以全面建设小康社会为目标，以统筹城乡经济社会发展为方略，以城乡一体化发展为取向，以促进农民专业合作社快速发展来完善农业产业化经营，以确保国家粮食安全和农民增收、加快农村社会事业全面进步等为主要内容的新的农村政策体系初步形成。社会主义新农村建设的推进，扼制了城乡差距扩大趋势，2004年起至 2012 年实现粮食生产"九连增"和农民收入"九连快"，农村开始向全面小康社会迈进，农村社会和谐进步。

第一节　确立"重中之重"指导思想与启动工业反哺农业政策

自中共十六大起，中国共产党和政府明确把解决好"三农"问题作为工作的重中之重的指导思想，并鉴于中国进入工业化中期阶段，对工农关系进行了重大调整，将工业化初期实施的农业养育工业政策，转变为工业反哺农业政策，"大仁政"周期顺利转换。根据这一新的政策取向，国家大幅增加对"三农"的投入，政府提供的公共服务逐步向农村覆盖，免除了农业税收，对农业实施直接补贴政策，对粮食实行价格支持政策，提高征地补偿标准，推进农业政策保险试点。对"三农""多予、少取、放活"的政策，在农民看来，就是种田不交税，国家还给咱钱，这种与此前不同的政策，使广大农民喜出望外。这一国民收入分配政策的重大调整，改善了国家与农民的利益关系，也改善了干群关系，促进了"三农"发展，农村呈现和谐进步的发展态势。

● "重中之重"指导思想

进入工业化中期，从加快解决好"三农"问题和全面小康建设社会目标出发，中国把解决好"三农"问题作为"重中之重"。2003 年 1 月，胡锦涛在中央农村工作会议上提出，"把解决好农业、农村和农民问题作为全党工作的重中之重"。中共十七届三中全会通过的《中共中央关于推进农村改革发展若干重大问题的决定》指出："实践充分证明，只有坚持把解决好农业、农村、农民问题作为全党工作重中之重，坚持农业基础地位，坚持社会主义市场经济改革方向，坚持走中国特色农业现代化道路，坚持保障农民物质利益和民主权利，才能不断解放和发展农村社会生产力，推动农村经济社会全面发展。"① 简言之,把解决好"三农"问题放在重中之重的优先位置,成为全党和全社会的共识。"重中之重"指导思想的确立,是对把农业放在国民经济首位思想的丰富和发展。

在"重中之重"指导思想下,从 2004 年起,中共中央、国务院连年制定和实施以促进"三农"发展为主题的中央一号文件,中共十七届三中全会通过《中共中央关于推进农村改革发展若干重大问题的决定》,及时解决"三农"发展中遇到的重大问题。

2004—2012 年连年发出的中央一号文件是:《中共中央国务院关于促进农民增加收入若干政策的意见》(2004 年),《中共中央国务院关于进一步加强农村工作提高农业综合生产能力若干政策的意见》(2005 年),《中共中央国务院关于推进社会主义新农村建设的若干意见》(2006 年),《中共中央国务院关于积极发展现代农业扎实推进社会主义新农村建设的若干意见》(2007 年),《中共中央国务院关于切实加强农业基础建设进一步促进农业发展农民增收的若干意见》(2008 年),《中共中央国务院关于 2009 年促进农业稳定发展农民持续增收的若干意见》(2009 年),《中共中央国务院关于加大统筹城乡发展力度 进一步夯实农业农村发展基础的若干意见》(2010 年),《中共中央国务院关于加快水利改革发展的决定》(2011 年),《中共中央国务院关于加快推进农业科技创新持续增强农产品供给保障能力的若干意见》(2012 年)。从这些文件的标题上看,每个文件都有一个明确的主题,这是与 20 世纪 80 年代的 5 个一号文件的不同之处。尽管每个中央一号文件各有主题,但从政策内涵看,都以工业反哺农业和城乡一体化为取向,逐步突破和不断完善,进而促进社会主义新农村建设。

2008 年 10 月,中共十七届三中全会研究推进农村改革发展问题,审

---

① 《十七大以来重要文献选编》(上),中央文献出版社 2013 年版,第 670 页。

议通过了着眼于新形势下推进农村改革发展的行动纲领——《中共中央关于推进农村改革发展若干重大问题的决定》。这次会议是新中国成立 60 年间第 11 次审议通过"三农"专项决议的全会，是改革开放 31 年间第 5 次审议通过"三农"专项决议的全会。这次全会着眼于中国特色社会主义事业总体布局和全面建设小康社会战略全局，作出农业基础最需要加强、农村发展最需要扶持、农民增收最需要加快的重要论断，要求把建设社会主义新农村作为战略任务、把走中国特色农业现代化道路作为基本方向、把加快形成城乡经济社会发展一体化新格局作为根本要求，对推进农村改革发展作出全面部署。

2004 年起至中共十八大前的 9 个中央一号文件和中共十七届三中全会审议通过的《中共中央关于推进农村改革发展若干重大问题的决定》，都针对城乡二元体制及二元结构问题，启动了农业养育工业政策向工业反哺农业政策的转变，启动了城乡二元制度向一元制度的转变，在"三农"政策上实现了转折性突破。以工业反哺农业和城乡一体化发展为取向的新的"三农"政策框架的初步构建，使中国"三农"发展步入新的历史阶段。

- **"两个趋向"论断与农业养育工业向工业反哺农业转变**

21 世纪初，调整国民收入分配结构和财政支出结构，明确对"三农"实行"多予少取放活"的方针，中国开始了对农业"取""予"政策的调整。2003 年 1 月召开的中央农村工作会议提出，各级党委和政府在制定国民经济发展计划、确定国民收入分配格局、研究重大经济政策的时候，要把解决好农业、农村和农民问题放在优先位置，使城市和农村相互促进、协调发展，实现全体人民的共同富裕。要随着经济的发展和国家财力的增强，进一步调整国民收入分配和财政支出的结构，增加对农村经济和社会事业的支持，逐步形成国家支农资金稳定增长的机制。2004年中央一号文件提出，解决"三农"问题，必须进一步调整国民收入分配结构和财政支出结构。

理论发展为工业反哺农业政策的实施提供指引。基于发展史的深入考察工农、城乡之间关系，胡锦涛在2004年9月召开的中共十六届四中全会上作出工农、城乡发展"两个趋向"论断，即"综观一些工业化国家发展历程，在工业化初始阶段，农业支持工业、为工业提供积累是带有普遍性的趋向；但在工业化达到相当程度以后，工业反哺农业、城市支持农村，实现工业与农业、城市与农村协调发展，也是带有普遍性的趋向"①。"两个趋向"的论断是对马克思主义关于工农、城乡关系思想的重大发展。"两个趋向"的论断，为中国进入工业化中期发展阶段实行工业反哺农业、城市支持农村、调整"三农"工作思路和措施，奠定了重要的思想理论基础。

胡锦涛在2004年12月召开的中央经济工作会议上进一步指出："我国在总体上已进入以工促农、以城带乡的发展阶段。"②这次会议提出要下决心合理调整国民收入分配格局，实行工业反哺农业，城市支持农村的方针。将长期实施的农业养育工业政策调整为工业反哺农业，这就实现了对农业"取"与"予"取向的历史性转变，适应了中国进入工业化中期的要求。

通过2004—2012年连年的中央一号文件和中共十七届三中全会通过的《中共中央关于推进农村改革发展若干重大问题的决定》，逐步强化工业反哺农业的政策取向，对"三农"的"取""予"发生了重大变化，不仅调整国民收入分配结构逐步加大对"三农"的支持力度，还实施农村税费改革、对农业实施直接补贴、扩大公共财政农村覆盖范围，为破解工业化进程中"三农"发展受弱质性困扰问题提供了支撑。

---

① 《胡锦涛文选》第2卷，人民出版社2016年版，第247页。
② 《胡锦涛文选》第2卷，人民出版社2016年版，第248页。

• 废除千年农业税

新中国成立初期仍然选择历史延续下来的农业税，是因为当时仍处于农业社会，农业仍然是国民经济的主体。新中国征收农业税要实现的功能是用之于民和服务于民，与封建社会征收农业税用之于和服务于统治阶级不同。[①] 中国共产党注重减轻农民负担，但也出现了负担重的反弹现象。有学者基于中国历史上出现农民负担"重—减—重"的周期循环，将其称为"黄宗羲定律"。

在从 2000 年起农村税费改革试点的基础上，中共十六大起进入逐步取消农业税阶段。这是农村税费改革的第二步，主要是在规范农村税费制度的基础上，按照完善社会主义市场经济体制的要求，取消专门面向农民征收的各种税费，同时实行加大转移支付力度和农村综合改革等配套措施，建立农民增收减负长效机制。2003 年 4 月 3 日，国务院召开全国农村税费改革试点电视电话会议，部署从这年起农村税费改革试点工作在全国范围推开。会议强调，农村税费改革是涉及全局的一项重大改革，要注意研究新情况，解决新问题，不断完善政策措施。第一，进一步减轻粮食主产区和种地农民负担，是农村税费改革的一个基本政策取向。要加大对粮食主产区的支持力度，中央和省两级财政的转移支付，重点向农业主产区特别是粮食主产区倾斜。第二，取消农业特产税，应该成为推进农村税费改革的又一项重要措施。现在大部分地区已经具备取消农业特产税的条件，这些地区可以取消特产税。少数地区一时取消不了的，要缩小征收范围，降低税率，逐步取消。[②] 第三，严格把握政策

---

① 参见郑有贵：《农业税费改革的重大意义与宝贵经验》，《人民论坛》2021 年 11 月上。
② 安徽省在试点的基础上，2003 年 6 月决定在全省范围内取消农业特产税。其他省市也开始逐步取消农业特产税。

界限。农业税及其附加不准超过国家规定的税率上限，确保改革后每个农户的负担水平都有所减轻，这要作为一条硬杠杠。新试点的地区和先行试点地区，都必须把减轻农民负担真正放在首位，确保农民负担明显减轻、不反弹，确保乡镇机构和村级组织正常运转，确保农村义务教育经费正常需要。第四，按照精简、统一、效能的原则，加快乡镇机构改革，切实转变政府职能。深化县乡财政体制改革和教育管理体制改革。国家财政今后每年新增加的教育、卫生和文化事业经费，主要用于农村。有条件的地方，要逐步扩大农村义务教育收费"一费制"实施范围，让更多农民受益。

2004 年中央加大农村税费改革力度，决定在 5 年内取消农业税，当年农业税税率总体上降低 1 个百分点，取消除烟叶以外的农业特产税，有条件的地方，可以进一步降低农业税税率或免征农业税，并在黑龙江、吉林两省进行了免征农业税改革试点。2005 年加快降低农业税税率的步伐，鼓励有条件的省区市自主进行免征农业税试点，全面取消牧业税。

2005 年 12 月 29 日，十届全国人大常委会第十九次会议以 162 票赞成、1 票弃权、0 票反对的表决结果，通过了关于自 2006 年 1 月 1 日起废止《中华人民共和国农业税征收条例》的决定，这是一个牵动亿万人心弦的行动。

为了保障农村税费改革的顺利进行，国家还采取了相应的配套措施，主要有：加大中央和省两级财政的转移支付力度，对农村税费改革提供必要的财力保障；积极推进乡镇机构、农村义务教育体制、乡镇财政体制等农村综合改革。国家承接农村税费制度改革成本和构建公共财政下新的农村公共服务政策体系，是农村税费改革成功推进的宝贵经验。

浙江省农业特产税税目和适用税率表

征管范围		适宜和税率	
类别	具体征税品目	生产者	收购者
一、烟叶产品	晾晒烟叶、烤烟叶		31%
二、园艺产品	茶叶	7%	12%
	柑橘、苹果、梨	12%	
	文旦、香泡、橙、金橘	10%	
	桃、枣、枇杷、草莓、杨梅、葡萄、板栗、白果、香榧、山核桃等	10%	
	果用瓜(包括西瓜、香甜瓜)、观赏花卉经济林苗木	8%	
	蚕茧	8%	
	白术、浙贝、芍药、黄肉、杭白菊、伏苓、厚朴、灵芝等	5%	
三、水产品	鱼、虾、蟹、贝、海蛰、龟、鳖、鳗、墨鱼、鱿鱼、珠蚌、珍珠等；芦苇、席草、莲藕、荸荠、海带、紫菜、石花菜等	8%	5%
四、林木产品	原木(原条、原段、板方材、枕木、次材小料)、原竹	8%	8%
	鲜笋、笋干	8%	
	生漆、松脂	10%	10%
	木本油料(含桐籽、马柏籽、油茶籽)、棕片	5%	
五、牲畜产品	牛皮、猪皮、羊毛、兔毛、羊绒		10%
六、食用菌产品	香菇、蘑菇、金针菇、猴头菇、平菇等	8%	
	黑木耳、银耳	8%	8%
七、贵重食品	海参、鲍鱼、干贝、燕窝、鱼唇、鱼翅	8%	25%
八、其他类产品	笋、甘蔗、制茶用香花等	5%	

农村税费改革的实施，消除了现代社会中不应由农民承担的不合理赋税，使国家、集体与农民分配关系发生根本性变化。农村税费改革的实施，还取消了面向"三农"的各种收费，包括取消、免收或降低标准的全国性及中央部门涉农收费项目150多项，取消农村"三提五统"、农村教育集资等收费项目，基本堵死了向农民搭便车收费的渠道，因而也成为减轻农民负担的治本之策。取消农业"四税"（农业税、农业特产税、牧业税和

屠宰税),直接减轻农民税费负担约 1250 亿元(人均减负约 140 元左右),加上制止了各种摊派、集资、乱罚款等,农民减负总额在 1600 亿元左右。[①]对广大农民而言,这是一笔不小的实惠。

农村税费改革的实施,由于税费的减免,降低了农业生产经营成本,对提高农业效益和农产品市场竞争力、促进"三农"问题的解决、推进社会主义新农村建设、扩大内需进而促进整个国民经济的发展都起了积极作用。

农村税费改革的实施,为构建服务型政府奠定了制度基础。农村税费改革前,乡镇政府工作之一是向农民收取农业税,收取统筹提留款,催促农民完成粮食订购任务等。农村税费改革后,基层政府的主要职能由收取税费转变为更多地提供社会管理和公共服务,向为各类市场主体提供良好的政策环境转变。这不仅把农村基层干部从向农民催收粮款的繁重事务中解脱出来,还有利于促进基层政府把更多的精力放到履行社会管理、提供更多更好的公共产品和公共服务上来。通过这一职能转变,改善了政府在农民心目中的形象,有效缓解了干群矛盾,密切了干群关系,促进了和谐社会的构建。

农村税费改革实现农民负担由治标到治本的历史性转变,成功走出农民负担"黄宗羲定律"陷阱,促进了公共服务新政的形成,这是大善举,广大农民欢欣鼓舞。2006 年 9 月的一天,河北省灵寿县青廉村的村民们聚集在老汉王三妮家的院子里,敲锣鼓,扭秧歌。王老汉用了 20 个月的时间,亲手铸造了一个重 252 公斤、铸有 563 字铭文的青铜大鼎,取名"告别田赋鼎"。王三妮说:"我是农民的儿子,祖上几代耕织辈辈纳税。今朝告别了田赋,我要代表农民铸鼎刻铭,告知后人,万代歌颂,永世不忘!"这是中国农民发自肺腑的心声,是令历史难忘的一幕。

---

① 《人民日报》,2009 年 8 月 20 日,第 2 版。

告别田赋鼎

- ● 开启对农业实施直接补贴政策

2002 年，国家启动了对农民购买使用良种给予补贴的政策，以促进良种的推广应用。2004 年开始，将此前主要用于流通环节补贴的粮食风险基金，从中拿出一部分直接补贴给种粮农民，以调动农民种粮积极性；实施农具购置补贴政策，以鼓励农民购买先进农机具，促进农机化发展和提高农业生产的物质装备水平。2006 年开始，针对农资价格大幅度上涨影响种粮农民收益的问题，国家以燃油价格调整为契机，开始建立农资涨价综合直接补贴制度，对种粮农民因化肥、农药、农用柴油等农资价格上涨带来的损失予以补偿。2009 年 4 月 22 日，国务院常务会议决定，启动实施马铃薯原种补贴，中央财政对马铃薯原种生产给予每亩补贴 100 元。在对农民实施农业补贴的同时，国家还实施家电、汽车下乡补贴：2007 年 12 月开始，国家先在山东、河南、四川 3 省开展家电下乡试点；2009 年 2 月 1 日起，家电下乡在全国推广；从 2009 年 3 月 1 日起，汽车、摩托车下乡在全国实施。家电、汽车下乡补贴政策的实施，不仅是一项改善民生的惠农政策，还是扩大内需、拉动消费以应对国际金融危机冲击的重大举措。2010 年中央一号文件提出，完善农业补贴制度和市场调控机制。坚持对种粮农民实行直接补贴。增加良种补贴，扩大马铃薯补贴范围，启动青稞良种补贴，实施花生良种补贴试点。进一步增加农机具购置补贴，扩大补贴种类，把牧业、林业和抗旱、节水机械设备纳入补贴范围。落实和完善农资综合补贴动态调整机制。按照存量不动、增量倾斜的原则，新增农业补贴适当向种粮大户、农民专业合作社倾斜。逐步完善适合牧区、林区、垦区特点的农业补贴政策。加强对农业补贴对象、种类、资金结算的监督检查，确保补贴政策落到实处，不准将补贴资金用于抵扣农民交费。2012 年中央一号文件提出，按照增加总量、扩大范围、完善机制的要求，继续加大农业补贴强度，新增补贴向主产区、种养大户、农民专业合作社倾斜。提高对种粮农民的直接补贴水平。落实农资综合补贴动态调整机制，适时增加补贴。加大良种补贴力度。扩大农机具购置补贴规模和范围，进一步完善补贴机制和管理办法。健全主产区利益补偿机制，增加产粮（油）大县奖励资金，加大生猪调出大县奖励力度。探索完善森林、草原、水土保持等生态补偿制度。研究建立公益林补偿标准动态调整机制，进一步加大湿地保护力度。加快转变草原畜牧业发展方式，加大对牧业、牧区、牧民的支持力度，草原生态保护补助奖励政策覆盖到国家确定的牧区半牧区县（市、旗）。加大村级公益事业建设一事一议财政奖补力度，积极引导农民和社会资金投入"三农"。

中共十六大起，中央财政涉农补贴种类逐步增加，范围逐渐扩大，标准日益提高，到2012年形成了包含4项直接补贴、造林补贴、家电下乡补贴等在内的补贴政策体系，其中2012年对农民的粮食直补、农资综合补贴、农作物良种补贴、农机购置补贴支出1700.55亿元。[1]

对农民实施补贴政策，让中国农民喜出望外。不少农民说：上下五千年，种地不要钱，政府还给钱，做梦也没有想到。对农民实行直接补贴，不仅具有重大的经济意义，还促进了和谐社会的构建，具有重大的政治意义。

---

① 财政部：《关于2012年中央和地方预算执行情况与2013年中央和地方预算草案的报告》，《人民日报》，2013年3月20日。

农民领直补。图为四川省井盐县粮食直接补贴一折通发放现场。2006 年 5 月作者摄

• 实行粮食价格支持政策

改革开放以来，政府在农业结构上的主动调整、种粮比较效益低、从事粮食生产劳动机会成本增加等多重因素，导致粮食播种面积大幅度减少。无庸置疑，粮食安全是中国农业第一位需要考虑的战略问题，到 2008 年全国粮食播种面积在农作物播种面积的份额仍高达 68.3%，从事粮食生产对农民特别是主产区的农民的增收有着重要的意义。鉴于此，从 2004 年起，国家全面放开粮食收购市场，粮食收购价格由市场供求形成，在这种情况下，国家对粮食实施价格支持政策，即从国民收入一次分配上进行调整，以促进粮食生产稳定发展。具体做法是，国家将粮食保护价制度过渡到最低收购价制度，对短缺的重点粮食品种在粮食主产区实行最低收购价格。2004—2005 年只对稻谷实施最低收购价政策，2006 年起将小麦纳入最低收购价，2007 年 12 月中旬在黑龙江省部分地区启动了粳稻最低收购价执行预案。2008 年 3 次较大幅度提高稻谷和小麦的最低收购价，提价幅度超过 20%；同年 10 月末起，国家开始对南方中晚稻、东北粳稻、东北玉米、东北大豆和长江流域油菜籽、新疆棉花实施临时收储政策。2009 年中央一号文件提出："保持农产品价格合理水平。密切跟踪国内外农产品市场变化，适时加强政府调控，灵活运用多种手段，努力避免农产品价格下行，防止谷贱伤农，保障农业经营收入稳定增长。2009 年继续提高粮食最低收购价。扩大国家粮食、棉花、食用植物油、猪肉储备，2009 年地方粮油储备要按规定规模全部落实到位，适时启动主要农产品临时收储，鼓励企业增加商业收储。加强'北粮南运'、新疆棉花外运协调，继续实行相关运费补贴和减免政策，支持销区企业到产区采购。把握好主要农产品进出口时机和节奏，支持优势农产品出口，防止部分品种过度进口冲击国内市场。"根据这一要求，2009 年 1 月 24 日国家发展和改革委员会宣布，

2009 年继续在稻谷生产区实行最低收购价政策，早籼稻、中晚籼稻、粳稻收购价分别提高到每 50 公斤 90 元、92 元、95 元，均比 2008 年提高 13 元。这是 2004 年起中国实行粮食最低收购价政策以来提价幅度最大的一次。2010 年中央一号文件明确，落实小麦最低收购价政策，继续提高稻谷最低收购价。扩大销区粮食储备规模。适时采取玉米、大豆、油菜籽等临时收储政策，支持企业参与收储，健全国家收储农产品的拍卖机制，做好棉花、食糖、猪肉调控预案，保持农产品市场稳定和价格合理水平。2012 年中央一号文件提出，稳步提高小麦、稻谷最低收购价，适时启动玉米、大豆、油菜籽、棉花、食糖等临时收储，健全粮棉油糖等农产品储备制度。抓紧完善鲜活农产品市场调控办法，健全生猪市场价格调控预案，探索建立主要蔬菜品种价格稳定机制。

2010 年小麦最低收购价和油菜籽临时收储价

执行区域			执行期限
河北、江苏、安徽、山东、河南、湖北等 6 个主产省			冬播油菜产区 2010 年 5 月 21 日至 10 月底
执行期限 2010 年 5 月 21 日至 9 月 30 日			春播油菜产区 2010 年 9 月 1 日至 2011 年 2 月底
0.90 元 / 市斤 白小麦 （国标三等）	0.86 元 / 市斤 红小麦	0.86 元 / 市斤 混合麦	0.95 元 / 市斤（国标三等） 比去年每斤提升 0.1 元 油菜籽临时收储价格 （即托市收购价格）

注：1 市斤 = 0.5 千克

• 提高征地补偿标准

改革开放以来，在市场化改革进程中，农业养育工业的方式发生了变化，由改革开放前以工农产品价格"剪刀差"为主，转变为生产要素价格"剪刀差"等新的形式，其中对农村土地实施低价征用即是主要方式之一。

针对低价征地而对农民的过多"索取"，以及由此导致一些农民种田无地、就业无路、创业无本、社保无份的状况，中共十六届三中全会提出实行最严格的耕地保护制度，并开始着手完善土地征用程序和补偿机制，提高补偿标准。2006年11月财政部、国土资源部和中国人民银行联合印发《关于调整新增建设用地土地有偿使用费政策等问题的通知》，决定从2007年1月1日起将新增建设用地土地有偿使用费标准提高1倍。2008年中央一号文件规定："切实保障农民土地权益。继续推进征地制度改革试点，规范征地程序，提高补偿标准，健全对被征地农民的社会保障制度，建立征地纠纷调处裁决机制。对未履行征地报批程序、征地补偿标准偏低、补偿不及时足额到位、社会保障不落实的，坚决不予报批用地。"中共十七届三中全会通过的《中共中央关于推进农村改革发展若干重大问题的决定》进一步规定："依法征收农村集体土地，按照同地同价原则及时足额给农村集体组织和农民合理补偿，解决好被征地农民就业、住房、社会保障。"

- ### 公共财政覆盖农村

建立覆盖城乡的公共财政，启动城乡二元财政制度向一元制度的转变，促进乡村基础设施建设和社会事业发展，是中共十六大起"三农"政策新的突破，成为实施工业反哺农业政策的主要方式和统筹城乡经济社会发展方略下解决"三农"问题的重要路径之一。

城乡二元财政支出政策是城乡二元结构形成和固化的重要因素之一。改变城乡二元结构，缩小城乡差距，形成城乡经济社会一体化发展新格局，需要消除城乡二元财政政策，以改善农村生产生活条件和促进农村社会事业的发展，实现城乡基本公共服务均等化。

自中共十六大起，国家开始建立覆盖城乡的公共财政，把"三农"发展纳入公共财政范围，特别是将公共财政逐步扩大到农村社会事业和基础设施。中共十六届六中全会通过的《中共中央关于构建社会主义和谐社会若干重大问题的决定》提出，各级政府要把基础设施建设和社会事业发展的重点转向农村，国家财政新增教育、卫生、文化等事业经费和固定资产投资增量主要用于农村，逐步加大政府土地出让金用于农村的比重。2007年中央一号文件规定："各级政府要切实把基础设施建设和社会事业发展的重点转向农村，国家财政新增教育、卫生、文化等事业经费和固定资产投资增量主要用于农村，逐步加大政府土地出让收入用于农村的比重。"中共十七大报告提出了"加快推进以改善民生为重点的社会建设"的新要求。2008年中央一号文件进一步指出："推进城乡基本公共服务均等化是构建社会主义和谐社会的必然要求。必须加快发展农村公共事业，提高农村公共产品供给水平。"中共十七届三中全会通过的《中共中央关于推进农村改革发展若干重大问题的决定》提出："统筹城乡基础设施建设和公共服务，全面提高财政保障农村公共事业水平，逐步建立城乡统一的公共服务制度。"这些政策取向的确立和施行，使长时期实施的农村建设单纯靠农民投资投劳的政策成为封存的历史，覆盖城乡公共财政的政策框架初步显现。

• 试行农业政策性保险

由于农业的特性及中国小规模家庭经营的基本国情，商业性农业保险难以发展起来，需要国家对农业保险进行政策支持。到2003年全国农业保险险种数目不足30个，农业保险的保费收入仅4.64亿元，只占当年农业生产总值的0.04%，只占全国财险保费收入的0.53%，只占全国总保费收入的0.11%。①除了中国人保和中华联合财产保险公司之外，商业保险公司很少经营农业保险业务。

在"重中之重"指导思想和实施工业反哺农业政策下，2004年中央一号文件对农业政策性保险试点作出部署，提出"加快建立政策性农业保险制度，选择部分产品和部分地区率先试点"，"有条件的地方可对参加种养业保险的农户给予一定的保费补贴"。随着农业保险试点工作的开展，2007年以后财政部先后出台《中央财政农业保险保费补贴试点管理办法》《能繁母猪保险保费补贴管理暂行办法》《中央财政种植业保险保费补贴管理办法》《中央财政养殖业保险保费补贴管理办法》。政府按照保费的一定比例，为特定险种的参保农户或龙头企业以及农村合作经济组织提供财政补贴，保费补贴力度逐步加大。2007年，种植业保险保费补贴仅在吉林、江苏、湖南、四川、新疆和内蒙古6个省份推行，2009年扩大到17个省，2010年增加到23个省以及新疆建设兵团、黑龙江农垦总局和中国储备粮管理总公司北方公司；养殖业保险的保费补贴覆盖全部中西部地区；2010年湖南、福建、江西、辽宁、浙江、云南等6省开展了森林保险保费补贴。②

国家对农业保费予以财政补贴，减轻了农民缴纳保费负担，提高了农民参加农业保险的积极性，推动农业保险快速发展，农业保险的保费收入，由2003年的4.64亿元，到2007年迅速增加到53.33亿元，2012年进一步增加至240.60亿元。农业保险的险种除涉及小麦、水稻、玉米、棉花等主要农作物，还把蔬菜、水果、禽畜、海水养殖等逐渐纳入其中。

2012年12月，国务院颁布《农业保险条例》，对农业保险合同、农业保险的经营规则、农业保险的法律责任等问题作出明确规定，以保障农业保险健康发展。

---

① 庹国柱主编：《中国农业保险发展报告2011》，中国农业出版社2011年版，第11页。
② 庹国柱主编：《中国农业保险发展报告2011》，中国农业出版社2011年版，第54页。

对农业实行政策性保险这一重大惠农政策，在一定程度上化解了农民从事农业的风险，进而解除了农民的后顾之忧，为农业行稳致远提供了保障。

第二节　统筹城乡发展和开启城乡一体化发展进程

中共十一届三中全会起至世纪之交实施赋权与放活政策促进中国"三农"实现快速发展，但由于这期间仍实行农业养育工业的政策和城乡二元制度，向农村提供的公共品不足，这使得农民稳定增收依然困难、农业基础设施依然薄弱、农村社会事业发展依然滞后。进入工业化中期的发展阶段，城乡二元体制保障农业养育工业的历史使命已完成，这种情况下，开启了城乡一体化发展进程。城乡二元体制向一元体制的转变是国家层面的制度供给，农业养育工业向工业反哺农业政策的转变需要调整国民收入分配结构和财政支出结构，它们并非如家庭承包经营、乡镇企业、农业产业化、村民自治等基层发明创造即可为之的，这就决定了这种转变必然是以国家财政支出能力为基础而由国家主导的制度变迁。中国发挥社会主义制度优势，促进县域经济壮大，统筹城乡发展，推进城乡二元结构向一体化发展，开启城乡发展新格局。

● 壮大县域经济

县域经济的壮大是解决好"三农"问题最直接的外部环境，是"三农"

发展的直接平台，而"三农"的发展又是县域经济壮大的因素，即壮大县域经济与"三农"发展呈正相关互动关系。壮大县域经济，并在县域内实现城乡经济社会统筹发展，是解决"三农"问题的重要路径之一。

2002 年 11 月，中共十六大作出壮大县域经济的重大决策（这也是首次将壮大县域经济写进中国共产党的全国代表大会报告），从此壮大县域经济被纳入到国家经济重大发展战略的范畴。2004 年中央一号文件提出壮大县域经济、发展乡镇企业和小城镇、推进农业产业化经营相结合的发展思路，即"小城镇建设要同壮大县域经济、发展乡镇企业、推进农业产业化经营、移民搬迁结合起来，引导更多的农民进入小城镇，逐步形成产业发展、人口聚集、市场扩大的良性互动机制，增强小城镇吸纳农村人口、带动农村发展的能力"。

2007 年，中共十七大报告明确提出："以促进农民增收为核心，发展乡镇企业，壮大县域经济，多渠道转移农民就业。"中共十七届三中全会通过的《中共中央关于推进农村改革发展若干重大问题的决定》指出："扩大县域发展自主权、增加对县的一般性转移支付、促进财力与事权相匹配，增强县域经济活力和实力。"2009 年中央一号文件明确提出"增强县域经济发展活力"，并明确了具体的政策措施："调整财政收入分配格局，增加对县乡财政的一般性转移支付，逐步提高县级财政在省以下财力分配中的比重，探索建立县乡财政基本财力保障制度。推进省直接管理县（市）财政体制改革，将粮食、油料、棉花和生猪生产大县全部纳入改革范围。稳步推进扩权强县改革试点，鼓励有条件的省份率先减少行政层次，依法探索省直接管理县（市）的体制。"2010 年中央一号文件提出，大力发展县域经济，抓住产业转移有利时机，促进特色产业、优势项目向县城和重点镇集聚，提高城镇综合承载能力，吸纳农村人口加快向小城镇集中。

在实践中，逐步探索出以解决"三农"问题为重点，以大力发展中小企业为突破口和支柱，推进工业化、城镇化、农业产业化，以工业化带动城镇化，以城镇经济辐射带动农村经济，使县域内形成良性的产业结构和就业结构，实现经济增长、社会发展、农民增收、农民就业非农化、农村人口城镇化、农业现代化的路径。

● 统筹城乡发展

面对城乡差距的拉大，针对城乡二元体制是"三农"问题的根源，从国家现代化发展出发，2002 年 11 月，中共十六大报告首次提出了统筹城乡经济社会发展的方略，明确指出："统筹城乡经济社会发展，建设现代农业，发展农村经济，增加农民收入，是全面建设小康社会的重大任务。"[①]在 2003 年 1 月召开的中央农村工作会议上，胡锦涛指出，要统筹城乡经济社会发展，充分发挥城市对农村的带动作用和农村对城市的促进作用，实现城乡经济社会一体化发展。2003 年春夏之交暴发"非典"疫情后，中央领导集体对实现经济社会协调发展的迫切性，特别是加强农村公共卫生体系建设的紧迫性有了新的认识。2003 年 10 月，中共十六届三中全会通过的《中共中央关于完善社会主义市场经济体制若干问题的决定》，提出统筹城乡发展、统筹区域发展、统筹经济社会发展、统筹人与自然和谐发展、统筹国内发展与对外开放的要求。2004 年 9 月，中共十六届四中全会通过的《中共中央关于加强党的执政能力建设的决定》，进一步提出要推动建立统筹城乡发展、统筹区域发展、统筹经济社会发展、统筹人与自然和谐发展、统筹国内发展和对外开放的有效体制机制。2005 年 10 月，中共十六届五中全会通过的《中共中央关于制定国民经济和社会发展第十一

---

① 《江泽民文选》第 3 卷，人民出版社 2006 年版，第 546 页。

个五年规划的建议》提出："要从社会主义现代化建设全局出发，统筹城乡区域发展。坚持把解决好'三农'问题作为全党工作的重中之重，实行工业反哺农业、城市支持农村，推进社会主义新农村建设，促进城镇化健康发展。"

中共十七届三中全会通过的《中共中央关于推进农村改革发展若干重大问题的决定》提出："必须统筹城乡经济社会发展，始终把着力构建新型工农、城乡关系作为加快推进现代化的重大战略。统筹工业化、城镇化、农业现代化建设，加快建立健全以工促农、以城带乡长效机制，调整国民收入分配格局，巩固和完善强农惠农政策，把国家基础设施建设和社会事业发展重点放在农村，推进城乡基本公共服务均等化，实现城乡、区域协调发展，使广大农民平等参与现代化进程、共享改革发展成果。"这进一步明确了构建新型城乡关系的方向和目标，是对统筹城乡经济社会发展方略的丰富和完善。

统筹城乡经济社会发展方略的确立，将解决"三农"问题放到整个经济社会发展的全局和战略高度，跳出了就农业论农业、就农村论农村、就农民论农民的局限，包含着对城乡二元政策的叫停和城乡一体化发展政策的启动，有利于构建起空间更为广阔的解决"三农"问题的政策体系，也标志着中国"三农"发展进入新的历史阶段。

21世纪初开始解决"三农"问题的努力，与此前有着根本的变化，即它是在统筹城乡经济社会发展的方略和工业反哺农业政策的取向下进行的，是主动地、全面系统地开始对城乡二元结构进行破解。

- ### 开启城乡一体化发展进程

在统筹城乡经济社会发展方略下，国家启动了以城乡二元体制向一元体制转变为内核的路径探索。中共十七大报告提出"建立以工促农、以城带乡长效机制,形成城乡经济社会发展一体化新格局","依法保证全体社会成员平等参与、平等发展的权利"[①],并在多处强调公平公正、均等平衡、人人享有、覆盖城乡等的理念和政策取向,为统筹城乡经济社会发展、推进城乡二元体制向一元体制转变提供了指导。2008 年中央一号文件进一步明确提出:"探索建立促进城乡一体化发展的体制机制。着眼于改变农村落后面貌,加快破除城乡二元体制,努力形成城乡发展规划、产业布局、基础设施、公共服务、劳动就业和社会管理一体化新格局。健全城乡统一的生产要素市场,引导资金、技术、人才等资源向农业和农村流动,逐步实现城乡基础设施共建共享、产业发展互动互促。切实按照城乡一体化发展的要求,完善各级行政管理机构和职能设置,逐步实现城乡社会统筹管理和基本公共服务均等化。"

中共十七届三中全会通过的《中共中央关于推进农村改革发展若干重大问题的决定》,基于"我国总体上已进入以工促农、以城带乡的发展阶段,进入加快改造传统农业、走中国特色农业现代化道路的关键时刻,进入着力破除城乡二元结构、形成城乡经济社会发展一体化新格局的重要时期"的重大判断,提出把加快形成城乡经济社会发展一体化新格局作为根本要求,把城乡经济社会发展一体化体制机制基本建立作为农村改革发展基本目标任务之一。这一决定就建立促进城乡经济社会发展一体化制度作出明确规定,提出尽快在城乡规划、产业布局、基础设施建设、公共服务一体化等方面取得突破,促进公共资源在城乡之间均衡配置、生产要素在城乡之间自由流动,推动城乡经济社会发展融合。

---

① 《胡锦涛文选》第 2 卷,人民出版社 2016 年版,第 637 页。

《国务院关于解决农民工问题的若干意见》在《人民日报》上公布

　　中共十六大起至十八大前，积极推进城乡二元体制向一元体制的转变，探索建立促进城乡一体化发展的体制机制，具体的政策改进有：以建立覆盖城乡的公共财政制度为标志，加大"三农"财政投入；以取消农业税为标志，实行城乡统一的税负制度；以实施农村义务教育"两免一补"为标志，实行城乡同等的义务教育制度；以建立新型农村合作医疗制度为标志，实行城乡平等的医疗服务制度；以探索建立农民最低生活保障制度为标志，实行覆盖城乡的社会保障制度；以全面保护农民工权益为标志，实行城乡统一的劳动力市场和公平竞争的就业制度。

第三节　建设社会主义新农村的决策和实施

　　按照中共十六届五中全会提出的"生产发展、生活宽裕、乡风文明、村容整洁、管理民主"推进社会主义新农村建设，显著改善了农村生产生活条件，农业综合生产能力迈上新台阶并实现粮食产量"九连增"、农民增收实现"九连快"、农村基础设施显著改善、农村民生加速改善，全面建设小康社会取得显著进展。

- ● 作出建设社会主义新农村的决策

　　基于中国进入工业化中期的经济社会发展阶段，也基于一些地方对建设社会主义新农村的实践探索，针对工业化、城镇化快速发展与农村发展相对滞后问题，从构建和谐社会和有利于国家现代化进一步发展出发，中共十六届五中全会提出建设社会主义新农村，将其定位为中国现代化进程中的重大历史任务，要求按照"生产发展、生活宽裕、乡风文明、村容整洁、管理民主"推进。全面推进社会主义新农村建设的历程从此启动。

　　新中国成立之初至中共十六届五中全会之前，中共中央和中央政府就非常明确地提出过建设社会主义新农村这一概念。从能获得的中共中央、全国人大、国务院文件看，建设社会主义新农村这一概念，先是出现在1960 年 4 月 10 日二届全国人大第二次会议通过的《关于为提前实现全国农业发展纲要而奋斗的决议》中。这一决议指出："中共中央制订的一九五六年到一九六七年全国农业发展纲要是高速度发展我国社会主义农业和建设社会主义新农村的伟大纲领。"[①] 尽管建设社会主义新农村这一概念是因

---

① 《人民日报》，1960 年 4 月 11 日，第 2 版。

为实施 1956—1967 年全国农业发展纲要而引出来的，但从 20 世纪 50 年代初就开始了建设社会主义新农村的实践探索是不可否认的。

中共十六届五中全会提出的建设社会主义新农村，与民国时期乡村建设试验、中共十六届五中全会前社会主义新农村建设初步探索、各地新农村建设实践及韩国新村运动，无论是实施的历史背景、理论依据、内涵、范围、制度环境，还是实现目标及路径，都有着明显的区别。建设社会主义新农村，是在社会主义市场经济制度下，在进入工业化中期阶段后，在全国农村范围进行的全新事业，被确定为国家现代化建设的重大历史任务。正因为如此，社会主义新农村建设的参与者，除了农民外，还有社会多方面的力量，特别是有实力强大的国家财政的支持。

在经历 3 年实践的基础上，2008 年召开的中共十七届三中全会进一步强调把建设社会主义新农村作为战略任务，并提出："根据党的十七大提出的实现全面建设小康社会奋斗目标的新要求和建设生产发展、生活宽裕、乡风文明、村容整洁、管理民主的社会主义新农村要求，到二○二○年，农村改革发展基本目标任务是：农村经济体制更加健全，城乡经济社会发展一体化体制机制基本建立；现代农业建设取得显著进展，农业综合生产能力明显提高，国家粮食安全和主要农产品供给得到有效保障；农民人均纯收入比二○○八年翻一番，消费水平大幅提升，绝对贫困现象基本消除；农村基层组织建设进一步加强，村民自治制度更加完善，农民民主权利得到切实保障；城乡基本公共服务均等化明显推进，农村文化进一步繁荣，农民基本文化权益得到更好落实，农村人人享有接受良好教育的机会，农村基本生活保障、基本医疗卫生制度更加健全，农村社会管理体系进一步完善；资源节约型、环境友好型农业生产体系基本形成，农村人居和生态环境明显改善，可持续发展能力不断增强。"①这使推进社会主义新农村建设的目标及其实现路径更为明确。

从中共十六届五中全会起，建设社会主义新农村成为"三农"发展的新目标，成为集统筹城乡发展方略、"重中之重"、工业反哺农业和"多予、少取、放活"等强农惠农富农政策于一体的新的政策取向，成为集经济建设、政治建设、文化建设、社会建设和党的建设于一体的发展战略，成为解决"三农"问题、坚持以人为本而实现农民全面发展的新的切入点和总抓手，即成为包括政策目标、政策取向、发展战略、切入点和抓手等在内的完整的政策体系。

• 大力推进农村基础设施建设

中共十六大起至十八大期间，农村基础设施建设大体可划分为两个小的阶段。中共十六大起至十六届五中全会前，在统筹城乡经济社会发展方略下，国家对"三农"的财政支出明显增加，节水灌溉、人畜饮水、道路、农村沼气、农村水电、草场围栏等"六小工程"农村建设稳步实施，对改善农民生产生活条件、带动农民就业、增加农民收入发挥着积极作用。

自中共十六届五中全会起，随着社会主义新农村建设的提出和展开，也随着公共财政覆盖城乡政策的实施，农村基础设施建设快速推进。2006年中央一号文件提出，要把国家对基础设施建设投入的重点转向农村，这是国家基础设施建设投入政策的重大变化，由此农村基础设施建设进入新阶段。

一是农村道路建设快速推进。据交通部统计，2011年年末全国农村公

---

① 《十七大以来重要文献选编》（上），中央文献出版社2013年版，第672页。

路（含县道、乡道、村道）里程达 356.4 万千米，比 2002 年增长了 1.7 倍，年均增长幅度为 11.5%；全国通公路的乡（镇）占全国乡（镇）总数的 99.97%，通公路的建制村占全国建制村总数的 99.38%。其中，通硬化路面的乡（镇）占全国乡（镇）总数的 97.18%，通硬化路面的建制村占全国建制村总数的 84.04%。

二是农村电网改造快速推进。2007 年 2 月，国家发展和改革委员会发出《关于做好"十一五"农村电网完善和无电地区电力建设工作的通知》，要求按照"因地制宜、统筹规划、先易后难、分步实施"的原则，在已开展的各项工作基础上进一步做好"十一五"期间农网完善和无电地区电力建设规划工作。从 2008 年起，对未完成农网改造和县城电网改造任务或农网完善投资计划的省份将暂缓安排新的投资计划。2010 年 9 月，国家启动新一轮农网改造升级工程，按照国家能源局部署，国家电网公司、南方电网公司两大电网企业加快推进农村电网改造升级建设，着力满足农村经济社会发展和农民生活改善的用电需求。

三是大力推进危房改造，农民住房面积增加较多。截至 2009 年 10 月 31 日，全国危房改造开工 66.28 万户，开工率 83.48%；竣工 41.39 万户，竣工率 52.13%。2010 年 3 月，住房和城乡建设部《2010 年村镇建设司工作要点》提出 2010 年要在东部地区率先完成农村危房改造，基本解决中西部地区贫困农户居住安全问题。2011 年中央补助标准为每户平均 6000 元，在此基础上对陆地边境县边境一线贫困农户和建筑节能示范户每户增加补助 2000 元。2012 年中央补助标准提高到每户平均 7500 元，在此基础上对陆地边境县边境一线贫困农户和建筑节能示范户每户增加补助 2500 元。据调查，2012 年农村居民人均住房面积为 37.1 平方米，比 2002 年增长 40%。

四是农村饮水安全显著改善。到 2009 年，农村自来水普及率达到

68.7%，提前一年完成了"十一五"饮水安全规划任务，提前 6 年实现联合国千年宣言提出的到 2015 年将饮水不安全人口比例降低一半的目标。2011 年，财政部、国家税务总局发出的《关于支持农村饮水安全工程建设运营税收政策的通知》，从 5 个方面明确了支持农村饮水安全工程建设、运营的税收优惠政策。

五是农村环境建设加快。截至 2011 年年底，全国户用沼气达到 3996 万户，占农村总户数的 23%，受益人口达 1.5 亿多人。沼气的发展，促进了粪便、秸秆、有机垃圾等农村主要废弃物的无害化处理、资源化利用，有效防止和减轻了畜禽粪便排放和化肥农药过量施用造成的面源污染，农村"脏乱差"环境问题得到扼制，改善了农业农村生产生态环境，成为农村民生工程和新农村建设的一大亮点。根据卫生部统计，截至 2011 年年底，农村改水累计受益人口达到 89972 万人，比 2002 年增长 3.6%；改水累计受益人口占农村人口的比重为 94.2%，比 2002 年提高 2.5 个百分点。农村卫生条件改善，2011 年农村卫生厕所普及率为 69.2%，比 2002 年提高 20.5 个百分点。

• 快速推进农村公共文化体系建设

2005 年 11 月 7 日，中共中央办公厅、国务院办公厅发出《关于进一步加强农村文化建设的意见》指出，加强农村文化建设，是全面建设小康社会的内在要求，是树立和落实科学发展观、构建社会主义和谐社会的重要内容，是建设社会主义新农村、满足广大农民群众多层次多方面精神文化需求的有效途径，对于提高党的执政能力和巩固党的执政基础，促进农村经济发展和社会进步，实现农村物质文明、政治文明和精神文明协调发展，具有重大意义。2007 年，中共十七大报告中明确指出，要"重视城乡、区域文化协调发展，着力丰富农村、偏远地区、进城务工人员的精神文化生活"。2008 年 10 月，中共十七届三中全会通过的《中共中央关于推进农村改革发展若干重大问题的决定》对繁荣农村文化提出了 3 点要求：要把社会主义核心价值体系建设融入农村文化建设全过程；要尽快形成完备的农村公共文化服务体系；要广泛开展农民群众乐于参与、便于参与的文化活动。2011 年，中共十七届六中全会审议通过的《中共中央关于深化文化体制改革推动社会主义文化大发展大繁荣若干重大问题的决定》，指出重点加强农村地区和中西部贫困地区公共文化服务体系建设，加快推进基本公共文化服务均等化。中央财政设立农村文化建设专项资金，对村级公共文化体育设施设备更新维护和开展农村文体活动予以补助和奖励。地方财政要积极落实应负担的资金，加强资金分配和使用管理。要继续支持实施重点文化惠民工程，推进面向农村的广播电视直播卫星公共服务，推进公共文化设施免费开放，加强公共数字文化建设。研究出台相关政策，引导企业、社区积极开展面向农民工的公益性文化活动。

通过大力实施县级公共图书馆建设、乡镇综合文化站建设等重大工程，中国基本上形成了中央省地县乡村六级公共文化设施网络。到 2012 年，全国村文化活动室覆盖率达到 65.3%，在全国 43876 个群众文化机构中乡镇（街道）文化站达到 40575 个，即占比超过九成。全国 3301 个文化馆，县级文化馆达到 2919 个。有重点、分步骤地消除农村广播电视覆盖盲区，2012 年全国完成约 28.2 万个 20 户以下通广播电视自然村"盲村"的建设任务，为提前完成"十二五"规划的村村通建设任务奠定基础。[①] 农村电影放映工程加快升级，全国行政村一村一月放映一场公益电影目标全面实现，2012 年全国有 248 条农村数字电影院线，总订购影片场次为 911.16 万

① 国家新闻出版广电总局发展研究中心：《中国广播电影电视发展报告（2014）》，社会科学文献出版社 2014 年，第 42 页。

场。村村通及其附属工程、农村电影放映工程等文化惠民工程的实施，大大缩小了广播影视公共服务的城乡差别和地域差别，逐步实现广大人民群众听广播、看电视、赏电影等权益保障均等化。

- 把农村教育作为教育工作的重中之重

针对中国农村教育整体薄弱的状况还没有得到根本扭转，城乡教育差距还有扩大的趋势，教育为农村经济社会发展服务的能力亟待加强，国务院于 2003 年 9 月 17 日印发《关于进一步加强农村教育工作的决定》，明确指出农村教育在全面建设小康社会中具有基础性、先导性、全局性的重要作用，提出把农村教育作为教育工作的重中之重。同月 19 日，国务院召开新中国成立以来的首次全国农村教育工作会议。

2005 年 12 月 24 日，国务院发出《关于深化农村义务教育经费保障机制改革的通知》，要求按照"明确各级责任、中央地方共担、加大财政投入、提高保障水平、分步组织实施"的基本原则，逐步将农村义务教育全面纳入公共财政保障范围，建立中央和地方分项目、按比例分担的农村义务教育经费保障机制。

2006 年 6 月 29 日，十届全国人大常委会第 20 次会议表决通过的《中华人民共和国义务教育法》，进一步明确了中国义务教育的公益性、统一性和义务性。

2012 年中央一号文件提出振兴发展农业教育。推进部部共建、省部共建高等农业院校，实施卓越农林教育培养计划，办好一批涉农学科专业，加强农科教合作人才培养基地建设。进一步提高涉农学科（专业）生均拨款标准。加大国家励志奖学金和助学金对高等学校涉农专业学生倾斜力度，提高涉农专业生源质量。加大高等学校对农村特别是贫困地区的定向

义务教育不收学杂费政策在甘肃省临泽县落实

招生力度。鼓励和引导高等学校毕业生到农村基层工作，对符合条件的，实行学费补偿和国家助学贷款代偿政策。深入推进大学生"村官"计划，因地制宜实施"三支一扶"、大学生志愿服务西部等计划。加快中等职业教育免费进程，落实职业技能培训补贴政策，鼓励涉农行业兴办职业教育，努力使每一个农村后备劳动力都掌握一门技能。

中共十六大之后的10年，中共中央、国务院在保障农村适龄儿童少年接受义务教育的权利方面出台了以下政策措施：

一是实施义务教育经费保障机制改革。2006年中央一号文件明确对西部地区农村义务教育阶段学生全部免除学杂费，对其中的贫困家庭学生免费提供课本和补助寄宿生生活费。2007年在全国农村普遍实行这一政策。全国约有1.3亿农村义务教育阶段学生免除了学杂费和教科书费，约3000多万农村寄宿制学生免除了住宿费，中西部1228万名农村家庭经济困难寄宿生享受生活费补助。

二是普遍建立学生资助体系，为家庭经济困难学生提供生活补助并逐步提高补助标准。2011年秋季学期起，国家启动了农村义务教育学生营养改善计划，在集中连片特殊困难地区开展试点，按照每生每天3元的标准为约2600万在校生提供营养膳食补助。

三是初步解决农民工随迁子女在城市接受义务教育问题。2012年，教育部等4部委发出《关于做好进城务工人员随迁子女接受义务教育后在当地参加升学考试工作的意见》。根据教育部数据，2012年，全国进城务工人员随迁子女1393.87万人实现就地入学，有2271.07万义务教育阶段的农村留守儿童在校生。[①]

农民工子女在安徽省合肥市开心入学

① 《中国教育报》，2013年8月17日。

四是实施西部地区"两基"攻坚计划。到 2000 年，全国尚未实现"两基"的 400 多个县级行政区域主要集中在青海、西藏、甘肃、四川、云南、新疆等经济欠发达的西部地区。2003 年 9 月 17 日，国务院发出《关于进一步加强农村教育工作的决定》，提出力争用 5 年时间完成西部地区基本普及九年义务教育和基本扫除青壮年文盲攻坚任务（简称"两基"）。2004 年 2 月 26 日，为了啃下最后的硬骨头，国家实施西部地区"两基"攻坚计划（2004—2007 年）。2004 年 7 月 5 日，教育部、财政部、发展和改革委员会分别与西部 12 个省（区、市）和新疆生产建设兵团郑重签署了"两基"攻坚计划责任书，西部各省全力奋战"两基"，形成攻坚克难合力。在西部地区"两基"攻坚进程中，国家实施了一系列重大工程项目，投入数百亿元不断改善中西部地区农村学校的办学条件。到 2007 年，西部地区"两基"攻坚计划全面完成，人口覆盖率达 98%。国家西部地区"两基"攻坚计划的顺利实施，给西部地区农村教育带来显著变化，农村中小学办学条件显著改善，义务教育基础薄弱状况明显扭转。西部地区"两基"攻坚计划是新世纪新阶段攻克教育公平发展重大难题的成功实践，有效促进了区域、城乡之间教育的协调发展。

- **全面实行新型农村合作医疗制度和改善农村医疗卫生水平**

从 2003 年起，中国开始实行新型农村合作医疗制度，着力解决农民看病难看病贵问题，以实现"病有所医"和提高农民健康水平。1 月 16 日，国务院办公厅转发卫生部、财政部、农业部《关于建立新型农村合作医疗制度的意见》，决定实行新型农村合作医疗制度。《意见》指出，新型农村合作医疗制度是由政府组织、引导、支持，农民自愿参加，个人、集体和政府多方筹资，以大病统筹为主的农民医疗互助共济制度；提出从 2003

年起，各省、自治区、直辖市至少要选择 2—3 个县（市）先行试点，取得经验后逐步推开。该意见包括目标和原则、组织管理、筹资标准、资金管理、医疗服务管理、组织实施 6 部分。2006 年 1 月，卫生部等 7 部委联合发出《关于加快推进新型农村合作医疗试点工作的通知》，提出 2006 年全国试点县（市、区）数量达到全国县（市、区）总数的 40% 左右；2007年扩大到 60% 左右；2008 年在全国基本推行；2010 年实现新型农村合作医疗制度基本覆盖农村居民。

中共十七届三中全会通过的《中共中央关于推进农村改革发展若干重大问题的决定》指出，巩固和发展新型农村合作医疗制度，提高筹资标准和财政补助水平，坚持大病住院保障为主、兼顾门诊医疗保障。

新型农村合作医疗住院补偿情况。2012 年 12 月作者摄

到 2011 年，新型农村合作医疗制度覆盖 8.32 亿人，农民参合率为 97.5%，补偿受益人次 13.15 亿；各级财政对新型农村合作医疗的补助标

准从 2010 年每人每年 120 元提高到 200 元，筹资总额达到 2047.6 亿元，人均筹资 246.2 元；新型农村合作医疗政策范围内的住院费用报销比例从 2010 年的 60% 提高到 70% 左右，最高支付限额从 2010 年的 3 万元提高到不低于 5 万元，保障水平进一步提高。

在全面实行新型农村合作医疗制度的同时，农村医疗卫生事业快速发展。中共十六大提出，建立适应新形势要求的卫生服务体系和医疗保健体系，着力改善农村医疗卫生状况，提高城乡居民的医疗保健水平。中共十六届五中全会提出加强农村公共卫生和基本医疗服务体系建设。中共十七届三中全会通过的《中共中央关于推进农村改革发展若干重大问题的决定》指出，促进农村医疗卫生事业发展。基本医疗卫生服务关系广大农民幸福安康，必须尽快惠及全体农民。坚持政府主导，整合城乡卫生资源，建立健全农村三级医疗卫生服务网络，重点办好县级医院并在每个乡镇办好一所卫生院，支持村卫生室建设，向农民提供安全价廉的基本医疗服务。加强农村卫生人才队伍建设，定向免费培养培训农村卫生人才，妥善解决农村医生补贴，完善城市医师支援农村制度。坚持预防为主，扩大农村免费公共卫生服务和免费免疫范围，加大地方病、传染病及人畜共患病防治力度。加强农村药品配送和监管。积极发展中医药和民族医药服务。广泛开展爱国卫生运动，重视健康教育。加强农村妇幼保健，逐步推行住院分娩补助政策。全国乡镇卫生院床位数，由 2002 年的 67.13 万张增加到 2012 年 109.93 万张，增长 63.7%。[①]

---

① 《辉煌 70 年》编写组：《辉煌 70 年——新中国经济社会发展成就（1949—2019）》，中国统计出版社 2019 年版，第 471 页。

第四节　农业再组织化的快速发展和现代化发展

在统筹城乡经济社会发展方略下，农业现代化建设呈现出新的特征。一是，从适应社会主义市场经济发展出发，允许以转包、出租、互换、转让、股份合作等形式促进土地承包经营权发展多种形式适度规模经营，制定和实施农民专业合作社法，促进以农民专业合作社为主要形式的农业再组织化的快速发展，农业产业化经营模式突破初期单一的"公司＋农户"模式，向"公司＋合作社＋农户""合作社＋成员"等多种模式演进，农业产业化经营机制和利益联接机制逐步完善。二是，走中国特色农业现代化道路，提高农业水利化、机械化和信息化水平，提高土地产出率、资源利用率和农业劳动生产率，提高农业素质、效益和竞争力。三是基于我国已进入工业化中期阶段，在工业反哺农业的新的政策体系下，促进农业综合生产能力迈上新台阶。

- 制定实施农民专业合作社法与再组织化的快速发展

在家庭承包经营基础上兴起的农民专业合作经济组织，由于内有农民需求逐步发展，在组织农民发展农业生产、进入市场、促进增收等方面呈现出强大生命力。尽管如此，到世纪之交中国农民专业合作经济组织发育不充分。一方面，农户参加农民专业合作经济组织的比重小。据农业部统计，截至 2003 年年底，全国农民专业合作经济组织成员仅 668 万名，仅占乡村从业人数的约 1.4%，即使假定 688 万成员代表 688 个农户，在全国农户中的占比也仅约 2.8%。另一方面，农民专业合作经济组织规模小、发展能力弱，其产品加工增值、品牌建设、市场开拓等能力十分弱，不少农民专业合作经济组织还只是提供技术和信息服务。

中国农民专业合作经济组织发育不充分、功能难以充分发挥的原因是多方面的，但根本原因是没有明确其法律地位。农民专业合作经济组织法律地位不明确，严重约束着农民专业合作经济组织的发展。[1] 一是农民专业合作经济组织难以得到管理部门认可，在实践中使其难以获得主管部门的登记注册、产品的质量认证和信贷支持。二是农民专业合作经济组织难以得到其他市场主体的认可，导致交易双方主体在安全性上的担忧。三是许多组织内部运行机制不健全，不能真正实行民主管理，不利于保护农民成员的民主权利和经济利益。不仅如此，还使得一些只需办合作社的组织，不得不先办成公司，即先形成"公司＋农户"的产业化经营模式，然后再转型为"公司＋合作社（协会）＋社员（会员）"的农业产业化经营模式。在实践中，农业产业化经营发展模式应当多元化，但也造成公司、合作社、协会等组织因重叠设置而带来一些矛盾，还导致部分合作社（协会）成为公司对农民进行控制的工具。

为了明确农民专业合作社的法人地位，规范组织和运作制度，保护成员的利益，支持和引导其健康发展，多方面提出了农民专业合作经济组织立法的建议[2]。2003 年，《农民专业合作经济组织法》列入十届全国人大立法规划。2006 年 8 月，十届全国人大常委会第二十三次会议对《中华人民共和国农民专业合作经济组织法（草案）》进行第二次审议时，更名改为《中华人民共和国农民专业合作社法》。

---

[1] 参见郑有贵：《给农民专业合作经济组织构建一个发展壮大的制度平台——关于农民专业合作社立法的思考和建议》，《农村经营管理》，2005 年第 5 期。

[2] 2002 年 7 月 1 日，中国合作经济学会向姜春云副委员长、李鹏委员长报送《关于尽快制定〈合作社法〉的建议》。姜春云副委员长和李鹏委员长分别于同年 7 月 30 日、8 月 3 日做了批示。8 月 20 日上午，全国人大法工委卜耀武副主任主持会议，听取中国合作经济学会的汇报。中国合作经济学会的缪建平、郑有贵同志和农业部农村经济体制与经营管理司的两位同志在会上汇报了《关于尽快制定〈合作社法〉的建议》起草中的有关情况和考虑。

2006 年 10 月 31 日，十届全国人大常委会第二十四次会议通过《中华人民共和国农民专业合作社法》。该法第二条第一款对农民专业合作社进行了界定，即：农民专业合作社是在农村家庭承包经营基础上，同类农产品的生产经营者或者同类农业生产经营服务的提供者、利用者，自愿联合、民主管理的互助性经济组织。这部法律以适度规范，在规范中促进发展，在发展中逐步规范为基本出发点，对农民专业合作社的设立、民主管理、财务制度等内容作出符合当时中国农民专业合作社发展阶段的相应规定。这部法律还明确了国家对农民专业合作社提供支持与扶持的主要政策措施，充分体现了党和国家"多予、少取、放活"的惠农政策精神。该法对农民专业合作社的规范，体现了"民办、民有、民管、民受益"的原则，并通过成员的有限责任制度、成员账户制度、盈余分配制度、退社制度等对成员的财产权利加以保护。这部法律赋予了农民专业合作社法人地位，填补了中国市场主体法律的一项空白，也在法律上提供了一种完善农业产业化经营利益机制的新的组织制度。

在农民专业合作社法的制定及其后的实施过程中，国家加大对农民专业合作社的支持。2003 年财政部安排专门资金，启动了支持农民专业合作组织发展项目。2004 年，农业部安排专项资金，又启动了农民专业合作组织示范项目，重点支持农民专业合作经济组织为成员开展信息、技术、培训、质量标准与认证、市场营销等服务。2008 年 6 月 24 日财政部、国家税务总局发出《关于农民专业合作社有关税收政策的通知》，明确了农民专业合作社的税收优惠政策。2009 年 2 月中国银监会、农业部联合印发《关于做好农民专业合作社金融服务工作的意见》，明确了对农民专业合作社的金融服务支持政策。2008 年 12 月商业部、农业部联合印发了《关于开展农超对接试点工作的通知》，促进大型连锁超市与农民专业合作社有效对接，以减少农产品流通环节和降低流通成本。除了专项政策支持文件外，中央一号文件还明确了深入推进示范社建设行动、各级政府扶持的贷款担保公司要把农民专业合作社纳入服务范围、支持有条件的合作社兴办农村资金互助社、扶持农民专业合作社自办农产品加工业务、大力发展农民用水合作组织、新增农业补贴向农民专业合作社倾斜、有序发展农村资金互助组织、引导农民专业合作社规范开展信用合作、支持农民专业合作社或参股其他龙头企业等措施。

农民专业合作社法的制定实施，起到了引导、支持、保护农民专业合作社发展的作用，农民再组织化呈现快速发展态势。到 2012 年年底，全国农民专业合作社达 68.9 万户，出资总额 1.1 万亿元。

• "合作社＋成员"对农业产业化经营模式的完善

农民专业合作经济组织的迅速发展，日益成为农业产业化经营不可或缺的方面军，其在农业产业化经营中的功能进行积极的演进，龙头带动功能日益增强。（1）在众多的"公司＋农民专业合作经济组织＋成员"模式中，随着农民对合作需要的增加和经济实力的增强，有的协会转型为合作社，合作社在发挥公司与农户之间的中介功能的同时，不断拓展经营业务，兴办自己的加工厂和开拓与龙头公司合作以外的营销业务，不少协会、合作社拥有自己的品牌和注册商标，逐渐成为新的龙头组织。（2）在日益兴起的"农民专业合作社＋成员"模式中，农民专业合作社独立兴办加工厂、开展市场营销业务，成为独立的产业化龙头组织，不再仅仅是中介组织。[①]

农民专业合作经济组织是保障农民从产业化经营中得到更多实惠的重要组织形式。2006 年中央一号文件明确提出："要着力培育一批竞争力、

---

① 参见郑有贵：《农民合作经济组织不仅仅是中介组织》，《农民日报》，2004 年 11 月 6 日，第 3 版。

带动力强的龙头企业和企业集群示范基地,推广龙头企业、合作组织与农户有机结合的组织形式,让农民从产业化经营中得到更多的实惠。"

随着农民专业合作经济组织的发展,农业产业化经营模式突破了初期单一的"公司+农户"模式,向"公司+合作社+农户""合作社+成员"等多种模式演进,农业产业化经营机制和利益联结机制逐步完善。

"公司+农户"向"公司+农民专业合作经济组织+成员"的演变,是农业产业化经营组织模式的自我完善,其动力首先来自公司。

在农业产业化经营的初始模式"公司+农户"中,公司凭借其拥有资本优势,将农业产业链诸环节整合起来,形成产供销、种养加、贸工农一体化经营,为解决当时遇到的小农户难以进入大市场问题做出了不可磨灭的历史贡献。在"公司+农户"模式中,随着公司市场拓展能力的提升,其辐射带动农户的覆盖半径也相应增大,但也带来一些问题,如公司与农户之间缺少一种承担生产组织和利益协调的组织,一些公司所需的较大数量的优质农产品原料得不到稳定供给,往往是在市场销路好时有的农民不把产品卖给签约公司,在市场不景气时有的公司不兑现对农民的合同收购,发生这种合作风险的结果是使公司因原料数量和质量波动而缺乏竞争力,公司不仅难以提高其产品的市场占有率,有的甚至丧失已占有的市场。在农业产业化经营中,与农业公司等龙头组织有订单合同关系的农户较少,履约率极低。"公司+农户"模式遇到的这一问题,除了诚信和法制建设方面的因素外,缘于在信息不对称和农民在谈判中处于弱势地位的情况下,作为不同利益主体的公司与农户两者之间形成"利益共享、风险共担"机制较为困难,农民得到农业产业链中平均利润的理论预期在实践中难以实现,在双方的博弈中,公司与农户之间的合作不如人意便成自然之事。

随着公司市场开拓能力的增强,需要更多农户为其生产统一技术规格的优质农产品原料，进而需要一种组织对农户生产进行组织和对利益进行协调，而引入农民专业合作社则是最佳选择。农民专业合作社的引入，使农业产业链中各利益主体形成"利益共享、风险共担"机制更容易成为现实：农民专业合作社增强了农民的谈判地位，农民获得农业产业链中平均利润的可能性增强，特别是合作社盈余按交易量（额）返还成员的预期吸引成员在合作社内进行交易合作，公司因此避免与社会争原料，保障原料的稳定供给，从而保障原料的质量和数量，为其产品质量和市场占有率的提高提供保障，进而为公司提高其竞争力奠定基础。由于引入农民专业合作社能促进公司和农户双赢格局的形成，这使得农民专业合作社成为农业产业化经营中的重要力量。

"公司＋农户"向"公司＋合作社＋成员"的转型，由于公司与农户之间更容易形成"利益共享、风险共担"机制而吸引更多农户加入其团队，有利于根据市场需求实现优质农产品供应基地的扩张，进而促进优势产业带的形成。

● 走中国特色农业现代化道路

对中国特色农业现代化进行部署。中共十六大从统筹城乡经济社会发展出发，提出建设现代农业的要求。2005 年中央一号文件以"提高农业综合生产能力"为主题，提出提高农业综合生产能力是一项重大而紧迫的战略任务，是农业发展的关键，是农业现代化的根本。2007 年中央一号文件直接以"发展现代农业"为主题，即《关于积极发展现代农业扎实推进社会主义新农村建设的若干意见》，明确作出积极发展现代农业、扎实推进社会主义新农村的战略决策和部署安排。文件提出，"要用现代物质条件装备农业，用现代科学技术改造农业，用现代产业体系提升农业，用现代经营形式推进农业,用现代发展理念引领农业,用培养新型农民发展农业,提高农业水利化、机械化和信息化水平,提高土地产出率、资源利用率和农业劳动生产率,提高农业素质、效益和竞争力"。文件提出必须把建设现代农业作为贯穿新农村建设和现代化全过程的一项长期艰巨任务,切实抓紧抓好;从"加大对'三农'的投入力度,建立促进现代农业建设的投入保障机制"等8个方面进行了系统部署。中共十七大提出走中国特色农业现代化道路,明确指出"要加强农业基础地位,走中国特色农业现代化道路,建立以工促农、以城带乡长效机制,形成城乡经济社会发展一体化新格局"。

促进农业科技创新。2012年中央一号文件以农业科技创新为主题——《关于加快推进农业科技创新持续增强农产品供给保障能力的若干意见》,明确指出:"实现农业持续稳定发展、长期确保农产品有效供给,根本出路在科技。农业科技是确保国家粮食安全的基础支撑,是突破资源环境约束的必然选择,是加快现代农业建设的决定力量,具有显著的公共性、基础性、社会性。"由此,农业科技创新被提升至更高层次,农业科技创新体系逐渐完善和稳步发展。中共十六大以来,中国在生物育种、粮食丰产、节水农业、数字农业、循环农业、动植物疾病防治等领域开展科技攻关,取得了一大批重大科技成果,增加了农业技术储备,显著提高了农业生产技术水平和综合生产能力。据科技部统计,2011年全国农作物良种覆盖率达到95%以上,良种对粮食作物增产的贡献率超过40%,科技进步对农业增长的贡献率达到53.5%。

促进农业机械化水平快速提高。2004年中央一号文件首次提出实施农机具购置补贴政策,当年全国地方各级财政共投入购置农机具补贴资金4.1亿元,到2012年增至215亿元,比2004年增加210.9亿元。2004年11月1日,《中国人民共和国农业机械化促进法》实施,该法明确了国家对农业机械化的扶持措施，规定国家对农业机械生产企业的税收优惠、中央和省级财政给予农民购买农业机械补贴及贷款支持、农业机械的生产作业服务享受税收优惠等。这部法律的颁布实施标志着中国农业机械化进入了依法促进阶段。自中共十六大起的 10 年间，随着中央和地方不断加大对农业机械化的支持力度，中国农机装备总量快速增加、装备结构优化、农机社会化服务向广度和深度拓展，农机社会化服务逐渐向产前和产后环节延伸。到 2012 年，全国农用机械总动力为 10.2 亿千瓦；全国农作物耕种收综合机械化水平 57.2%，连续 7 年保持 2 个百分点以上的增幅。[①] 中央一号文件以不同角度、不同方式提出支持发展农业农村信息化工作。农业部也制定了关于促进农业信息化的文件。2007 年，农业部制定《全国农业和农村信息化建设总体框架（2007—2015）》，对中国在开展农业农村信息化工作作出部署。2011 年，农业部发布《全国农业农村信息化发展"十二五"规划》，提出到 2015 年农业农村信息化取得明显进展，农业农村信息化总体发展水平提高到 35%。中国农业信息化建设取得长足发展，2010 年全国农业网站总数达到 31108 个，建成了以中国农业信息网为核心，以 30 多个专业网站为支撑，覆盖部、省、地、县 4 级的农业信息交流网络体系。

持续展开农业基础设施建设。中共十六大以来，国家大力推广保护性耕作技术，实施旱作农业示范工程，推广测土配方施肥，推行有机肥综合利用与无害化处理，引导农民多施农家肥，增加土壤有机质。2004 年中央一号文件提出"围绕农田基本建设，加快中小型水利建设，扩大农田有效灌溉面积，提高排涝或抗旱能力"。2005 年中央一号文件提出"国家对农民兴建小微型水利设施所需材料给予适当补助"。由于乡村组织不完善，国家投资建设及维护的大中型水利设施难以和分散农户有效衔接。从 2006 年的川渝大

---

① 中华人民共和国农业部：《中国农业发展报告（2013）》，中国农业出版社 2013 年，第 2 页。

旱到 2009 年的华北地区大旱，再到 2010 年的西南五省大旱，给农业造成巨大损失，暴露出中国农田水利等基础设施的薄弱状况。鉴于此，2011 年中央一号文件《中共中央国务院关于加快水利改革发展的决定》提出，"力争通过 5 年到 10 年努力，从根本上扭转水利建设明显滞后的局面。到 2020 年，基本建成防洪抗旱减灾体系，重点城市和防洪保护区防洪能力明显提高，抗旱能力显著增强。"2012 年 3 月，国务院批准颁布《全国土地整治规划》，明确"十二五"土地整治目标任务，部署 4 亿亩高标准基本农田建设。2012 年，中央财政全年拨付资金 273 亿元，启动 500 个高标准基本农田示范县建设，完成了 6.7 万平方千米高标准基本农田建设任务。[1] 中共十六大以来，农业基础设施建设取得显著成效。据农业部统计，截至 2010 年，测土配方施肥项目涵盖全国 2498 个县（场、单位），受益农户达 1.6 亿，技术推广面积 11 亿亩以上；土壤有机质提升试点项目涵盖全国 30 个省（区、市，含中央农垦系统）的 619 个县（市、区、场），实施面积增加到 2750 万亩。2012 年，全国有效灌溉面积为 63036.4 千公顷，比 2002 年增长了 16%。

- **农业综合生产能力迈上新台阶并实现粮食产量"九连增"**

21 世纪初农业科技进步、农业生产条件改善和各种现代投入品的大量使用，农业综合生产能力迈上新台阶。

一是粮食综合生产能力连上新台阶。全国粮食产量扭转了自 1999 年起下降徘徊态势，2004 年至 2012 年实现"九连增"，其中 2007—2012 年连续 6 年超过 5 亿吨，2012 年达 61222.62 万吨，比 2002 年增长 33.9%。[2]

---

[1] 环境保护部：《2012 年中国环境状况公报》。

[2] 《辉煌 70 年》编写组：《辉煌 70 年——新中国经济社会发展成就（1949—2019）》，中国统计出版社 2019 年版，第 402 页。

二是经济作物全面增产。2012 年，棉花产量为 683.6 万吨，比 2002 年增长 39.1%；油料产量为 3436.8 万吨，比 2002 年增长 18.6%。糖料、蔬菜、水果等产量也快速增长。

三是肉蛋奶等主要畜产品产量稳定持续增长。2012 年全国肉类总产量达到 8387.2 万吨，比 2002 年增长 34.5%，肉类总产量稳居世界第一。2012 年，全国禽蛋产量为 2861.2 万吨，比 2002 年增长 26.3%。2012 年，全国奶类产量为 3875.4 万吨，比 2002 年增长 1.77 倍。

四是水产品产量快速增长。2012 年，全国水产品总产量为 5907.7 万吨，比 2002 年增长 49.4%。其中，人工养殖扩张迅速。2012 年，人工养殖内陆水产品 2644.5 万吨，增长 80.9%；人工养殖海水产品 1643.8 万吨，增长 55%。

五是森林资源和林业经济快速增长。2008 年 6 月，中共中央、国务院印发《关于全面推进集体林权制度改革的意见》，明确用 5 年时间，基本完成明晰产权、承包到户的集体林权制度改革任务，林地承包期为 70 年。根据国家林业局第六次全国森林资源清查（1999—2003 年）到第七次全国森林资源清查（2004—2008 年）的清查结果，全国森林面积净增 2054.30 万公顷，森林覆盖率由 18.21% 提高到 20.36%，活立木总蓄积净增 11.28 亿立方米，森林蓄积净增 11.23 亿立方米，天然林面积净增 393.05 万公顷，天然林蓄积净增 6.76 亿立方米，人工林面积净增 843.11 万公顷，人工林蓄积净增 4.47 亿立方米。据国家林业局统计，2003 年至 2011 年全国林业重点工程累计完成造林面积 3646.4 万公顷，其中天然林保护工程 707.1 万公顷，退耕还林工程 1720.8 万公顷，京津风沙源治理工程 431.9 万公顷，速生丰产用材林基地工程 9.2 万公顷。

"三北"防护林。2007年8月作者摄于张家口

第五节　探索建立农村社会保障体系和农民收入"九连增"

在统筹城乡经济社会发展和促进城乡一体化发展进程中，中国着力建立健全同经济发展水平相适应的社会保障体系。中共十六大提出，有条件的地方，探索建立农村养老、医疗保险和最低生活保障制度。中共十六届六中全会通过的《中共中央关于构建和谐社会若干重大问题的决定》进一步明确提出，逐步建立农村最低生活保障制度，有条件的地方探索建立多种形式的农村养老保险制度。在全面建设小康社会进程中，实施《中国农村扶贫开发纲要（2001—2010 年）》，解决集中连片地区的贫困问题；把增加农民收入作为"三农"发展的核心目标，拓宽增收渠道，农民收入进入新一轮快速增长期，农民生活水平明显改善。

- 建立农村最低生活保障制度

2002 年第十次全国民政工作会议提出新时期的民政工作"要以城市社区和农村乡镇为重点"，"建立以城市居民最低生活保障和农村'五保'供养制度为基础，临时社会救济为补充、各项政策优惠相配套的社会救济体系"。农村税费改革试点全面推开后，五保供养出现了一些新情况、新问题。为此，中共中央、国务院给予高度关注。2003 年，民政部《关于进一步做好农村特困户救济工作的通知》中强调，对"五保户"要按照国务院《农村五保供养工作条例》规定，符合条件的及时纳入五保供养范围，在税费改革中要进一步落实五保供养资金，确保五保人员的供养标准不低于当地的一般生活水平。2004 年，政府工作报告明确提出"完善农村'五保户'生活保障制度，确保供养资金"。同年，民政部、财政部、国家发展和改革委员会发出《关于进一步做好农村五保供养工作的通知》，要求各地民政部门要规范五保管理，实现"应保尽保"，要进一步加强敬老院建设，发动社会力量，支持五保供养工作。从发展情况看，农村五保户供养主要特点有：一是集体供养人数减少，其原因主要是农村五保户总人数减少，这也是农村经济的发展和农民生活质量提高的表现之一；二是集体供养五保户占五保总数比重于 1991 年下降到最低，其后回升。

根据中共十六届六中全会关于逐步建立农村最低生活保障制度的要求，国务院于 2007 年 7 月 11 日印发《关于在全国建立农村最低生活保障制度的通知》，决定 2007 年在全国建立农村最低生活保障制度。农村最低生活保障对象是家庭年人均纯收入低于当地最低生活保障标准的农村居民，主要是因病残、年老体弱、丧失劳动能力以及生存条件恶劣等原因造成生活常年困难的农村居民。建立农村最低生活保障制度是建立覆盖城乡社会保障体系的重要内容，其目标在于通过在全国范围建立农村最低生活保障制度，将符合条件的农村贫困人口全部纳入保障范围，稳定、持久、有效地解决全国农村贫困人口的温饱问题。建立农村最低生活保障制度，实行地方人民政府负责制，按属地进行管理。农村最低生活保障资金的筹集以地方为主，地方各级人民政府将农村最低生活保障资金列入财政预算，省级人民政府要加大投入。地方各级人民政府民政部门根据保障对象人数等提出资金需求，经同级财政部门审核后列入预算。中央财政对财政困难地区给予适当补助。农村最低生活保障标准由县级以上地方人民政府按照能够维持当地农村居民全年基本生活所必需的吃饭、穿衣、用水、用电等费用确定，并报上一级地方人民政府备案后公布执行。农村最低生活保障标准随着当地生活必需品价格变化和人民生活水平提高适时进行调整。

广西壮族自治区农村居民最低生活保障救助金领取证

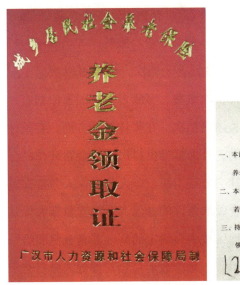

养老金领取证。2012 年 10 月作者摄

• 建立新型农村社会养老保险制度

中共十七大提出加快建立覆盖城乡居民的社会保障体系，保障人民基本生活；探索建立农村养老保险制度。中共十七届三中全会通过的《中共中央关于推进农村改革发展若干重大问题的决定》提出，按照个人缴费、集体补助、政府补贴相结合的要求，建立新型农村社会养老保险制度。创造条件探索城乡养老保险制度有效衔接办法。根据中共十七大和十七届三中全会精神，国务院于 2009 年 9 月 1 日印发《关于开展新型农村社会养老保险试点的指导意见》，决定从 2009 年起开展新型农村社会养老保险（简称新农保）试点。《意见》明确，年满 16 周岁（不含在校学生）、未参加城镇职工基本养老保险的农村居民，可以在户籍地自愿参加新农保。2009 年试点覆盖面为全国 10% 的县（市、区、旗），以后逐步扩大试点，在全国普遍实施，2020 年之前基本实现对农村适龄居民的全覆盖。

新农保基金由个人缴费、集体补助、政府补贴构成。在个人缴费方面，参加新农保的农村居民应当按规定缴纳养老保险费。缴费标准当时设为每年 100 元、200 元、300 元、400 元、500 元 5 个档次，地方可以根据实际情况增设缴费档次。参保人自主选择档次缴费，多缴多得。国家依据农村居民人均纯收入增长等情况适时调整缴费档次。在集体补助方面，有条件的村集体应当对参保人缴费给予补助，补助标准由村民委员会召开村民会议民主确定。鼓励其他经济组织、社会公益组织、个人为参保人缴费提供资助。在政府补贴方面，政府对符合领取条件的参保人全额支付新农保基础养老金，其中中央财政对中西部地区按中央确定的基础养老金标准给予全额补助，对东部地区给予 50% 的补助。地方政府应当对参保人缴费给予补贴，补贴标准不低于每人每年 30 元；对选择较高档次标准缴费的，可给予适当鼓励，具体标准和办法由省（区、市）人民政府确定。对农村重度残疾人等缴费困难群体，地方政府为其代缴部分或全部最低标准的养老保险费。

养老金待遇领取方面，年满 60 周岁、未享受城镇职工基本养老保险待遇的农村有户籍的老年人，可以按月领取养老金。新农保制度实施时，已年满 60 周岁、未享受城镇职工基本养老保险待遇的，不用缴费，可以按月领取基础养老金，但其符合参保条件的子女应当参保缴费；距领取年龄不足 15 年的，应按年缴费，也允许补缴，累计缴费不超过 15 年；距领取年龄超过 15 年的，应按年缴费，累计缴费不少于 15 年。引导中青年农民积极参保、长期缴费，长缴多得。

城乡养老保险制度有效衔接逐步推进，截至 2013 年全国约半数省份将新农保与城镇居民社会养老保险合并，称为城乡居民社会养老保险。

• **实施《中国农村扶贫开发纲要（2001—2010 年）》**

21 世纪初，要解决的是全面建设小康社会进程中集中连片地区的贫困问题。中国把加快贫困地区脱贫致富作为全面建设小康社会、实现社会主义现代化建设"三步走"战略目标的一项重大举措。

2001 年 5 月，中央扶贫开发工作会议对 21 世纪前 10 年的农村扶贫开发工作进行了全面部署。江泽民在会上指出，实现国家"八七"扶贫攻坚计划确定的目标，只是一个阶段性的胜利。下一个阶段的扶贫开发，要向更高水平迈进。帮助贫困地区发展经济文化，帮助贫困地区群众与全国人民一起逐步走上共同富裕的道路，是贯穿社会主义初级阶段全过程的历史任务，全党和全国上下必须锲而不舍地长期奋斗。[①]

2001 年 6 月 13 日，国务院印发《中国农村扶贫开发纲要（2001—2010 年）》。该纲要分析指出，尚未解决温饱的贫困人口，虽然数量不多，但是解决的难度很大；已初步解决温饱问题的群众，由于生产生活条件尚未得到根本改变，温饱还不稳定，巩固温饱成果任务仍很艰巨；已基本解决温饱的贫困人口，由于温饱标准很低，在这个基础上实现小康、进而过上比较宽裕的生活，还需要一个较长期的奋斗过程。从根本上改变贫困地区社会经济落后状况，缩小地区差距，更是一个长期的历史性任务。要充分认识扶贫开发的长期性、复杂性、艰巨性，继续把扶贫开发放在国民经济和社会发展的重要位置，为贫困地区脱贫致富做出不懈努力。[②] 这个纲要提出 2001—2010 年中国扶贫开发的总体目标是：尽快解决极少数贫困人口温饱问题，进一步改善贫困地区的基本生产生活条件，巩固温饱成果，提高贫困人口的生活质量和综合素质，加强贫困乡村的基础设施建设，改

---

① 江泽民：《在中央扶贫开发工作会议上的讲话》，《人民日报》，2001 年 9 月 17 日。
② 《中国农村扶贫开发纲要（2001—2010 年）》，《人民日报》2001 年 9 月 20 日，第 5 版。

善生态环境，逐步改变贫困地区社会、经济、文化的落后状况，为达到小康水平创造条件。

随着国家经济的发展和扶贫工作的开展，全国扶贫开发事业取得明显成效，按照年人均纯收入 1274 元的标准，2010 年全国贫困人口减至 2688 万人。

- ## 农民收入实现"九连快"

世纪之交，农民收入增长缓慢，城乡收入差距拉大，对农民生活的改善、农村市场的开拓，以及城乡经济的协调发展，都产生了明显的不利影响。1997 年和 1998 年农村居民人均生活消费支出出现负增长。同期，城镇居民人均生活消费支出年平均增长达 6.09%，城乡消费差距由 1996 年的 2.49∶1 扩大到 2000 年的 2.99∶1。农村居民消费负增长导致农村消费市场份额萎缩，2001 年县及县以下社会消费品零售额占全社会消费品零售总额的份额仅为 36.4%，2008 年进一步下降至 32%。此外，农民收入增长缓慢，也不利于农民增加对农业的投入和农村社会的稳定。

中共十六大起，中共中央、国务院把增加农民收入作为"三农"发展的核心目标。2003 年 12 月，胡锦涛在山东、河南考察工作时指出，要切实把增加农民收入作为农业和农村工作的中心任务，采取有效措施促进农民收入较快增长。2004 年，中共中央、国务院专门制定增加农民收入问题文件，即中央一号文件《中共中央国务院关于促进农民增加收入若干政策的意见》，这在新中国的历史上还是第一次。这个文件分析指出：应当清醒地看到，当前农业和农村发展中还存在着许多矛盾和问题，突出的是农民增收困难。全国农民人均纯收入连续多年增长缓慢，粮食主产区农民收入增长幅度低于全国平均水平，许多纯农户的收入持续徘徊甚至下降，城乡居民收入差距仍在不断扩大。农民收入长期上不去，不仅影响农民生活水平提高，而且影响粮食生产和农产品供给；不仅制约农村经济发展，而且制约整个国民经济增长；不仅关系农村社会进步，而且关系全面建设小康社会目标的实现；不仅是重大的经济问题，而且是重大的政治问题。全党必须从贯彻"三个代表"重要思想，实现好、维护好、发展好广大农民群众根本利益的高度，进一步增强做好农民增收工作的紧迫感和主动性。文件还指出，现阶段农民增收困难，是农业和农村内外部环境发生深刻变化的现实反映，也是城乡二元结构长期积累的各种深层次矛盾的集中反映。在农产品市场约束日益增强、农民收入来源日趋多元化的背景下，促进农民增收必须有新思路，采取综合性措施，在发展战略、经济体制、政策措施和工作机制上有一个大的转变。文件有针对性地提出，当前和今后一个时期做好农民增收工作的总体要求是：各级党委和政府要认真贯彻十六大和十六届三中全会精神，牢固树立科学发展观，按照统筹城乡经济社会发展的要求，坚持"多予、少取、放活"的方针，调整农业结构，扩大农民就业，加快科技进步，深化农村改革，增加农业投入，强化对农业支持保护，力争实现农民收入较快增长，尽快扭转城乡居民收入差距不断扩大的趋势。中央出台一号文件，着力解决农民增收困难，体现了要解决好"三农"问题的决心和信心，向农民发出了实施强农惠农富农的政策信息。

中共十七大报告进一步指出："以促进农民增收为核心，发展乡镇企业，壮大县域经济，多渠道转移农民就业。"2008年中央一号文件提出"形成农业增效、农民增收良性互动格局"的要求。2009年中央一号文件再次将促进农业稳定发展和农民持续增收作为主题。这些与改革开放前将农民增收作为次于农业增产的政策目标不同，反映了经济社会发展阶段的必然要求。中共十七届三中全会提出了到2020年农民人均纯收入比2008年翻一番的更高目标。

自 2004 年中央一号文件出台起，中共中央、国务院坚持把增加农民收入作为农村工作的中心任务，千方百计拓宽增收渠道，扭转农村居民人均可支配收入年增幅由 1996 年的 9.0% 逐年下降至 2000 年的 2.1% 态势，农民收入进入新一轮快速增长期，实现 2004 年至 2012 年的"九连快"。农民人均可支配收入由 2002 年的 2528.9 元增加至 2012 年的 8389.3 元，其中 2010、2011、2012 年连续 3 年增速超过城镇居民。[①]

随着社会主义新农村建设的推进，农村最低生活保障制度的实施，农民收入的快速提高，农民生活明显改善。2002—2012 年，全国农村居民人均消费支出由 1917.1 元增加至 6667.1 元，恩格尔系数由 44.9% 改善为 35.9%。

---

① 《辉煌 70 年》编写组：《辉煌 70 年——新中国经济社会发展成就（1949—2019）》，中国统计出版社 2019 年版，第 382 页。

6

促进乡村振兴

（2012—2021）

从中共十八大起，中国特色社会主义进入新时代。中共十八大将此前的全面建设小康社会，改成了全面建成小康社会。促进乡村振兴，为开启全面建设社会主义现代化国家新征程、向第二个百年奋斗目标进军奠定基础，是中共十八大起中国共产党要破解的重大课题。

以习近平同志为核心的中共中央，把解决好"三农"问题摆在重中之重的优先发展位置，实施乡村振兴战略，将其作为决胜全面建成小康社会、全面建设社会主义现代化国家的重大历史任务，作为新时代"三农"工作的总抓手。2013—2021 年，中国坚持走中国特色社会主义乡村振兴道路，发挥中国共产党领导的政治优势，发挥社会主义的制度优势，发挥亿万农民的创造精神，以强大的经济实力为支撑，以历史悠久的农耕文明为根基，以旺盛的市场需求为拉动，探索破解工业化、城镇化进程中"三农"发展受弱质性困扰问题，农业综合生产能力上到新的大台阶，农民人均可支配收入比 2010 年翻了一番多，民生显著改善，农村面貌焕然一新，为开启全面建设社会主义现代化国家新征程奠定了坚实基础。

第一节　优先发展农业农村

在工业化、城镇化快速推进后，尽管国家实施了强农惠农富农政策，社会主义新农村建设扎实推进，但破解长期存在的城乡二元结构及所积累的"三农"问题，任务仍很艰巨。面对这一难题，以及2008年全球金融危机后全球经济增长缓慢的问题，中共中央以农业农村优先发展为总方针，把解决好"三农"问题放在重中之重的优先位置，制定和实施《中国共产党农村工作条例》，形成以重中之重的工作布局主动施策的制度化机制，为破解"三农"难题提供了保障。

- 明确农业农村优先发展总方针

中国共产党坚持群众路线和调查研究，了解农民的需求和向农民问计，并进行重大战略部署，及时解决"三农"发展中遇到的问题。

进入新时代，在决胜全面建成小康社会进程中，中国共产党进一步强化"三农"工作布局。习近平指出，从"三农"工作本身看，解决好发展不平衡不充分问题，要求我们更加重视"三农"工作。[1] 中共中央坚持农业农村优先发展，明确指出"中国要强，农业必须强；中国要美，农村必须美；中国要富，农民必须富。农业基础稳固，农村和谐稳定，农民安居乐业，整个大局就有保障，各项工作都会比较主动。"[2] 中共十九大报告指出："农业农村农民问题是关系国计民生的根本性问题，必须始终把解决好'三农'问题作为全党工作重中之重。"[3] 中共中央将解决好"三农"问题放

---

① 《习近平关于"三农"工作论述摘编》，中央文献出版社2019年版，第8页。
② 《十八大以来重要文献选编》（上），中央文献出版社2014年版，第658页。
③ 《十九大以来重要文献选编》（上），中央文献出版社2019年版，第22页。

在重中之重的优先位置落到实处。例如，2017 年 11 月 20 日，中共十九大后首次中央全面深化改革领导小组会议审议通过的"三农"议题占近 1/3。

2018 年 9 月 21 日，习近平在主持十九届中央政治局第八次集体学习时指出，坚持农业农村优先发展的总方针，就是要始终把解决好"三农"问题作为全党工作重中之重。我们一直强调，对"三农"要多予少取放活，但实际工作中"三农"工作"说起来重要、干起来次要、忙起来不要"的问题还比较突出。我们要扭转这种倾向，在资金投入、要素配置、公共服务、干部配备等方面采取有力举措，加快补齐农业农村发展短板，不断缩小城乡差距，让农业成为有奔头的产业，让农民成为有吸引力的职业，让农村成为安居乐业的家园。①

2020 年 12 月，习近平在中央农村工作会议上强调，各级党委要扛起政治责任，落实农业农村优先发展的方针，以更大力度推动乡村振兴。县委书记要把主要精力放在"三农"工作上，当好乡村振兴的"一线总指挥"。要选优配强乡镇领导班子、村"两委"成员，特别是村党支部书记。要突出抓基层、强基础、固基本的工作导向，推动各类资源向基层下沉，为基层干事创业创造更好条件。要建设一支政治过硬、本领过硬、作风过硬的乡村振兴干部队伍，选派一批优秀干部到乡村振兴一线岗位，把乡村振兴作为培养锻炼干部的广阔舞台。要吸引各类人才在乡村振兴中建功立业，激发广大农民群众积极性、主动性、创造性。②

坚持农业农村优先发展的总方针，把解决好"三农"问题作为全党工作重中之重，为解决好工业化、城镇化进程中"三农"发展受弱质性困扰问题，提供了强有力的组织和工作保障。这种科学把握发展趋势和规律基

---

① 习近平：《把乡村振兴战略作为新时代"三农"工作总抓手》，《求是》2019 年第 11 期。
② 《坚持把解决好"三农"问题作为全党工作重中之重 促进农业高质高效乡村宜居宜业农民富裕富足》，《人民日报》，2020 年 12 月 30 日，第 1 版。

础上主动施策，不仅抓住了发展机遇，还满足了表达能力弱的农民对政策的诉求，是受弱质性困扰的"三农"能够实现历史性跨越发展的重要原因。

- 促进"四化"同步发展

伴随工业化、城镇化深入推进，中国农业农村发展进入新的阶段，呈现出农业综合生产成本上升、农产品供求结构性矛盾突出、农村社会结构加速转型、城乡发展加快融合的态势。人多地少水缺的矛盾加剧，农产品需求总量刚性增长、消费结构快速升级，农业对外依存度明显提高，保障国家粮食安全和重要农产品有效供给任务艰巨；农村劳动力大量流动，农户兼业化、村庄空心化、人口老龄化趋势明显，农民利益诉求多元，加强和创新乡村社会管理势在必行；国民经济与农村发展的关联度显著增强，农业资源要素流失加快，建立城乡要素平等交换机制的要求更为迫切，缩小城乡区域发展差距和居民收入分配差距任重道远。

在上述背景下，中共十八大提出"四化"同步发展目标，即"坚持走中国特色新型工业化、信息化、城镇化、农业现代化道路，推动信息化和工业化深度融合、工业化和城镇化良性互动、城镇化和农业现代化相互协调，促进工业化、信息化、城镇化、农业现代化同步发展。"[1]

---

① 《十八大以来重要文献选编》（上），中央文献出版社 2014 年版，第 16 页。

2018 年中央一号文件《中共中央国务院关于实施乡村振兴战略的意见》，进一步明确了"四化"同步发展路径，将"坚持城乡融合发展"作为实施乡村振兴战略的基本原则之一，要求坚决破除体制机制弊端，使市场在资源配置中起决定性作用，更好发挥政府作用，推动城乡要素自由流动、平等交换，推动新型工业化、信息化、城镇化、农业现代化同步发展。[①]

2018 年 9 月 21 日，习近平在主持十九届中央政治局第八次集体学习时指出，在现代化进程中，如何处理好工农关系、城乡关系，在一定程度上决定着现代化的成败。从世界各国现代化历史看，有的国家没有处理好工农关系、城乡关系，农业发展跟不上，农村发展跟不上，农产品供应不足，不能有效吸纳农村劳动力，大量失业农民涌向城市贫民窟，乡村和乡村经济走向凋敝，工业化和城镇化走入困境，甚至造成社会动荡，最终陷入"中等收入陷阱"。这里面更深层次的问题是领导体制和国家治理体制的问题。我国作为中国共产党领导的社会主义国家，应该有能力、有条件处理好工农关系、城乡关系，顺利推进我国社会主义现代化进程。我们也要看到，同快速推进的工业化、城镇化相比，我国农业农村发展步伐还跟不上，"一条腿长、一条腿短"问题比较突出。我国发展最大的不平衡是城乡发展不平衡，最大的不充分是农村发展不充分。党的十八大以来，我们下决心调整工农关系、城乡关系，采取了一系列举措推动"工业反哺农业、城市支持农村"。党的十九大提出实施乡村振兴战略，就是为了从全局和战略高度来把握和处理工农关系、城乡关系。新时代"三农"工作必须围绕农业农村现代化这个总目标来推进。农村现代化既包括"物"的现代化，也包括"人"的现代化，还包括乡村治理体系和治理能力的现代化。我们要坚持农业现代化和农村现代化一体设计、一并推进，实现农业大国向农

---

① 《十九大以来重要文献选编》（上），中央文献出版社 2019 年版，第 160 页。

农业现代化演进。上图为 20 世纪 50 年代，河南省荥阳县广武农业社社员在测量、记录地温。
下图为 2021 年 4 月 14 日，工作人员在河南省商水县农业物联网控制中心内

业强国跨越。[①]

- 制定实施《中国共产党农村工作条例》

2018 年中央一号文件要求研究制定中国共产党农村工作条例，把党领导农村工作的传统、要求、政策等以党内法规形式确定下来。2019 年 6 月 24 日，中共中央政治局会议审议通过《中国共产党农村工作条例》。这一条例是为了坚持和加强党对农村工作的全面领导，贯彻党的基本理论、基本路线、基本方略，深入实施乡村振兴战略，提高新时代党全面领导农村工作的能力和水平，根据《中国共产党章程》而制定的，自 2019 年 8 月 19 日起施行。《条例》明确规定了党的农村工作必须遵循的原则是：坚持党对农村工作的全面领导，确保党在农村工作中总揽全局、协调各方，保证农村改革发展沿着正确的方向前进；坚持以人民为中心，尊重农民主体地位和首创精神，切实保障农民物质利益和民主权利，把农民拥护不拥护、支持不支持作为制定党的农村政策的依据；坚持巩固和完善农村基本经营制度，夯实党的农村政策基石；坚持走中国特色社会主义乡村振兴道路，推进乡村产业振兴、人才振兴、文化振兴、生态振兴、组织振兴；坚持教育引导农民听党话、感党恩、跟党走，把农民群众紧紧团结在党的周围，筑牢党在农村的执政基础；坚持一切从实际出发，分类指导、循序渐进，不搞强迫命令、不刮风、不"一刀切"。

制定和实施《中国共产党农村工作条例》，形成以重中之重的工作布局主动施策的制度化机制，是继承和发扬党管农村工作优良传统、加快推进农业农村现代化的重要举措，对于加强党对农村工作的全面领导，巩固

---

① 习近平：《把乡村振兴战略作为新时代"三农"工作总抓手》，《求是》2019 年第 11 期。

党在农村的执政基础，确保新时代农村工作始终保持正确政治方向具有十分重要的意义。

2020 年中央一号文件《中共中央国务院关于抓好"三农"领域重点工作确保如期实现全面小康的意见》指出：认真落实《中国共产党农村工作条例》，加强党对"三农"工作的全面领导，坚持农业农村优先发展，强化五级书记抓乡村振兴责任，落实县委书记主要精力抓"三农"工作要求，加强党委农村工作机构建设，大力培养懂农业、爱农村、爱农民的"三农"工作队伍，提高农村干部待遇。坚持从农村实际出发，因地制宜，尊重农民意愿，尽力而为、量力而行，把当务之急的事一件一件解决好，力戒形式主义、官僚主义，防止政策执行简单化和"一刀切"。把党的十九大以来"三农"政策贯彻落实情况作为中央巡视重要内容。①

2021 年中央一号文件《中共中央国务院关于全面推进乡村振兴加快农业农村现代化的意见》指出，强化五级书记抓乡村振兴的工作机制。全面推进乡村振兴的深度、广度、难度都不亚于脱贫攻坚，必须采取更有力的举措，汇聚更强大的力量。要深入贯彻落实《中国共产党农村工作条例》，健全中央统筹、省负总责、市县乡抓落实的农村工作领导体制，将脱贫攻坚工作中形成的组织推动、要素保障、政策支持、协作帮扶、考核督导等工作机制，根据实际需要运用到推进乡村振兴，建立健全上下贯通、精准施策、一抓到底的乡村振兴工作体系。省、市、县级党委要定期研究乡村振兴工作。县委书记应当把主要精力放在"三农"工作上。建立乡村振兴联系点制度，省、市、县级党委和政府负责同志都要确定联系点。开展县乡村三级党组织书记乡村振兴轮训。加强党对乡村人才工作的领导，将乡村人才振兴纳入党委人才工作总体部署，健全适合乡村特点的人才培养机

① 《人民日报》，2020 年 2 月 6 日，第 1 版。

制，强化人才服务乡村激励约束。加快建设政治过硬、本领过硬、作风过硬的乡村振兴干部队伍，选派优秀干部到乡村振兴一线岗位，把乡村振兴作为培养锻炼干部的广阔舞台，对在艰苦地区、关键岗位工作表现突出的干部优先重用。[①]

第二节　实施乡村振兴战略

面对工业化进程中世界普遍存在的"三农"发展受弱质性困扰的问题，中共中央果敢地提出了实施乡村振兴战略，明确到 2050 年实现农业强、农村美、农民富的目标。中共十九大以来，中共中央把实施乡村振兴战略作为解决好新时代"三农"问题的总抓手，提出走中国特色社会主义乡村振兴道路，制定和实施《乡村振兴战略规划（2018—2022 年）》，调研制定《中华人民共和国乡村振兴促进法》，实施乡村建设行动，为全面推进乡村振兴奠定了坚实基础。

● 作出实施乡村振兴战略的战略决策

中共十九大作出实施乡村振兴战略决策。中共十九大报告提出，实施乡村振兴战略，要坚持农业农村优先发展，按照产业兴旺、生态宜居、乡风文明、治理有效、生活富裕的总要求，建立健全城乡融合发展体制机制和政策体系，加快推进农业农村现代化。

---

① 《人民日报》，2021 年 2 月 22 日，第 1 版。

实施乡村振兴战略有 3 个方面的原因：一是已有发展基础。中共十八大以来，中国坚持把解决好"三农"问题作为全党工作重中之重，持续加大强农惠农富农政策力度，扎实推进农业现代化和新农村建设，全面深化农村改革，农业农村发展取得了历史性成就，为党和国家事业全面开创新局面提供了重要支撑。5 年间，粮食生产能力跨上新台阶，农业供给侧结构性改革迈出新步伐，农民收入持续增长，农村民生全面改善，脱贫攻坚战取得决定性进展，农村生态文明建设显著加强，农民获得感显著提升，农村社会稳定和谐。农业农村发展取得的重大成就和"三农"工作积累的丰富经验，为实施乡村振兴战略奠定了良好基础。二是面临需要破解的新问题。尽管 21 世纪初起统筹城乡发展和建设社会主义新农村取得显著成效，但"三农"发展受弱质性困扰的问题及由此导致的城乡发展不平衡、"三农"发展不充分的问题仍然突出。2018 年中央一号文件指出，中国发展不平衡不充分问题在农村最为突出，主要表现在：农产品阶段性供过于求和供给不足并存，农业供给质量亟待提高；农民适应生产力发展和市场竞争的能力不足，新型职业农民队伍建设亟须加强；农村基础设施和民生领域欠账较多，农村环境和生态问题比较突出，农村发展整体水平亟待提升；国家支农体系相对薄弱，农村金融改革任务繁重，城乡之间要素合理流动机制亟待健全；农村基层党建存在薄弱环节，农村治理体系和治理能力亟待强化。实施乡村振兴战略，是解决人民日益增长的美好生活需要和不平衡不充分的发展之间矛盾的必然要求，是实现"两个一百年"奋斗目标的必然要求，是实现全体人民共同富裕的必然要求。三是迎来新的发展机遇。在中国特色社会主义新时代，农村是一个可以大有作为的广阔天地，迎来了难得的发展机遇。有中国共产党领导的政治优势，有社会主义的制度优势，有亿万农民的创造精神，有强大的经济实力支撑，有历史悠久的农耕文明，有旺盛的市场需求，完全有条件有能力实施乡村振兴战略。[①]

2018 年中央一号文件围绕实施乡村振兴战略进行部署，明确了实施乡村振兴战略 3 个时间节点的目标任务。一是，到 2020 年，乡村振兴取得重要进展，制度框架和政策体系基本形成。二是，到 2035 年，乡村振兴取得决定性进展，农业农村现代化基本实现。三是，到 2050 年，乡村全面振兴，农业强、农村美、农民富全面实现。[②]

农业农村现代化是实施乡村振兴战略的总目标。2018 年 9 月 21 日，习近平在主持十九届中央政治局第八次集体学习时指出，乡村振兴是包括产业振兴、人才振兴、文化振兴、生态振兴、组织振兴的全面振兴，是"五位一体"总体布局、"四个全面"战略布局在"三农"工作的体现。我们要统筹推进农村经济建设、政治建设、文化建设、社会建设、生态文明建设和党的建设，促进农业全面升级、农村全面进步、农民全面发展。[③]

中国实施乡村振兴战略，有特定的历史定位。[④]2018 年 9 月 21 日，习近平在主持十九届中央政治局第八次集体学习时指出，实施乡村振兴战略是关系全面建设社会主义现代化国家的全局性、历史性任务。[⑤]2018 年，中共中央、国务院印发的《乡村振兴战略规划（2018—2022 年）》指出："实施乡村振兴战略，是解决新时代我国社会主要矛盾、实现'两个一百年'奋斗目标和中华民族伟大复兴中国梦的必然要求，具有重大现实意义和深远历史意义。"[⑥]把中国促进"三农"发展纳入全球工业化发展进程、中华民族伟大复兴进程，并基于中国乡村人口大国下人均耕地少的资源禀

---

① 《十九大以来重要文献选编》（上），中央文献出版社 2019 年版，第 158 页。
② 《十九大以来重要文献选编》（上），中央文献出版社 2019 年版，第 159—160 页。
③ 习近平：《把乡村振兴战略作为新时代"三农"工作总抓手》，《求是》2019 年第 11 期。
④ 参见郑有贵：《历史逻辑视域下乡村振兴战略的目标定位》，《中共党史研究》2019 年第 7 期。
⑤ 习近平：《把乡村振兴战略作为新时代"三农"工作总抓手》，《求是》2019 年第 11 期。
⑥ 《中共中央国务院印发〈乡村振兴战略规划（2018—2022 年）〉》，《人民日报》，2018 年 9 月 27 日。

赋、1949 年以来中国对"三农"发展路径的探索、全面建成社会主义现代化强国的要求进行考察，中共中央对实施乡村振兴战略的这一历史定位，不是因为新中国的"三农"发展缓慢，更不是停滞，而是在实现历史性转型发展的更高起点上，致力于探索形成中国特色社会主义乡村振兴道路，破解工业化、城镇化进程中世界普遍存在的"三农"发展受弱质性困扰而陷于城乡二元结构的问题，朝着农业高质高效、农村宜居宜业、农民富裕富足的方向发展，促进"三农"发展实现质的飞跃，谱写新时代乡村全面振兴新篇章。

• 走中国特色社会主义乡村振兴道路

实施乡村振兴战略，促进乡村全面振兴而实现农业全面升级、农村全面进步、农民全面发展，促进农业高质高效、农村宜居宜业、农民富裕富足，显然是对工业和城市强而农业和农村弱的二元发展态势的改变。如此发展态势能否形成，关键在于能否成功形成新的动力机制，这又取决于能否成功走出中国特色社会主义乡村振兴道路。

2017 年 12 月 28 日，习近平在中央农村工作会议上提出走中国特色社会主义乡村振兴道路，并对"重塑城乡关系，走城乡融合发展之路""巩固和完善农村基本经营制度，走共同富裕之路""深化农业供给侧结构性改革，走质量兴农之路""坚持人与自然和谐共生，走乡村绿色发展之路""传承发展提升农耕文明，走乡村文化兴盛之路""创新乡村治理体系，走乡村善治之路""打好精准脱贫攻坚战，走中国特色减贫之路"进行了深刻论述和部署。① 这次会议强调，走中国特色社会主义乡村振兴道路，

---

① 《十九大以来重要文献选编》（上），中央文献出版社 2019 年版，第 141—156 页。

一是必须重塑城乡关系，走城乡融合发展之路。要坚持以工补农、以城带乡，把公共基础设施建设的重点放在农村，推动农村基础设施建设提档升级，优先发展农村教育事业，促进农村劳动力转移就业和农民增收，加强农村社会保障体系建设，推进健康乡村建设，持续改善农村人居环境，逐步建立健全全民覆盖、普惠共享、城乡一体的基本公共服务体系，让符合条件的农业转移人口在城市落户定居，推动新型工业化、信息化、城镇化、农业现代化同步发展，加快形成工农互促、城乡互补、全面融合、共同繁荣的新型工农城乡关系。二是必须巩固和完善农村基本经营制度，走共同富裕之路。要坚持农村土地集体所有，坚持家庭经营基础性地位，坚持稳定土地承包关系，壮大集体经济，建立符合市场经济要求的集体经济运行机制，确保集体资产保值增值，确保农民受益。三是必须深化农业供给侧结构性改革，走质量兴农之路。坚持质量兴农、绿色兴农，实施质量兴农战略，加快推进农业由增产导向转向提质导向，夯实农业生产能力基础，确保国家粮食安全，构建农村一、二、三产业融合发展体系，积极培育新型农业经营主体，促进小农户和现代农业发展有机衔接，推进"互联网＋现代农业"加快构建现代农业产业体系、生产体系、经营体系，不断提高农业创新力、竞争力和全要素生产率，加快实现由农业大国向农业强国转变。四是必须坚持人与自然和谐共生，走乡村绿色发展之路。以绿色发展引领生态振兴，统筹山水林田湖草系统治理，加强农村突出环境问题综合治理，建立市场化多元化生态补偿机制，增加农业生态产品和服务供给，实现百姓富、生态美的统一。五是必须传承发展提升农耕文明，走乡村文化兴盛之路。坚持物质文明和精神文明一齐抓，弘扬和践行社会主义核心价值观，加强农村思想道德建设，传承发展提升农村优秀传统文化，加强农村公共文化建设，开展移风易俗行动，提升农民精神风貌，培育文明乡风、良好家风、淳朴民风，不断提高乡村社会文明程度。六是必须创新乡村治理体系，走乡村善治之路。建立健全党委领导、政府负责、社会协同、公众参与、法治保障的现代乡村社会治理体制，健全自治、法治、德治相结合的乡村治理体系，加强农村基层基础工作，加强农村基层党组织建设，深化村民自治实践，严肃查处侵犯农民利益的"微腐败"，建设平安乡村，确保乡村社会充满活力、和谐有序。七是必须打好精准脱贫攻坚战，走中国特色减贫之路。坚持精准扶贫、精准脱贫，把提高脱贫质量放在首位，注重扶贫同扶志、扶智相结合，瞄准贫困人口精准帮扶，聚焦深度贫困地区集中发力，激发贫困人口内生动力，强化脱贫攻坚责任和监督，开展扶贫领域腐败和作风问题专项治理，采取更加有力的举措、更加集中的支持、更加精细的工作，坚决打好精准脱贫这场对全面建成小康社会具有决定意义的攻坚战。[①]

2018 年中央一号文件和《乡村振兴战略规划（2018—2022 年）》，明确了走中国特色社会主义乡村振兴道路的具体措施。

- ### 制定《乡村振兴战略规划（2018—2022 年）》

2018 年中央一号文件提出要强化乡村振兴规划引领，制定国家乡村振兴战略规划（2018 — 2022 年）。

2018 年 5 月 31 日，习近平主持中共中央政治局会议，审议通过《乡村振兴战略规划（2018 — 2022 年）》。会议要求，各地区各部门要树立城乡融合、一体设计、多规合一理念，抓紧编制乡村振兴地方规划和专项规划或方案，做到乡村振兴事事有规可循、层层有人负责。要针对不同类型地区采取不同办法，做到顺应村情民意，既要政府、社会、市场协同发力，

---

① 《中央农村工作会议在北京举行》，《人民日报》，2017 年 12 月 30 日，第 1 版。

又要充分发挥农民主体作用，目标任务要符合实际，保障措施要可行有力。要科学规划、注重质量、稳步推进，一件事情接着一件事情办，一年接着一年干，让广大农民在乡村振兴中有更多获得感、幸福感、安全感。

2018年7月5日，全国实施乡村振兴战略工作推进会议召开，部署落实了中共中央、国务院印发的《乡村振兴战略规划（2018—2022年）》所提出的各项重点任务。

2018年9月26，新华社向全社会公布中共中央、国务院印发的《乡村振兴战略规划（2018—2022年）》。这是中国出台的第一个全面推进乡村振兴战略的五年规划，是统筹谋划和科学推进乡村振兴战略的行动纲领。规划共11篇37章，以习近平关于"三农"工作的重要论述为指导，按照产业兴旺、生态宜居、乡风文明、治理有效、生活富裕的总要求，对实施乡村振兴战略作出阶段性谋划，分别明确至2020年全面建成小康社会和2022年召开中共二十大时的目标任务，细化实化工作重点和政策措施，部署重大工程、重大计划、重大行动，确保乡村振兴战略落实落地，是指导各地区各部门分类有序推进乡村振兴的重要依据。《规划》要求，按照到2020年实现全面建成小康社会和分两个阶段实现第二个百年奋斗目标的战略部署，2018年至2022年这5年间，既要在农村实现全面小康，又要为基本实现农业农村现代化开好局、起好步、打好基础。《规划》强调，实施乡村振兴战略的基本原则是：坚持党管农村工作，坚持农业农村优先发展，坚持农民主体地位，坚持乡村全面振兴，坚持城乡融合发展，坚持人与自然和谐共生，坚持改革创新、激发活力，坚持因地制宜、循序渐进。《规划》提出，到2020年，乡村振兴的制度框架和政策体系基本形成，各地区各部门乡村振兴的思路举措得以确立，全面建成小康社会的目标如期实现。到2022年，乡村振兴的制度框架和政策体系初步健全。探索形成一批各具特色的乡村振兴模式和经验，乡村振兴取得阶段性成果。[①]

- 制定和实施《中华人民共和国乡村振兴促进法》

2018 年中央一号文件提出，"强化乡村振兴法治保障。抓紧研究制定乡村振兴法的有关工作，把行之有效的乡村振兴政策法定化，充分发挥立法在乡村振兴中的保障和推动作用。及时修改和废止不适应的法律法规"。根据这一要求，全国人大农业与农村委员会牵头起草了《中华人民共和国乡村振兴促进法（草案）》。2020 年 6 月，十三届全国人大常委会第十九次会议对《中华人民共和国乡村振兴促进法（草案）》进行了审议。会后，全国人大常委会法制工作委员会将草案印发各省（区、市）人大、中央有关部门和部分全国人大代表、基层立法联系点、高等院校、研究机构征求意见；中国人大网公布草案全文，向社会公众征求意见。十三届全国人大常委会第二十四次会议对草案二审后，又征求了多方面意见。2021 年 4 月29 日，十三届全国人大常委会第二十八次会议通过《中华人民共和国乡村振兴促进法》。该法自 2021 年 6 月 1 日起施行。

《乡村振兴促进法》对调整对象进行了明确界定，即"本法所称乡村，是指城市建成区以外具有自然、社会、经济特征和生产、生活、生态、文化等多重功能的地域综合体，包括乡镇和村庄等"。该法共 10 章 74 条，明确了立法的指导思想和原则，就产业发展、人才支撑、文化繁荣、生态保护、组织建设、城乡融合、扶持措施、监督检查、法律责任等作出规定。

《乡村振兴促进法》重点在促进，通过建立健全法律制度和政策措施，促进乡村全面振兴发展，不是取代农业法等其他涉农法律，而是与现有涉

---

① 《人民日报》，2018 年 9 月 27 日，第 1 版。

农法律衔接并作出了一些创新性规定，与其他涉农法律共同构成农业农村法律制度体系。

《乡村振兴促进法》与 2018 年中央一号文件、《乡村振兴战略规划》、《中国共产党农村工作条例》，共同构成实施乡村振兴战略的"四梁八柱"。

《乡村振兴促进法》立足新发展阶段，全面总结了中国"三农"工作的法治实践，是一部"三农"领域的基础性、综合性法律。一是《乡村振兴促进法》是以增加农民收入、提高农民生活水平、提升农村文明程度为核心的振兴法，不只是促进经济发展，而是推动农业全面升级、农村全面进步、农民全面发展。二是《乡村振兴促进法》旨在解决好农业农村承担的保障好农产品供给安全、保护好农村生态屏障安全、传承好中国农村优秀传统文化等历史任务，明确农业农村发展在国家发展中的战略定位。三是《乡村振兴促进法》旨在全面加强农村社会主义精神文明建设，坚持农民主体地位，全面提升新时代农民素质，培养一代又一代高素质的新型农民。

2021 年 5 月 27 日，全国人大常委会举行《乡村振兴促进法》实施座谈会。会议强调，贯彻实施《乡村振兴促进法》，既要注重全面系统，也要突出重点和关键。一要因地制宜促进乡村产业发展，促进农村一、二、三产业融合发展，确保粮食安全，进一步增加农民收入、提高农民生活水平。二要培养造就新型职业农民队伍，广泛依靠农民、教育引导农民、组织带动农民，投身乡村振兴、建设美好家园。三要传承好农村优秀传统文化，倡导科学健康的生产生活方式，引导特色鲜明、优势突出的乡村文化产业发展。四要加强农村生态环境保护，推行绿色发展方式和生活方式，加强农业面源污染防治，持续改善农村人居环境。五要加强农村基层政权建设，巩固和确保党长期执政的基层基础。六要保障好维护好农民的合法权益，解决好农民群众关心关切的利益问题，让农民吃上长效"定心丸"。

- **实施乡村建设行动**

中共十九届五中全会审议通过的《中共中央关于制定国民经济和社会发展第十四个五年规划和二〇三五年远景目标的建议》提出，实施乡村建设行动，把乡村建设摆在社会主义现代化建设的重要位置。

2020 年 12 月 28 日至 29 日，习近平在中央农村工作会议上强调，要实施乡村建设行动，继续把公共基础设施建设的重点放在农村，在推进城乡基本公共服务均等化上持续发力，注重加强普惠性、兜底性、基础性民生建设。要接续推进农村人居环境整治提升行动，重点抓好改厕和污水、垃圾处理。要合理确定村庄布局分类，注重保护传统村落和乡村特色风貌，加强分类指导。①

2021 年中央一号文件在第四部分对"大力实施乡村建设行动"作出专门部署，明确了建设内容。

第一，加强乡村公共基础设施建设。继续把公共基础设施建设的重点放在农村，着力推进往村覆盖、往户延伸。实施农村道路畅通工程。有序实施较大人口规模自然村（组）通硬化路。加强农村资源路、产业路、旅游路和村内主干道建设。推进农村公路建设项目更多向进村入户倾斜。继续通过中央车购税补助地方资金、成品油税费改革转移支付、地方政府债券等渠道，按规定支持农村道路发展。继续开展"四好农村路"示范创建。全面实施路长制。开展城乡交通一体化示范创建工作。加强农村道路桥梁安全隐患排查，落实管养主体责任。强化农村道路交通安全监管。实施农村供水保障工程。加强中小型水库等稳定水源工程建设和水源保护，实施规模化供水工程建设和小型工程标准化改造，有条件的地区推进城乡供水

---

① 《坚持把解决好"三农"问题作为全党工作重中之重 促进农业高质高效乡村宜居宜业农民富裕富足》，《人民日报》，2020 年 12 月 30 日，第 1 版。

一体化，到2025年农村自来水普及率达到88%。完善农村水价水费形成机制和工程长效运营机制。实施乡村清洁能源建设工程。加大农村电网建设力度，全面巩固提升农村电力保障水平。推进燃气下乡，支持建设安全可靠的乡村储气罐站和微管网供气系统。发展农村生物质能源。加强煤炭清洁化利用。实施数字乡村建设发展工程。推动农村千兆光网、第五代移动通信（5G）、移动物联网与城市同步规划建设。完善电信普遍服务补偿机制，支持农村及偏远地区信息通信基础设施建设。加快建设农业农村遥感卫星等天基设施。发展智慧农业，建立农业农村大数据体系，推动新一代信息技术与农业生产经营深度融合。完善农业气象综合监测网络，提升农业气象灾害防范能力。加强乡村公共服务、社会治理等数字化智能化建设。实施村级综合服务设施提升工程。加强村级客运站点、文化体育、公共照明等服务设施建设。

第二，实施农村人居环境整治提升五年行动。分类有序推进农村厕所革命，加快研发干旱、寒冷地区卫生厕所适用技术和产品，加强中西部地区农村户用厕所改造。统筹农村改厕和污水、黑臭水体治理，因地制宜建设污水处理设施。健全农村生活垃圾收运处置体系，推进源头分类减量、资源化处理利用，建设一批有机废弃物综合处置利用设施。健全农村人居环境设施管护机制。有条件的地区推广城乡环卫一体化第三方治理。深入推进村庄清洁和绿化行动。开展美丽宜居村庄和美丽庭院示范创建活动。

第三，提升农村基本公共服务水平。建立城乡公共资源均衡配置机制，强化农村基本公共服务供给县乡村统筹，逐步实现标准统一、制度并轨。提高农村教育质量，多渠道增加农村普惠性学前教育资源供给，继续改善乡镇寄宿制学校办学条件，保留并办好必要的乡村小规模学校，在县城和中心镇新建改扩建一批高中和中等职业学校。完善农村特殊教育保障机制。推进县域内义务教育学校校长教师交流轮岗，支持建设城乡学校共同体。面向农民就业创业需求，发展职业技术教育与技能培训，建设一批产教融合基地。开展耕读教育。加快发展面向乡村的网络教育。加大涉农高校、涉农职业院校、涉农学科专业建设力度。全面推进健康乡村建设，提升村卫生室标准化建设和健康管理水平，推动乡村医生向执业（助理）医师转变，采取派驻、巡诊等方式提高基层卫生服务水平。提升乡镇卫生院医疗服务能力，选建一批中心卫生院。加强县级医院建设，持续提升县级疾控机构应对重大疫情及突发公共卫生事件能力。加强县域紧密型医共体建设，实行医保总额预算管理。加强妇幼、老年人、残疾人等重点人群健康服务。健全统筹城乡的就业政策和服务体系，推动公共就业服务机构向乡村延伸。深入实施新生代农民工职业技能提升计划。完善统一的城乡居民基本医疗保险制度，合理提高政府补助标准和个人缴费标准，健全重大疾病医疗保险和救助制度。落实城乡居民基本养老保险待遇确定和正常调整机制。推进城乡低保制度统筹发展，逐步提高特困人员供养服务质量。加强对农村留守儿童和妇女、老年人以及困境儿童的关爱服务。健全县乡村衔接的三级养老服务网络，推动村级幸福院、日间照料中心等养老服务设施建设，发展农村普惠型养老服务和互助性养老。推进农村公益性殡葬设施建设。推进城乡公共文化服务体系一体建设，创新实施文化惠民工程。

第四，全面促进农村消费。加快完善县乡村三级农村物流体系，改造提升农村寄递物流基础设施，深入推进电子商务进农村和农产品出村进城，推动城乡生产与消费有效对接。促进农村居民耐用消费品更新换代。加快实施农产品仓储保鲜冷链物流设施建设工程，推进田头小型仓储保鲜冷链设施、产地低温直销配送中心、国家骨干冷链物流基地建设。完善农村生活性服务业支持政策，发展线上线下相结合的服务网点，推动便利化、精细化、品质化发展，满足农村居民消费升级需要，吸引城市居民下乡消费。

同时，中央一号文件还明确了加快推进村庄规划工作、加快县域内城乡融合发展、强化农业农村优先发展投入、深入推进农村改革等方面的重大举措。

第三节　创新发展农村经营主体

中共十八大报告提出，坚持和完善农村基本经营制度，依法维护农民土地承包经营权、宅基地使用权、集体收益分配权，壮大集体经济实力，发展农民专业合作和股份合作，培育新型经营主体，发展多种形式规模经营，构建集约化、专业化、组织化、社会化相结合的新型农业经营体系。

进入新时代，在共享发展理念引领下，从实际出发，在坚持和完善农村基本经营制度、促进农村集体经济改革发展、构建新型农业经营体系作出了重大政策和制度安排，对农村承包地进行确权登记颁证，完成农村集体土地"三权分置"改革，统筹推进赋予农民集体资产股份权能的产权制度改革与社区集体经济实行股份合作制改革，探索通过资源变资产、资金变股金、农民变股东（简称"三变"）改革增强集体经济发展活力和实力，促进农民专业合作社规范化提升，培育家庭农场，推进小农户和现代农业发展有机衔接。这些改革促进农村经营主体创新发展，集约化、专业化、组织化、社会化结合的新型农业经营体系构建稳步推进，进一步解放和发展了农村社会生产力，农村生产要素潜能进一步激发。

- ● 农村承包地确权登记颁证和土地承包再延长 30 年

在试点基础上，完成农村承包地确权登记颁证。2013 年中央一号文件《中共中央国务院关于加快发展现代农业 进一步增强农村发展活力的若干意见》要求全面开展农村土地确权登记颁证工作。健全农村土地承包经营权登记制度，强化对农村耕地、林地等各类土地承包经营权的物权保护。用 5 年时间基本完成农村土地承包经营权确权登记颁证工作，妥善解决农户承包地块面积不准、四至不清等问题。加快包括农村宅基地在内的农村集体土地所有权和建设用地使用权地籍调查，尽快完成确权登记颁证工作。农村土地确权登记颁证工作经费纳入地方财政预算，中央财政予以补助。2016 年中央一号文件《中共中央国务院关于落实发展新理念加快农业现代化实现全面小康目标的若干意见》提出，继续扩大农村承包地确权登记颁证整省推进试点。到 2018 年，宅基地和农房确权登记发证加快实施，承包地确权面积 14.8 亿亩，超过二轮家庭承包地（账面）面积，土地承包权确权登记颁证工作基本完成。[①]同时，实现承包土地信息联通共享。2019 年中央一号文件《中共中央国务院关于坚持农业农村优先发展做好"三农"工作的若干意见》提出，加快推进宅基地使用权确权登记颁证工作，力争 2020 年基本完成。

开展第二轮土地承包到期后再延长 30 年试点。中共十九大报告提出，保持土地承包关系稳定并长久不变，第二轮土地承包到期后再延长 30 年。2018 年中央一号文件提出，落实农村土地承包关系稳定并长久不变政策，衔接落实好第二轮土地承包到期后再延长 30 年的政

---

① 国家发展和改革委员会：《关于 2018 年国民经济和社会发展计划执行情况与 2019 年国民经济和社会发展计划草案的报告——2019 年 3 月 5 日在第十三届全国人民代表大会第二次会议上》，《人民日报》，2019 年 3 月 18 日，第 4 版。

策，让农民吃上长效"定心丸"。2020 年中央一号文件《中共中央国务院关于抓好"三农"领域重点工作确保如期实现全面小康的意见》提出，开展第二轮土地承包到期后再延长 30 年试点，在试点基础上研究制定延包的具体办法。2021 年中央一号文件提出，坚持农村土地农民集体所有制不动摇，坚持家庭承包经营基础性地位不动摇，有序开展第二轮土地承包到期后再延长 30 年试点，保持农村土地承包关系稳定并长久不变，健全土地经营权流转服务体系。到 2020 年，通过积极推进土地托管、代耕代种、生产服务外包等规模经营方式，全国农村承包耕地流转达到 5.55 亿亩。①

- **实行农村集体土地"三权分置"**

进入新时代，中国对农村土地集体所有制的有效实现形式进行了创新探索。中共十八届三中全会提出，稳定农村土地承包关系并保持长久不变，在坚持和完善最严格的耕地保护制度前提下，赋予农民对承包地占用、使用、收益、流转及承包经营权抵押、担保权能，允许农民以承包经营权入股发展农业产业化经营。2016 年中央一号文件进一步提出，稳定农村土地承包关系，落实集体所有权，稳定农户承包权，放活土地经营权，完善"三权分置"办法，明确农村土地承包关系长久不变的具体规定。

2016 年 10 月，中共中央办公厅、国务院办公厅印发的《关于完善农村土地所有权承包权经营权分置办法的意见》，对"三权"分置改革进行了部署。《意见》提出，围绕正确处理农民和土地关系这一改革主线，科学界定"三权"内涵、权利边界及相互关系，逐步建立规范高效的"三权"

---

① 国家发展和改革委员会：《关于 2020 年国民经济和社会发展计划执行情况与 2021 年国民经济和社会发展计划草案的报告——2021 年 3 月 5 日在第十三届全国人民代表大会第四次会议上》，《人民日报》，2021 年 3 月 14 日，第 2 版。

运行机制，不断健全归属清晰、权能完整、流转顺畅、保护严格的农村土地产权制度，优化土地资源配置，培育新型经营主体，促进适度规模经营发展，进一步巩固和完善农村基本经营制度，为发展现代农业、增加农民收入、建设社会主义新农村提供坚实保障。《意见》要求完善"三权分置"办法，不断探索农村土地集体所有制的有效实现形式，落实集体所有权，稳定农户承包权，放活土地经营权，充分发挥"三权"的各自功能和整体效用，形成层次分明、结构合理、平等保护的格局。中共十九大报告提出，巩固和完善农村基本经营制度，深化农村土地制度改革，完善承包地"三权分置"制度。

此后的中央一号文件对"三权分置"改革进行了进一步部署，完善落实集体所有权、稳定农户承包权、放活土地经营权的法律法规和政策体系。2018年中央一号文件提出，在依法保护集体土地所有权和农户承包权前提下，平等保护土地经营权。农村承包土地经营权可以依法向金融机构融资担保、入股从事农业产业化经营。2018年，建立健全进城落户农民土地承包权、宅基地使用权、集体收益分配权维护和自愿有偿退出机制，在3个省、50个地市、150个县启动第三批农村集体产权制度改革试点。[①]2019年中央一号文件提出，完善落实集体所有权、稳定农户承包权、放活土地经营权的法律法规和政策体系。坚持农村土地集体所有、不搞私有化，坚持农地农用、防止非农化，坚持保障农民土地权益、不得以退出承包地和宅基地作为农民进城落户条件，进一步深化农村土地制度改革。2020年中央一号文件提出，以探索宅基地所有权、资格权、使用权"三权分置"为重点，进一步深化农村宅基地制度改革试点。

---

① 国家发展和改革委员会：《关于2018年国民经济和社会发展计划执行情况与2019年国民经济和社会发展计划草案的报告——2019年3月5日在第十三届全国人民代表大会第二次会议上》，《人民日报》，2019年3月18日，第4版。

"三权分置"在更好地维护农民集体、承包农户权益的同时，也维护了经营主体的权益，为促进多种形式适度规模经营的发展，进而推动现代农业发展提供了制度保障。"三权分置"是继实行家庭承包经营制度后农村改革又一重大制度创新，是农村基本经营制度的自我完善。

• 推进农村社区集体经济股份合作制改革

进入新时代，农村社区集体产权制度改革以发展股份合作等多种形式的合作与联合为导向。中共十八大后的第一个中央一号文件——2013年中央一号文件提出，因地制宜探索集体经济多种有效实现形式，不断壮大集体经济实力；鼓励具备条件的地方推进农村集体产权股份合作制改革。2015年中央一号文件《中共中央国务院关于加大改革创新力度加快农业现代化建设的若干意见》提出，对经营性资产，重点是明晰产权归属，将资产折股量化到本集体经济组织成员，发展多种形式的股份合作。2016年12月26日，在总结农村社区集体经济改革发展实践经验基础上，中共中央、国务院印发《关于稳步推进农村集体产权制度改革的意见》，对稳步推进农村集体产权制度改革作出系统部署。《意见》指出，农村集体产权制度改革是巩固社会主义公有制、完善农村基本经营制度的必然要求。农村集体经济是集体成员利用集体所有的资源要素，通过合作与联合实现共同发展的一种经济形态，是社会主义公有制经济的重要形式。《意见》提出，农村集体产权制度改革以明晰农村集体产权归属、维护农村集体经济组织成员权利为目的，以推进集体经营性资产改革为重点任务，以发展股份合作等多种形式的合作与联合为导向，坚持农村土地集体所有，坚持家庭承包经营基础性地位，探索集体经济新的实现形式和运行机制，不断解放和发展农村社会生产力，促进农业发展、农民富裕、农村繁荣，为推进城乡协调发展、巩固党在农村的执政基础提供重要支撑和保障。《意见》就全面加强农村集体资产管理、由点及面开展集体经营性资产产权制度改革、因地制宜探索农村集体经济有效实现形式作出具体部署。2020年中央一号文件提出，全面推开农村集体产权制度改革试点，有序开展集体成员身份确认、集体资产折股量化、股份合作制改革、集体经济组织登记赋码等工作。2021年中央一号文件提出，2021年基本完成农村集体产权制度改革阶段性任务，发展壮大新型农村集体经济。继续深化农村集体林权制度改革。

在农村集体产权改革中，既保障农民权益，又保障集体资产保值增值。一方面，通过农村集体产权制度改革，有效保障农民在农村社区集体经济组织中的权利。在集体资产量化到成员之前，农民在社区集体经济组织中

贵州省安顺市平坝区乐平镇塘约村在党支部领导下，在土地"三权分置"基础上，全村农民通过土地经营权等入股成为股东，发展集体经济，走共同致富之路。2017年11月作者摄

的权益不明晰，表现在集体经营性资产归属不明、经营收益不清、分配不公开、成员的集体收益分配权缺乏保障等问题。2015年中央一号文件提出，开展赋予农民对集体资产股份权能改革试点，试点过程中要防止侵蚀农民利益，试点各项工作应严格限制在本集体经济组织内部。2016年中央一号文件提出，探索将财政资金投入农业农村形成的经营性资产，通过股权量化到户，让集体组织成员长期分享资产收益。中共中央、国务院发出的《关于稳步推进农村集体产权制度改革的意见》把农村集体产权制度改革作为维护农民合法权益、增加农民财产性收入的重大举措，把"坚持农民权利不受损，不能把农民的财产权利改虚了、改少了、改没了，防止内部少数人控制和外部资本侵占"作为要坚守的法律政策底线。另一方面，加强集体资产管理，在农村集体产权制度改革中有效保障集体资产保值增值。中共中央、国务院发出的《关于稳步推进农村集体产权制度改革的意见》明确把"坚持农民集体所有不动摇，不能把集体经济改弱了、改小了、改垮了，防止集体资产流失"作为要坚守的法律政策底线。2018年中央一号文件进一步提出，坚持农村集体产权制度改革正确方向，发挥村党组织对集体经济组织的领导核心作用，防止内部少数人控制和外部资本侵占集体资产。在实践中，加强农村集体"三资"管理，农村集体"三资"管理的制度化、规范化、信息化加快推进，农村集体财务预决算、收入管理、开支审批、资产台账和资源登记等制度进一步健全，农村集体资产承包、租赁、处置和资源开发利用按民主程序决策。

以共享发展理念为指引，农村集体产权制度改革稳步推进，农村集体资产清产核资在全国开展，归属清晰、权能完整、流转顺畅、保护严格的中国特色社会主义集体产权制度逐步形成，农村集体经济不断发展壮大。

烟台市通过党支部领办合作社发展集体经济。2021 年 7 月作者摄

全国已有超过15万个农村集体组织完成改革,共确认集体成员2亿多人。[①]

在赋予农民集体资产股份权能和社区集体经济实行股份合作制改革的同时,中共中央还采取一系列措施,促进集体经济发展。2016年中央一号文件提出,制定促进农村集体产权制度改革的税收优惠政策。开展扶持村级集体经济发展试点。2017年中央一号文件《中共中央国务院关于深入推进农业供给侧结构性改革 加快培育农业农村发展新动能的若干意见》提出,抓紧研究制定农村集体经济组织相关法律,赋予农村集体经济组织法人资格。2019年中央一号文件提出,研究完善适合农村集体经济组织特点的税收优惠政策。2020年中央一号文件提出,探索拓宽农村集体经济发展路径,强化集体资产管理。

• 探索"三变"改革

赋予农民集体资产股份权能和社区集体经济实行股份合作制改革的推进,拓展了农村社区集体经济发展路径,其中之一是推广资源变资产、资金变股金、农民变股东(简称"三变")改革。

"三变"改革是贵州省六盘水市对实践做法的总结概括。六盘水市为喀斯特地貌,所辖4个区县中有3个国家级贫困县、1个省级贫困县。农户规模小,发展现代农业中面临农村土地流转集中难、企业与农户合作难等问题;农村集体经济薄弱,2013年全市"空壳村"548个,在1017个行政村中的占比为53.8%。2014年10月,六盘水市水城县成为农业部批准的农村土地承包经营权确权登记颁证整县推进试点县,2016年《六盘

---

① 国家发展和改革委员会:《关于2018年国民经济和社会发展计划执行情况与2019年国民经济和社会发展计划草案的报告——2019年3月5日在第十三届全国人民代表大会第二次会议上》,《人民日报》,2019年3月18日,第4版。

水市农村产权交易服务平台建设方案》出台，在水城县建立起农村产权交易中心，为农村"三变"改革提供了条件。在这种情况下，一些经营主体从解决农村土地流转集中难、企业与农户合作难，以及多种扶贫开发财政支持渠道和使用分散化而难以更好发挥效益问题出发，整合农村闲置、零散的资源、资产、资金入股村集体，由村集体经营，或由村集体与市场经营主体进行合作和开展经营活动。资源变资产，就是将村集体的土地、林地、草地、水域等自然资源和房屋、建设用地等使用权，作为可经营性资产经评估折价，通过合同、协议等方式投资入股到经营主体，按股获得股权收益。资金变股金，就是在不改变资金使用性质和用途的前提下，把各级财政投入到农村的诸类资金（补贴类、救济类、应急类资金除外），集中投入到各类农业经营主体或效益好的经营项目中，量化为村集体及村民的股金，让村集体及村民享有股份权利。农民变股东，就是鼓励农民以土地承包经营权或个人的资产、资金、技术等入股到经营主体，成为股东并参与分红。2015 年，六盘水市总结这些做法，将其概括为"三变"改革，在全市试点推广。2016 年，贵州省也选择 21 个区县开展"三变"改革试点。到 2017 年，六盘水市"三变"改革覆盖 65 个乡镇、31 个社区（街道）、872 个行政村、31 个省级农业园区，有 50.1 万农户成为股东、带动 165.3 万农民受益。①2017 年中央一号文件明确在全国推广"三变"改革，提出从实际出发探索发展集体经济有效途径，鼓励地方开展资源变资产、资金变股金、农民变股东等改革。2018 年中央一号文件进一步提出，推动资源变资产、资金变股金、农民变股东，探索农村集体经济新的实现形式和运行机制。2019 年中央一号文件提出，总结推广资源变资产、资金变股金、农民变股东经验；完善农村集体产权权能，积极探索集体资产股权质

---

① 参见：姜长云、芦千文:《贵州六盘水乡村"三变"改革实践经验及后续完善建议》,《西部论坛》2018 年第 5 期。

押贷款办法。"三变"改革的实施,激活了主体、激活了要素、激活了市场,也成为增强集体经济发展活力和实力的有效路径之一。

• 促进农民专业合作社规范运行和发展能力建设

进入新时代,中国按照积极发展、逐步规范、强化扶持、提升素质的要求促进农民专业合作社发展,切实提高引领带动能力和市场竞争能力。

推进示范社建设。2013 年中央一号文件提出,实行部门联合评定示范社机制,分级建立示范社名录,把示范社作为政策扶持重点。2015 年中央一号文件提出,引导农民专业合作社拓宽服务领域,促进规范发展,实行年度报告公示制度,深入推进示范社创建行动。

加强合作社能力建设。2013 年中央一号文件明确,安排部分财政投资项目直接投向符合条件的合作社,引导国家补助项目形成的资产移交合作社管护,指导合作社建立健全项目资产管护机制。增加农民合作社发展资金,支持合作社改善生产经营条件、增强发展能力。逐步扩大农村土地整理、农业综合开发、农田水利建设、农技推广等涉农项目由合作社承担的规模。对示范社建设鲜活农产品仓储物流设施、兴办农产品加工业给予补助。在信用评定基础上对示范社开展联合授信,有条件的地方予以贷款贴息,规范合作社开展信用合作。完善合作社税收优惠政策,把合作社纳入国民经济统计并作为单独纳税主体列入税务登记,做好合作社发票领用等工作。创新适合合作社生产经营特点的保险产品和服务。建立合作社带头人人才库和培训基地,广泛开展合作社带头人、经营管理人员和辅导员培训,引导高校毕业生到合作社工作。落实设施农用地政策,合作社生产设施用地和附属设施用地按农用地管理。2014 年中央一号文件《中共中央国务院关于全面深化农村改革加快推进农业现代化的若干意见》提出,允许财政项目资金直接投向符合条件的合作社，允许财政补助形成的资产转交合作社持有和管护，有关部门要建立规范透明的管理制度。落实和完善相关税收优惠政策，支持农民合作社发展农产品加工流通。2020 年中央一号文件提出，国家支持家庭农场、农民合作社、供销合作社、邮政快递企业、产业化龙头企业建设产地分拣包装、冷藏保鲜、仓储运输、初加工等设施，对其在农村建设的保鲜仓储设施用电实行农业生产用电价格。

引导合作社联合。2013 年中央一号文件提出，引导农民合作社以产品和产业为纽带开展合作与联合，积极探索合作社联社登记管理办法。2014 年中央一号文件提出，推进财政支持农民合作社创新试点，引导发展农民专业合作社联合社。

修订农民专业合作社法。2017 年 12 月 27 日，十二届全国人大常委会第三十一次会议审议通过《中华人民共和国农民专业合作社法（修订）》。该法于 2018 年 7 月 1 日起施行。2019 年中央一号文件提出，继续深化供销合作社综合改革，制定供销合作社条例。

- **培育家庭农场与促进小农户和现代农业发展有机衔接**

"大国小农"是中国的基本国情农情。中国户均耕地规模仅相当于欧盟的 1/40、美国的 1/400。这样的资源禀赋决定了中国不可能各地都像欧美那样搞大规模农业、大机械作业。解决小规模农户生产经营面临的困难，把小规模农户引入现代农业发展大格局是必须破解的命题。

进入新时代，中共中央、国务院基于"大国小农"的基本国情农情，在促进小农户开展合作与联合提高组织化程度的同时，注重惠农政策的公平性和普惠性，防止排挤小规模农户和人为垒大户，支持小规模农户经营能力和自我发展能力的提升，推动有长期稳定务农意愿的普通农户适度扩大经营规模发展成为家庭农场等经营主体。

中共十九大报告提出实现小农户和现代农业发展有机衔接的要求。2019 年，中共中央办公厅、国务院办公厅印发了《关于促进小农户和现代农业发展有机衔接的意见》。《意见》提出，坚持小农户家庭经营为基础与多种形式适度规模经营为引领相协调，坚持农业生产经营规模宜大则大、宜小则小，充分发挥小农户在乡村振兴中的作用，按照服务小农户、提高小农户、富裕小农户的要求，加快构建扶持小农户发展的政策体系。

实施家庭农场培育计划。2013 年中央一号文件提出，坚持依法自愿有偿原则，引导农村土地承包经营权有序流转，鼓励和支持承包土地向专业大户、家庭农场、农民合作社流转，发展多种形式的适度规模经营。结合农田基本建设，鼓励农民采取互利互换方式，解决承包地块细碎化问题。2014 年中央一号文件明确，按照自愿原则开展家庭农场登记。2019 年中央一号文件提出，启动家庭农场培育计划。中共中央办公厅、国务院办公厅印发的《关于促进小农户和现代农业发展有机衔接的意见》，除明确提高小农户组织化程度、健全面向小农户的社会化服务体系等措施外，还明确了启动家庭农场培育计划、实施小农户能力提升工程、加强小农户科技装备应用、改善小农户生产基础设施等方面提升小农户发展能力的措施，明确了支持小农户发展特色优质农产品、带动小农户发展新产业新业态、鼓励小农户创业就业等拓展小农户增收空间的措施。2020 年中央一号文件进一步提出，培育家庭农场，通过订单农业、入股分红、托管服务等方式，将小农户融入农业产业链；明确国家支持家庭农场建设产地分拣包装、冷藏保鲜、仓储运输、初加工等设施，对其在农村建设的保鲜仓储设施用电实行农业生产用电价格。

第四节　促进产业融合发展和农业供给侧结构性改革

产业链低端和价值链低端的初级农产品生产与产业链高端和价值链高端的二、三产业发展分离，是"三农"发展难以摆脱受弱质性困扰的重要原因之一。针对工业化、城镇化进程中"三农"发展受弱质性困扰的问题，中共十八大以来，在新发展理念引领下，通过产业链、价值链、产权联结，创新性地探索形成产业融合发展与各利益主体联结耦合的一、二、三产业融合发展之路，推进农业供给侧结构性改革，促进农业多种功能拓展，在保障农民主体地位的前提下逐步拓展"三农"发展空间。

• 促进产业融合发展

提出一、二、三产业融合发展。2015 年中央一号文件提出，推进农村一、二、三产业融合发展。增加农民收入，必须延长农业产业链、提高农业附加值。立足资源优势，以市场需求为导向，大力发展特色种养业、农产品加工业、农村服务业，扶持发展一村一品、一乡（县）一业，壮大县域经济，带动农民就业致富。2017 年中央一号文件提出打造"一村一品"升级版，发展各具特色的专业村。深入实施农村产业融合发展试点示范工程，支持建设一批农村产业融合发展示范园。2018 年中央一号文件进一步提出，构建农村一、二、三产业融合发展体系。大力开发农业多种功能，延长产业链、提升价值链、完善利益链，通过保底分红、股份合作、利润返还等多种形式，让农民合理分享全产业链增值收益。实施农产品加工业提升行动，鼓励企业兼并重组，淘汰落后产能，支持主产区农产品就地加工转化增值。2019 年中央一号文件提出，发展壮大乡村产业，拓宽农民增收渠道。2020年中央一号文件提出，发展富民乡村产业。支持各地立足资源优势打造各具特色的农业全产业链，建立健全农民分享产业链增值收益机制，形成有竞争力的产业集群，推动农村一、二、三产业融合发展。加快建设国家、省、市、县现代农业产业园，支持农村产业融合发展示范园建设，办好农村"双创"基地。2021年中央一号文件提出推进农村一、二、三产业融合发展示范园和科技示范园区建设。

中共十八大以来，农村产业融合发展深入推进。农产品产加销一体化进程明显加快，跨界配置农业和现代产业要素，促进产业深度交叉融合，形成"农业 +"多业态发展态势。截至2019年11月，全国规模以上农产品加工业营业收入13.2万亿元。①融合主体大量涌现，融合业态多元呈现，发展综合种养等循环型农业；发展中央厨房、直供直销等延伸型农业；"农业 +"文化、教育、旅游、康养、信息等产业快速发展，农村电商、休闲观光农业、乡村旅游等新业态蓬勃发展，农业农村多种功能得到释放。融合载体丰富多样，建设了国家现代农业产业园、国家农业科技园、农产品加工园，创建农村产业融合示范园、农业产业强镇。已认定两批共200个国家农村产业融合发展示范园，探索创新融合发展的有效路径。②探索股份合作型模式，形成分工明确、优势互补、风险共担、利益共享的农业产业化联合体。

---

① 参见规划实施协调推进机制办公室：《乡村振兴战略规划实施报告（2018—2019）》，中国农业出版社2020年版，第21页。

② 国家发展和改革委员会：《关于2020年国民经济和社会发展计划执行情况与2021年国民经济和社会发展计划草案的报告——2021年3月5日在第十三届全国人民代表大会第四次会议上》，《人民日报》，2021年3月14日，第2版。

农旅融合促进乡村振兴。溧阳1号公路是首批江苏省旅游风景道，连接沿线乡村旅游景点和特色田园乡村，以路引景，为景串线，游客"人在景中走，如在画中游"，助推全域旅游发展。图为江苏溧阳1号旅游公路的一处驿站。2018年4月作者摄

在共享发展理念引领下，由产业链联结的农业产业化经营，向一二三产业融合发展。这一发展方式演进，拓展了农业发展空间，有利于破解农业的弱质性问题，有利于提升农业发展能力、增加农民收入，促进农业朝着高质高效方向发展。

- **完善产业链利益联结机制**

在共享发展理念下，2013年到2021年的中央一号文件，明确了建立健全农民分享产业链增值收益机制的政策取向和实现路径，进一步完善产

业链利益联结机制。

2013 年中央一号文件提出，推动龙头企业与农户建立紧密型利益联结机制，采取保底收购、股份分红、利润返还等方式，让农户更多分享加工销售收益。2014 年中央一号文件提出，鼓励发展混合所有制农业产业化龙头企业，推动集群发展，密切与农户、农民合作社的利益联结关系。2015年中央一号文件提出，引导农民以土地经营权入股合作社和龙头企业。2016 年中央一号文件提出，要完善农业产业链与农民的利益联结机制。促进农业产加销紧密衔接，农村一、二、三产业深度融合，推进农业产业链整合和价值链提升，让农民共享产业融合发展的增值收益，培育农民增收新模式。支持供销合作社创办领办农民合作社，引领农民参与农村产业融合发展、分享产业链收益。创新发展订单农业，支持农业产业化龙头企业建设稳定的原料生产基地、为农户提供贷款担保和资助订单农户参加农业保险。鼓励发展股份合作，引导农户自愿以土地经营权等入股龙头企业和农民合作社，采取"保底收益 + 按股分红"等方式，让农户分享加工销售环节收益，建立健全风险防范机制。加强农民合作社示范社建设，支持合作社发展农产品加工流通和直供直销。通过政府与社会资本合作、贴息、设立基金等方式，带动社会资本投向农村新产业新业态。实施农村产业融合发展试点示范工程。财政支农资金使用要与建立农民分享产业链利益机制相联系。巩固和完善"合同帮农"机制，为农民和涉农企业提供法律咨询、合同示范文本、纠纷调处等服务。2018 年中央一号文件提出，构建农村一、二、三产业融合发展体系。大力开发农业多种功能，延长产业链、提升价值链、完善利益链，通过保底分红、股份合作、利润返还等多种形式，让农民合理分享全产业链增值收益。2019 年中央一号文件提出，健全农村一、二、三产业融合发展利益联结机制，让农民更多分享产业增值收益。2020 年中央一号文件提出，支持各地立足资源优势打造各具特色的农业全产业链，建立健全农民分享产业链增值收益机制，形成有竞争力的产业集群，推动农村一、二、三产业融合发展。重点培育家庭农场、农民合作社等新型农业经营主体，培育农业产业化联合体，通过订单农业、入股分红、托管服务等方式，将小农户融入农业产业链。2020 年 12 月，习近平在中央农村工作会议上强调，要加快发展乡村产业，顺应产业发展规律，立足当地特色资源，推动乡村产业发展壮大，优化产业布局，完善利益联结机制，让农民更多分享产业增值收益。[①]2021 年中央一号文件提出，依

井冈山神山村在脱贫过程中，以土地、资金入股，有股份分红收入，有茶园种植、抚育、采摘、加工等务工收入，形成"户户有股份，人人有工资"的利益联结。2019 年 6 月作者摄

---

① 《坚持把解决好"三农"问题作为全党工作重中之重 促进农业高质高效乡村宜居宜业农民富裕富足》，《人民日报》，2020 年 12 月 30 日，第 1 版。

托乡村特色优势资源，打造农业全产业链，把产业链主体留在县城，让农民更多分享产业增值收益。

中共十八大以来，现代农业经营体系加快形成，家庭农场、农民合作社、农业龙头企业等各类主体发育壮大。2019年年底，县级以上农业产业化龙头企业9万家，注册登记农民合作社220多万家，家庭农场70多万个。[①]利益联结机制逐步构建，各地发展企农契约型合作模式，有1亿农户与农业产业化龙头企业签订订单。推广利益分红型模式，通过"订单收购+分红""保底收益+按股分红""土地租金+务工工资+返利分红"等方式，促进农民持续增收。探索股份合作型模式，形成分工明确、优势互补、风险共担、利益共享的农业产业化联合体。增强"三农"内生发展能力和促进共同富裕，应进一步探索完善产业链、价值链、产权的联结形式。

* ### 推进农业供给侧结构性改革

经过不懈努力，中国农业农村发展迈上新台阶。中国在农业转方式、调结构、促改革等方面进行积极探索，为进一步推进农业转型升级打下一定基础，但农产品供求结构失衡、要素配置不合理、资源环境压力大、农民收入持续增长乏力等问题仍很突出，增加产量与提升品质、成本攀升与价格低迷、库存高企与销售不畅、小生产与大市场、国内外价格倒挂等矛盾亟待破解。就粮食而言，在"十二五"时期实现农业综合生产能力提升和粮食连年高位增产的情况下，中国粮食价格下跌，进口和库存都创历史新高，迫切需要加快调整农业生产结构。尽管国内粮食总产量持续增加，但在品种结构存在产需矛盾和国内外粮价倒挂的情况下，不实行关税配额

---

① 参见规划实施协调推进机制办公室：《乡村振兴战略规划实施报告（2018—2019）》，中国农业出版社2020年版，第21页。

制度的玉米替代品进口急剧增加，由此形成了粮食产量、库存量和进口量齐增现象。农业的主要矛盾由总量不足转变为结构性矛盾，突出表现为阶段性供过于求和供给不足并存，矛盾的主要方面在供给侧，农业供给侧结构性改革的问题也就提出来了。这也反映出，不能单纯以数量来判断农业发展是否成功，不能单纯以增加产量论英雄，还要考虑提供的农产品在品种上、质量上能不能适应市场需求，从调结构、提品质、促融合、去库存、降成本补短板等方面推进农业供给侧结构性改革。[①]

在这种条件下，2016 年以来的中央一号文件不仅阐述了推进农业供给侧结构性改革的必要性和对于解决好"三农"问题的意义，还提出了实现路径和具体措施。2016 年中央一号文件提出"用发展新理念破解'三农'新难题"，提出推进农业供给侧结构性改革的目标和路径。对于如何优化农业生产结构和区域布局，文件明确提出"面向整个国土资源，全方位、多途径开发食物资源，满足日益多元化的食物消费需求。在确保谷物基本自给、口粮绝对安全的前提下，基本形成与市场需求相适应、与资源禀赋相匹配的现代农业生产结构和区域布局，提高农业综合效益"。文件第一部分"持续夯实现代农业基础，提高农业质量效益和竞争力"提出，要大力推进农业现代化，必须着力强化物质装备和技术支撑，着力构建现代农业产业体系、生产体系、经营体系，实施藏粮于地、藏粮于技战略，推动粮经饲统筹，农林牧渔结合，种养加一体，一、二、三产业融合发展，让农业成为充满希望的朝阳产业。

2017 年中央一号文件以"关于深入推进农业供给侧结构性改革加快培育农业农村发展新动能的若干意见"为主题，明确提出推进农业供给侧结构性改革，要在确保国家粮食安全的基础上，紧紧围绕市场需求变化，以

---

① 《中共中央国务院关于深入推进农业供给侧结构性改革加快培育农业农村发展新动能的若干意见》，《人民日报》，2017 年 2 月 6 日，第 1 版。

增加农民收入、保障有效供给为主要目标，以提高农业供给质量为主攻方向，以体制改革和机制创新为根本途径，优化农业产业体系、生产体系、经营体系，提高土地产出率、资源利用率、劳动生产率，促进农业农村发展由过度依赖资源消耗、主要满足量的需求，向追求绿色生态可持续、更加注重满足质的需求转变。文件还指出，推进农业供给侧结构性改革是一个长期过程，处理好政府和市场关系、协调好各方面利益，面临许多重大考验。必须直面困难和挑战，坚定不移推进改革，勇于承受改革阵痛，尽力降低改革成本，积极防范改革风险，确保粮食生产能力不降低、农民增收势头不逆转、农村稳定不出问题。文件围绕"优化产品产业结构，着力推进农业提质增效"和"壮大新产业新业态，拓展农业产业链价值链"等提出了措施。

中共十八大以来，中国在农业供给侧结构性改革进程中，着力构建现代农业产业体系、生产体系、经营体系，优化产业结构，推进一、二、三产业融合发展，提高农业质量效益和全要素生产率，农村新产业、新业态、新模式蓬勃发展。自 2017 年创建特色农产品优势区起，出台《特色农产品优势区建设规划纲要》，制定了《中国特色农产品优势区创建认定标准》。在品牌建设上，出台品牌培育计划，实施品牌提升行动。到 2019年累计创建认定绿色有机和地理标识农产品 4.3 万个。[①]

- **发展智慧农业和农村电商**

2019 年中央一号文件提出实施数字乡村战略。深入推进"互联网 + 农业"，扩大农业物联网示范应用。推进重要农产品全产业链大数据建设，

---

① 参见规划实施协调推进机制办公室:《乡村振兴战略规划实施报告（2018—2019）》，中国农业出版社 2020 年版，第 13—23 页。

加强国家数字农业农村系统建设。继续开展电子商务进农村综合示范，实施"互联网＋"农产品出村进城工程。全面推进信息进村入户，依托"互联网＋"推动公共服务向农村延伸。2020年中央一号文件提出，有效开发农村市场，扩大电子商务进农村覆盖面，支持供销合作社、邮政快递企业等延伸乡村物流服务网络，加强村级电商服务站点建设，推动农产品进城、工业品下乡双向流通。

随着大数据、物联网、云计算、移动互联网等新的信息技术在农业农村的广泛应用，促进现代产业要素跨界配置，设施农业、农产品电商快速发展。第三次全国农业普查结果显示，全国25.1%的村发展了电子商务配

烟台市牟平区党支部领办合作社直播间。2021年7月作者摄

送站点。^① 2019 年网络销售农产品达 3500 多亿元。^②

- ### 中国人要把饭碗端在自己手里

中国始终面临能否解决好中国人的吃饭问题。在新中国成立前，西方人士断言中国政府解决不了中国人吃饭的问题。直到 20 世纪 90 年代，美国学者莱斯特·布朗还发表题为《谁来养活中国？》的文章，预测中国将面临巨大粮食缺口，中国不能养活自己，乃至全世界也养活不了中国，提出了"谁来养活中国"之问。现今中国解决粮食安全问题，与之前相比，仍面临挑战，工业化、城镇化和生态文明建设下耕地面积减少的压力没有解除，而人口增加和生活水平提高不仅对农产品数量的增加提出要求，还提出了提升农产品质量的要求。

中国高度重视粮食安全问题。2013 年 12 月 23 日，习近平在中央农村工作会议上强调，中国人的饭碗任何时候都要牢牢端在自己手上，我们的饭碗应该主要装中国粮，耕地红线要严防死守。^③ 2016 年 10 月，国务院印发《全国农业现代化规划（2016—2020 年）》，提出坚持以我为主、立足国内、确保产能、适度进口、科技支撑的国家粮食安全战略，强调确保谷物基本自给、口粮绝对安全。2018 年中央一号文件提出，推进粮食安全保障立法。2020 年 12 月，习近平在中央农村工作会议上强调，要牢牢把住粮食安全主动权，粮食生产年年要抓紧。要严防死守 18 亿亩耕地红线，采取长牙齿的硬措施，落实最严格的耕地保护制度。要建设高标准农田，

---

① 《辉煌 70 年》编写组：《辉煌 70 年——新中国经济社会发展成就（1949—2019）》，中国统计出版社 2019 年版，第 91—92 页。

② 规划实施协调推进机制办公室：《乡村振兴战略规划实施报告（2018—2019）》，中国农业出版社 2020 年版，第 7 页。

③ 《十八大以来重要文献选编》（上），中央文献出版社 2014 年版，第 660—664 页。

真正实现旱涝保收、高产稳产。要把黑土地保护作为一件大事来抓，把黑土地用好养好。要坚持农业科技自立自强，加快推进农业关键核心技术攻关。要调动农民种粮积极性，稳定和加强种粮农民补贴，提升收储调控能力，坚持完善最低收购价政策，扩大完全成本和收入保险范围。地方各级党委和政府要扛起粮食安全的政治责任，实行党政同责，"米袋子"省长要负责，书记也要负责。要深入推进农业供给侧结构性改革，推动品种培优、品质提升、品牌打造和标准化生产。要继续抓好生猪生产恢复，促进产业稳定发展。要支持企业走出去。要坚持不懈制止餐饮浪费。[1]

2021年中央一号文件提出，地方各级党委和政府要切实扛起粮食安全政治责任，实行粮食安全党政同责。深入实施重要农产品保障战略，完善粮食安全省长责任制和"菜篮子"市长负责制，确保粮、棉、油、糖、肉等供给安全。建设国家粮食安全产业带。稳定种粮农民补贴，让种粮有合理收益。坚持并完善稻谷、小麦最低收购价政策，完善玉米、大豆生产者补贴政策。扩大稻谷、小麦、玉米三大粮食作物完全成本保险和收入保险试点范围，支持有条件的省份降低产粮大县三大粮食作物农业保险保费县级补贴比例。深入推进优质粮食工程。开展粮食节约行动，减少生产、流通、加工、存储、消费环节粮食损耗浪费。文件还提出打好种业翻身仗。

尽管2020年遭受新冠肺炎疫情冲击和严重自然灾害影响，中国粮食生产仍稳步发展，总产量连续6年稳定在1.3万亿斤以上，实现了历史性的"十七连丰"，为应变局、开新局发挥了"压舱石"作用。中国人不仅把饭碗牢牢端在了自己的手中，还较好地满足了人民对食物消费多样性的需求。

---

[1] 《坚持把解决好"三农"问题作为全党工作重中之重 促进农业高质高效乡村宜居宜业农民富裕富足》，《人民日报》，2020年12月30日，第1版。

第五节　促进城乡融合发展和新型工农城乡关系形成

　　中共十八大报告提出，加快完善城乡发展一体化体制机制，着力在城乡规划、基础设施、公共服务等方面推进一体化，促进城乡要素平等交换和公共资源均衡配置，形成以工促农、以城带乡、工农互惠、城乡一体的新型工农城乡关系。2017 年 12 月 28 日，习近平在中央农村工作会议上指出，重塑城乡关系，走城乡融合发展之路。① 中共十九届五中全会审议通过的《中共中央关于制定国民经济和社会发展第十四个五年规划和二〇三五年远景目标的建议》提出，坚持把解决好"三农"问题作为全党工作重中之重，走中国特色社会主义乡村振兴道路，全面实施乡村振兴战略，强化以工补农、以城带乡，推动形成工农互促、城乡互补、协调发展、共同繁荣的新型工农城乡关系，加快农业农村现代化。中共十八大以来，在促进城乡一体化发展实践基础上，探索促进城乡融合发展和推进形成新型工农城乡关系，这是继之前实行以城市发展辐射带动乡村、打破城乡二元结构后的一种新型工农城乡关系，突破了城市与农村相对独立并行的发展格局。

● 促进城乡融合发展

　　进入新时代，中国致力于重塑城乡关系，促进城乡融合发展，以破解工业化、城镇化进程中"三农"发展受弱质性困扰而发生农村边缘化的现象。中共十九大报告提出"建立健全城乡融合发展体制机制和政策体系"，这就在城乡一体化实践基础上，在党的代表大会文件中使用城乡融合发展

---

　　① 《十九大以来重要文献选编》（上），中央文献出版社 2019 年版，第 142 页。

概念，明确了推进农业农村现代化的新路径。能否增强乡村发展的聚集力，是衡量中国特色社会主义乡村振兴道路成功与否的重要标志。解决"三农"问题，实现乡村振兴，根本是要打破资金、劳动力、人才等资源单一流向工业和城市的问题，增强乡村发展聚集力，形成城乡资源双向流动，从根本上破解城乡二元结构。针对"三农"的弱质性而农村资源向外流的问题，2018 年中央一号文件提出，让农业成为有奔头的产业，让农民成为有吸引力的职业，让农村成为安居乐业的美丽家园。2019 年中央一号文件提出：优先满足"三农"发展要素配置，坚决破除妨碍城乡要素自由流动、平等交换的体制机制壁垒，改变农村要素单向流出格局，推动资源要素向农村流动。显然，实施乡村振兴战略下的资源配置是不同于城乡二元结构下农村资源单向外流的态势。这正是中共十九大报告提出"建立健全城乡融合发展体制机制和政策体系"的原因所在。

走城乡融合发展之路。2017 年 12 月 28 日，习近平在中央农村工作会议上指出，我们一定要认识到，城镇和乡村是互促互进、共生共存的。能否处理好城乡关系，关乎社会主义现代化建设全局。城镇化是城乡协调发展的过程，不能以农业萎缩、乡村凋敝为代价。近年来，我们在统筹城乡发展方面作出了很大努力，取得了重大进展。但是，城乡要素合理流动机制还存在缺陷，无论进城还是下乡，渠道都还没有完全打通，要素还存在不平等交换。走中国特色社会主义乡村振兴道路，必须重塑城乡关系，走城乡融合发展之路。[1]2018 年 9 月 21 日，习近平在主持十九届中央政治局第八次集体学习时指出，在现代化进程中，城的比重上升，乡的比重下降，是客观规律，但在我国拥有近 14 亿人口的国情下，不管工业化、城镇化进展到哪一步，农业都要发展，乡村都不会消亡，城乡将长期共生并

---

① 《十九大以来重要文献选编》（上），中央文献出版社 2019 年版，第 142 页。

存，这也是客观规律。即便我国城镇化率达到 70%，农村仍将有 4 亿多人口。如果在现代化进程中把农村 4 亿多人落下，到头来"一边是繁荣的城市、一边是凋敝的农村"，这不符合我们党的执政宗旨，也不符合社会主义的本质要求。这样的现代化是不可能取得成功的！ 40 年前，我们通过农村改革拉开了改革开放大幕。40 年后的今天，我们应该通过振兴乡村，开启城乡融合发展和现代化建设新局面。要把乡村振兴战略这篇大文章做好，必须走城乡融合发展之路。我们一开始就没有提城市化，而是提城镇化，目的就是促进城乡融合。要向改革要动力，加快建立健全城乡融合发展体制机制和政策体系。[①] 中共十九届五中全会审议通过的《中共中央关于制定国民经济和社会发展第十四个五年规划和二〇三五年远景目标的建议》提出，健全城乡融合发展机制，推动城乡要素平等交换、双向流动，增强农业农村发展活力。

推进县域内城乡融合发展。2020 年 12 月 28 日至 29 日，习近平在中央农村工作会议上强调，要推动城乡融合发展见实效，健全城乡融合发展体制机制，促进农业转移人口市民化。要把县域作为城乡融合发展的重要切入点，赋予县级更多资源整合使用的自主权，强化县城综合服务能力。[②]2021 年中央一号文件提出，把县域作为城乡融合发展的重要切入点，强化统筹谋划和顶层设计，破除城乡分割的体制弊端，加快打通城乡要素平等交换、双向流动的制度性通道。统筹县域产业、基础设施、公共服务、基本农田、生态保护、城镇开发、村落分布等空间布局，强化县城综合服务能力，把乡镇建设成为服务农民的区域中心，实现县乡村功能衔接互补。壮大县域经济，承接适宜产业转移，培育支柱产业。加快小城镇发展，完

---

① 习近平：《把乡村振兴战略作为新时代"三农"工作总抓手》，《求是》2019 年第 11 期。

② 《坚持把解决好"三农"问题作为全党工作重中之重 促进农业高质高效乡村宜居宜业农民富裕富足》，《人民日报》，2020 年 12 月 30 日，第 1 版。

善基础设施和公共服务，发挥小城镇连接城市、服务乡村作用。推进以县城为重要载体的城镇化建设，有条件的地区按照小城市标准建设县城。积极推进扩权强镇，规划建设一批重点镇。开展乡村全域土地综合整治试点。推动在县域就业的农民工就地市民化，增加适应进城农民刚性需求的住房供给。

• 推进以人为核心的新型城镇化

2014年中央一号文件提出，加快推动农业转移人口市民化。积极推进户籍制度改革，建立城乡统一的户口登记制度，促进有能力在城镇合法稳定就业和生活的常住人口有序实现市民化。全面实行流动人口居住证制度，逐步推进居住证持有人享有与居住地居民相同的基本公共服务，保障农民工同工同酬。鼓励各地从实际出发制定相关政策，解决好辖区内农业转移人口在本地城镇的落户问题。

中共十九届五中全会审议通过的《中共中央关于制定国民经济和社会发展第十四个五年规划和二〇三五年远景目标的建议》提出，推进以人为核心的新型城镇化。实施城市更新行动，推进城市生态修复、功能完善工程，统筹城市规划、建设、管理，合理确定城市规模、人口密度、空间结构，促进大中小城市和小城镇协调发展。强化历史文化保护、塑造城市风貌，加强城镇老旧小区改造和社区建设，增强城市防洪排涝能力，建设海绵城市、韧性城市。提高城市治理水平，加强特大城市治理中的风险防控。坚持房子是用来住的、不是用来炒的定位，租购并举、因城施策，促进房地产市场平稳健康发展。有效增加保障性住房供给，完善土地出让收入分配机制，探索支持利用集体建设用地按照规划建设租赁住房，完善长租房政策，扩大保障性租赁住房供给。深化户籍制度改革，完善财政转移支付和城镇新增建设用地规模与农业转移人口市民化挂钩政策，强化基本公共服务保障，加快农业转移人口市民化。优化行政区划设置，发挥中心城市和城市群带动作用，建设现代化都市圈。推进成渝地区双城经济圈建设。推进以县城为重要载体的城镇化建设。2021年中央一号文件提出，推进以人为核心的新型城镇化，促进大中小城市和小城镇协调发展。

以人为核心的新型城镇化扎实推进。户籍制度改革深入推进，城区常住人口300万以下城市基本取消落户限制，1亿非户籍人口落户城镇目标顺利实现。县城补短板强弱项工作稳步推进，国家新型城镇化综合试点顺利收官，一批有效经验在全国复制推广。特色小镇逐步走上规范健康发展轨道。国家城乡融合发展试验区全面启动探索试验。[①]

• 鼓励各类人才返乡下乡创新创业

中国自改革开放起，随着工业化和城镇化的发展，农村劳动力大量流向城市，城镇化率由1978年的17.92%，2011年首次达50%，到2012年进一步提升到52.57%。随着农业劳动力的减少，2005年有学者提出中国是不是已经到了刘易斯拐点的命题。无论刘易斯拐点是否到来，农村人才缺乏问题都未改变。

中共十八大以来，中央对就业政策进行完善，着力健全农业劳动力转移就业和农村创业体制，在继续促进农村劳动力转移就业的同时，基于农村人才缺乏的状况，大力培养农村实用人才和支持乡村创业创新。2016年中央一号文件提出，推进农村劳动力转移就业、创业和农民工市民化。引

---

① 国家发展和改革委员会：《关于2020年国民经济和社会发展计划执行情况与2021年国民经济和社会发展计划草案的报告——2021年3月5日在第十三届全国人民代表大会第四次会议上》，《人民日报》，2021年3月14日，第2版。

导有志投身现代农业建设的农村青年、返乡农民工、农技推广人员、农村大中专毕业生和退役军人等加入职业农民队伍。总结各地经验，建立健全职业农民扶持制度，相关政策向符合条件的职业农民倾斜。2017年中央一号文件提出，健全农业劳动力转移就业和农村创业创新体制。支持进城农民工返乡创业，带动现代农业和农村新产业新业态发展。鼓励高校毕业生、企业主、农业科技人员、留学归国人员等各类人才回乡下乡创业创新，将现代科技、生产方式和经营模式引入农村。整合落实支持农村创业创新的市场准入、财政税收、金融服务、用地用电、创业培训、社会保障等方面优惠政策。鼓励各地建立返乡创业园、创业孵化基地、创客服务平台，开设开放式服务窗口，提供一站式服务。鼓励农户和返乡下乡人员通过订单农业、股份合作、入园创业就业等多种方式，参与建设，分享收益。2018年中央一号文件对农民就业提出了远景规划：到2020年，农村对人才吸引力逐步增强；到2035年，农民就业质量显著提高。2019年中央一号文件第一次对促进农村劳动力转移就业和支持乡村创新创业分成各用了一段的篇幅进行专门规定。关于支持乡村创新创业，文件提出：鼓励外出农民工、高校毕业生、退伍军人、城市各类人才返乡下乡创新创业，支持建立多种形式的创业支撑服务平台，完善乡村创新创业支持服务体系。落实好减税降费政策，鼓励地方设立乡村就业创业引导基金，加快解决用地、信贷等困难。加强创新创业孵化平台建设，支持创建一批返乡创业园，支持发展小微企业。2021年中央一号文件提出，鼓励地方建设返乡入乡创业园和孵化实训基地。

中共十八大以来，随着对农业劳动力转移就业和农村创新创业体制的健全，形成了转移就业和乡村创新创业并行态势，改变了农村劳动力单一流向非农的格局。2020年，全国农民工总量28560万人，其中外出农民工

16959 万人，本地农民工 11601 万人。[①] 与 20 世纪 80 年代初农民纷纷"洗脚上田"创业和 90 年代体制内人员到农村"下海"创业不同，吸引农民工、大中专毕业生、退役军人、科技人员等到乡村创新创业，农村创新创业日渐活跃。截至 2019 年年底，农民工、大中专毕业生、退役军人、科技人员等各类返乡入乡创新创业人员达 850 多万人[②]。同时，还有大批"田秀才""土专家""乡创客"等本乡创新创业人员。这一历史性转变，缘于农业农村现代化建设和美丽乡村建设顺利推进，农村发展环境改善，一、二、三产业、城乡朝融合方向发展，使农业农村发展空间日益拓展、发展能力日益提升，进而增强了农业农村聚集力。人才单一由农业农村流向工业城镇的状况，转变为双向流动，标志着中国破解农业农村发展受弱质性困扰问题实现突破。

• **城乡融合发展见成效**

中共十八大以来，中国加快建立健全城乡融合发展体制机制，推动城乡要素自由流动、公共资源合理配置，城乡融合发展迈出重大步伐。

——城乡制度并轨深入展开。户籍制度改革的政策框架基本构建完成，截至 2020 年 11 月 1 日零时，全国常住人口城镇化率提升到 63.89%（第七次全国人口普查数）。[③] 城乡统一的劳动力市场加快形成，农民工劳动保障权益以及农民工进城后子女教育等方面基本实现了有制度可循，城乡居民基本医疗和养老制度开始并轨。

——城乡要素双向流动态势加速形成。在政策上鼓励人才向偏远地区

---

① 国家统计局：《2020 年国民经济和社会发展统计公报》，《人民日报》，2021 年 3 月 1 日，第 10 版。
② 规划实施协调推进机制办公室：《乡村振兴战略规划实施报告（2018—2019）》，中国农业出版社 2020 年版，第 21 页。
③ 《人口总量保持平稳增长》，《人民日报》，2021 年 5 月 12 日，第 2 版。

和基层一线流动、稳慎推进农村宅基地制度改革、健全城乡建设用地增减挂钩结余指标跨省域调剂机制、金融服务乡村振兴等，一些地方设立乡村振兴基金，发行地方专项债，鼓励市民下乡、能人回乡、企业兴乡，开展土地全域综合整治，探索点状供地，促进资金、人才、土地等要素向乡村流动。

——城乡基本公共服务均等化大力推进。实施农村公共服务提升计划，促进公共教育、医疗、卫生、社会保障等资源向农村倾斜。持续加大农村基础设施建设投入力度，推动农村公路、交通物流、水利、能源、信息网络等基础设施提档升级，与城市互联互通。仅电子商务进农村综合示范县，2018—2019 年新增 475 个，到 2019 年累计达 1180 个，国家级贫困县实现全覆盖。[①]

——随着城乡融合发展的深入展开，农村民生实现根本改善，农民生活水平极大改善。仅农民人均可支配收入而言，"十三五"期间稳定持续增长，2019 年提前一年实现比 2010 年翻一番目标，2020 年农村居民人均可支配收入达到 17131 元，比 2019 年实际增长 3.8%，城乡居民收入差距由 2019 年的 2.64∶1 缩小到 2.56∶1。在新冠肺炎疫情冲击叠加经济下行压力加大的背景下，取得这个成绩实属不易。

中国在促进城乡融合发展进程中，拓展"三农"发展空间，形成了乡村人口数量庞大下破解"三农"难题的新路径。

---

① 参见规划实施协调推进机制办公室：《乡村振兴战略规划实施报告（2018—2019）》，中国农业出版社 2020 年版，第 20 页。

7

农村同步迈进全面小康社会
与全面推进乡村振兴

在全面建成小康社会进程中，补齐"三农"短板，特别是补齐贫困地区贫困人口短板，是中共十八大起中国共产党要破解的又一重大课题。

在习近平新时代中国特色社会主义思想指引下，中国发挥中国共产党领导和社会主义制度的政治优势，全国一盘棋，着力破解"三农"发展受弱质性困扰问题，着力破解数量庞大的乡村人口同步迈向全面小康社会难题，着力破解累积因果效应下深度贫困地区贫困人口脱贫难题，告别了几千年来困扰中华民族的绝对贫困问题的历史，农村同步迈进全面小康社会。补齐"三农"短板，特别是贫困地区贫困人口短板，增添了全面小康社会的成色和提高了社会主义现代化的质量，使整个国家实现向高人文发展水平跃升。补齐"三农"短板，特别是贫困地区贫困人口短板，如期全面建成小康社会、实现第一个百年奋斗目标这一中华民族历史性成就的取得，使中华民族伟大复兴向前迈出了新的一大步。同时，贯彻绿水青山就是金山银山理念，在城镇化进程中记得住乡愁，传承发展农耕文明，整治农村人居环境，创新乡村治理，形成乡风文明新气象。这一系列美丽乡村建设的推进，拓展了乡村的多种功能和发展空间，为促进农业高质高效、乡村宜居宜业、农民富裕富足奠定了坚实基础。

在向第二个百年奋斗目标迈进的历史关口，以习近平同志为核心的中共中央对全面推进乡村振兴进行擘画，提出举全党全社会之力加快农业农村现代化、巩固拓展脱贫攻坚成果同乡村振兴有效衔接。展望未来，全面推进乡村振兴，实现农业高质高效、乡村宜居宜业、农民富裕富足的愿景可期。

第一节　脱贫攻坚战取得全面胜利

贫困是人类社会的顽疾。反贫困始终是古今中外治国安邦的一件大事。中共十八大以来，中共中央把脱贫攻坚摆在治国理政突出位置，团结带领全党全国各族人民，采取了一系列具有原创性、独特性的重大举措，组织实施了人类历史上规模最大、力度最强、惠及人口最多的脱贫攻坚战。经过 8 年持续奋斗，脱贫攻坚战取得全面胜利，现行标准下近 1 亿农村贫困人口全部脱贫，贫困县全部摘帽，困扰中华民族几千年的绝对贫困问题得到历史性解决，书写了人类减贫史上的奇迹，为全面建成小康社会作出了重要贡献，为开启全面建设社会主义现代化国家新征程奠定了坚实基础。

● 组织开展声势浩大的脱贫攻坚人民战争

2012 年 12 月底，中共十八大召开后不久，习近平在河北阜平县考察扶贫开发工作时指出："全面建成小康社会，最艰巨最繁重的任务在农村、特别是在贫困地区。没有农村的小康，特别是没有贫困地区的小康，就没有全面建成小康社会。大家要深刻理解这句话的含义。因此，要提高对做好扶贫开发工作重要性的认识，增强做好扶贫开发工作的责任感和使命感。""我们在中央工作的同志要关心和支持乡亲们发展生产、改善生活，各级党委和政府也要关心和支持乡亲们发展生产、改善生活。大家一起来努力，让乡亲们都能快点脱贫致富奔小康。"[①]

2015 年 11 月 27 日，习近平在中央扶贫开发工作会议上指出："全面

[①]　习近平:《在河北省阜平县考察扶贫开发工作时的讲话》,《求是》2021 年第 4 期。

建成小康社会，关键是要把经济社会发展的'短板'尽快补上，否则就会贻误全局。"① 会议提出实现脱贫攻坚目标的总体要求，实行扶持对象、项目安排、资金使用、措施到户、因村派人、脱贫成效"六个精准"，实行发展生产、易地搬迁、生态补偿、发展教育、社会保障兜底"五个一批"。11 月 29 日，中共中央、国务院印发《关于打赢脱贫攻坚战的决定》，指出：中国扶贫开发已进入啃硬骨头、攻坚拔寨的冲刺期。中西部一些省（自治区、直辖市）贫困人口规模依然较大，剩下的贫困人口贫困程度较深，减贫成本更高，脱贫难度更大。实现到 2020 年让 7000 多万农村贫困人口摆脱贫困的既定目标，时间十分紧迫、任务相当繁重。必须在现有基础上不断创新扶贫开发思路和办法，坚决打赢这场攻坚战。中央扶贫开发工作会议及之后印发《中共中央国务院关于打赢脱贫攻坚战的决定》，发出打赢脱贫攻坚战的总攻令。

中共十九大指出，让贫困人口和贫困地区同全国一道进入全面小康社会是我们党的庄严承诺，把精准脱贫作为决胜全面建成小康社会必须打好的三大攻坚战之一进行全面部署，聚力攻克深度贫困堡垒，决战决胜脱贫攻坚。2017 年 10 月 25 日，中共十九届一中全会闭幕后，习近平同采访中共十九大的中外记者见面时指出，全面建成小康社会，一个不能少；共同富裕路上，一个不能掉队。②

2018 年 2 月 12 日，习近平在四川成都主持召开打好精准脱贫攻坚战座谈会，听取脱贫攻坚进展情况汇报，集中研究打好今后三年脱贫攻坚之策。6 月 15 日，中共中央、国务院印发《关于打赢脱贫攻坚战三年行动的指导意见》，提出打赢脱贫攻坚战三年行动的总体要求与方案，明确集中力量支持深度贫困地区脱贫攻坚、强化到村到户到人精准帮扶举措、加

---

① 《十八大以来重要文献选编》（下），中央文献出版社 2018 年版，第 29 页。
② 《人民日报》，2017 年 10 月 26 日，第 2 版。

快补齐贫困地区基础设施短板、加强精准脱贫攻坚行动支撑保障、动员全社会力量参与脱贫攻坚、夯实精准扶贫精准脱贫基础性工作、加强和改善党对脱贫攻坚工作的领导等方面的措施。

2019 年 4 月 16 日，习近平在重庆主持召开解决"两不愁三保障"突出问题座谈会，指出脱贫攻坚战进入决胜的关键阶段，各地区各部门务必高度重视，统一思想，抓好落实，一鼓作气，顽强作战，越战越勇，着力解决"两不愁三保障"突出问题，扎实做好今明两年脱贫攻坚工作，为如期全面打赢脱贫攻坚战、如期全面建成小康社会作出新的更大贡献。[①]

2020 年，为有力应对新冠肺炎疫情和特大洪涝灾情带来的影响，中共中央要求全党全国以更大的决心、更强的力度，做好"加试题"、打好收官战，信心百倍向着脱贫攻坚的最后胜利进军。

中共十八大后的 8 年来，中共中央把脱贫攻坚摆在治国理政的突出位置，把脱贫攻坚作为全面建成小康社会的底线任务，组织开展了声势浩大的脱贫攻坚人民战争。

- **实施精准扶贫精准脱贫基本方略**

"一把钥匙开一把锁"。中国幅员辽阔，各地贫困问题复杂多样，只有从实际出发，才能确保扶贫举措对症下药，取得实效。2012 年 12 月底，习近平在河北省阜平县考察扶贫开发工作时指出，"推进扶贫开发、推动经济社会发展，首先要有一个好思路、好路子。""要坚持因地制宜、科学规划、分类指导、因势利导，能做什么就做什么，不要勉强搞一些东西，一定从实际出发，真正使老百姓得到实惠。"[②]

---

① 习近平：《在解决"两不愁三保障"突出问题座谈会上的讲话》，《求是》2019 年第 16 期。
② 习近平：《在河北省阜平县考察扶贫开发工作时的讲话》，《求是》2021 年第 4 期。

2013 年 11 月，习近平在湖南湘西土家族苗族自治州十八洞村进行调研，明确提出了"精准扶贫"理念，要求创新扶贫工作机制。

2015 年 11 月，习近平在中央扶贫开发工作会议上全面阐述了精准扶贫精准脱贫基本方略，强调要做到"六个精准"，即扶持对象精准、项目安排精准、资金使用精准、措施到户精准、因村派人精准、脱贫成效精准；实施"五个一批"，即发展生产脱贫一批、易地搬迁脱贫一批、生态补偿脱贫一批、发展教育脱贫一批、社会保障兜底一批，还要开展医疗保险和医疗救助脱贫；解决"四个问题"，即扶持谁、谁来扶、怎么扶、如何退。[①]"六个精准"是基本要求，"五个一批"是根本途径，"四个问题"是关键环节，这些都把目标导向与问题导向统一起来，把战略性与可操作性有机结合起来。

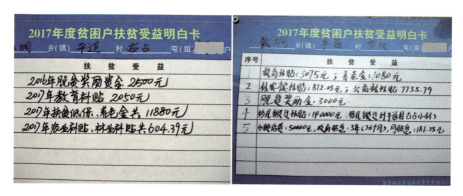

因户施策。2018 年 3 月作者摄于广西金秀瑶族自治县

精准扶贫精准脱贫，是扶贫开发方式的创新，是打赢脱贫攻坚战的基本方略。"精准"既是脱贫攻坚的重要方法论之一，也是一种科学的思维方式，更是一套务实的工作方法。在精准施策上出实招、在精准推进上下实功、在精准落地上见实效，正是因为精准扶贫方略坚持以"实"字当头，

---

① 《十八大以来重要文献选编》（下），中央文献出版社 2018 年版，第 38—45 页。

各项政策红利才能落到扶贫对象身上，从而保证脱贫攻坚顺利实施。

精准扶贫方略为世界减贫事业提供了重要经验。各国贫困状况各不相同，但实事求是、因地制宜的方法和原则是相通的。2018 年，"精准扶贫"等理念被写入第七十三届联合国大会通过的关于消除农村贫困问题的决议。联合国秘书长古特雷斯表示，精准扶贫方略是帮助贫困人口、实现2030 年可持续发展议程设定的宏伟目标的唯一途径，中国的经验可以为其他发展中国家提供有益借鉴。泰国孔敬府官员借鉴参考中国脱贫经验，制定了符合当地实际的"结对子扶贫"项目，帮助贫困户制定个性化脱贫方案。[①]

● 走出一条中国特色减贫道路和形成中国特色反贫困理论

中共十八大后的 8 年来，习近平先后 7 次主持召开中央扶贫工作座谈会，50 多次调研扶贫工作，走遍 14 个集中连片特困地区，作出一系列重要指示批示，为脱贫攻坚提供了根本遵循和科学指引。2017 年 12 月 28 日，习近平在中央农村工作会议上就"打好精准脱贫攻坚战，走中国特色减贫之路"进行了深刻论述和部署。[②]

伟大实践孕育理论创新。中共中央立足中国国情，把握减贫规律，出台一系列超常规政策举措，构建了一整套行之有效的政策体系、工作体系、制度体系，走出了一条中国特色减贫道路，形成了以"七个坚持"为主要内容的中国特色反贫困理论。[③]

一是坚持党的领导，为脱贫攻坚提供坚强政治和组织保证。中国脱贫

---

① 参见彭飞：《精准扶贫，"一把钥匙开一把锁"——兑现向全国人民作出的庄严承诺》，《人民日报》2021 年 2 月 26 日第 7 版。

② 《十九大以来重要文献选编》（上），中央文献出版社 2019 年版，第 153—156 页。

③ 习近平：《在全国脱贫攻坚总结表彰大会上的讲话》，《人民日报》，2021 年 2 月 26 日，第 2 版。

攻坚创造人类减贫史奇迹，靠的是党的坚强领导，组织开展了上下同心、全社共同参与、声势浩大的脱贫攻坚人民战争。中国特色反贫困理论明确必须坚持党的领导，回答了在中国特色社会主义新时代脱贫攻坚如何发挥党的领导的政治优势，为脱贫攻坚提供政治和组织保证的问题。

脱贫攻坚必须坚持党的领导，是对马克思主义反贫困理论的丰富和发展。习近平强调："越是进行脱贫攻坚战，越是要加强和改善党的领导。脱贫攻坚战考验着我们的精神状态、干事能力、工作作风，既要运筹帷幄，也要冲锋陷阵。各级党委和政府必须坚定信心、勇于担当，把脱贫职责扛在肩上，把脱贫任务抓在手上，拿出'敢教日月换新天'的气概，鼓起'不破楼兰终不还'的劲头，攻坚克难，乘势前进。""各级领导干部要从巩固党执政的阶级基础和群众基础、从保持同人民群众的血肉联系的高度出发，保持顽强的工作作风和拼劲，满腔热情做好脱贫攻坚工作。"[①]

党的坚强领导为脱贫攻坚提供了根本的政治和组织保证，是脱贫攻坚的"定盘星"。习近平指出："必须坚持发挥各级党委总揽全局、协调各方的作用，落实脱贫攻坚一把手负责制，省市县乡村五级书记一起抓，为脱贫攻坚提供坚强政治保证。"[②]各级党组织和广大共产党员坚决响应中央号召，尽锐出战，不负人民，以热血赴使命、以行动践诺言，在脱贫攻坚这个没有硝烟的战场上呕心沥血、建功立业。

二是坚持以人民为中心的发展思想，坚定不移走共同富裕道路。摆脱贫困，是中国人民孜孜以求的梦想，是实现中华民族伟大复兴中国梦的重要内容。中国特色反贫困理论明确脱贫攻坚必须坚持以人民为中心的发展思想，坚定不移走共同富裕道路，回答了脱贫攻坚的价值和目标取向问题。

坚持以人民为中心的发展思想，强调消除贫困、改善民生，是中国

---

① 《十八大以来重要文献选编》（下），中央文献出版社 2018 年版，第 46 页。
② 《习近平谈治国理政》第 3 卷，外文出版社 2020 年版，第 151 页。

共产党坚持全心全意为人民服务根本宗旨的重要体现。1986年3月28日，邓小平会见外宾时指出："我们的政策是让一部分人、一部分地区先富起来，以带动和帮助落后的地区，先进地区帮助落后地区是一个义务。"①1999年6月9日，江泽民在中央扶贫开发工作会议上指出："农村贫困群众最盼望、最着急的就是吃饱穿暖，进而过上比较富裕的日子。帮助贫困群众实现这个愿望，是党的为人民服务宗旨的最实际的体现。"②2011年11月29日，胡锦涛在中央扶贫工作会议上指出："把稳定解决扶贫对象温饱、尽快实现脱贫致富作为首要任务。"③习近平最牵挂的是困难群众。2018年11月1日，习近平在致改革开放与中国扶贫国际论坛的贺信中指出，我们将坚持以人民为中心的发展思想，确保到2020年消除绝对贫困。他强调："我们要牢记人民对美好生活的向往就是我们的奋斗目标，坚持以人民为中心的发展思想。"④"小康不小康，关键看老乡，关键看贫困老乡能不能脱贫"⑤，"决不能落下一个贫困地区、一个贫困群众"。⑥

进入新时代，针对发展不平衡不充分的实际，特别是还有几千万贫困人口问题，习近平指出："消除贫困、改善民生、实现共同富裕，是社会主义的本质要求。"⑦"贫穷不是社会主义。如果贫困地区长期贫困，面貌长期得不到改变，群众生活长期得不到明显提高，那就没有体现我国社会主义制度的优越性，那也不是社会主义。"⑧这些重要论述丰富和发展了社会主义本质要求的内涵，增强了脱贫攻坚的自觉和使命担当。坚持以人民为中

---

① 《邓小平文选》第3卷，人民出版社1993年版，第155页。

② 江泽民：《全党全社会进一步动员起来 夺取八七扶贫攻坚决战阶段的胜利——在中央扶贫开发工作会议上的讲话》，《人民日报》，1999年7月21日，第1版。

③ 《胡锦涛文选》第3卷，人民出版社2016年版，第567页。

④ 《人民日报》，2017年10月26日，第1版。

⑤ 《十八大以来重要文献选编》（下），中央文献出版社2018年版，第29页。

⑥ 《十八大以来重要文献选编》（下），中央文献出版社2018年版，第34页。

⑦ 习近平：《在河北省阜平县考察扶贫开发工作时的讲话》，《求是》2021年第4期。

⑧ 中共中央党史和文献研究院：《习近平扶贫论述摘编》，中央文献出版社2018年版，第5页。

心的发展思想，坚定不移走共同富裕道路，把群众满意度作为衡量脱贫成效的重要尺度，集中力量解决贫困群众基本民生需求，使脱贫攻坚的阳光照耀到了每一个角落。脱贫攻坚战取得全面胜利，标志着党在团结带领人民创造美好生活、实现共同富裕的道路上又迈出了坚实的一大步。

三是坚持发挥中国社会主义制度能够集中力量办大事的政治优势，形成脱贫攻坚的共同意志、共同行动。脱贫攻坚要充分发挥中国社会主义制度能够集中力量办大事的政治优势，形成脱贫攻坚的共同意志、共同行动，回答了脱贫攻坚如何聚集力量的问题。

在容易脱贫的地区和人口已经解决得差不多的情况下，脱贫攻坚进入

"三区三州"的深度贫困县之一——四川省凉山彝族自治州雷波县通往农民幸福生活的"天路"。2020年12月作者摄

啃硬骨头、攻坚拔寨的冲刺期，要解决的是贫困程度更深、减贫成本更高、脱贫难度更大的贫困人口，采用常规思路和办法，按部就班地干，难以按期完成脱贫任务。2015年6月18日，习近平在部分省区市扶贫攻坚与"十三五"时期经济社会发展座谈会上指出，坚持党的领导，发挥社会主义制度可以集中力量办大事的优势，这是我们的最大政治优势。[①]

脱贫攻坚要形成共同意志、共同行动。中国发挥社会主义制度能够集中力量办大事的政治优势，广泛动员全党全国各族人民以及社会各方面力量共同向贫困宣战，举国同心，合力攻坚，党政军民学劲往一处使，东西南北中拧成一股绳。千千万万的扶贫善举彰显了社会大爱，汇聚起排山倒海的磅礴力量，解决了许多长期想解决而没有解决的攻坚难题，彰显了社会主义制度的伟力。

四是坚持精准扶贫方略，用发展的办法消除贫困根源。中国特色反贫困理论明确坚持精准扶贫方略，用发展的办法消除贫困根源，回答了脱贫攻坚要形成什么样的发展路径和持久动力的问题。

脱贫攻坚，贵在精准，重在精准。随着"精准扶贫"理念的贯彻，坚持对扶贫对象实行精细化管理、对扶贫资源实行精确化配置、对扶贫对象实行精准化扶持，建立了全国建档立卡信息系统，确保扶贫资源真正用在扶贫对象上、真正用在贫困地区；打出了一套政策组合拳，因村因户因人施策，因贫困原因施策，因贫困类型施策，对症下药、精准滴灌、靶向治疗，真正发挥拔穷根的作用；下足绣花功夫，扶贫扶到点上、扶到根上、扶到家庭，防止平均数掩盖大多数。精准扶贫方略明确了脱贫攻坚的科学路径，回答了扶持谁、谁来扶、怎么扶、如何退等问题。

用发展的办法消除贫困根源。习近平指出，要紧紧扭住发展这个促使

---

① 《人民日报》，2015年6月20日，第1版。

贫困地区脱贫致富的第一要务。坚持开发式扶贫方针，坚持把发展作为解决贫困的根本途径，改善发展条件，增强发展能力，实现由"输血式"扶贫向"造血式"帮扶转变，让发展成为消除贫困最有效的办法、创造幸福生活最稳定的途径。

五是坚持调动广大贫困群众积极性、主动性、创造性，激发脱贫内生动力。脱贫攻坚取得全面胜利，靠的是广大贫困群众激发了奋发向上的精气神，艰苦奋斗、苦干实干、用自己的双手创造幸福生活的精神。中国特色反贫困理论明确坚持调动广大贫困群众积极性、主动性、创造性，激发脱贫内生动力，回答了脱贫主体是谁和如何使脱贫具有可持续的内生动力的问题。

脱贫必须摆脱思想意识上的贫困，激发脱贫主体的内生动力。习近平强调："摆脱贫困首要并不是摆脱物质的贫困，而是摆脱意识和思路的贫困。扶贫先要扶志。"[1] "脱贫致富贵在立志，只要有志气、有信心，就没有过不去的坎。"[2] 把人民群众对美好生活的向往转化成脱贫攻坚的强大动能，贫困群众的精神世界得到充实和升华，信心更坚、脑子更活、心气更足，发生了从内而外的深刻改变。

习近平反复强调，要注重扶贫同扶志、扶智相结合。中国特色反贫困理论把人的全面发展作为根本目标，强调不仅仅要解决贫困群众的物质生存问题，更重要的是要提升精神文明，促进人的全面发展，从而赋予贫困治理超越温饱目标和面向美好生活的丰富内涵。

六是坚持弘扬和衷共济、团结互助美德，营造全社会扶危济困的浓厚氛围。人心齐，泰山移。创造农村贫困人口全部脱贫这一彪炳史册的人间奇迹，靠的是全党全国各族人民的团结奋斗。这场前所未有的脱贫攻坚战，

---

① 中共中央党史和文献研究院：《习近平扶贫论述摘编》，中央文献出版社 2018 年版，第 137 页。
② 《人民日报》，2013 年 11 月 6 日，第 1 版。

激发了全社会向上向善的正能量，合力拔穷根、携手奔小康，彰显了中国人民万众一心、同甘共苦的团结伟力。中国特色反贫困理论明确坚持弘扬和衷共济、团结互助美德，营造全社会扶危济困的浓厚氛围，回答了如何充分发挥中国国家制度和国家治理体系的显著优势，弘扬美德、凝聚社会大爱，广泛动员全社会积极参与扶贫善举，众志成城实现脱贫攻坚目标的问题。

推动全社会践行社会主义核心价值观，传承中华民族守望相助、和衷共济、扶贫济困的传统美德，引导社会各界关爱贫困群众、关心减贫事业、投身脱贫行动。2014年，首个扶贫日之际，习近平指出，我国将每年10月17日设立为"扶贫日"，并于今年第一个扶贫日之际表彰社会扶贫先进集体和先进个人，进一步部署社会扶贫工作，对于弘扬中华民族扶贫济困的传统美德，培育和践行社会主义核心价值观，动员社会各方面力量共同向贫困宣战，继续打好扶贫攻坚战，具有重要意义。

推动东西部地区协作实现互利双赢、共同发展。2016年7月20日，习近平在东西部扶贫协作座谈会上指出，新形势下，东西部扶贫协作和对口支援要注意由"输血式"向"造血式"转变，实现互利双赢、共同发展。东西部扶贫协作和对口支援，是推动区域协调发展、协同发展、共同发展的大战略，是加强区域合作、优化产业布局、拓展对内对外开放新空间的大布局，是实现先富帮后富、最终实现共同富裕目标的大举措。

七是坚持求真务实、较真碰硬，做到真扶贫、扶真贫、脱真贫。中国特色反贫困理论明确坚持求真务实、较真碰硬，做到真扶贫、扶真贫、脱真贫，回答了脱贫攻坚要以什么样的作风加以实现的问题。

突出实的导向，着力真扶贫、扶真贫、真脱贫。习近平在谈到贫困地区调研的目的时指出，我到这些地方调研的目的只有一个，就是看真贫、扶真贫、真扶贫。习近平强调，"做好扶贫开发工作，尤其要拿出踏石留印、抓铁有痕的劲头，发扬钉钉子精神，锲而不舍、驰而不息抓下去"。①

实行最严格的考核评估。习近平指出，要建立年度脱贫攻坚报告和督查制度，加强督查问责，把导向立起来，让规矩严起来。"对省级党委和政府脱贫攻坚工作成效进行考核，是倒逼各地抓好落实的重要手段。考核不能走过场，不能一团和气。考核不严格，对问题不较真，等于鼓励敷衍了事、弄虚作假。"②

中国特色反贫困理论是在立足中国国情、把握减贫规律而成功走出中国特色减贫道路中形成的，系统回答了脱贫攻坚的政治和组织保证、价值和目标取向、力量和制度支撑、路径和动力持久、主体和内力激发、美德和力量凝聚、务实和求真作风等一系列重大问题，深刻揭示了脱贫攻坚战取得全面胜利的制胜之道。③中国特色反贫困理论是中国脱贫攻坚伟大实践的理论结晶，是马克思主义反贫困理论中国化的最新成果，是习近平新时代中国特色社会主义思想的重要组成部分，必须长期坚持并不断发展。

- **历史性消除绝对贫困**

中共十八大后的 8 年，中国共产党和人民披荆斩棘、栉风沐雨，发扬钉钉子精神，敢于啃硬骨头，攻克了一个又一个贫中之贫、坚中之坚，历史性消除绝对贫困。

2021 年 2 月 25 日，在全国脱贫攻坚总结表彰大会上，习近平庄严宣告，经过全党全国各族人民共同努力，在迎来中国共产党成立 100 周年的

---

① 《同菏泽市及县区主要负责同志座谈时的讲话》（2013 年 11 月 26 日），《做焦裕禄式的县委书记》，中央文献出版社 2015 年版，第 30 页。

② 中共中央党史和文献研究院：《习近平扶贫论述摘编》，中央文献出版社 2018 年版，第 117—118 页。

③ 郑有贵：《脱贫攻坚伟大实践孕育中国特色反贫困理论》，《红旗文稿》2021 年第 7 期。

重要时刻，我国脱贫攻坚战取得了全面胜利，现行标准下9899万农村贫困人口全部脱贫，832个贫困县全部摘帽，12.8万个贫困村全部出列，区域性整体贫困得到解决，完成了消除绝对贫困的艰巨任务，创造了又一个彪炳史册的人间奇迹。①

农村贫困人口全部脱贫，为实现全面建成小康社会目标任务作出了关键性贡献。中国贫困人口收入水平显著提高，全部实现"两不愁三保障"，脱贫群众不愁吃、不愁穿，义务教育、基本医疗、住房安全有保障，饮水安全也都有了保障。2000多万贫困患者得到分类救治，曾经被病魔困扰的家庭挺起了生活的脊梁。近2000万贫困群众享受低保和特困救助供养，2400多万困难和重度残疾人拿到了生活和护理补贴。110多万贫困群众当上护林员，守护绿水青山，换来了金山银山。无论是雪域高原、戈壁沙漠，还是悬崖绝壁、大石山区，脱贫攻坚的阳光照耀到了每一个角落，无数人的命运因此而改变，无数人的梦想因此而实现，无数人的幸福因此而成就。

脱贫地区经济社会发展大踏步赶上来，整体面貌发生历史性巨变。贫困地区发展步伐显著加快，经济实力不断增强，基础设施建设突飞猛进，社会事业长足进步，行路难、吃水难、用电难、通信难、上学难、就医难等问题得到历史性解决。义务教育阶段建档立卡贫困家庭辍学学生实现动态清零。具备条件的乡镇和建制村全部通硬化路、通客车、通邮路。新改建农村公路110万公里，新增铁路里程3.5万公里。贫困地区农网供电可靠率达到99%，大电网覆盖范围内贫困村通动力电比例达到100%，贫困村通光纤和4G比例均超过98%。790万户、2568万贫困群众的危房得到改造，累计建成集中安置区3.5万个、安置住房266万套，960多万人"挪穷窝"，摆脱了闭塞和落后，搬入了新家园。许多乡亲告别溜索桥、天堑

---

① 习近平：《在全国脱贫攻坚总结表彰大会上的讲话》，《人民日报》，2021年2月26日第2版。

扶贫扶智。图为四川凉山彝族自治州雷波县马颈子镇甲谷村幼儿园。2020 年 12 月作者摄

变成了通途，告别苦咸水、喝上了清洁水，告别四面漏风的泥草屋、住上了宽敞明亮的砖瓦房。千百万贫困家庭的孩子享受到更公平的教育机会，孩子们告别了天天跋山涉水上学，实现了住学校、吃食堂。28个人口较少民族全部整族脱贫，一些新中国成立后"一步跨千年"进入社会主义社会的"直过民族"，又实现了从贫穷落后到全面小康的第二次历史性跨越。所有深度贫困地区的最后堡垒被全部攻克。脱贫地区处处呈现山乡巨变、山河锦绣的时代画卷。脱贫群众精神风貌焕然一新，增添了自立自强的信心勇气。脱贫攻坚，取得了物质上的累累硕果，也取得了精神上的累累硕果。广大脱贫群众激发了奋发向上的精气神，社会主义核心价值观得到广泛传播，文明新风得到广泛弘扬，艰苦奋斗、苦干实干、用自己的双手创造幸福生活的精神在广大贫困地区蔚然成风。带领乡亲们历时7年在绝壁上凿出一条通向外界道路的重庆市巫山县竹贤乡下庄村党支部书记毛相林说："山凿一尺宽一尺，路修一丈长一丈，就算我们这代人穷十年苦十年，也一定要让下辈人过上好日子。"身残志坚的云南省昆明市东川区乌龙镇坪子村芭蕉箐小组村民张顺东说："我们虽然残疾了，但我们精神上不残，我们还有脑还有手，去想去做。"贫困群众的精神世界在脱贫攻坚中得到充实和升华，信心更坚、脑子更活、心气更足，发生了从内而外的深刻改变。

党群干群关系明显改善，党在农村的执政基础更加牢固。各级党组织和广大共产党员坚决响应中央号召，以热血赴使命、以行动践诺言，在脱贫攻坚这个没有硝烟的战场上呕心沥血、建功立业。广大扶贫干部舍小家为大家，同贫困群众结对子、认亲戚，常年加班加点、任劳任怨，困难面前豁得出，关键时候顶得上，把心血和汗水洒遍千山万水、千家万户。他们爬过最高的山，走过最险的路，去过最偏远的村寨，住过最穷的人家，哪里有需要，他们就战斗在哪里。有的村干部说："只要我还干得动，我就永远为村里的老百姓做事！带上我们村的老百姓，过上更美好的生活。""我是一个共产党员，我必须带领群众，拔掉老百姓的穷根。"基层党组织充分发挥战斗堡垒作用，在抓党建促脱贫中得到锻造，凝聚力、战斗力不断增强，基层治理能力明显提升。贫困地区广大群众听党话、感党恩、跟党走，都说"党员带头上、我们跟着干、脱贫有盼头"，"我们爱挂国旗，因为国旗最吉祥"，"吃水不忘挖井人，脱贫不忘共产党"，党群关系、干群关系得到极大巩固和发展。

中国成功突破累积因果效应下深度贫困地区恶性循环难题，成功地打破减贫边际效果递减"规律"，所创造的人类减贫事业奇迹，使全面小康社会能够经得起历史的检验。历史性消除绝对贫困，这是中国人民的伟大光荣，是中国共产党的伟大光荣，是中华民族的伟大光荣。

- **锻造形成脱贫攻坚精神**

伟大事业孕育伟大精神，伟大精神引领伟大事业。习近平在全国脱贫攻坚总结表彰大会上指出，"脱贫攻坚伟大斗争，锻造形成了'上下同心、尽锐出战、精准务实、开拓创新、攻坚克难、不负人民'的脱贫攻坚精神。"[①]脱贫攻坚精神，是中国共产党性质宗旨、中国人民意志品质、中华民族精神的生动写照，是爱国主义、集体主义、社会主义思想的集中体现，是中国精神、中国价值、中国力量的充分彰显，赓续传承了伟大民族精神和时代精神。习近平对脱贫攻坚精神的精辟概括，深刻阐明了中国共产党团结带领全国各族人民进行脱贫攻坚伟大斗争的精神实质，深刻揭示了脱贫攻坚战取得全面胜利的力量源泉。

时代造就英雄，伟大来自平凡。在全国脱贫攻坚总结表彰大会上，习

---

① 习近平：《在全国脱贫攻坚总结表彰大会上的讲话》，《人民日报》，2021 年 2 月 26 日第 2 版。

近平深情回顾脱贫攻坚英模感人事迹：在脱贫攻坚工作中，数百万扶贫干部倾力奉献、苦干实干，同贫困群众想在一起、过在一起、干在一起，将最美的年华无私奉献给了脱贫事业，涌现出许多感人肺腑的先进事迹。35年坚守太行山的"新愚公"李保国，献身教育扶贫、点燃大山女孩希望的张桂梅，用实干兑现"水过不去、拿命来铺"誓言的黄大发，回乡奉献、谱写新时代青春之歌的黄文秀，扎根脱贫一线、鞠躬尽瘁的黄诗燕等同志，以及这次受到表彰的先进个人和先进集体，就是他们中的杰出代表。他们有的说："脱贫攻坚路上有千千万万的人，我真的就是其中一个小小的石子。其实走到最后，走到今天，虽然有苦，还是甜多。"有的人说："不为钱来，不为利往，农民才能信你，才能听你。"有的人说："把论文写在大地上，真正来地里面写，那才叫真本事。"在脱贫攻坚斗争中，1800多名同志将生命定格在了脱贫攻坚征程上，生动诠释了共产党人的初心使命。脱贫攻坚殉职人员的付出和贡献彪炳史册，党和人民不会忘记！共和国不会忘记！各级党委和政府要关心关爱每一位牺牲者亲属，大力宣传脱贫攻坚英模的感人事迹和崇高精神，激励广大干部群众为全面建设社会主义现代化国家、实现第二个百年奋斗目标而披坚执锐、勇立新功。[①]

为隆重表彰激励先进，大力弘扬民族精神、时代精神和脱贫攻坚精神，充分激发全党全国各族人民干事创业的责任感、使命感、荣誉感，汇聚更强大力量推进全面建设社会主义现代化国家，中共中央、国务院授予10名同志和10个集体"全国脱贫攻坚楷模"荣誉称号，并表彰1981名全国脱贫攻坚先进个人和1501个全国脱贫攻坚先进集体。在2021年2月25日召开的全国脱贫攻坚总结表彰大会上，习近平为全国脱贫攻坚楷模荣誉称号获得者一一颁授奖章、证书、奖牌，习近平等为受表彰的个人和集体

---

① 习近平：《在全国脱贫攻坚总结表彰大会上的讲话》，《人民日报》，2021年2月26日第2版。

代表颁奖。[①]

在中华民族伟大复兴的征程上，脱贫攻坚精神筑起一座新的精神丰碑，成为推动新时代中国发展进步、战胜一切风险挑战的重要精神动力。习近平在全国脱贫攻坚总结表彰大会上号召："全党全国全社会都要大力弘扬脱贫攻坚精神，团结一心，英勇奋斗，坚决战胜前进道路上的一切困难和风险，不断夺取坚持和发展中国特色社会主义新的更大的胜利！"[②]

- **为全球减贫事业作出重大贡献**

全世界贫富两极分化的趋势至今没有扼制，破解贫困问题成为世界性难题。2000 年 9 月 8 日，在联合国首脑会议上，189 个国家签署了《联合国千年宣言》，承诺将不遗余力地帮助 10 多亿同胞摆脱极端贫穷，在 2015 年底将全球每日收入低于 1 美元人口和挨饿人口的比例降低一半。

2021 年 2 月 25 日，联合国粮农组织发布公告，祝贺中国政府在消除贫困领域取得巨大成功。公告说，中国人民创造的规模最大、持续时间最长、惠及人口最多的减贫奇迹，为推进全球减贫事业作出了重大贡献。[③]

改革开放以来，按照现行贫困标准计算，中国 7.7 亿农村贫困人口摆脱贫困；按照世界银行国际贫困标准，中国减贫人口占同期全球减贫人口 70% 以上。中共十八大以来，中国平均每年 1000 多万人脱贫，相当于一个中等国家的人口脱贫。中国提前 10 年实现《联合国 2030 年可持续发展议程》减贫目标。纵览古今、环顾全球，没有哪一个国家能在这么短的时间内实现几亿人脱贫，这个成绩属于中国，也属于世界，为推动构建人类

---

① 《全国脱贫攻坚总结表彰大会在京隆重举行》《人民日报》2021 年 2 月 26 日第 1 版。
② 习近平：《在全国脱贫攻坚总结表彰大会上的讲话》，《人民日报》，2021 年 2 月 26 日第 2 版。
③ 《国际人士：攻坚克难创造奇迹 中国脱贫经验启迪世界》，《新闻联播》2021 年 2 月 26 日，https://tv.cctv.com/2021/02/26/VIDE4738rviKySPfKtsMF9qp210226.shtml?spm=C31267.PFsKSaKh6QQC.S71105.35.

命运共同体贡献了中国力量！^①

在全球贫困状况依然严峻、一些国家贫富分化加剧，特别是 2020 年在新冠肺炎疫情大流行以及由此导致的经济衰退下，全球可能新增 1 亿多极端贫困人口。相比而言，创造了减贫治理的中国样本，在摆脱贫困取得的成就和积累的经验，在国际上起到了引领示范作用。联合国秘书长古特雷斯致函国家主席习近平表示，中国成功消除绝对贫困这一重大成就为实现 2030 年可持续发展议程所描绘的更加美好和繁荣的世界作出了重要贡献。中国取得的非凡成就为整个国际社会带来了希望，提供了激励。这一成就证明，政府的政治承诺和政策稳定性对改善最贫困和最脆弱人群的境况至关重要，创新驱动、绿色、开放的发展模式是重大机遇，将为所有人带来福祉。^②

中国积极开展国际减贫合作，履行减贫国际责任，为发展中国家提供力所能及的帮助，成为世界减贫事业的有力推动者。在南南合作框架下，中国推动建立以合作共赢为核心的新型国际减贫交流合作关系，落实《中国与非洲联盟加强减贫合作纲要》《东亚减贫合作倡议》等，发挥中国国际扶贫中心等国际减贫交流平台作用，为国际减贫事业注入了有效资源和强劲动力。到 2020 年，中国与 100 多个亚洲、非洲和拉丁美洲国家合作开展 100 个减贫项目和 100 个农业合作项目。中国和许多国际组织共同设立了南南合作信托基金。中国建立了 20 多个农业技术示范中心，派出了中国专家和技术人员，在农业生产方面培训发展中国家的学员。

---

① 习近平：《在全国脱贫攻坚总结表彰大会上的讲话》，《人民日报》，2021 年 2 月 26 日第 2 版。

② 《联合国秘书长古特雷斯致函习近平祝贺中国脱贫攻坚取得重大历史性成就》，《人民日报》，2021 年 3 月 10 日第 1 版。

第二节　农村同步迈进全面小康社会

在全面建成小康社会进程中，中共中央基于解决好"三农"问题进而实现乡村振兴是实现"两个一百年"奋斗目标和中华民族伟大复兴中国梦必然要求 ① 的深刻认识，在行动上高度自觉，把解决好"三农"问题作为全党工作的重中之重，着力破解历史遗留和工业化、城镇化进程中城乡发展不平衡的结构性问题，以及工业化、城镇化进程中"三农"发展受弱质性困扰所决定的全面建成小康社会"三农"短板的难题。

● 小康不小康，关键看老乡

进入新时代，中国着力解决人民日益增长的美好生活需要和不平衡不充分的发展之间的矛盾。习近平指出，"小康不小康，关键看老乡"。② 这是对经济社会发展规律的科学把握和生动论述，体现了中国共产党破解工业化、城镇化进程中城乡二元结构的世界性问题的勇气和使命担当，展示了着力破解全面建成小康社会"三农"短板难题的决心和信心，明确了坚持以人民为中心促进全体人民共同富裕取向的全面建成小康社会的目标体系和政策体系，厘清了全国一盘棋下决胜全面建成小康社会要抓的重点、要补的短板、要强的弱项的工作布局。

促进"三农"发展在决胜全面建成小康社会中重要地位的认识更加深化。"小康不小康，关键看老乡"是基于经济社会发展规律的论断。农业农村农民问题是关系国计民生的根本性问题。2014 年 12 月 13 日至 14 日，

---

① 《中共中央国务院印发〈乡村振兴战略规划（2018—2022 年）〉》，《人民日报》，2018 年 9 月 27 日，第 1 版。

② 《十八大以来重要文献选编》（下），中央文献出版社 2018 年版，第 29 页。

习近平在江苏调研时指出，没有农业现代化，没有农村繁荣富强，没有农民安居乐业，国家现代化是不完整、不全面、不牢固的。[①]2017年12月28日，习近平在中央农村工作会议上要求深入思考乡村在工业化、城镇化进程中的地位。习近平指出："从城乡关系层面看，解决发展不平衡不充分问题，要求我们更加重视乡村。现在，有不少人认为，只要城镇化搞好了，大量农民进城了，'三农'问题也就迎刃而解了。有的人认为，'三农'对生产总值、财政收入贡献少，不如工业项目来得快，基础设施、公共服务、社会管理还是向城市倾斜，'三农'往往排不上号。有的人看到农业连年丰收，便放松了'三农'工作，'说起来重要、干起来次要、忙起来不要'。在工业化、城镇化进程中，我国乡村的地位是值得我们深入思考的大问题。"[②]习近平进一步指出："我国城镇化率已接近百分之六十，但作为有着九百六十多万平方公里土地、十三亿多人口、五千多年文明史的大国，不管城镇化发展到什么程度，农村人口还会是一个相当大的规模，即使城镇化率达到了百分之七十，也还有几亿人生活在农村。城市不可能漫无边际蔓延，城市人口也不可能毫无限制增长。现在，我们很多城市确实很华丽、很繁荣，但很多农村地区跟欧洲、日本、美国等相比差距还很大。如果只顾一头、不顾另一头，一边是越来越现代化的城市，一边却是越来越萧条的乡村，那也不能算是实现了中华民族伟大复兴。我们要让乡村尽快跟上国家发展步伐。"[③]习近平进一步指出，农业强不强、农村美不美、农民富不富，决定着亿万农民的获得感和幸福感，决定着我国全面小康社会的成色和社会主义现代化的质量。[④]2018年中共中央、国务院印发的《乡村振兴战略规划（2018—2022年）》强调："实施乡村振兴战略是实现全

① 《人民日报》，2014年12月15日，第1版。
② 《习近平关于"三农"工作论述摘编》，中央文献出版社2019年版，第9—10页。
③ 《习近平关于"三农"工作论述摘编》，中央文献出版社2019年版，第10页。
④ 《习近平关于"三农"工作论述摘编》，中央文献出版社2019年版，第11页。

体人民共同富裕的必然选择。农业强不强、农村美不美、农民富不富，关乎亿万农民的获得感、幸福感、安全感，关乎全面建成小康社会全局。"①

促进遵循以农民是否小康为前提的目标导向，推进决胜全面建成小康社会的各项工作。"小康不小康，关键看老乡"的论断，明确了全面建成小康社会的评价尺度，可以避免农民被平均化，进而把全体人民进入全面小康社会落到实处。2013 年 11 月，习近平在山东农科院召开座谈会时指出：新世纪以来，农民收入连续 9 年增长，生活水平不断提高，但全面建成小康仍极为艰巨。要大力促进农民增加收入，不要平均数掩盖了大多数，要看大多数农民收入水平是否得到提高。② 2014 年 12 月 9 日，习近平在中央经济工作会议上指出：到 2020 年全面建成小康社会还有六年时间，从目前看，我国经济总量不断扩大，中产阶层比重稳步增加，到时候可以完成主要经济指标，但要全面完成扶贫脱困任务很不容易。扶贫工作事关全局，全党必须高度重视。做不好，不但贫困群众不满意，人们也会怀疑全面建成小康社会的真实性。③ 2014 年 12 月，习近平在江苏调研时强调：要更加重视促进农民增收，让广大农民都过上幸福美满的好日子，一个都不能少，一户都不能落。④ 20 世纪 70 年代末至 21 世纪初，中国城乡差距较大，仅以城乡居民人均可支配收入比为例，由 1978 年的 2.57∶1 扩大至最高的 2007 年的 3.14∶1。即便是在农村，区域之间和同一区域内部也存在差距。在发展不平衡情况下，如果农民在城乡之间被平均化，那就是几亿农民被平均化；如果农民仅在农村范围被平均化，那也有一些贫困人

---

① 《中共中央国务院印发〈乡村振兴战略规划（2018—2022 年）〉》，《人民日报》，2018 年 9 月 27 日，第 1 版。

② 《习近平：手中有粮，心中不慌》，人民网，http://politics.people.com.cn/n/2013/1128/c70731-23688867.html.

③ 《习近平关于全面建成小康社会论述摘编》，中央文献出版社 2016 年版，第 5 页。

④ 《习近平关于"三农"工作论述摘编》，中央文献出版社 2019 年版，第 144 页。

口。农民被平均化进入全面小康社会，实际上是没有实现全面建成小康社会的目标。在"小康不小康，关键看老乡"的评价取向及相应的政策配套和工作部署下，各地更加扎实地实施精准扶贫，以保障每一户、每一人都进入全面小康社会。

促进采取强力措施补齐全面建成小康社会"三农"短板。早在1982年，中共十二大报告提出，通观全局，为实现全国工农业的年总产值翻两番和人民的物质文化生活达到小康水平等发展目标，最重要的是要解决好农业问题，能源、交通问题和教育、科学问题。2013年7月21日至23日，习近平在湖北考察改革发展工作时强调，全面建成小康社会，难点在农村。① 2013年11月3日至5日，习近平在湖南考察时，非常明确地指出，全面建成小康社会，难点在农村特别是贫困地区②。2013年12月23日，习近平在中央农村工作会议上指出，一定要看到，农业还是"四化同步"的短腿，农村还是全面建成小康社会的短板。③ 2015年10月26日，习近平在中共十八届五中全会上作关于《中共中央关于制定国民经济和社会发展第十三个五年规划的建议》的说明时指出："十三五"规划作为全面建成小康社会的收官规划，必须紧紧扭住全面建成小康社会存在的短板，在补齐短板上多用力。比如，农村贫困人口脱贫，就是一个突出短板。我们不能一边宣布全面建成了小康社会，另一边还有几千万人口的生活水平处在扶贫标准线以下，这既影响人民群众对全面建成小康社会的满意度，也影响国际社会对我国全面建成小康社会的认可度。④ 2016年4月25日，习近平在农村改革座谈会上指出：改变农业是"四化同步"短腿、农村是全面

---

① 《人民日报》，2013年7月24日，第1版。
② 《人民日报》，2013年11月6日，第1版。
③ 《习近平关于"三农"工作论述摘编》，中央文献出版社2019年版，第3页。
④ 《十八大以来重要文献选编》（中），中央文献出版社2016年版，第775页。

建成小康社会短板状况，根本途径是加快农村发展。[①] 2017 年 12 月 28 日，习近平在中央农村工作会议上提出，到 2020 年全面建成小康社会，最突出的短板在"三农"，必须打赢脱贫攻坚战、加快农业农村发展，让广大农民同全国人民一道迈入全面小康社会。到 2035 年基本实现社会主义现代化，大头重头在"三农"，必须向农村全面发展进步聚焦发力，推动农业农村农民与国家同步基本实现现代化。到 2050 年把我国建成富强民主文明和谐美丽的社会主义现代化强国，基础在"三农"，必须让亿万农民在共同富裕的道路上赶上来，让美丽乡村成为现代化强国的标志、美丽中国的底色。我们要加快补齐"三农"短板，夯实"三农"基础，确保"三农"跟上全面建成小康社会、全面建设社会主义现代化国家征程中不掉队。[②] 2018 年 7 月 6 日，习近平强调，要坚持乡村全面振兴，抓重点、补短板、强弱项，实现乡村产业振兴、人才振兴、文化振兴、生态振兴、组织振兴，推动农业全面升级、农村全面进步、农民全面发展。[③] 2020 年中央一号文件强调："脱贫攻坚质量怎么样、小康成色如何，很大程度上要看'三农'工作成效。""脱贫攻坚最后堡垒必须攻克，全面小康'三农'领域突出短板必须补上。"[④]

中共十八大以来，中国正视全面建成小康社会"三农"短板难题，牢固树立"小康不小康，关键看老乡"的发展观，从城乡发展不平衡而乡村人口数量又很庞大的国情出发，以农民是否小康为目标导向，构建完善"三农"政策体系，推进决胜全面建成小康社会的各项工作，"三农"事业全面发展。

---

① 《习近平关于"三农"工作论述摘编》，中央文献出版社 2019 年版，第 5 页。
② 《习近平关于"三农"工作论述摘编》，中央文献出版社 2019 年版，第 11 页。
③ 《人民日报》，2018 年 7 月 6 日，第 1 版。
④ 《中共中央国务院关于抓好"三农"领域重点工作确保如期实现全面小康的意见》，《人民日报》，2020 年 2 月 6 日第 1 版。

• 补齐全面建成小康社会"三农"短板

在工业化、城镇化进程中，农业农村发展受弱质性困扰。农业农村的弱质性，是相对的，指在发展能力上农业弱于工业、农村弱于城镇。这不是中国独有的，而在世界上普遍存在。这缘于在生产率和投入回报率上的工业高于农业，也就导致农村劳动力等生产要素流向工业和城镇，形成工业化和城镇化不断发展，农村则边缘化。诺贝尔经济学奖获得者刘易斯将这种现象概括为二元结构。直至现今，即便工业发展辐射带动农业发展并实行工业对农业的反哺，即便发展规模较大的现代家庭农场能够获得规模效益和提升竞争力，农业农村发展受弱质性困扰的问题在世界范围内也没有得到根本破解。中国存在"三农"问题，但并非"三农"停滞，更不是衰败，而是在现代化进程中实现历史性突破[1]，只不过这与发展更快的工业化、城镇化相比则显缓慢。中国同其他国家一样，农业农村发展受弱质性困扰，滞后于发展更快的工业化、城镇化，进而使城乡发展不平衡问题较为突出。对这一问题，中共中央保持清醒认识。在 2013 年 11 月召开的中共十八届三中全会上，习近平就《中共中央关于全面深化改革若干重大问题的决定》所作的说明指出，"城乡发展不平衡不协调，是我国经济社会发展存在的突出矛盾，是全面建成小康社会、加快推进社会主义现代化必须解决的重大问题。改革开放以来，我国农村面貌发生了翻天覆地的变化。但是，城乡二元结构没有根本改变，城乡发展差距不断拉大趋势没有根本扭转。"[2] 国内外实践表明，破解农业农村发展受弱质性困扰问题之路极为艰难和漫长。

中国共产党面对工业化、城镇化进程中"三农"发展受弱质性困扰及

---

① 参见郑有贵：《问题视域下新中国 70 年"三农"的转型发展》，《当代中国史研究》2019 年第 5 期。
② 《十八大以来重要文献选编》（上），中央文献出版社 2014 年版，第 503 页。

工业与农业、城镇与乡村发展不平衡的结构性问题，主动施策，致力于构建促进农业高质高效、农村宜居宜业、农民富裕富足的政策体系，促进"三农"转型发展，破解全面建成小康社会"三农"短板难题实现历史性突破。

中国破解"三农"发展受弱质性困扰问题实现历史性突破，其显著标志是生产要素单一由农业农村流向工业城镇，转变为双向流动。除大量工商资本入乡外，还有一个积极的现象，那就是人才向农村流动。截至2019年底，农民工、大中专毕业生、退役军人、科技人员等返乡入乡创新创业人员达850多万人①。这一历史性转变，缘于农业农村现代化建设和美丽乡村建设顺利推进，农村发展环境改善，一、二、三产业，城乡朝着融合方向发展，使"三农"发展空间日益拓展、发展能力日益提升，进而增强了农业农村发展聚集力。

农业由传统向一、二、三产业融合和现代化转型的历史性演进，促进产业兴旺，夯实了乡村人口数量庞大下全面建成小康社会的产业基础。现代科技和工业的持续发展，为农业提供了现代科技和物质装备，农业生产方式随之发生巨大变化，新中国成立初的沿袭传统种养技术、以人畜力为动力、面朝黄土背朝天的劳作方式成为历史，代之的是现代技术、机械化、自动化、信息化快速发展，农业由传统向现代转变实现历史性突破。其中，较重要的演进有：一是农业发展进入主要依靠科技进步的阶段。到2020年，全国农业科技进步贡献率超过60%②。二是现代农业技术装备达到较高水平。2020年全国主要农作物耕种收全程综合机械化率超过71%，比2012年提高14个百分点③。2018年底全国农业设施3000多万个，设施

---

① 规划实施协调推进机制办公室：《乡村振兴战略规划实施报告（2018—2019）》，中国农业出版社2020年版，第21页。

② 《乡村振兴实现良好开局 今后将从四方面发力》，《农民日报》，2021年1月14日，第1版。

③ 《乡村振兴实现良好开局 今后将从四方面发力》，《农民日报》，2021年1月14日，第1版。

农业占地面积近4000万亩，拓宽了农业生产的时空分布。特别是大数据、物联网、云计算、移动互联网等信息技术在农业农村的广泛应用，促进现代产业要素跨界配置，设施农业、农产品电商快速发展。第三次全国农业普查结果显示，全国25.1%的村发展了电子商务配送站点。[①]2019年网络销售农产品达3500多亿元。[②]三是新型农业生产经营主体和服务主体发育壮大。2019年底全国县级以上农业产业化经营龙头企业9万家，农民合作社220多万个，家庭农场70多万个，各类农业生产托管服务组织37万个。[③]新型农业经营主体和新型职业农民在应用新技术、推广应用新品种、开拓市场方面发挥着重要作用，成为引领现代农业发展的主力军。四是人多地少资源禀赋下的规模化经营破题。2016年第三次全国农业普查结果显示，耕地规模化[④]耕种面积在全部实际耕地耕种面积中的占比为28.6%；规模化生猪养殖存栏占比达62.9%，规模化家禽养殖存栏占比达73.9%。[⑤]农业适度规模经营的发展，提高了集约化、专业化、组织化、社会化水平，促进了劳动生产率的提高和生产的稳定发展。五是随着农业现代化建设的快速推进，农业综合生产能力显著提升，农业全面发展。仅以全国粮食产量为例，2020年达到66949万吨，比1949年的11318.4万吨，增长了4.9倍。六是农业多种功能拓展。农产品生产与民俗文化、农事节庆、科技创意等融合发展，由此乡村旅游、休闲农业更具潜力，农业的内涵和发展空间进

---

① 《辉煌70年》编写组：《辉煌70年——新中国经济社会发展成就（1949—2019）》，中国统计出版社2019年版，第91-92页。

② 规划实施协调推进机制办公室：《乡村振兴战略规划实施报告（2018—2019）》，中国农业出版社2020年版，第7页。

③ 规划实施协调推进机制办公室：《乡村振兴战略规划实施报告（2018—2019）》，中国农业出版社2020年版，第17页。

④ 规模化标准：耕种面积南方省份50亩以上、北方省份100亩以上，年出栏生猪200头以上，肉鸡、肉鸭年出栏10000只及以上，蛋鸡、蛋鸭存栏2000只及以上，鹅年出栏1000只及以上。

⑤ 《辉煌70年》编写组：《辉煌70年——新中国经济社会发展成就（1949—2019）》，中国统计出版社2019年版，第91页。

一步扩展。2019 年全国乡村旅游、休闲农业接待游客约 32 亿人次，营业收入达 8500 多亿元。[①]

农村由徘徊于传统社会向城乡融合和全面现代化转型发展，促进乡村振兴和农村同步迈进全面小康社会跃升。在旧中国，农村长期停滞于传统农业社会，难有全面发展的预期。这是因为，农民终日为解决温饱忙碌，没有经济能力上学，基本属于文盲半文盲，如此低的文化素质约束其生存发展。这是 20 世纪 30 年代仁人志士要把治盲、治愚、治病作为开展乡村建设运动切入点的重要缘由。更为严重的是，旧中国作为工业化后发国家，广大农民深受帝国主义、封建主义、官僚资本主义多重压榨。再加上遭受帝国主义侵略战争和国民党发动内战破坏，更是雪上加霜，农业生产力遭受严重破坏，农业生产全面衰落，农村凋零。仅 1949 年与 1936 年相比，全国粮食产量减少 24.5%、棉花产量减少约 47.6%。在新中国成立前夕，西方国家的一些人士断言，中国政府解决不了人民的吃饭问题，因而站不住脚。这一断言反映了当时的重要信息，包括新中国起点的农业生产力水平极为低下，破解 "三农" 问题难度极大，中国人民吃饭的问题难以解决，进而决定了中国经济社会难以发展，乃至政权难以稳固。新中国成立后，中国共产党积极推进农村各项事业发展。现今，全国农村普遍实行 9 年义务制教育，致力于建立覆盖从学前到研究生教育的全学段学生资助政策体系。据教育部统计，截至 2019 年 3 月，全国 92.7% 的县实现义务教育基本均衡发展。2016 年第三次全国农业普查结果显示，在农村居民中，具有初中文化程度的占 42.5%，具有高中或中专文化程度的占 11.0%，大专及以上的占 3.9%[②]，农村居民文化素质与新中国成立前相比实现了跃升。同

---

① 规划实施协调推进机制办公室：《乡村振兴战略规划实施报告（2018—2019）》，中国农业出版社 2020 年版，第 7 页。

② 《辉煌 70 年》编写组：《辉煌 70 年——新中国经济社会发展成就（1949—2019）》，中国统计出版社 2019 年版，第 94 页。

时，文化、医疗、卫生、体育事业全面持续发展，农村合作医疗制度逐步完善，农村社会保障水平日益提高。在破解全面建成小康社会"三农"短板难题进程中，农村经济建设、政治建设、文化建设、社会建设、生态文明建设全面协调推进，进而丰富了美丽乡村的内涵。

- ### 破解数量庞大的乡村人口同步迈向全面小康社会难题

中国是人口大国，也是乡村人口大国。1949 年，全国人口为 54167 万人，其中乡村人口 48402 万人 [1]，即乡村人口在总人口中的占比高达 89.4%。到 2012 年，全国人口增加到 135404 万人，乡村人口仍高达 64222 万人，比 1949 年的全国人口总量还多出 32.7%。"三农"发展受弱质性困扰，数量庞大的乡村人口同步迈向全面小康社会极为艰难。

中国数量庞大的乡村人口同步迈进全面小康社会难题实现历史性突破，其显著标志是随着农业农村现代化建设和美丽乡村建设的推进，农村民生显著改善。仅以城乡居民可支配收入差距为例，由历史最高的 2007 年的 3.14∶1 [2]，下降至 2020 年的 2.56∶1。这一转折是中国以实行强农惠农富农政策打破弱者愈弱趋势的结果。

农民由受温饱不足困扰向小康富裕和全面发展迈进，创造了数量庞大的乡村人口同步迈进全面小康社会奇迹。新中国成立初期，农民的生活水平处于极低水平。1949 年，全国人均占有农产品水平极低，粮食仅 209 公斤，棉花仅 0.8 公斤，油料仅 4.8 公斤，猪牛羊肉仅 4.1 公斤，水产品仅 0.9 公斤。农民生活更是极端困苦，终岁辛劳，却过着半年糠菜半年粮、少

---

[1] 《辉煌 70 年》编写组：《辉煌 70 年——新中国经济社会发展成就（1949—2019）》，中国统计出版社 2019 年版，第 354 页。

[2] 《辉煌 70 年》编写组：《辉煌 70 年——新中国经济社会发展成就（1949—2019）》，中国统计出版社 2019 年版，第 382 页。

吃缺穿不得温饱的生活。当时,农民向往过上"楼上楼下,电灯电话"的美好生活。这一憧憬早已实现了。1949 年以来的 72 年间,全国农民生活水平极大提升。全国农民人均可支配收入由 1954 年的仅 64.14 元,增加到 2020 年的 17131 元(其中 2020 年全国农民工人均月收入 4072 元),提前一年实现比 2010 年翻一番的目标。2020 年,全国农村居民人均消费支出由 1949 年的 40 元,提高到 13713 元。[①] 中国农村居民家庭恩格尔系数由 1957 年的 65.7%,改善为 2000 年的 48.3%[②],到 2020 年进一步改善为 32.7%[③]。农民生产生活也更为便捷,仅农村地区快递网点,2019 年超过 3 万个,乡镇覆盖率高达 96.6%。[④] 特别是随着农村各项社会事业的全面发展,农民综合素质和农村人力资本快速提升,与农业现代化发展和生产经营方式演进等共同作用,促进了农民发展空间的拓展。一方面,随着农作劳动强度减轻和把大量劳动力从农业中转移出来,农民在工业化、城镇化发展进程中向非农产业转移发展,到 2020 年,全国农民工达到 28560 万人,其中外出农民工达 16959 万人、本地农民工达 11601 万人。另一方面,新型职业农民队伍壮大,又促进农民在一、二、三产业融合发展中发挥更积极的作用,进而促进农民发展空间的进一步拓展。数量庞大的乡村人口综合素质的提升并同步迈进全面小康社会,成为农业农村乃至整个国家经济社会发展的基础。

---

① 国家统计局:《中华人民共和国 2020 年国民经济和社会发展统计公报》,《人民日报》,2020 年 3 月 1 日,第 10 版。

② 《辉煌 70 年》编写组:《辉煌 70 年——新中国经济社会发展成就(1949—2019)》,中国统计出版社 2019 年版,第 382 页。

③ 国家统计局:《中华人民共和国 2020 年国民经济和社会发展统计公报》,《人民日报》,2020 年 3 月 1 日,第 10 版。

④ 国家发展和改革委员会:《关于 2019 年国民经济和社会发展计划执行情况与 2020 年国民经济和社会发展计划草案的报告》,《中华人民共和国全国人民代表大会常务委员会公报》,2020 年 2 期。

• 农村同步迈向全面小康社会促进中国向高人文发展水平跃升

"三农"由传统向现代的快速转型发展，不仅为中国综合国力的快速提升提供了基础支撑，也提升了整个国家的发展水平。从联合国开发计划署（UNDP）创建的人文发展指数（Human Development Index，HDI）及发布的《人文发展报告》看，"三农"转型发展，农村同步迈向全面小康社会，对中国人文发展水平跃升做出了重大贡献。

鉴于人均 GNP 能够反映一国经济发展状况，却不能反映一个国家全面发展水平的问题，联合国开发计划署把经济指标与社会指标结合起来，于1990 年创立了比 GNP 更能反映一个国家综合发展水平指标——人文发展指数，并从当年起每年发布年度人文发展报告。一个国家人文发展指数的取值范围是 0—1，0.801 及其之上为极高水平，0.701—0.800 为高水平，0.551—0.700 为中等水平，0.5 以下为较低水平。联合国秘书长潘基文在《2010 年人文发展报告》发布仪式上表示，《人文发展报告》改变了我们观察世界的方式，我们知道经济发展非常重要，但最重要的应该是让国民收入能够给全体国民带来更长的寿命、更健康、更加丰富多彩的生活。[1] 人文发展指数初期以预期寿命、教育水准、生活质量为基础变量，之后，指标体系逐步完善。《1991 年人文发展报告》增加了环境破坏和居民自由程度两个因素。《1993 年人文发展报告》提出发展要围绕人转，而不是人围绕发展转。《2000 年人文发展报告》鉴于人口受教育程度与技术发展的关系，将技术领先指数纳入其中。

联合国开发计划署历年发布的《人文发展报告》显示，中国的人文发展指数持续跃升，由 1980 年的 0.423，提升至 1990 年的 0.501，2000 年的

---

[1] 《〈人类发展报告〉：中国过去 40 年进步列全球第二》，http://news.sohu.com/20101105/n277175899.shtml.

0.588，2013 年的 0.719，2018 年的 0.758。《2001 年人文发展报告》显示，2000 年中国人文发展指数首次超过世界平均值。2010 年 11 月 4 日，联合国开发计划署纪念《人文发展报告》发布 20 周年特刊——《2010 年人文发展报告》，对 1970 年起至此时的人文发展趋势所进行的评价显示，大多数发展中国家在健康、教育以及基本生活标准方面取得巨大进步，而进步最快的是东亚地区及其中国和印度尼西亚。《2012 年人文发展报告》显示，中国人文发展指数 2011 年比 1980 年年平均增长 1.7%，进步显著。《2014 年人文发展报告》显示，2013 年中国人文发展指数提高到 0.719，实现由中人文发展水平，跨入高人文发展水平。《2019 年人文发展报告》显示，中国的人文发展指数从 1990 年的 0.501 跃升至 2018 年的 0.758，增长了 51.3%。《人文发展报告》显示，中国的人文发展水平实现历史性跨越，是自 1990 年引入人文发展指数起世界上唯一从低人文发展水平跃升到高人文发展水平的国家。

中国人文发展水平的跃升，得益于经济的快速增长和社会的相应发展。《2013 年人文发展报告》《2019 年人文发展报告》显示：中国人均国民收入，2012 年比 1980 年大幅增加，增幅为 14.16 倍；以 2011 年购买力平价标准计算，1990 年至 2018 年由 1530 美元增加到 16127 美元。[1] 平均受教育年限，2012 年比 1980 年增加 3.8 年，预期受教育年限增加 3.3 年；1990 年至 2018 年，由 8.8 年增加到 13.9 年。中国人口预期寿命，2012 年比 1980 年增加 6.7 年，1990 年至 2020 年从 69 岁提高到 77.3 岁。

中国人文发展水平的跃升，一个很重要原因是"三农"实现了快速发展。收入差距拉大是全球现象，也是影响一国人文发展水平的重要因素。联合国开发计划署的《人文发展报告》特别关注收入差距和低收入问题。

---

[1] 陈尚文、程是颉：《联合国 2019 年人类发展报告——中国的人类发展水平取得巨大进步》，《人民日报》，2019 年 12 月 10 日第 17 版。

《1993 年人文发展报告》指出：1960 年，占世界人口 20% 的最富裕人的收入是占世界人口 20% 的最贫穷人收入的 30 倍。到 1990 年，这个差距增加到 90 倍。《2000 年人文发展报告》认为，中国只要有效地解决和提高中西部欠发达地区的社会发展指标，就有可能提高全国平均水平，进而能在 2000 年真正实现共同富裕含义下的较高人文发展指标。《2019 年人文发展报告》专门以"超越收入、超越平均、超越当下：21 世纪人文发展历程中的不平等问题"为主题。该报告显示，自 2000 年至 2018 年，中国占总人口 40% 低收入层的收入以 263% 的惊人速度增长，为快速减少极端贫困做出了贡献。联合国开发计划署驻中国的代表表示，精准扶贫是中国减贫的重要经验。中国能够将减贫工作细化到每个社区、每户居民，通过因地制宜的方案逐步完成总体目标。"这种'中国经验'是全球减贫工作的重要参考。"[①] 可见，中国从乡村人口数量庞大的国情出发，着力补全面建成小康社会"三农"短板，特别是最突出的贫困地区贫困人口短板，以实现全面建成小康社会进程中一个不能少和在共同富裕路上一个不能掉队，确保小康成色，成为中国人文发展水平整体提升，进而实现由低人文发展水平跨越到高人文发展水平的不可或缺的重要因素。

第三节　建设美丽乡村

美丽乡村建设是美丽中国建设的重要组成部分。中共十八大以来，中

---

① 陈尚文、程是颉：《联合国 2019 年人类发展报告——中国的人类发展水平取得巨大进步》，《人民日报》，2019 年 12 月 10 日，第 17 版。

国基于已成为全球第一大制造业大国、世界第二大经济体、进入上中等收入国家行列，贯彻"绿水青山就是金山银山"理念，坚持人与自然和谐共生，协同推进人民富裕、国家强盛、中国美丽，着力推进美丽乡村建设和乡村功能的拓展，乡村文化淡出现象得到扭转，工业文化与农耕文化融合发展，适应了人们对乡村文化消费的需求，拓展了农村发展内涵和空间，增添了"三农"发展的动能。

● 中国要美，农村必须美

2003 年 6 月，时任浙江省委书记习近平作出"万村整治、千村示范"工程的决策，由此开启浙江美丽乡村建设的篇章，也开启了浙江保护利用历史文化村落与美丽乡村建设融合推进的先行先试。浙江省 2003 年起实施"千村示范、万村整治"工程，明确把保护古建筑村落作为重要内容。2006 年浙江省人民政府出台《关于进一步加强文化遗产保护的意见》提出，在新农村建设过程中，要切实加强对优秀乡土建筑和历史文化环境的保护，努力实现人文与生态环境的有机融合。2003 年至 2007 年的 5 年间，浙江省对 10303 个建制村进行了整治，并把其中的 1181 个建制村建设成"全面小康建设示范村"。[①] 2010 年，浙江省制定了《美丽乡村建设行动计划（2011—2015 年）》。2012 年 4 月，浙江省委、省政府发布《关于加强历史文化村落保护利用的若干意见》，把修复、保护、传承和永续利用历史文化村落文化遗存，作为"万村整治、千村示范"和美丽乡村建设重要内容。

中共十八大报告提出"努力建设美丽中国，实现中华民族永续发展"，

---

① 徐燕飞整理：《浙江保护历史文化古村落大事记》，《经济日报》，2016 年 6 月 16 日，第 12 版。

美丽乡村建设迅即成为中国农村改革发展的新目标。2013年中央一号文件在"推进农村生态文明建设"部分提出,加强农村生态建设、环境保护和综合整治,努力建设美丽乡村。搞好农村垃圾、污水处理和土壤环境治理,实施乡村清洁工程,加快农村河道、水环境综合整治。发展乡村旅游和休闲农业。创建生态文明示范县和示范村镇。开展宜居村镇建设综合技术集成示范。

在2013年中央农村工作会议上,习近平指出,中国要美,农村必须美。2015年中央一号文件对"中国要美,农村必须美"作出进一步部署,明确了"要强化规划引领作用,加快提升农村基础设施水平,推进城乡基本公共服务均等化,让农村成为农民安居乐业的美丽家园"的农村发展目标。还提出了"全面推进农村人居环境整治"的措施,要求完善县域村镇体系规划和村庄规划,强化规划的科学性和约束力。改善农民居住条件,搞好农村公共服务设施配套,推进山水林田路综合治理。继续支持农村环境集中连片整治,加快推进农村河塘综合整治,开展农村垃圾专项整治,加大农村污水处理和改厕力度,加快改善村庄卫生状况。加强农村周边工业"三废"排放和城市生活垃圾堆放监管治理。完善村级公益事业一事一议财政奖补机制,扩大农村公共服务运行维护机制试点范围,重点支持村内公益事业建设与管护。完善传统村落名录和开展传统民居调查,落实传统村落和民居保护规划。鼓励各地从实际出发开展美丽乡村创建示范。有序推进村庄整治,切实防止违背农民意愿大规模撤并村庄、大拆大建。

2015年10月中共十八届五中全会首次把推进美丽中国建设纳入国民经济和社会五年发展规划,这是以创新、协调、绿色、开放、共享的新发展理念为引领,基于中国经济社会发展已经上升到新台阶,所提出的新的发展目标。2016年中央一号文件提出开展美丽宜居乡村建设。2017年中央一号文件提出,加快修订村庄和集镇规划建设管理条例,大力推进县域

美丽乡村。2021 年 7 月作者摄于山东烟台

乡村建设规划编制工作。推动建筑设计下乡，开展田园建筑示范。中共十九大首次把"美丽中国"作为建设社会主义现代化强国的重要目标之一，将建设生态文明提升为"千年大计"。2018 年中央一号文件将让农村成为安居乐业的美丽家园，作为实施乡村振兴战略的指导思想之一。美丽乡村建设在全国范围全面展开，开启了建设美丽乡村建设新的进程。

- 提出和贯彻"绿水青山就是金山银山"理念

在工业化进程中，对生态环境和经济发展关系的处理，无论是发展中国家，还是发达国家，一般都是先破坏后治理，即便是治理生态环境，生态环境保护与经济发展也难以有机统一起来。改变这种状态，需要从理念上进行突破。

发展理念的重大突破。2005年8月15日，还在以GDP论英雄的大背景下，时任中共浙江省委书记习近平在安吉天荒坪镇余村考察时，首次提出"绿水青山就是金山银山"。9天后，他在《浙江日报》的《之江新语》专栏发表《绿水青山也是金山银山》的评论中指出，"生态环境优势转化为生态农业、生态工业、生态旅游等生态经济的优势，那么绿水青山也就变成了金山银山"。2013年9月7日，习近平在哈萨克斯坦纳扎尔巴耶夫大学演讲回答学生们关于环境保护的问题时强调："我们既要绿水青山，也要金山银山。宁要绿水青山，不要金山银山，而且绿水青山就是金山银山。"[1] 2015年4月，"绿水青山就是金山银山"理念被写进《中共中央国务院关于加快推进生态文明建设的意见》。《意见》指出，坚持以人为本、依法推进，坚持节约资源和保护环境的基本国策，把生态文明建设放在突出的战略位置，融入经济建设、政治建设、文化建设、社会建设各方面和全过程，协同推进新型工业化、信息化、城镇化、农业现代化和绿色化，以健全生态文明制度体系为重点，优化国土空间开发格局，全面促进资源节约利用，加大自然生态系统和环境保护力度，大力推进绿色发展、循环发展、低碳发展，弘扬生态文化，倡导绿色生活，加快建设美丽中国，使蓝天常在、青山常在、绿水常在，实现中华民族永续发展。中共十八届五中全会把绿色作为新发展理念的一大理念。"十三五"规划进一步提高绿色指标在"十三五"规划全部指标中的权重，把保障人民健康和改善环境质量作为更具约束性的硬指标。中共十九大报告把"坚持人与自然和谐共生"作为新时代中国特色社会主义思想和基本方略之一，指出"建设生

---

[1] 《习近平关于社会主义生态文明建设论述摘编》，中央文献出版社2017年版，第20页。

态文明是中华民族永续发展的千年大计。必须树立和践行绿水青山就是金山银山的理念，坚持节约资源和保护环境的基本国策，像对待生命一样对待生态环境，统筹山水林田湖草系统治理，实行最严格的生态环境保护制度，形成绿色发展方式和生活方式，坚定走生产发展、生活富裕、生态良好的文明发展道路，建设美丽中国，为人民创造良好生产生活环境，为全球生态安全作出贡献。"2018年5月，习近平在全国生态环境保护大会上指出，绿水青山既是自然财富、生态财富，又是社会财富、经济财富。保护生态环境就是保护自然价值和增值自然资本，就是保护经济社会发展潜力和后劲，使绿水青山持续发挥生态效益和经济社会效益。[1] 2020年3月29日至4月1日，习近平在浙江省调研时说，坚定走可持续发展之路，在保护好生态前提下，积极发展多种经营，把生态效益更好转化为经济效益、社会效益。[2]中共十九届五中全会提出，坚持绿水青山就是金山银山理念，坚持尊重自然、顺应自然、保护自然，坚持节约优先、保护优先、自然恢复为主，守住自然生态安全边界。深入实施可持续发展战略，完善生态文明领域统筹协调机制，构建生态文明体系，促进经济社会发展全面绿色转型，建设人与自然和谐共生的现代化。这次全会还提出开展大规模国土绿化行动。2020年12月28日至29日，习近平在中央农村工作会议上强调，要加强农村生态文明建设，保持战略定力，以钉钉子精神推进农业面源污染防治，加强土壤污染、地下水超采、水土流失等治理和修复。[3]

绿水青山就是金山银山，是重要的发展理念，也是推进现代化建设的重大原则。绿水青山就是金山银山，阐述了经济发展和生态环境保护的关

---

① 《十九大以来重要文献选编》（上），中央文献出版社2019年版，第450页。
② 《习近平在浙江考察时强调：统筹推进疫情防控和经济社会发展工作奋力实现今年经济社会发展目标任务》，《人民日报》，2020年4月2日。
③ 《坚持把解决好"三农"问题作为全党工作重中之重 促进农业高质高效乡村宜居宜业农民富裕富足》，《人民日报》，2020年12月30日，第1版。

系，揭示了保护生态环境就是保护生产力、改善生态环境就是发展生产力的道理，指明了实现发展和保护协同共生的新路径。"绿水青山就是金山银山"理念深入人心，深刻影响着农业农村的发展思路和发展方式。

中国在新时代贯彻绿水青山就是金山银山理念，全国生态状况总体呈改善趋势，美丽乡村建设扎实推进。中国的绿色不断增加，从"沙进人退"到"绿进沙退"，提前实现了联合国 2030 年可持续发展议程中关于制止和扭转土地退化的目标。例如，到 2020 年 4 月 22 日，榆林市沙化土地治理率达 93.24%，意味着毛乌素沙漠即将退出陕西版图，陕北地区实现了从"生命禁区"到"塞上绿洲"的转变。如今，大棚蔬菜、大棚养殖、育苗业、沙漠旅游业在榆林市蓬勃兴起，生动诠释了"绿水青山就是金山银山"理念。美国航天局卫星观测数据表明，全球从 2000 年到 2017 年新增的绿化面积中，约 1/4 来自中国，贡献比例居全球首位。

• 统筹山水林田湖草系统治理

2013 年 11 月 9 日，习近平在《关于〈中共中央关于全面深化改革若干重大问题的决定〉的说明》中提出，"我们要认识到，山水林田湖是一个生命共同体，人的命脉在田，田的命脉在水，水的命脉在山，山的命脉在土，土的命脉在树。用途管制和生态修复必须遵循自然规律，如果种树的只管种树、治水的只管治水、护田的单纯护田，很容易顾此失彼，最终造成生态的系统性破坏。由一个部门行使所有国土空间用途管制职责，对山水林田湖进行统一保护、统一修复是十分必要的"[1]。

在"山水林田湖是一个生命共同体"的认识基础上，按照国家统一部

---

[1] 《十八大以来重要文献选编》（上），中央文献出版社 2014 年版，第 507 页。

署，2016年10月，财政部、国土资源部、环境保护部联合印发《关于推进山水林田湖生态保护修复工作的通知》，对各地开展山水林田湖生态保护修复提出明确要求。2017年7月，中央全面深化改革领导小组第三十七次会议审议通过《建立国家公园体制总体方案》。会议指出，建立国家公园体制，要坚持生态保护第一、国家代表性、全民公益性的国家公园理念，坚持山水林田湖草是一个生命共同体，对相关自然保护地进行功能重组，理顺管理体制，创新运营机制，健全法律保障，强化监督管理，构建以国家公园为代表的自然保护地体系。由此，"山水林田湖"的提法改变为"山水林田湖草"的提法。2017年，习近平对河北塞罕坝林场建设者的感人事迹作出批示，号召要持之以恒推进生态文明建设，努力形成人与自然和谐发展新格局。2019年1月23日，中央全面深化改革委员会第六次会议审议通过《关于建立以国家公园为主体的自然保护地体系指导意见》。会议强调，要把具有国家代表性的重要自然生态系统纳入国家公园体系，实行严格保护，形成以国家公园为主体、自然保护区为基础、各类自然公园为补充的自然保护地管理体系。

坚持推进山水林田湖草一体化保护和系统治理，推动农业农村绿色发展。2019年中央一号文件强调加大农业面源污染治理力度，开展农业节肥节药行动，实现化肥农药使用量负增长。发展生态循环农业，推进畜禽粪污、秸秆、农膜等农业废弃物资源化利用，实现畜牧养殖大县粪污资源化利用整县治理全覆盖，下大力气治理白色污染。扩大轮作休耕制度试点。创建农业绿色发展先行区。实施乡村绿化美化行动，建设一批森林乡村，保护古树名木，开展湿地生态效益补偿和退耕还湿。全面保护天然林。加强"三北"地区退化防护林修复。扩大退耕还林还草，稳步实施退牧还草。实施新一轮草原生态保护补助奖励政策。落实河长制、湖长制，推进农村水环境治理，严格乡村河湖水域岸线等水生态空间管理。中共中央办公厅、国务院办公厅于 2016 年、2017 年、2021 年先后印发《关于全面推行河长制的意见》《关于在湖泊实施湖长制的指导意见》《关于全面推行林长制的意见》，提出实行河长制、湖长制、林长制，全面建立河长体系、湖长体系、林长体系，构建责任明确、协调有序、监管严格、保护有力的河湖管理保护机制。

贵州苗乡从江梯田和稻田养鱼。2017 年 9 月作者摄

中共十八大以来，坚持山水林田湖草一体化保护和系统治理，农业绿色发展取得长足进展。农业资源利用强度明显下降，从 2016 年起，农药化肥使用量实现零增长，2017 年化肥使用量实现负增长，畜禽粪污综合利用率、秸秆综合利用率和农膜回收率均达到 60% 以上，农田水利设施条件

显著改善，农业灌溉用水总量实现 14 年零增长，节水农业技术应用面积超过 4 亿亩，农业绿色发展站在了新的起点上。[①]

- ● 整治农村人居环境

中共中央顺应广大农民过上美好生活的期待，把人居环境治理作为美丽乡村建设作为重要内容。2016 年中央一号文件提出开展农村人居环境整治行动。继续推进农村环境综合整治，完善以奖促治政策，扩大连片整治范围。实施农村生活垃圾治理 5 年专项行动。采取城镇管网延伸、集中处理和分散处理等多种方式，加快农村生活污水治理和改厕。全面启动村庄绿化工程，开展生态乡村建设，推广绿色建材，建设节能农房。开展农村宜居水环境建设，实施农村清洁河道行动，建设生态清洁型小流域。发挥好村级公益事业一事一议财政奖补资金作用，支持改善村内公共设施和人居环境。普遍建立村庄保洁制度。坚持城乡环境治理并重，逐步把农村环境整治支出纳入地方财政预算，中央财政给予差异化奖补，政策性金融机构提供长期低息贷款，探索政府购买服务、专业公司一体化建设运营机制。加大传统村落、民居和历史文化名村名镇保护力度。开展生态文明示范村镇建设。鼓励各地因地制宜探索各具特色的美丽宜居乡村建设模式。2017年中央一号文件提出，深入开展农村人居环境治理和美丽宜居乡村建设。推进农村生活垃圾治理专项行动，促进垃圾分类和资源化利用，选择适宜模式开展农村生活污水治理，加大力度支持农村环境集中连片综合治理和改厕。开展城乡垃圾乱排乱放集中排查整治行动。实施农村新能源行动，推进光伏发电，逐步扩大农村电力、燃气和清洁型煤供给。开展农村地区

---

① 农业农村部党组：《在全面深化改革中推动乡村振兴》，《求是》2018 年第 20 期。

贵州省安顺市平坝区小河湾"四在农家美丽乡村"创建活动于 2015 年 3 月启动。图为村落一角。2017 年 11 月作者摄

枯井、河塘、饮用水、自建房、客运和校车等方面安全隐患排查治理工作。开展农村人居环境和美丽宜居乡村示范创建。

中共十九大后，中国进一步加大农村人居环境整治力度。2017 年 11 月 20 日，十九届中央全面深化改革领导小组第一次会议通过《农村人居环境整治三年行动方案》。2018 年 2 月，中共中央办公厅、国务院办公厅印发《农村人居环境整治三年行动方案》，提出农村人居环境整治要以建设美丽宜居村庄为导向，以农村垃圾、污水治理和村容村貌提升为主攻方向，动员各方力量，整合各种资源，强化各项举措，加快补齐农村人居环境突出短板，为如期实现全面建成小康社会目标打下坚实基础。

2018 年 4 月，习近平强调：浙江省 15 年间久久为功，扎实推进"千

村示范、万村整治"工程，造就了万千美丽乡村，取得了显著成效。我多次讲过，农村环境整治这个事，不管是发达地区还是欠发达地区都要搞，但标准可以有高有低。要结合实施农村人居环境整治三年行动计划和乡村振兴战略，进一步推广浙江好的经验做法，因地制宜、精准施策，不搞"政绩工程""形象工程"，一件事情接着一件事情办，一年接着一年干，建设好生态宜居的美丽乡村，让广大农民在乡村振兴中有更多获得感、幸福感。纽约时间2018年9月26日上午，联合国最高环境荣誉——"地球卫士"颁奖典礼在美国纽约联合国总部举行，浙江省"千村示范、万村整治"工程被联合国授予"地球卫士奖"中的"激励与行动奖"。

2018年12月，中央农村工作领导小组办公室、农业农村部等18个部门联合印发《农村人居环境整治村庄清洁行动方案》，重点发动农民群众开展"三清一改"（清理农村生活垃圾、清理村内塘沟、清理畜禽养殖粪污等农业生产废弃物，改变影响农村人居环境的不良习惯），着力解决村庄环境脏乱差问题。

2019年中央一号文件提出加快补齐农村人居环境短板。文件要求深入学习推广浙江"千村示范、万村整治"工程经验，全面推开以农村垃圾污水治理、厕所革命和村容村貌提升为重点的农村人居环境整治，确保到2020年实现农村人居环境阶段性明显改善，村庄环境基本干净整洁有序，村民环境与健康意识普遍增强。

农村人居环境整治三年行动方案目标任务顺利完成。到2020年，全国农村开展生活垃圾收运处理的行政村比例超过90%；全国农村卫生厕所普及率超过68%，畜禽粪污综合利用率超过59%。[①]2021年2月18日，中

---

① 国家发展和改革委员会：《关于2020年国民经济和社会发展计划执行情况与2021年国民经济和社会发展计划草案的报告——2021年3月5日在第十三届全国人民代表大会第四次会议上》，《人民日报》，2021年3月14日，第2版。

央农村工作领导小组办公室、农业农村部印发《关于通报表扬2020年全国村庄清洁行动先进县的通知》，对北京市延庆区等106个措施有力、成效突出、群众满意的村庄清洁行动先进县予以通报表扬。

2021年中央一号文件提出实施农村人居环境提升五年行动，要求建设一批有机废弃物综合处理利用设施，有条件的地区推广城乡环卫一体化第三方治理，开展美丽宜居村庄和美丽庭院示范创建活动。

• 传承和繁荣乡村文化

农村不仅要自然生态环境美，也要人文生态环境美。中共十八大以来，中国大力推进乡风文明建设，传承和发展优秀传统乡村文化，繁荣乡村文化。

对于传承乡村文化的认识，经历了反复的过程。在"文化大革命"运动中，一方面，中国将学习外国的做法视为崇洋迷外，加以批判；另一方面，又对历史文化加以批判而消除之。改革开放初期，"洋气"又成为时髦，而民族文化被视为土气。历史文化村落大多有诗词歌咏、楹联题刻、文化典故等人文景观，是质朴自然而又如诗如画的园林。中国作为发展中国家，面对与现代化先发国家巨大差距所推进的赶超发展，曾在一个时期内偏重物质财富增长，承载着博大精深的文化积淀、丰富多彩的历史信息、意境深远的人文景观和各具特色民风民俗的历史文化村落，在快速推进工业化、城镇化过程中消失，变成了工厂、楼房、闹市。人们开始反思，农村不能成为荒芜凋敝留守的农村、记忆中的故园，应摒弃片面追求所谓的现代文明，改变对历史文化村落及其所承载的人文精神的保护和传承重视不够的做法，在美丽乡村建设中更加注重人类生存发展的人文环境和人文精神，在美丽乡村建设中注重把乡村文化的根留住。

进入新时代，中国回答了工业化、城镇化进程中如何保护和传承乡村文化的问题。时任浙江省委书记习近平强调，要正确处理保护历史文化与村庄建设的关系，对有价值的古村落、古民居和山水风光进行保护、整治和科学合理地开发利用。[①] 2013 年 12 月，习近平在全国城镇化工作会议上指出，让居民"望得见山、看得见水、记得住乡愁。"[②] 这是不同于以往片面追求物质财富增长的所谓现代文明，引领着美丽乡村建设朝着自然和人文风情融合，进而集聚和谐进步力量的方向前行。2014 年 9 月 24 日，习近平在纪念孔子 2565 周年诞辰国际学术研讨会暨国际儒学联合会第五届会员大会上指出："优秀传统文化是一个国家、一个民族传承和发展的根本，如果丢掉了，就割断了精神命脉。"[③] 中共十八届五中全会通过的《中共中央关于制定国民经济和社会发展第十三个五年规划的建议》提出加大传统村落民居和历史文化名村名镇保护力度。保护利用历史文化村落，把农村建成生态文明和独具人文风情的诗一般的宜居佳境，既可以寄托乡愁，也可以更好地维系中华文明传承发展的生态。2016 年中央一号文件提出遵循乡村自身发展规律，体现农村特点，注重乡土味道，保留乡村风貌，努力建设农民幸福家园。

为"文化传承"和"文化繁荣"提供法律保障。文化发展是乡村振兴的重要内容。《中华人民共和国乡村振兴法》用专章明确了促进乡村文化繁荣的措施。十三届全国人大常委会第十九次会议审议通过的向全社会征求意见稿中，第四章的章名为"文化传承"。2021 年 4 月通过的《中华人民共和国乡村振兴促进法》，根据征求意见，将第四章章名修改为"文化繁荣"。由"文化传承"改为"文化繁荣"，既明确了"文化繁荣"在乡村

---

① 　徐燕飞整理：《浙江保护历史文化古村落大事记》，《经济日报》，2016 年 6 月 16 日，第 12 版。

② 《十八大以来重要文献选编》（上），中央文献出版社 2014 年版，第 603 页。

③ 《人民日报》，2014 年 9 月 25 日，第 2 版。

600 余年前的贵州省安顺市西秀区鲍家屯水利工程是中国古代乡村水利工程的典范，旱涝保收，当地称之为"小都江堰"。其中，古水碾房保护获联合国教科文组织亚太文化遗产保护奖。2017 年 11 月作者摄

振兴中的地位，也明确了"传承和发展优秀传统文化"在"文化繁荣"中的地位。该章共5条，对就如何促进乡村文化繁荣作出明确规定。第二十九条规定，各级人民政府应当组织开展新时代文明实践活动，加强农村精神文明建设，不断提高乡村社会文明程度。第三十二条规定，各级人民政府应当采取措施保护农业文化遗产和非物质文化遗产，挖掘优秀农业文化深厚内涵，弘扬红色文化，传承和发展优秀传统文化。县级以上地方人民政府应当加强对历史文化名镇名村、传统村落和乡村风貌、少数民族特色村寨的保护，开展保护状况监测和评估，采取措施防御和减轻火灾、洪水、地震等灾害。

中共中央批准、国务院批准，自2018年起，将每年秋分日设立为"中国农民丰收节"。图为在山东省淄博市，小朋友在首届中国农民丰收节庆祝活动中参加趣味比赛

在美丽乡村建设中，各地因地制宜地保护利用好历史文化村落。浙江省在"万村整治、千村示范"取得成效之后，2015年浙江省启动了历史文化村落保护利用的基础性工作——《千村故事》"五个一"行动计划，即：一是寻访"那村、那人、那故事"并整理编撰成书，以更好地讲好历史文化村落背后的故事及寓含的向善向上的价值；二是基于历史文化村落的调查研究，从中总结经济社会变迁规律，并提出保护利用规划和发展对策建议；三是摄制影像，以抢救定格乡土印象；四是推出历史文化村落文化展示馆，让人们可以从中回味记忆和寄托乡愁；五是培育和谐发展历史文化村落，作为美丽乡村建设的示范基地。《千村故事》"五个一"行动计划就是在保护利用历史文化村落物质文化遗存基础上，更好地对承载乡村文化的非物质文化遗产进行抢救性挖掘、整理、记忆和传承。浙江省在实施《千村故事》"五个一"行动计划时，重视发挥科研和教学力量，实行政、产、学、研结合，取得一批成果。完成了包括《生态人居卷》《礼仪道德卷》《劝学劝农卷》《清廉大义卷》《名人名流卷》《民风民俗卷》《手技手艺卷》《特产特品卷》在内的8卷本《乡村故事》丛书。在此基础上，还浓缩其精华，从中遴选260个故事，汇编于3卷本的《〈千村故事〉精选》，其中：卷一收入《生态人居卷》《礼仪道德卷》《劝学劝农卷》的90个故事，展现了浙江历史文化村落布局、人居环境、传统礼仪道德、耕读文化；卷二收录《清廉大义卷》《名人名流卷》的85个故事，颂扬了浙江历史文化村落的清廉官吏、大义先贤和名人名流；卷三收录《民风民俗卷》《手技手艺卷》《特产特品卷》的85个故事，记录了浙江历史文化村落的民俗风情、传统技艺、地域性产品。[①] 在全省1149个村中，有保护利用的村有454个，

---

① 浙江省农业和农村工作办公室等编：《千村故事（精选）》第1卷，中国社会科学出版社，2016年版，前言第1—21页。

占 39.5%。[①] 这些创新性实践探索，既促进了中华传统文化的传承，美丽乡村也有了深厚的文化底蕴。从中得出了一些启示，不仅要以绿色发展理念为引领，还要通过保护利用好历史文化村落，讲好中国乡村故事，传承好乡土文化，使其根植于深厚的历史文化底蕴，以特有的人文精神引领向善向上，成为美丽乡村建设的突破口和引擎。[②]

发挥传统文化在乡村治理中的作用。中共十九大报告提出，加强农村基层基础工作，健全自治、法治、德治相结合的农村治理体系。2018 年9 月 21 日，习近平在主持十九届中央政治局第八次集体学习时指出，我国农耕文明源远流长、博大精深，是中华优秀传统文化的根。我国很多村庄有几百年甚至上千年的历史，至今保持完整。很多风俗习惯、村规民约等具有深厚的优秀传统文化基因，至今仍然发挥着重要作用。要在实行自治和法治的同时，注重发挥好德治的作用，推动礼仪之邦、优秀传统文化和法治社会建设相辅相成。要继续进行这方面的探索和创新，并不断总结推广。[③]

推进乡风文明建设。2017 年 12 月 12 日至 13 日，习近平在江苏徐州市考察时强调，农村精神文明建设很重要，物质变精神、精神变物质是辩证法的观点，实施乡村振兴战略要物质文明和精神文明一起抓，特别要注重提升农民精神风貌。2018 年 3 月 8 日，习近平参加十三届全国人大一次会议山东代表团审议时强调，要推动乡村文化振兴，加强农村思想道德建设和公共文化建设，以社会主义核心价值观为引领，深入挖掘优秀传统农耕文化蕴含的思想观念、人文精神、道德规范，培育挖掘乡土文化人才，弘扬主旋律和社会正气，培育文明乡风、良好家风、淳朴民风，改善农民

---

① 潘伟光：《浙江历史文化村落遗存与资源调查分析报告》，浙江省历史文化村落《千村故事》阶段成果发布暨专家咨询会议（2015 年 10 月 24 日）交流材料。

② 参见郑有贵：《乡村之美在于有文化魂——兼评〈千村故事〉》，《农业考古》2017 年第 4 期。

③ 习近平：《把乡村振兴战略作为新时代"三农"工作总抓手》，《求是》2019 年第 11 期。

精神风貌，提高乡村社会文明程度，焕发乡村文明新气象。[①] 2020 年 12 月 28 日至 29 日，习近平在中央农村工作会议上强调，要加强社会主义精神文明建设，加强农村思想道德建设，弘扬和践行社会主义核心价值观，普及科学知识，推进农村移风易俗，推动形成文明乡风、良好家风、淳朴民风。[②]

第四节　擘画全面推进乡村振兴

中共十九届五中全会通过的《中共中央关于制定国民经济和社会发展第十四个五年规划和二〇三五年远景目标的建议》，擘画了"优先发展农业农村，全面推进乡村振兴"的蓝图。2020 年 12 月，习近平在中央农村工作会议上强调，在向第二个百年奋斗目标迈进的历史关口，巩固和拓展脱贫攻坚成果，全面推进乡村振兴，加快农业农村现代化，是需要全党高度重视的一个关系大局的重大问题。全党务必充分认识新发展阶段做好"三农"工作的重要性和紧迫性，坚持把解决好"三农"问题作为全党工作重中之重，举全党全社会之力推动乡村振兴，促进农业高质高效、乡村宜居宜业、农民富裕富足。[③] 2021 年中央一号文件《中共中央国务院关于全面推进乡村振兴加快农业农村现代化的意见》对全面推进乡村振兴作出部署。

---

① 《人民日报》，2018 年 3 月 9 日，第 1 版。

② 《坚持把解决好"三农"问题作为全党工作重中之重 促进农业高质高效乡村宜居宜业农民富裕富足》，《人民日报》，2020 年 12 月 30 日，第 1 版。

③ 《坚持把解决好"三农"问题作为全党工作重中之重 促进农业高质高效乡村宜居宜业农民富裕富足》，《人民日报》，2020 年 12 月 30 日，第 1 版。

• 举全党全社会之力加快农业农村现代化

2020 年 12 月，习近平在中央农村工作会议上强调，从中华民族伟大复兴战略全局看，民族要复兴，乡村必振兴。从世界百年未有之大变局看，稳住农业基本盘、守好"三农"基础是应变局、开新局的"压舱石"。构建新发展格局，把战略基点放在扩大内需上，农村有巨大空间，可以大有作为。历史和现实都告诉我们，农为邦本，本固邦宁。必须看到，全面建设社会主义现代化国家，实现中华民族伟大复兴，最艰巨最繁重的任务依然在农村，最广泛最深厚的基础依然在农村。[①]

2021 年中央一号文件指出，解决好发展不平衡不充分问题，重点难点在"三农"，迫切需要补齐农业农村短板弱项，推动城乡协调发展；构建新发展格局，潜力后劲在"三农"，迫切需要扩大农村需求，畅通城乡经济循环；应对国内外各种风险挑战，基础支撑在"三农"，迫切需要稳住农业基本盘，守好"三农"基础。党中央认为，新发展阶段"三农"工作依然极端重要，须臾不可放松，务必抓紧抓实。要坚持把解决好"三农"问题作为全党工作重中之重，把全面推进乡村振兴作为实现中华民族伟大复兴的一项重大任务，举全党全社会之力加快农业农村现代化，让广大农民过上更加美好的生活。[②]

2021 年中央一号文件提出，到 2025 年，农业农村现代化取得重要进展，农业基础设施现代化迈上新台阶，农村生活设施便利化初步实现，城乡基本公共服务均等化水平明显提高。农业基础更加稳固，粮食和重要农产品供应保障更加有力，农业生产结构和区域布局明显优化，农业质量效

---

① 《坚持把解决好"三农"问题作为全党工作重中之重 促进农业高质高效乡村宜居宜业农民富裕富足》，《人民日报》，2020 年 12 月 30 日，第 1 版。

② 《坚持把解决好"三农"问题作为全党工作重中之重 促进农业高质高效乡村宜居宜业农民富裕富足》，《人民日报》，2020 年 12 月 30 日，第 1 版。

益和竞争力明显提升，现代乡村产业体系基本形成，有条件的地区率先基本实现农业现代化。脱贫攻坚成果巩固拓展，城乡居民收入差距持续缩小。农村生产生活方式绿色转型取得积极进展，化肥农药使用量持续减少，农村生态环境得到明显改善。乡村建设行动取得明显成效，乡村面貌发生显著变化，乡村发展活力充分激发，乡村文明程度得到新提升，农村发展安全保障更加有力，农民获得感、幸福感、安全感明显提高。

2021年中央一号文件强调，坚持农业现代化与农村现代化一体设计、一并推进，坚持创新驱动发展，以推动高质量发展为主题，统筹发展和安全，落实加快构建新发展格局要求，巩固和完善农村基本经营制度，深入推进农业供给侧结构性改革，把乡村建设摆在社会主义现代化建设的重要位置，全面推进乡村产业、人才、文化、生态、组织振兴，充分发挥农业产品供给、生态屏障、文化传承等功能，走中国特色社会主义乡村振兴道路，加快农业农村现代化，加快形成工农互促、城乡互补、协调发展、共同繁荣的新型工农城乡关系，促进农业高质高效、乡村宜居宜业、农民富裕富足，为全面建设社会主义现代化国家开好局、起好步提供有力支撑。

- **巩固拓展脱贫攻坚成果同乡村振兴有效衔接**

脱贫摘帽不是终点，而是新生活、新奋斗的起点。巩固拓展脱贫攻坚成果，做好同乡村振兴有效衔接，是"十四五"时期"三农"工作最重要任务。习近平多次展望脱贫攻坚完成后贫困地区的前景，从巩固脱贫成效、促进乡村振兴等方面提出要求和期望。他指出：为了巩固脱贫成效，2020年以后设立过渡期，对退出的贫困县、贫困村、贫困人口保持现有帮扶政策总体稳定，扶上马送一程；对脱贫不稳定户、边缘易致贫户以及因疫情或其他原因收入骤减或支出骤增户加强监测，提前采取针对性的帮扶措施，不能等他们返贫了再补救。习近平再三强调：乡亲们脱贫后，我最关心的是如何巩固脱贫、防止返贫，确保乡亲们持续增收致富。要千方百计巩固好脱贫攻坚成果，接下来要把乡村振兴这篇文章做好，让乡亲们生活越来越美好。[①] 2020 年中央一号文件提出，要研究建立解决相对贫困的长效机制，推动减贫战略和工作体系平稳转型；加强解决相对贫困问题顶层设计，纳入实施乡村振兴战略统筹安排；抓紧研究制定脱贫攻坚与实施乡村振兴战略有机衔接的意见。中共十九届五中全会通过的《中共中央关于制定国民经济和社会发展第十四个五年规划和二〇三五年远景目标的建议》提出，实现巩固拓展脱贫攻坚成果同乡村振兴有效衔接。

2020 年 12 月，习近平在中央农村工作会议上强调，脱贫攻坚取得胜利后，要全面推进乡村振兴，这是"三农"工作重心的历史性转移。要坚决守住脱贫攻坚成果，做好巩固拓展脱贫攻坚成果同乡村振兴有效衔接。对现有帮扶政策逐项分类优化调整，合理把握调整节奏、力度、时限，逐步实现由集中资源支持脱贫攻坚向全面推进乡村振兴平稳过渡。[②]

在保持主要帮扶政策总体稳定基础上，2021 年中央一号文件在第二部分就"实现巩固拓展脱贫攻坚成果同乡村振兴有效衔接"作出专门部署，推进政策分类优化调整，明确了从集中资源支持脱贫攻坚向全面推进乡村振兴平稳过渡的 4 个方面的措施：

第一，设立衔接过渡期。脱贫攻坚目标任务完成后，对摆脱贫困的县，从脱贫之日起设立 5 年过渡期，做到扶上马送一程。过渡期内保持现有主要帮扶政策总体稳定，并逐项分类优化调整，合理把握节奏、力度和时限，逐步实现由集中资源支持脱贫攻坚向全面推进乡村振兴平稳过渡，推

---

① 《全面建成小康社会 乘势而上书写新时代中国特色社会主义新篇章》，《人民日报》，2020 年 5 月 13 日，第 1 版。

② 《坚持把解决好"三农"问题作为全党工作重中之重 促进农业高质高效乡村宜居宜业农民富裕富足》，《人民日报》，2020 年 12 月 30 日，第 1 版。

动"三农"工作重心历史性转移。抓紧出台各项政策完善优化的具体实施办法，确保工作不留空当、政策不留空白。

第二，持续巩固拓展脱贫攻坚成果。健全防止返贫动态监测和帮扶机制，对易返贫致贫人口及时发现、及时帮扶，守住防止规模性返贫底线。以大中型集中安置区为重点，扎实做好易地搬迁后续帮扶工作，持续加大就业和产业扶持力度，继续完善安置区配套基础设施、产业园区配套设施、公共服务设施，切实提升社区治理能力。加强扶贫项目资产管理和监督。

第三，接续推进脱贫地区乡村振兴。实施脱贫地区特色种养业提升行动，广泛开展农产品产销对接活动，深化拓展消费帮扶。持续做好有组织劳务输出工作。统筹用好公益岗位，对符合条件的就业困难人员进行就业援助。在农业农村基础设施建设领域推广以工代赈方式，吸纳更多脱贫人口和低收入人口就地就近就业。在脱贫地区重点建设一批区域性和跨区域重大基础设施工程。加大对脱贫县乡村振兴支持力度。在西部地区脱贫县中确定一批国家乡村振兴重点帮扶县集中支持。支持各地自主选择部分脱贫县作为乡村振兴重点帮扶县。坚持和完善东西部协作和对口支援、社会力量参与帮扶等机制。

第四，加强农村低收入人口常态化帮扶。开展农村低收入人口动态监测，实行分层分类帮扶。对有劳动能力的农村低收入人口，坚持开发式帮扶，帮助其提高内生发展能力，发展产业、参与就业，依靠双手勤劳致富。对脱贫人口中丧失劳动能力且无法通过产业就业获得稳定收入的人口，以现有社会保障体系为基础，按规定纳入农村低保或特困人员救助供养范围，并按困难类型及时给予专项救助、临时救助。

2021 年 2 月 25 日，在全国脱贫攻坚总结表彰大会隆重举行之后，国家乡村振兴局挂牌仪式举行。组建国家乡村振兴局是中共中央作出的重大决策，是做好巩固拓展脱贫攻坚成果与乡村振兴有效衔接的重要举措。[①]

- **全面推进乡村振兴**

2020年12月，习近平在中央农村工作会议上强调，全面实施乡村振兴战略的深度、广度、难度都不亚于脱贫攻坚，必须加强顶层设计，以更有力的举措、汇聚更强大的力量来推进。一是要加快发展乡村产业，顺应产业发展规律，立足当地特色资源，推动乡村产业发展壮大，优化产业布局，完善利益联结机制，让农民更多分享产业增值收益。二是要加强社会主义精神文明建设，加强农村思想道德建设，弘扬和践行社会主义核心价值观，普及科学知识，推进农村移风易俗，推动形成文明乡风、良好家风、淳朴民风。三是要加强农村生态文明建设，保持战略定力，以钉钉子精神推进农业面源污染防治，加强土壤污染、地下水超采、水土流失等治理和修复。四是要深化农村改革，加快推进农村重点领域和关键环节改革，激发农村资源要素活力，完善农业支持保护制度，尊重基层和群众创造，推动改革不断取得新突破。五是要实施乡村建设行动，继续把公共基础设施建设的重点放在农村，在推进城乡基本公共服务均等化上持续发力，注重加强普惠性、兜底性、基础性民生建设。要接续推进农村人居环境整治提升行动，重点抓好改厕和污水、垃圾处理。要合理确定村庄布局分类，注重保护传统村落和乡村特色风貌，加强分类指导。六是要推动城乡融合发展见实效，健全城乡融合发展体制机制，促进农业转移人口市民化。要把县域作为城乡融合发展的重要切入点，赋予县级更多资源整合使用的自主权，强化县城综合服务能力。七是要加强和改进乡村治理，加快构建党组

---

① 《国家乡村振兴局挂牌仪式举行》，《人民日报》，2021年2月26日，第3版。

织领导的乡村治理体系，深入推进平安乡村建设，创新乡村治理方式，提高乡村善治水平。[①]

2021 年中央一号文件指出，健全乡村振兴考核落实机制。各省（自治区、直辖市）党委和政府每年向党中央、国务院报告实施乡村振兴战略进展情况。对市县党政领导班子和领导干部开展乡村振兴实绩考核，纳入党政领导班子和领导干部综合考核评价内容，加强考核结果应用，注重提拔使用乡村振兴实绩突出的市县党政领导干部。对考核排名落后、履职不力的市县党委和政府主要负责同志进行约谈，建立常态化约谈机制。将巩固拓展脱贫攻坚成果纳入乡村振兴考核。强化乡村振兴督查，创新完善督查方式，及时发现和解决存在的问题，推动政策举措落实落地。持续纠治形式主义、官僚主义，将减轻村级组织不合理负担纳入中央基层减负督查重点内容。坚持实事求是、依法行政，把握好农村各项工作的时度效。加强乡村振兴宣传工作，在全社会营造共同推进乡村振兴的浓厚氛围。

---

① 《坚持把解决好"三农"问题作为全党工作重中之重 促进农业高质高效乡村宜居宜业农民富裕富足》，《人民日报》，2020 年 12 月 30 日，第 1 版。

后记

民族要复兴，乡村必振兴。中国共产党百年解决"三农"问题的历史，是中华民族伟大复兴进程的重要组成部分。呈现好中国共产党百年成功走出农村包围城市革命道路和中国特色社会主义"三农"发展道路，是一个重大课题。本书是国家社会科学基金重点项目"中国共产党百年工农关系政策演变研究"（项目编号：21AZD101）和中国社会科学院马工程重大项目"中国共产党解决'三农'问题百年道路、伟大成就和基本经验研究"（项目编号：2021mgczd009）、中国社会科学院习近平新时代中国特色社会主义思想研究中心重点项目"巩固拓展脱贫攻坚成果同乡村振兴有效衔接研究"（项目编号：2022XYZD01）、中国人民大学重大规划项目"中国农业经济发展史"（项目编号：21XNLG02）的阶段性研究成果。

在学界研究和自己长期研究积累的基础上，本书从大历史观和政治经济学视角，从相关联的农民维度、中华民族复兴维度、现代化维度、生产力维度、国际维度，对中国共产党百年解决"三农"问题的路径进行了新的梳理和研究。这一大历史观和政治经济学视角的梳理和研究，客观深刻地呈现了从解放农民到促进乡村全面振兴的百年历史进程，以及其中的历史逻辑、理论逻辑、实践逻辑。书写中还注重反映基层实践活动，选配了反映实践细节的 80 余张图片（其中 1/3 为自己调研时所摄），使历史场景更加生动形象地呈现出来。通过对中国共产党解决"三农"问题战略维度的宏观把握与基层实践活动细节呈现的结合，力求书写成具有历史价值、学术价值和实践价值，能够既全面系统又深刻呈现中国共产党百年解决"三农"问题历程的信史。

在书写过程中，围绕中国共产党百年解决"三农"问题历程中的重大理论和实践问题进行了研究，在《中共中央党校（国家行政学院）学报》《中国党政干部论坛》《红旗文稿》《人民论坛》等刊物，发表了《战略维度和实现路径：中国共产党百年破解"三农"问题的考察》《中国共产党解放农民和赢得农民的统一》《家庭承包经营激活农村经济》《城乡"两条腿"工业化中的农村工业和乡镇企业发展——中国共产党基于国家现代化在农村发展工业的构想及实践》《农业税费改革的重大意义与宝贵经验》《脱贫攻坚伟大实践孕育中国特色反贫困理论》《脱贫地区创新发展路径研究——以 5 年过渡期支持政策为重点》《破解全面小康社会"三农"短板难题实现历史性突破》，以及智库报告等阶段性成果。这些专题研究深化了对中国共产党百年解决"三农"问题理论和实践的认识，也为书稿形成提供了学术支撑。

书稿形成后，中国社会科学院学部委员、农村发展研究所原所长张晓山研究员，农业农村部农村经济研究中心原主任宋洪远研究员，国务院发展研究中心农村部原部长、北京润生农村发展公益基金会理事长徐小青研究员，原中共中央党校研究室巡视员、中国领导科学研究会副会长、《中国领导科学》杂志社总编辑曾业松研究员审阅书稿并评荐。中国人民大学原副校长贺耀敏教授就高水准书写给予宝贵意见，并倾心作序。中国社会科学院当代中国研究所原副所长武力研究员，中国经济史学会第四届和第五届会长、中国社会科学院经济研究所董志凯研究员，北京农林科学院院长李成贵研究员，中国农业大学经济管理学院冯开文教授，在长期合作研究"三农"问题和本书写作过程中给予大力支持和指导。本书是受东方出版社编辑室主任王学彦副编审热诚邀请开始研究写作的。在选题确定、写作框架形成、书稿编审、图片选配过程中，王学彦老师给予了专业性建议和宝贵意见。夫人郭俊玲通读书稿和核校引文。图片主要选自新华社、中国农业博物馆。中国农业博物馆周晓庆研究馆员为选配图片给予了大力帮助。个别没有联系到的摄影者，请与东方出版社联系。在此，对为本书形成做出贡献的同人表示衷心感谢！

郑有贵

2022 年 1 月 18 日